全球
金融海啸与
金融博弈

——超现代金融经济学视角与建构

Global Financial
Tsunami and Game in Finance:
Beyond-Modernism
Perspective and Construction

谭伟东　著

北京大学出版社
PEKING UNIVERSITY PRESS

图书在版编目(CIP)数据

全球金融海啸与金融博弈:超现代金融经济学视角与建构/谭伟东著.—北京:北京大学出版社,2013.1

ISBN 978-7-301-21686-6

Ⅰ.①全… Ⅱ.①谭… Ⅲ.①金融学-研究 Ⅳ.①F830

中国版本图书馆 CIP 数据核字(2012)第 285148 号

书　　　名:全球金融海啸与金融博弈——超现代金融经济学视角与建构
著作责任者:谭伟东　著
责 任 编 辑:周　玮　姚大悦
标 准 书 号:ISBN 978-7-301-21686-6/F·3422
出 版 发 行:北京大学出版社
地　　　址:北京市海淀区成府路 205 号　100871
网　　　址:http://www.pup.cn
电 子 信 箱:em@pup.cn　　QQ:552063295
新 浪 微 博:@北京大学出版社　@北京大学出版社经管图书
电　　　话:邮购部 62752015　发行部 62750672　编辑部 62752926　出版部 62754962
印　刷　者:三河市博文印刷厂
经　销　者:新华书店
787 毫米×1092 毫米　16 开本　18.25 印张　410 千字
2013 年 1 月第 1 版　2013 年 1 月第 1 次印刷
印　　　数:0001—3000 册
定　　　价:49.00 元

序言

制金权、国际大棋局与中华复兴

2049年将是人类现代史上最重大的史学断代或年代之一。百年当代中华,依照历史逻辑、政治生态、社会发展规律、政治—经济生态、文化脉络的合力推进,将出现拿破仑当年深以为然的睡梦中醒来的东方雄狮之震动世界的盛世局面。神州华夏巨龙,将再次腾空而起,翱翔于世,出入六合,在宇宙之间,俯瞰小小寰球。庄子大鹏梦,会成为当世的现实。

然而,金一南将军的必然性并不等同于现实可能性的告诫,是从当代中国的苦难辉煌的历史中凝练出来的。黑格尔的三段论,绝不代表现实自然而然的可能性。战略机遇期总是危机四伏,陷阱密布。敌视的,红眼的,暴富的,曾经阔绰的,甚至依然贫困的,有时会在战略阴谋家的鼓动之下,形成暂时的战略联盟,随时随地伺机图谋打断复兴,阻碍新世界格局和秩序的形成。新一代领导集体将面临前所未有的战略性突破瓶颈期,与此同时也将会面临如何借助伟大的战略反攻以及由此开启的历史性战略决战帷幕,尤其是在始终牢牢把握住最伟大的国际统一战线主导权之下,开启不足四十年的向着黄金时代的最后冲刺。

英国广播公司(BBC)经济编辑、畅销书作家彼得·杰伊所著的《财富的历程》,描绘出人类一万年文明发展史中始终上演着的世界财富华尔兹三部曲:创新、领先、富足的发达国家和地区,成为财富华尔兹美妙旋律的第一曲;接着这些国家和地区就会遭遇周边野蛮的、后起的、落后的族群的觊觎、侵略、征服、颠覆和杀戮,上演血腥的第二曲;而后进入重新配置、整合甚至融合的第三曲。美国著名的耶鲁历史学教授约翰·肯尼思,当代最富创见的历史学大师L.S.斯塔夫理阿诺斯,大卫·克里斯蒂安,通过《大国兴衰》《全球通史》《时间地图》这三部当代世界西方主流的大断代史和大历史的鸿篇巨制,展示出财富历程在文明、国家、国际社会的起伏跌宕中的残酷与疯狂。

当当代最负盛名的法兰克福学派传人,现世可能是西方最为博学、著名的哈贝马斯,始终沉浸在他的基于马克斯·韦伯的西方理性主义基础上的《沟通行动理论》模式之中而几乎不能自拔的时候,弗兰克的《白银资本》、霍布森的《西方文明的东方起源》两部著作，一改美国大众哲学家、著名的畅销书作家威尔·杜兰的羞羞答答的《东方的遗产》里的那种东方"欣赏"，把萨伊德开创的东方学、东方主义研究推向了历史的新高峰。

国际博弈，大国兴衰，世界格局，全球秩序，表面上比武的是硬军事和硬实力，间接过招的是科技与文化，实际和最终指向的是世界财富和国际财权。近现代最著名的国际银行家鼻祖，现代西方金融的幽灵式人物，罗斯柴尔德的名言是"如果我能控制货币发行权，我不在乎谁制定法律"。现代美国数十年的战略设计大师，基辛格的名言是"谁控制了石油，谁就控制了地球上的所有国家。谁控制了粮食，谁就控制了世界上的所有的人。谁控制了货币，谁就控制了整个世界"。

这里的金权、财权，可不是温情脉脉、装腔作势的弗里德曼的货币主义，不是其表象上的那种所谓"货币最重要"教条，不是货币投放量的什么拇指法则之类的小儿科货币政策把戏。这里指的是制金权，是国民财富大流转和分配及国家存在的基石，世界态势与格局的形成基础，全球控制的战略资源操纵权，国际产品与服务流的定价权，世界财富的产权所有和国际分工体系与经济结构的生杀大权。

制金权早已不是中国古代兵法中的"兵马未动粮草先行"的后勤补给。制金权也不仅仅是富有才华的乔良、王相穗的《超限战》中的金融、经济新安全观的敏锐发掘与捕捉。制金权也超出两位才华横溢的海归学者杨斌、宋鸿兵开创的隐蔽的经济战和货币战争的深度研究领域。制金权，把金融高边疆理论与战略，同制陆权、制海权、制空权、制天权、制信息权，连成一体，形成战略资源综合与战略态势匹配，完成非热战时期、温战与后冷战时期、新冷战时期的大战略统合。

对应于现代的美国地缘战略大师布热津斯基和军事现代化幕后战略评估与战略规划大师安德鲁·马歇尔，以及国际政治思想设计大师约瑟夫·奈和罗伯特·阿特等所形成的美国单极世界的智能帝国主义，中国若想出奇制胜，完成彻底的崛起中的复兴与复兴后的真正崛起，就必须在华夏古典智慧、东西方全部遗产基础上，形成创新、发展的马克思主义大战略思想、大建政方略、大跨越式的发展理论，也就是与时俱进，不断发展和创新的时代之马克思主义的世界体系和国际关系结构学说。

古代中国承载了世界与人类的众多重大历史辉煌。近代中国承受了世所罕见的苦难、贫困和屈辱。现代与未来中国承继着世界与人类的未来之诸多美好希望。制金权不是金融霸权主义，不是华夏一统天下，不是强权即公理的霸盘生意和霸权政治。制金权是以战止战，以力制约暴力，以金权统揽正义资源，整合天下民心与资源，形成最合宜的力量集结，造成全球战略对手不敢也无从骄狂的战略态势和积极大战略防御存在体系，并在全球合宜与公正的统战大势之下，完成新世界的重新建构。

美国以马汉的制海权和门罗的门罗主义，借助于林肯、罗斯福新政之对内校正和对外包装，逐步形成霸盘生意与霸权政治世界格局，其在杜鲁门主义和里根主义之下，达到巅峰。克林顿、老小布什，仅仅是凭借美国世纪或美国霸权的余威，而演出了几幕单边主义的独角戏而已。无论是葡萄牙、西班牙、荷兰、大英帝国和美国，甚至法国、德国乃至俄罗斯的制海权战略，还是美苏对抗，两极争霸的制天权，抑或是第一次世界大战中的制陆权，第二次世界大战中的制空权，都基本上是西方军事战略思想。西方军事战略思维的基点是寻求绝对优势，绝对胜出，或在无可奈何态势之下的均势瓜分。在军事战略上，则基本上，除了巴顿将军的那种“进攻！进攻！进攻！”之类的“狂轰滥炸”外，并没有什么拿得出手的战略思想。

从门罗主义到“门户开放”，美国的世界战略指向是一贯的。美国由于独特的地理位置、资源禀赋，以及人口与疆域的巨大的回旋余地，不再追求历史上的世界帝国统治形式和赤裸裸的帝国—殖民主义。转而寻求分而治之，“有控制地解体世界”，远程打击，前缘部署，软实力较量与洗脑，摸索与模仿出一套“不战而胜”的美式东方古典战略。其在苏东、拉美陷阱之中，获得了休克震荡疗法的奇特功效。在其他的社会转型和一系列的“阿拉伯之春”中，也似乎频频得手。大体上是金元外交、美金非政府组织操作、舆论轰炸，并在战略关节点上，通过华盛顿共识的三大招数，即收紧钱袋子，管住物价，控制财政，一举陷对手于经济社会休克状态，造成社会流动性超级困境，资产大幅缩水，社会生活极度滑坡，人民愤怒，全面崩溃。然后欧美西方国家，以外资上帝的形式，进入接手，大肆剪羊毛，收拾金银，挖掘优质资产，掌控国民经济命脉。再把对手国经济大动脉，移接到国际超级的吸纳大通道之中，完成全球性的资本高速公路和输钱通道体系的建构。

弗里德曼的芝加哥男孩儿们，萨克奇式的经济杀手们，尽管在20世纪80年代以降，基本上得手了，但与此同时，也彻底葬送了新自由主义、新制度主义、新保守主义的命运。而2007年至今仍在阴影之下的美国超级金融海啸，则大体上为西方胜出画上了句号。西方模式、西化现代化与西方式的所谓历史终结，已经彻底失去了市场，更不要说什么西方式的光彩和沾沾自喜了。美国的当世精英，实际上都很焦虑；美国有头脑有直感的普通平民百姓，大体上都感受到了美国黄金时代的终结；西方稍有历史常识和现实政治—经济大算术能力的人，都几乎清一色从近一两百年的欧洲和西方霸权的梦境中醒来，开始了新一轮的当然是有些痛苦的西方霸权之前的所谓“亚洲霸权”的重新思考和再定位。

当西方对六百余年前，中国郑和下西洋时，远远超出全世界一切对手，甚至其之和的庞大先进海军和远洋舰队时，竟然在七下西洋后，悄然放弃对世界的殖民与征服而大惑不解，当他们对唐宋之变早已开启的中国工业化革命，重新省思，对照历史进程中的落后、野蛮的西方欧洲地中海经济与政治，当他们回望公元前221年秦始皇就完成了大一统的现代化国家建构，统一政事，统一文字，统一货币，统一度量，统一车道，当他们再深入思考，回望他们一直不愿承认的中华首开植物、动物驯化先河，曾有过全世界或许仅存的伟大的三皇五帝时期的“大道之行，天下为公”的世间文明巅峰时，其曾有过的全部的所谓“上帝拣选”、“山巅之城”、“美国的天定命运”“就是控制亚欧大陆”的雄心万丈，顿时不但会灰飞烟灭，而且理所当然地会“瞻念前途，不寒而栗”。

不过，历史的大对决与大较量，才刚刚开始。从一个边陲性的、破败与落后的西欧四分五裂的公国—邦国—岛国—城邦国集群，一路冲出奥斯曼帝国、莎菲帝国、莫卧儿王朝帝国，突破伊斯兰文明亚洲防线，冲击或事实上通过落后的欧洲之疾病病菌之哥伦布交流，征服美洲印加帝国和阿兹特克帝国文明，而后又横扫东亚、南亚、东南亚，直至远东中国，打开中国大门，杀戮、征服全球人民，西方在血与火的真野蛮，科学与民主、法治与人权的假文明之下，竟然真的胜出了，确实胜利了。现代世界历史大师布罗代尔把西方的胜出叫做“上帝发错了牌”。李约瑟毕生献身于其惶惶巨著《中国科技史》，但却不得不抛出近代科学摇篮是西方而非中国这样的李约瑟之谜的历史追问。

我们不可能是浅薄的成王败寇主义者。我们古老和现代的历史自信与智慧、文化自觉，不可能使我们陷入到低级的力量崇拜和物质技术主义的经济决定论之上。否则，就无法解释古代中国、古代印度的辉煌及近代西方的所谓胜出。我们更不可能简单重复近代的所谓“落后就要挨打”和被炮制出来的“船坚炮利”之说。中国的领先与发达，不仅限于唐宋之变、汉唐雄风，远古三皇五帝的大政治、军事、文化更是横空出世。但不管我们的领先于世多么久远，无论我们从郑和下西洋时的绝对世界优势到康乾盛世时的绝对—相对世界优势如何近在咫尺，近代的一百多年的时间里，我们事实上处于任人宰割的地步，整个世界事实上被西方征服了。

这就带来了双重的深度历史问题。第一是西方胜出的合理性在哪里？第二是西方胜出的历史偶然性和技术手段条件是什么？有了对前者的科学把握，我们就能破解西方必然衰败，把握重获世界生机的科学理论依据。有了对后者的清醒认知，就会具有清醒完整的手段策略和一般理性约束。

东方古典智慧是世界示权而非全球霸权。东方古典经济是勤劳革命，永久可持续发展，而非霸盘生意。东方古典文化是厚德载物，海纳百川，而非文化帝国主义。而近现代中华命运真正大逆转，中美苏大三角真正形成，世界大战格局真正被打破，正得益于毛—周—朱时代的“大道天理”之运生。毛泽东的“打得一拳开，免得百拳来”、“你打你的，我打我的”、“大道朝天，各走一边”、“一万年太久，只争朝夕”等等，会形成华夏现代走向未来的智慧战略大通道，把东方式制金权演绎成天下无敌，四海同歌的伟大境界。

自周公、管仲以降的中华古典经济智慧，就是农政、农战大略之下的富国强兵之路。而民生、民本主义的要义在于积极的自由和民主民治。富国强兵的根基在于民富而社强。共同富裕而非阶级等级专制和社会制度性压迫，是社会主义制金权的生命线。有了制度性、结构性、文化性的共富与国强，则才有万众一心，众志成城，铜墙铁壁，全员动员，全方位集结，从而在商战、兵战、海战、天战的一切边疆和高边疆，无往而不胜。

制金权是逆转和重塑全球大格局的战略关键。现代化下，后冷战战略集结与战略制高点争夺，在于话语权、战略资源把握、战略态势的立体说服与示范。比直接战略打击更具战略威慑的是战略后续力和可持续性的战略资源整合与集结。制海权、制空权、制天权的正制与反制，海空天立体战的全方位破解，就是要求借助制金权支撑起来的整体战观和超限战略。钓鱼岛、黄岩岛、东海风波、南海风波等等，都不是战略对峙，仅仅是战术性试探。依照真正的战略对手和地缘政治—地缘经济—地缘金融布局的谋划，后反恐时代已经开始，其建立在地缘性战略合围的已经大体完成之上。

全球大棋局大体上呈现在世人面前。西方、欧洲中心主义的历史辉煌，已经除了财富之外“一无所有”。当然，美国军事霸权的超强存在，可能还会沿袭二三十年。

马歇尔的陆军现代化释放出重大战略转移信号。但欧美霸权已经在丧失根基,在其一贯得手的金融整合方面,深深地陷入到了债务资本主义和泡沫经济的无底深渊之中。这种非理性繁荣,除了国家、企业、市民家庭的三重庞奇游戏,即靠借新债而倒卖旧债,靠信用债务资产来盘活经济,靠无穷尽地加大流动性,激活经济,制造虚拟繁荣,依赖实体产业空心化和产业回流的组合拳,已经不大可能再现西方文明的辉煌了。

作为一个历史上落后、贫穷的蛮荒之地,西方的近代崛起与胜出,无疑是令人吃惊的。不过,马克思对所谓希腊文明的成熟和东方文明的早产儿的判断,是不科学的。马克思沿袭了过多的黑格尔式的西方偏见遗产。

虽然我们正视西方文明的学习长足性和科学理性冲击力,但我们对西方文明中的致命性的奴隶制本位和财富物质主义异常清醒。这就从根本上把西化现代化的轨迹中的原罪和现罪清清楚楚地展示出来。西方大量地无代价地从东方特别是中国,获取了全部的现代化技术、科学、文化、制度、经济组合输入后,却不但对东方老师恩将仇报,征服并掠夺,盘剥加绞杀,而且制造了包括知识产权等一系列现代屏障,在知识和信息流转上,再度盘剥全世界。

世界与中国,包括发达的西方国家,都处在历史的新十字路口上,不是同一起跑线上。从历史惯性上,西方有近代优势,中国有古代优势。从现代支撑上,西方已经大体上丧失了战略整合力,中国潜在能量已经在大体上呈爆发态势。但生态资源可持续性和社会政治合道性,正在文化心灵深处,受到历史性的检验。要求大智慧,需要大方略,期待大政手笔。

“时来天地同借力,运去英雄不自由”。华夏向来不缺精英。大智者,永远必须置身于民众的伟力之中,才能逢“时”走“运”。

牢牢把握住中国的制金权,把主权概念有效地扩展到适宜的方位,深刻洞视制金权不是简单的后继制陆权、制海权、制空权、制天权、制信息权的后缀。制金权更不是简单的货币投放权,而是制货币权、制财税和海关权、制汇率权和治外金融主权的联动,是在岸金融和离岸金融的全部权力统筹,是内外主权、全方位商战的金融财富权力的大战略统合。

私有化曾以自由化的名义,在全世界掀起资本全球化的巨浪,使得已经成为历史遗迹的食利资本又卷土重来,造成了举世的“前无古人,后无来者”的泡沫经济堆积和经济社会发展极度不公与不均衡。中国经济一枝独秀,并无法摆脱全世界的可能的金融黑洞陷阱。中国现代化的经济社会起飞和转型,无法完全独立于世界市场和国际分工体系之外。独立自主、有效科学地把握住进入和利用金融经济体系,唯一的上策和战法就是把制金权作为核心战略杠杆,以此来操纵命脉,发展中国,“经营”世界,造福人类。

金融博弈基于并胜于产业博弈和贸易博弈。产业和贸易博弈基于并胜于科技和教育博弈。一切商战和金融博弈,又基于并胜于世界的暴力的军事博弈。在长时段、大尺度和平与准和平时期,在全球化时代,金融博弈成为“存亡之道,死生之地”。因为价值轴心与价值尺度都发生了变化。宗教的、哲学伦理的、文化的、军事强权的实践理性的价值取向,被大量的显性的市场价值、商务民生价值所淹没和统合。国家的较量、大国兴衰、国际棋局，依赖于世界的现实的直接的地缘金融。地缘经济与地缘文化，地缘政治组合，深深地依赖于世界资本杠杆的撬动与组合。国家与国际金融命脉和金融领域的大国较量，构成了综合实力的集成时较量和成为终极性的地缘政治与军事联盟的战略指向。

制金权与世界财富博弈，是现代大国兴衰的重中之重，构成世界秩序的核心基线，变成国家实力的根本所在。这才是亚当・斯密的"国防比财富重要"想说而没有成型的思想。这才是重商主义、重农学派和李斯特国民政治经济学这些真正引领西方崛起的经济学的尚未清晰的学说价值精髓。

谭伟东

2012 年 9 月 15 日

于美国芝加哥

目　　录

第一章
当代金融经济的历史经纬与科学界定

金融经济学的发展与演化，不是由于顶级经济学大师和金融经济学大家的主观臆断和智力冲动造成的。金融经济的大体形成和国际金融博弈格局是资源配置在多重形态上，特别是文明和制度配置层次展开的当代必然结果。一般说来，形成某种学科意识建构和突破性学术进展是一回事，而相应地造成一种学术思潮，并引来众多的重量级人物参与，尤其是形成来自于各种水平与层次的广泛性的社会关注，如持续性地授予诺贝尔经济学奖于金融经济学领域，又如金融学界后继者颇为众多以及社会舆论和大众媒体对其相关领域空前高涨的热情与期待等等社会现象，则是另一回事。后者带有一种社会潮流与社会智力能量的特定集结，从而在其中必定会体现出深层的社会经济与金融关系的一些重大历史性变化。本书开篇就是要梳理和透视这些深层的本质性的社会变动及其社会经济影响。

一、从信贷革命到信用经济

信贷革命和赤字财政，加上其他的金融变革，曾经造成了自由竞争资本主义向帝国主义经济的时代过渡，并进一步演化到以至于最终形成当代资本主义基本社会经济形态与特征。对此大变局，第一种解读叫做债务资本主义，第二种解读叫做超级资本主义，第三种解读叫做灾难资本主义（或将其称为休克主义），第四种解读来源于西方马克思主义以降的所谓创新，称之为晚期资本主义。信贷革命和信用经济构成了这一历史时期最主要的两大金融经济发动机。世界经济中心与富国俱乐部是如此，转型经济、改革经济和一切世界中心外的依附经济体也无不大大虚拟化和金融货币化。资本经济只是把实业和工业化作为一种技术经济手段和承载，并将工业化和制造业主导放置于一定的历史阶段。现如今，制造业经济让位于贸易经济，贸易经济让位于服务和创意经济，创意经济屈服于或臣服于信用金融经济。从而，虚拟资本和信用经济成了老大。

信贷革命持续的时间要比赤字财政历史长得多。应该说正是信贷革命的出现大大强化了中产阶级的社会效应，直接刺激了甚至造就和扶植了所谓的美国梦，并使其在长达几个世纪中持续下去。而后信贷革命同福利社会和福利国家制度建构耦合在一起，共同参与了社会保障体系的构建并形成了持续的影响。

信贷革命直接改变了维多利亚时代的经济伦理观念，把融资同借贷消费和家庭理财，变成了现代家庭经济的主要金融活动方式。由分期付款的家用汽车开始，进而由汽车远距离运动的可能，造成城市的扩大和家庭居住房屋可以在较大范围和区域空间加以选择，结果，人口、工作（或职业）、厂家与商家的空间得以空前扩大与形成分散化倾向，从而不断加大扩张和刺激着城市经济规模的增大。反过来，过剩的产业能力（产能）与供给又要求不断深化的信贷链条与信用网络，以便产出得以完成市场价值实现。

分期付款在开始时是一种被认定为贫民的生活方式，但很快它就上升为整个中产阶级的乃至全社会的基本生活方式。不依赖分期付款生存的仅占社会很小的比例，他们是这样的社会两大类：(1) 最富有的，完全有能力以现金支付一切的，以及(2) 最贫穷的，只能靠现金和食物券等生存的。金融与非金融机构由于最贫穷阶层的违约风险居高而拒绝给其以贷款。最富有阶层这样不但省去了每每定期付账单的麻烦，而且节省了大笔的利息支出。

按照托克维尔的说法，分期付款始于美国，是美国人的创造。其最初从汽车分期付款开始，而今最大的分期付款则是房地产业。按宏观、中观产业贷款规模大小排列，应该是这样的次序：住房、汽车、个人贷款（包括再抵押贷款、家居改进贷款和其他类型的贷款）、信用卡、学生贷款等。其中信用卡大有后来居上之势。而且随着其全部的支付项目电子化，信用卡完全有可能以更大规模进一步获得发展。同时，信用卡业的技术含量、人力资源、基础设施、金融管理模式均具有行业上和技术上的领先优势。

尽管新的革命最终主要指消费信贷，而且其大规模推广也确乎是从购买家用汽车开始，但无论是逻辑还是历史分析，分期付款应当首先从生产性工具开始。这符合历史逻辑和从农业社会向工业社会的转变。这种生产性工具系由一户独立的家庭农场主使用。而当时的金融信贷形式又不足以提供有效的融资渠道。据卡尔德在其《融资美国梦》中介绍，正是在手工业向机械工业转化的过程中，美国农场主首先熟悉了分期付款。他认为，1850年前，美国农民所用的工具同古时代的没有太大的区别。然而，美国农场和农户的经营规模从一开始就是上百英亩的“大农场”规模（相对于户均劳动力）。而他们在收获季节就必须面对在自然剥夺与损害之前，迅速收割、脱粒和扬谷（事实上，除了抢收还有抢种）。为解决这种矛盾，激发了大规模机械化生产的农机具创造：“从1840年至1890年，人们一个接一个的方式让美国农户用上了不同种类的脱粒机、收割机、摇臂收割机、收割打捆机、自动铁丝扎捆机、自动绳索扎捆机，以及最后出现收割脱粒或者叫联合收割机。”①

这种机械化的效率优势一目了然：一亩收获从20小时降低到1小时。自然无须多少说明，农民们就明解其中的好处，甚或必要性。然而19世纪40年代中期一家农

① 伦德尔·卡尔德著，严忠志译：《融资美国梦：消费信贷文化史》，上海人民出版社2007年版，第158页。

场年均收入为300美元左右，而一台McCormick牌的收割机的售价为100美元。出路只能在于分期付款。

当然，城市人则是通过住房建筑融资，购买各种家具，尤其是家用缝纫机，而认识分期付款的。时间上比上述农机具信贷时间略晚二三十年。

尽管信贷革命是“美国制造”，且在美国表现得最为突出，但其由于金融发展的内在惯性和自恰性逻辑规律，已经变成了世界性的金融经济发展模式。

信贷革命对金融经济乃至整个经济与社会结构的影响，可从以下诸方面进行把握：

第一，信贷革命直接扩大了现行社会购买力，大大弥补了大众消费群体因工资与其他收入不足所造成的购买力短缺，从而在创造出虚拟经济支撑的“额外”、“即时需求”的同时，不但平滑了消费，也稳定和平滑了商业周期，至少是缓解了产能过剩的困境。

第二，在此基础上，信贷革命更进一步造成社会阶级或分层的影响，促成了在消费社会体系下，以中产阶级为主体的整个大众群体的社会满足感和认同感，缓和了经济利益冲突与对立，从而至少暂时和表面上缓和了社会阶级矛盾与冲突。

第三，在传统的金融中介与产业之外，创造出了巨大的现代消费金融中介机构和产业群组，把个人理财、家庭储蓄理财与商家理财（或公司理财）、区域理财和国家理财连成一体。

第四，信贷革命彻底改变了金融产业群和金融价值链结构，并极大拓展了全方位金融经济的存在空间，从而为金融革命扫清了道路。

第五，信贷革命和消费革命联手，共同打造出了一个消费社会和消费国家，从而把社会分工体系和市场经济网络，加上金融连接平台推到了历史上前所未有的水平。结果便是不间断需求涌现并可以支撑一次次大大小小的金融革命。因为，实体经济--虚拟经济的错综复杂，既造成了困境摆脱式或压抑解放式的金融创新，又引致了技术诱发式的金融创新。

信贷革命加上各种社会经济运动，推动了现代社会演进到信用经济时代。这个时代是历经了商业资本时代、工业资本和产业资本时代，以及银行资本时代，而最后发展到了信用资本时代。

信用资本时代是一个以信用和财务杠杆为金融撬力，以多级原生金融、衍生金融品种与体系为金融工具，以信用管理系统为综合风险控制体系，以结构性、功能复合性的金融产品与服务为开发对象，以各种财富、资源、要素为资产支撑的金融流动性加速运动体系为资源金融生态体系，以数理和各种智能化手段（包括数据挖掘、系统建模、随机拟合、经验判断、专家博弈）为金融工程操作，从而形成动态扩张的大金融产业集群和现代虚拟经济产业结构与价值链。

信用经济首先是一种彻底的虚拟经济。在这种经济中，实物经济、实体经济依然是经济存在与发展的基础，是资本投向和消费活动的主要领域，但价值生成与流转角度，已经不再具有昔日那种举足轻重的地位与作用，这是由国际性竞争价值轴的转变及其经济发展相对论所造成的。其深层根源主要是精神与文化消费偏好转型，以及实体经济庞大的基础设施与存在的相对贬值（也就是它们的相对重要性、前沿性、开拓性的下降），带来了价值评估体系、标准，尤其是人力资本蓄积生态的结构性变革，使得社会经济价值评判发生转移。这在国际经济体系中由于发达国家与发展中国家的巨大差异和国家与国民利害冲突，强势国更多地掌握国际价值主导权，进一步造成对发达国家领先转型的偏爱和对发展中国家落伍状态之国际价值评价上的歧视。

在这种虚拟经济中发生了三个重大的价值估价的相对转型。第一是以知识为核心的精神与文化这类无形资产的价值出现了历史上从未有过的全面的升值，甚至发生过度估值。这其中包括各种音乐、文艺、体育超级明星的大众文艺性产品和劳务的价值评估。第二是金融服务业与产业集群的价值比例的价值链占有，取得了前所未有的高价位。而其就业规模、先进技术手段和社会影响力也是前所未有的。第三是由电子信息虚拟网络空间和旅游商业广告中的疑似环境之创造来形成虚拟互动，把人类文明打造得更加远离质朴、远离自然，从而出现人造甚至神鬼般的美轮美奂的虚空状态，与此同时，其也在这种大众品味的转变过程中获得了少有的高价位评估。

由于这种价值评估的重大转变，不但传统农业价值比重大大下降，传统工业和制造业价值比重也在大大缩水，从而整个实物经济中的商贸与物流，甚至于国民经济基础设施这种有形的国民资产和财富都处于相对贬值中。只有房地产业和环境资源业的远期价值依旧被看好。

信用经济其次是全方位的信用风险管理与靠信用来驱动经济。收入与现货财富，无论是永久性收入，还是终身收入及其现值财货，甚至于手中的现期资本都不再是投资撬动和消费层级水平的直接硬性约束。在广泛的、大规模的、过度的信用刺激与使用的基础上，由直接收入水平决定的产销脱节与产能过剩，似乎神秘地消失了或被信用经济消解了。供给不是自动地创造需求，而是信用自动创造和推动需求。而且信用生成的弹性空间远远大于一般货币，甚至高能货币的作用空间。

这就使得社会经济发生了三大乘数递进变化：(1) 从凯恩斯经济学和罗斯福新政开始，现代社会首次出现了赤字财政乘数。在经济衰退、萧条与不景气的时候，国家动用政府与全民经济信用，以赤字刺激经济，国民收入就会因财政支付的倍增效应而变动，从而通过财政乘数来放大赤字经济效益。由于经济低迷、产品过剩、产能与资源闲置，这种乘数效应是完全可能的。但滞胀现象与困扰基本上打破了这种乘数的过度神话，使其回归到一定的理性作用空间。(2) 凯恩斯经济学转变到弗里德曼的货币主义经济学，实际上发生了由财政赤字乘数向货币乘数的转变。表面上看来，弗里德曼货币主义追求的是自然增长和长期的货币稳定，但其平均 3% 到后来的 10% 的年均货币投放(广义货币)，由于货币本身的元金融性质和高能量性质，不可避免地导致货币乘数效应的广泛存在。这种货币主义信条同社会经济普遍性通货膨胀预期和指数化的工资、收入的衔接相互匹配，造成了货币效用的极度放大。(3) 从 20 世纪 80 年代开始，同全面的经济放松规制相匹配，金融领域则以伦敦大爆炸、东京大爆炸和华尔街—芝加哥金融革命为代表，出现了金融大规模兼并、金融创新雨后春笋般出现和金融革命同时并存的金融巨变。这种巨变不但来自于经济全球化、贸易全球化、风险时代和风险社会等引发的现实经济发展推动，也直接奠基于微电子计算机、网络技术和远程通信技术体系及基础设施机构的最终形成。金融创新与革命相互作用，最终完成了信用经济时代的构建。随之而来的便是信用乘数效应广泛发生作用。财政乘数、货币乘数效应依然存在，但同信用乘数相比，其效用均不可同日而语，而且现代金融乘数相互叠加，交互作用。新经济时代的金融能量与金融杠杆效用空间的不断放大，直接推动着人类社会进入大金融时代。

二、大金融时代的金融逻辑结构特征

历史上出现的一定历史时期的泡沫与金融活络，充其量都只是金融领域的某一方面、某一部门、某一行当和部分金融的充分作用，但同信用经济时代相匹配的却是一个大金融时代。当今时代，就如同大历史学（代表作如《时间地图》）等一样，要求研究者和人们拓展狭隘的学科视野，在更宏大的历史叙事背景和空间里展开其对问题的把握和事件的分析。大金融时代同时具有一定的内在结构性，从而并非是诸多金融领域、现象与事实的简单相加。因此，本书把重点放在这种逻辑结构的揭示上。

（一）保险基础

大金融时代首先来自于风险经济和风险社会形成和存在这样一个根本事实。在这样的经济时代，不但有形资产，而且无形的金融资产，甚至全部国民财富乃至生存环境与未来发展，都处于或然性、不确定性与风险之中。事实上，一旦社会总量财富积累到一定水平与规模之后，风险灾难的损失和对其保值及加以保障，就具有了战略性意义，而且由于风险社会的国民财富本身又是存置于巨大的信用经济与金融体系的系统性结构之中，重大风险灾害的连锁效应就将是社会性的、全局性的。此外，微观经济与金融单位中的一些业已构成经济与金融帝国的经营实体，其微观经济行为中的一些重大项目影响深远。因此，那些重大的微观金融灾难就有了宏观灾害性质的影响。基于这一切，大金融时代的第一逻辑结构起点就是保险基础。

这种保险又细分为三大类：一是社会保障，二是商业性保险，三是介于政府与国家社会保障和商业性保险之间的社会互助、互利性质的保险。社会保障体系与制度的最直接推动来自于失业保障和养老保障这两大社会经济不确定性。前者是解决现在生计问题，后者是把养老问题社会化（而非私人化、家庭内部化）的未来生计问题。此外，由于医疗费用的急剧攀升和教育费用问题（教育产业化的社会病），又加入了特定的医疗保险和社会教育保障。同时，主要是各种社会与制度安排以及某些个人疾病等原因，造成了贫富两极分化，从而引发了社会最低保障问题。

在最低社会保障制度设计方面，也包含着三个层级：社会贫困救助、社会最低生活保障和慈善事业关爱。三级大体说来是逐级提升，选择性一个比一个更为增强。完备的社会保障体系是良序上善社会的最基本体现。三者应分别轻重缓急，形成有效与合理的分工，从而保障公平，促进效率，提升福利水平，提高幸福指数效力。

在资本主义伦理价值中，要体现的是所谓的社会弱势群体同情与救助；在社会主义伦理价值中，要体现的应该是机会平等、集体关爱和共同幸福。

社会保险的最高境界应该是社会生计保障和宏观经济社会波动保障。耶鲁大学金融学教授席勒是通过诸如个人生计、房屋价值和宏观经济指数这种超级金融衍生品的设计，试图构建这种金融制度保障的。这就使保险原理与金融工程指数经济理念推广到国际经济下的开放宏观经济格局中去。而除了金融工程手段外,财政与货币政策也应有相应的举措,使个人储蓄投资同社会商业保险形成有效的匹配。

保险实际包含着保险、保障和互助三层含义。保险在很大程度上已经基本上商业化。这包括人身、财产和意外或事故灾害。国际保险、海事保险是另外的领域。人身保险又同年金制联系起来,成为一种类似于有息债券性质的储蓄。商业化保险一方面提供了在风险管理和灾难恢复来临时的基本保障,另一方面聚积了大量的金融资源,形成保险营运和保险投资的巨大金融能量支撑。此外,个人和家庭每每从保险投入中获得意外储蓄性的收入补充,不但使一般性的常见的概率性的灾害与防备有了资金保障,而且为大规模的保险基金与保险营运网络存在提供了进行其他金融活动的基础(但对那些巨大的难以预料的灾害,因其超出大数定律作用范围,受所谓小概率事件规律支配,因而无法通过概率精算获得的保险池来加以处理,不得不依赖于再保险来加以解决)。

而社会保障是一种宏观社会基本保障系统。它用以应对现代经济周期波动所造成的就业波动和社会不幸群体的生活困境。前者对个体来说,不论是由于经济总量失衡、结构失衡、季节性摩擦、技术调整、区域失衡、行业转型带来的,还是宏观经济政策失误和经济政策作用偏斜造成的,都使个人与家庭生活陷入困境,甚至引起灾难后果,若没有必要的支持,当事方是难以渡过难关的。而且社会性失业的原因根本上在于社会宏观经济层面而非个体原因。因此,社会有责任与义务以一定的社会资金和特定方式予以调节和解决。这对现代经济的4%—6%的所谓充分就业标准来说,是个相当大的挑战。如果说,古代农业经济中,土地是社会问题之焦点和核心。有了基本的土地保障,只要没有过重的赋税、徭役,社会太平就可保障。那么,现代经济社会的核心就是工作保障。没有稳定的职业,生计也就无法保障。这是安居乐业的前提。

社会不幸群体概念不同于社会弱势群体。后者就如同残废概念一样,有先天的贬义。而前者如同残疾和残障一样,不再有社会偏见性的贬义,仅仅表明了暂时的或永久的不幸。这种不幸可能来自于个人身体、家庭负担,甚至于一定区域或家庭成长环境的不利,也可能来自于个人和家庭特定的心理,例如,一些人是好人,但其个人家庭生活却并不幸福。单亲家庭总体来说,其经济状况通常会有相当的困难。至于少女妈妈,问题就更为严重。

社会保障加上社会关怀(来自于向善趋美的美德追求)更是奠定了现代社会的德性取向。在一个以等价、等利(等害)交换为基础,存在着普遍性的道德沉默的现代社会里,追逐一种更为高尚和神圣的人类同情和社会关怀,无疑是对商业伦理、道德秩序、物质主义、享乐主义、自我中心主义(个人主义)的一种否定和挑战,更是一种超越和升华。这种社会保险的存在,不但具有重要的物质价值,更具有伟大的精神价值。

(二)货币基轴

大金融时代并没有超越货币,仍然把货币作为元金融。货币不但充当价值尺度,而且本身既是财富与价值符号,又是财富与价值本身。货币作为一般等价物发展到了人类历史的极端。货币的一般等价物作用范围直接受制于商品货币经济交换范围。经济要素越是充分自由解放,经济资源优势越充分自由流动,社会经济身份越是在货币面前人人平等,降低交易成本和追求人类平等越是向大众化、齐平化的方向演进,货币一般等价物的独特地位和身份就越是显赫。

货币需求的充分无限大,直接挑战了贵金属本位制。当然贵金属在全世界的非均匀分布,也是脱离金银本位制的原因之一。从交易成本降低理性而言,对应于现代经济天量规模的发展,对货币材料自身价值趋于零的要求越来越高。纸币全面胜出的主要原因就在于此。这是一个劣币驱逐良币在此意义上的经典写照。当然,实质上,无论是纸币还是电子货币,货币真实成本都不但不为零,而且相当高昂。从货币设计、防盗、防伪、输送、点钞、保存等所有环节来看,没有国家政权力量和强大的保安系统,根本就是不可想象的。货币安全当然可以借助和分享一部分国家已有的安全职能部门,但其自身无疑也要投入相当的专门与特有力量。至于电子货币,则除了相应的保安系统部门外,无疑还依赖于高度发达的电子通信运作基础设施的存在和运作。

货币投放是元金融注入,货币的不断投放保证了金融能量的源头注入。货币循环流转是金融功能存在、执行与完成的基本方式。货币投放量与增长速度,具有重大的宏观经济作用。货币过度投放,会直接导致通货膨胀,出现物价飞涨,货币贬值,资本流出(经济不稳定),投资因而乏力,而放松银根的初期却可能是经济过热,投资过猛的直接原因。同样的货币投放政策,前后宏观经济结果却是如此的截然相反。若货币投放不足,则会直接引致通货紧缩(当然通货紧缩可能是由于其他宏观经济原因造成的,如中国版的通货紧缩就是由近乎于供给无限又弹性为零(刚性)的劳动力供给,高度富有的人力资本(即由良好的基础教育带来的一般劳动技能与人力灵巧),以及具有中华民族先天的勤奋苦干精神的劳动大军所造成的。也同时由于中国特有的二元文化经济结构,农民工进城打工,却返乡过年和持家,这使得其对在城市经济体系中长期生存与发展的要求受到阻碍。这也是中国城市化发展缓慢的另一个原因)。抽紧银根,有助于抑制经济过热,消除经济结构失衡,但造成通货紧缩就会削弱利润实现、价值实现,从而造成社会购买力不振、内需不足,甚至导致外贸乏力,经济增长缓慢以至于使经济陷入衰退。

货币的硬通货程度,货币的国际价值含量评估,货币在国际金融体系中的地位等,这些标志着一国所占有或具有的世界经济位重。它们决定着该国在国际基本竞争轴中的地位和作用,影响着一国在国际金融和实物价值链决定上的位置。世界货币、准世界货币,作为一种国际金融领域的制高点是所有大国所向往和期盼的。英镑霸权、美元霸权无疑都给了英国和美国以巨大的好处:铸币税、国际金融风险的国内化、外贸结算的灵便性、对外交往的时间与金钱成本节约等均是这种好处的具体体现。此外,世界货币还具有更为重大的金融与文化象征力量,其作为一种世界性财富的象征,代表着无尽的文化与经济力量的世界性的流通与输出。

中央银行成为货币政策决策的最高机构,央行首脑享有独立的重大的宏观经济决策权与调控权。这是传统社会经济不曾有过的权力分工。历史上财长、财政大臣向来是国家直接的最重要的内阁班底,而今却已经发生了很大的变化。美联储主席的重要性,在有些方面和有些时候甚至超过美国总统。这是货币所具有的高能金融与元金融的魔力所致。

货币在微观和中观世界里同样具有重大的基础功能性作用。在工业革命时期,甚至也就是一两百年之前,货币在日常生活中的普及性和有效性,还远没有今天这样重要。首先,相当大比重的物品与劳务采取直接的物物交换和私下往来,并不通过市场,也无须货币媒介;其次,市场化和依靠货币媒介的交换通常是基本品以外的额外补充;再次,交换后的结算部分并非一定要通过货币来计算,其他财富、资产和东西(甚至人质也可以)同样可以用来进行结算;最后,货币的流行程度、可依赖程度、等价物所具有的普世性程度远未达到当今社会的情形。

大规模的社会分工、彻底的社会化大生产、完全商品网络体系等均要求显著地降低货币衡量、价值核算和交易标准等方面所涉及的全部交易费用,尤其是由标准化、部件化、批量化的机械工业和化学工业所开辟的现代产品和现代农业造成的物品充裕,要求同大物流、快流转相适应的货币快速通道与之相适应。进行简单计价并完成互换,然后进行金额结算,这当然是最合理、经济的办法。然而,由于千百万亿次的交换,不同的人员、顾客参与其中,最后只好采取现金支付办法:一手交钱,一手交货,免得要进行核查、证明。而举凡有固定身份和良好信誉的居民,现如今大部分都采取了平日信用卡刷卡走账,月终支付与结账。这已经基本上接近于商家金融衍生品市场的互换情形。

商家、厂家、社会单位乃至政府部门和公益事业,甚至于慈善事业单位的社会往来,也基本上是货币化了。甚至商家、厂家的内部,不管其规模多大,实力多么雄厚,只要可以独立核算,就分属于不同的经营公司或至少是独立核算单位或利润中心。其核算、结算和转账单位,自然是货币形态。尽管其不同于市场交易,但价值衡量/价格/成本/盈利核算却应同市场无多大差异,只应更加有效和经济方便,否则,就一定是内部管理混乱,还不如直接外购和外包。美国走得更远,连国防和军事都出现私有化倾向。

厂商经营和进行投资决策,进而作出融资决策无疑是或者追求利润最大化,或者追求成长最大化,或者追求销售最大化,但无论是其经营绩效的最终衡量,还是其总利润的尽可能最大化,或起码是追求平均利润和适度利润保障,其效益追求和绩效衡量归根结底当然还是要遵循货币化准则。投资决策中无论是净现值法、内部收益报酬率法、回收期法,还是盈利能力指数法、平均会计收益法等等,都是以现行货币、预期现金流、换汇或折算限制、简单的未来预估获利价值为基础的。货币成了万能的核算尺度和金融价值标准。而且,对于商家和厂家而言,只有产品和服务的货币化价值得到实现,即产品市场交易后的价值结算得以最终完成,才算真正完成了价值实现和经营绩效。即令实物与合同现实操作已经实现,但只要账转不了,资金不到位,收不到现金,哪怕是时间上的拖延,各种风险损失,包括市场和违约风险损失就都是可能存在的,都是未完成形态的。

就个体消费者消费或家庭投资而言,看起来似乎是追求所谓效用最大化,其好像是同使用价值有关,同货币衡量没有直接关系,尤其是对那些炫耀性消费而言似乎就更是如此。然而,萨缪尔森的偏好反射原理和马歇尔的货币统一比较思想早已表明,消费者在性价比和投资市场价值参照上,不可能让自己的消费决策和家庭投资决策完全信马由缰。购买房屋、汽车等耐用消费品的消费者，除对功能价格而外，同时无不考虑重售价格与市场行情趋势。

如果把马克思的《资本论》、齐美尔的《货币哲学》、托克维尔的《论美国的民主》和当代作家的《欧洲梦》《构建美国》《融资美国梦》中的有关货币文化、货币价值观、货币财富理念形成一个完整的体系，那么，货币技术不但在直接经济核算、比较和直接的效率追求之中构成了不可动摇的客体(或物质)衡量基础，而且在人们精神与文化生活中占有着相当重要的地位。甚至货币真的成了现代社会的上帝，货币文化替代了当代宗教。这或许就是马克思所揭示并认定未来社会必会加以扬弃的价值异化，也是丹尼尔·贝尔强调的现代资本主义文化与资本运作相冲突的本质所在。中国历史上几乎早在近两千年前，就出现了两部《钱神论》①方面的专著(即西晋时期成公绥和鲁褒前后相差四五十年的《钱神论》)。拜物教和异化是人类文明史上的最大的哲学问题之一。同哲学的本体论、认识论、真理论等一道，都是最为核心的大问题。

世俗的、物质的、享乐性的货币，堂而皇之地登上了艺术、宗教、文化、科学的精神殿堂，成为主宰、指挥、调度、衡量一切的砝码，成为通向一切的路标，成为成就一切的法宝。世俗的货币不但登上了精神的殿堂，而且几乎是彻底异化了一切，成为莎士比亚笔下的战无不胜、点石成金的魔术大师，成为马克思笔下的资本拜物教的教主。它们完全成为或在大众化的世界里，或在重大的政治与历史事变或重大的个人境遇里的尚方宝剑，所向披靡的神鬼战神。

(三) 信用主导

对于信用经济，我们已在本章第一节中作了全面的探索，此处不再赘述。这里仅集中研究最主要的信用主导作用。

大金融时代，以保险体系和平台作为社会经济运行和管理调控的基础，以货币发行、管理、控制，包括对跨国的汇率和外汇管制，作为经济发展和运用调节的基础。在此基础上，它又大规模地创造和利用信用，在信用资本基础上，把各种有形无形的资产、资源、财富组合包装起来，形成流动信用资源和金融能量，把信用系统和信用掌控作为社会经济启动、发展、运行的主导。

信用主导体现在下述几个方面：

第一，信用总量，其中包括金融原生资产总值以及金融一级、二级衍生资产总值，媒介并决定着社会经济总规模、增长速度、演进去向和公民生活品质。现代社会的全部经济动量，不再仅仅取决于货币总流量及其周转，也不再决定于全部保险财富与规模，而是由元金融派生出来的系列信用总量来决定的。

第二，信用工具创新日新月异。信用金融创新构成了现代金融创新的最前沿。信用创新不但具有显著的风险对冲和管理功能，而且可以成倍地放大金融杠杆作用。信用创新的增量和增速，决定着现金流的流动方向和增速，进而决定着经济结构的变化和社会的发展，更决定着资本和产业的变化。

第三，信用结构和信用网络的演化，彻底改造了现代金融经营管理和运作体系，

① 赵靖：《中国经济思想通史》，北京大学出版社 2002 年版。

直接推动了现代金融产业和管理业革命。与此同时,其又向传统金融中介,如银行、保险公司渗透,整体提升了金融产业发展和管理水平。

(四)财税调控

财政或公共金融依旧是社会经济和经济行为主体角色须考虑的重要依据。

财税调控在历史上几乎是全部经济启动与发展的基本阀门。苛政猛于虎指的主要就是苛捐杂税的致命性作用。什一税、五五制等都代表着政府、教会对经济分成的直接控制,而个人所得税、地产税、资本增值税、消费税和社会保障税都直接调控着人们的收入所得和财富占有。区域经济竞争与起飞及产业与行业政策倾斜,除金融支持、价格扶持外,主要就是税收政策。减免税成了地方经济吸引投资和新兴产业发展的最直接的诱因和手段之一。

发达国家财政收支占国民生产总值的30%—50%不等。它依赖于不同国家和其福利化国家的程度以及民主社会主义传统力量而形成。事实上,欧美福利社会的兴起与发展,在根本层面上基于下述两方面的原因:第一是现实的社会主义国家的直接国际竞争及其造成的直接压力;第二是这些国家的国际共产主义运动和其他社会主义运动的历史影响。不管什么原因,任何力量作用的结果,这种财税宏观经济比例具有巨大的社会经济与金融调控力量。

财税调控具体表现在以下诸多方面:

第一,强大的财政经济提供和支持了强大和丰富的公共产品和公共服务体系。而由于公共品在消费与享用上的非排他性,即同私人品的完全排他性、俱乐部品的会员以外的排他性相比,纯粹公共品是完全开放性的,绝对共享、共有性的。这无论是在消费与享用的公平性上,还是在消费效率上,都是高度良序社会所要求的,是真正经济合理的。

与此同时,完善和完备的公共品和公共设施的存在,也就给私营与私有部门的微观效率提供了良好的社会环境支持与保障。这从高素质高品质的教育、相对好的卫生医疗服务、充分的国防安全保障、发达的社区与社会的保障系统、得力的外经外贸政府服务等方面,都可以清楚地看到。

而相比之下,处于转型和改革之中的社会主义国家,由于历史欠账和转型期间政府行为角色调整等各方面的原因,公共产品体系不完善,公共品短缺相当严重,公共设施与机构建设远远不适应社会经济与生活水平要求。公共经济学经济与金融活动,对转型国家而言,具有巨大的发展潜力。

第二,强大的财政经济与金融,直接调控了社会群体和个人的社会阶层情形。纳税与征收所体现的社会公平、正义,直接影响和决定着收入与财富分配、占有与享有的社会阶层分层,并进而决定着社会机会分配和下一轮博弈,即下一代或隔代的社会公平发展。如何避免两极分化,如何消灭贫困,如何从制度上消除所谓弱势群体,如何防止阶级统治、阶级压迫和阶级剥削,仍然是重大的世界性难题。新自由主义、新保守主义无论是对内还是对外,都未能提供良好的方略与答案,中间道路也没有走出来,似乎也走不通。

第三,强大的财政经济与金融,同时直接影响着社会与国家的资本市场和投资群体的选择空间。以国民经济、国家财政和政府信用为基础的国库券、证券,构成了各发达国家资本市场稳定、活络和发达的巨大金融资产市场。其不但为各种投资者,无论是大众散户投资者,还是机构投资者,甚至境外投资者,提供了良好的投资品种、投资回报,而且提供了金融业界的标准与风险,如利率的变动在美国就是以国库券的利息走向为基准和风向标的。

第四,强大的财政经济与金融,能够在一定程度上,通过适当转移支付和其他中央政府支持,减缓区域经济发展不平衡,实现区域经济社会发展相对公平。不同的区域,其区位、资源优势、历史沿革是各不相同的,从而其在社会经济发展空间里的地位也就会不同。这种差异并非来自于后天的努力所造成的绩效差异,而仅仅是先天的存在与自然继承造成的。因此一些良好条件的区域由此而坐享其成是不公平的。地区不平衡的一个直接影响和表现,就是城乡之间的显著差别。凡是条件差的区域,其城市化与城市水平一定比较差。这反过来会进一步阻碍周边农村的未来发展。

(五)外汇强化

现代经济与社会,在全球化和金融全球化的冲击下,很少可以固守于封闭经济之中。在开放的宏观经济系统下,汇率风险和汇率作用就是不可避免的。对发展中国家而言,增加硬通货和扩大外汇储备,随着其涉外经济发展程度和利用外资程度的提高,就会变成一个经济与金融的战略性问题。

一国的外汇储备,就如同一国的高层建筑,不但是现代技术手段、综合实力的体现与展示,而且是一国或地区在国际竞争中的身份与地位的象征。纽约的双体世贸大厦和芝加哥的西尔斯塔楼,吉隆坡的摩天大楼,台北的 101 高楼等都具有国家或地区综合实力的象征意义。日本在第二次世界大战后相当长时期里的保持世界外汇储备第一,现如今的中国内地外汇储备的世界第一,中国内地和港澳台地区的超强外汇储备,以及东亚地区外汇储备的天量特有状态,都代表了亚洲复兴的时代意义。

外汇储备的增加,给了一国应对国际经济变局、支付和调节本国经济甚至产业以有利的资源和杠杆,给了一国应付国际金融危机冲击,甚至于一些恶意的金融操作乃至金融冲击以有力的战略资源储备。与此同时,一国的外汇储备在国际资本市场上的走向运作,也相应有了举足轻重的影响。结果会进一步加强该国在国际金融与经济舞台上的话语权、掌控权与导引权。

在英镑霸权时代,英镑就是软黄金;在美元霸权时代,绿色的美钞就是软黄金。当一国的法定货币成了准世界货币的时候,其在国际金融体系中的地位与作用甚至更加特殊。一国货币的国际化程度是国家综合国力和综合经济实力以及其对外开放程度和在国际分工体系中的地位的基本体现。大体说来,一国的通货越硬,其货币的国际化程度就越高,其外汇在国际货币和金融体系中的影响力也就越大。

三、趋势外推失效:未来充满不确定性

实物经济或实体经济也有自然周期。农业经济时代靠天吃饭,天灾人祸导致风

险剧增、危机降临甚至社会崩溃。有时基本上是自然灾荒的周期性的体现,有时是人祸为本,天灾成为导火索。工业经济和手工业经济也会因市场骤变和买卖脱节,而引发经济起伏波动。对周期波动的解释有各种各样的理论模型。太阳黑子理论是早期自然周期理论的一种,其核心思想当然不是太阳黑子的周期性爆发引发太阳能量辐射导致地球表面上的变化,进而引起农业通过气候等生产变化引发经济周期波动,而是太阳黑子活动代表的不确定性的变异暗示的经济周期的随机性。马克思经济周期与经济危机学说,把对周期不同的深层原因锁定在资本主义经济制度上的内在运行中。将危机的爆发看成是在当时其内在的矛盾通过供求周期性的失调已严重到不可调和的剧烈失衡和现实冲突程度,而不得不通过危机一方面寻求从激烈冲突性的释放中得到解决,另一方面正不断深化地显示出制度本身的内在不可调和性。萨缪尔森的乘数—加速原理,通过简单的数理投资—重置投资和总量运动,解释了经济周期运动的内在必然性。现代经济学则一方面通过外部冲击这种不可测、不可抗拒的外力作用,来试图解释经济周期,另一方面通过内在的经济服务和联动(非线性与复杂巨系统)的内部化作用机理,来解释和说明经济周期波动起伏。

信用经济并非完全脱离上述这些实体经济、实物或传统经济而独立存在。恰恰相反,其是在上述经济的基础之上的进一步拓展和创新。因此,一切相关的理论和模型依然具有相应的解释能力。然而,与此同时,新经济已发展到可以产生经济系统的某种特异性、复合性、复杂性的边缘。这种超级金融网络和信贷体系把整个社会的风险防范、危机应对、困境摆脱、灾害求助、失衡调整、公平保障、效力提升等,推进到了历史上前所未有的程度。这就必然带来下述的难题:金融体系与系统复杂程度的提高,当然通常是由大量叠加的金融创新和有效提升的金融绩效带来的,在现今的复杂性网络联络中,这种大金融产业集群在加密、加厚、加强、加大金融风险防范的同时,也把经济与金融泡沫向后大大推延,并同时有可能使得金融泡沫达到空前巨大的程度,从而使未来金融泡沫破裂所形成的金融冲击和金融灾难达到可能难以驾驭的程度。

可以从下述角度全方位地把握信用经济的不确定性,从而进一步引出趋势外推是如何失效的:

首先,财富、资源和全部有形与无形资产均可能被打包、打捆进入证券市场,资产证券化的可能性空间,在原生品、一级衍生品、二级衍生品乃至 N 级衍生品展开系列方面,几乎形成了无穷尽的再造空间。这使得全球范围内数千年人类文明积累的财富、数百万年人类演化的财富、数亿至数十亿年地球演化的资源,都在理论上有可能挤入资产证券经营范围。这一方面极大拓展了人类财富空间的范围,另一方面给予未来资产证券化以过度的想象和操作空间。虚拟经济财富幻觉有可能超过历史上任何时期的货币幻觉和泡沫幻觉。当一种前所未有的经济增长空间和金融操作空间出现时,就如同历史上的铁路投资高潮、汽车投资高潮、信息投资高朝、网络投资高潮等一样,蜂拥而至就是超级羊群效应,一夜暴富就是天上掉馅饼。全民皆股,股市、楼市、汇市、币市等全面活络,现货、期货各种市场全面上扬,不可能不出现非贝叶斯学习,不会不是小数定律控制,难免不是小样本事件视窗锁定。在这种"火红的年代","激情燃烧的岁月里","理性"不可能不疯狂,并且疯狂的未必不成器,而且可能是惊天动地、一鸣惊人的超级成功。预期失了定规，人们步入了疯狂，理智让位于激情，快速跟踪变成了百米冲刺。结果，只能是未来成了变数，一天等于二十年，一切都难以说清楚，老方法不灵验了。

其次，金融风险不仅仅同利率风险、汇率风险、期限结构、违约风险、操作（运营）风险、技术风险、战略风险、模型风险等连在一起，也同甚至更同风险链条、杠杆程度、复合程度或复杂程度连在一起。就如同机器越是精巧，系统越是复杂，设备越是先进，其一方面预期更稳定、功能更强大、使用更便捷，但其发生不可测的故障和出了故障对其予以排除所要应付的局面就越是复杂，越是充满不确定性。例如，手动驾驶变成了自动挡，驾驶人员在享受了操作简单、使用方便的同时，就不得不面对一旦熄火或失灵，问题不易查出，驾驶人员将基本上成为门外汉；又诸如傻瓜相机等各种电器和电脑，功能越是齐备，系统性和非系统性故障出现的可能性就越大。现在金融经济故意把金融风险链条大大拉长，把金融杠杆功能应用到几乎无以复加的地步，把资本金蛋的生蛋率提高到了从未有过的水平。这一切都极大地隐含着不可预估性和风险联动与放大的可能。而种种突如其来的风险及其风险结构，既是前所未有的，从而又是无法以先验概率加以外推的。

再次，金融经济打乱并颠倒了传统的价值源、价值链，造成了经济运作的价值创造的虚位，带来了虚拟经济的超级幻觉。从农业到工业，从工业到商业，人们在金融经济大空间与时代的转型中，所要把握的依旧是有形与实体经济。价值源泉从农业转移到工业制造、工业加工和工业采掘，其间的实体变化和增加值，自然是可以理解和易于接受的。当然，从工业到商贸，从生产到物流，从制作到经营营销，无形的东西、非物化价值已经出现，但毕竟劳务和有形的基础设施还在。然而，金融体系下，赛博空间（cyberspace）里，甚至无本经营的空手道可以大行其事；买空卖空可以在无本经营下，既买又卖，双向押宝且无须太大的成本投入。这种混乱和迷茫一时间使得实业家几乎跌破眼镜，断乎找不到北了：不知资本运作为何物？搞不清如何瞄准发展方向了。这就是当年沃尔玛（Walmart）的 CEO 无论如何看不上微软的比尔·盖茨的典故的来由。知识价值、智能价值、商标价值、审美价值、风险价值，简而言之，虚拟价值、金融价值究竟如何定位，其价值源和价位的市场均衡空间究竟应在哪里呢？

最后，资本资产价格、金融产品定价与市场价位成了新的挑战与课题。同传统产品与服务的价格确定不同，金融产品一方面取决于未来预期的现金流，这就把未来预期的不确定性引进到现实定价之中，另一方面，现代金融经济的价格确定不但因其随机性，尤其是复合证券复合随机性而出现供给价格确定难题，而且同时造成了需求价格确定困境。结果，经典、正统经济学家让位于金融经济学家，传统价格理论让位于新的资本资产定价理论和套利理论。事实上，这种价位与均衡价格的不确定性在本质上仅仅是认知上的困惑，是理论上的毛病而非真实的问题。

四、风险社会：全新的金融生态和金融生境

风险和不确定性是两个不同的概念。风险一是指当事人已经涉足的事业所隐含的可能损失；二是指事件概率是已知的，或至少是可知的。其客观概率和主观概

率均是可建立在一定的经验基础上的。而不确定性却是指历史经验从未确立过任何真正的客观概率,以往的数据、模型、理论认知根本无法对未来前景作出任何有益的估算与测定。本章的前一节,基本上是在上述意义上揭示和把握金融经济的不确定性的来源与本质规定的。这一节是要对具体的风险进行处理,将风险理论和风险实务管理结合起来,建立起新的理论分析体系。

史前文明,远古、上古、中古时期,无论哪个古代时期,农业社会、工业社会,不论哪种类型的社会都具有风险,都充满了风险。从蒙昧到野蛮,又从野蛮到文明,人类文明发展历程从来就没有离开过风险而存在。早期的人类在凶猛的野兽和充满变数的大灾面前,根本就是个势单力薄、任人宰割、一切听天由命的可怜生物群:被猛兽吞食,被毒蛇伤残,被自然灾害毁灭等等不一而足。生命保障同其他被捕食群体几乎没有什么两样。

然而,人类一旦建成了居所,找到了相应的文明生存方式,形成了一定的文明结构,其衣食住行的规律性生境就会形成,其稳定性、可预见性的生存和发展预期就有相当的科学性基础,与动物的风餐露宿、饥一顿饱一顿、有上顿没下顿形成一定的对照。

政治更要命,军事更激烈,文化更耀眼。似乎所有的行业大类,所有的职业行当都比经济更辉煌、更超脱、更引人入胜。但马克思无疑是对的,经济的确是基础,经济基础决定上层建筑。政治只不过是经济的集中表现(列宁论断),而军事(战争)只是流血的政治,从而是对抗性的、激烈的、你死我活的政治和经济。因此,经济生境构成了人类文明的核心和基础。

金融—经济的生境相对于面临野兽攻击、自然灾害恐慌等方面,当然不会比以往的历史各种经济形态要坏。毋宁说,在这些显见的风险和"野蛮环境"的"驯服"方面,金融—经济时代已经达到历史上的最高水平,具有极高的安全性。然而,进入金融—经济生境,风险却并未因此而消除。在另外一些方面,由于大尺度范围的小概率事件的极短时间内或然性或某种意想不到的不确定性,反倒大大提高了金融—经济的风险程度。

经济生境风险可以从宏观、中观和微观三个层次与视角给予研究:

从宏观层面与角度看,首先,资源枯竭和环境生态恶化是金融—经济面临的最大的生存空间风险。工业社会和现代科技是造成这种生存空间风险的主要技术条件。资本主义经济组织生产方式是生态危机的制度性根源。但社会主义市场经济同样面临着资源掠夺、生态环境恶化的重大挑战。不论是何种制度原因,不管是什么样的技术、科研条件,金融—经济把资本与投资能力、动员能力开发到了极限,其整合资源与技术手段并动员物资资源的能力,就像核军备竞赛一样,其真正的潜力极限几乎无穷大,从而必然组织、推动着不断强化的经济竞赛和金融竞赛,结果可能走向人类的巨大灾难甚或引致死亡。如果说造通天塔在古时候只是传说中的梦想,以今日的科技力量和金融聚能等作用,即使技术上依旧是不可能的,但资金与资源整合上却是没有疑问的。而人类社会在物质主义、享乐主义和齐平化的价值追求下,已经把地球上上亿年聚集、演化的能源在数百年间几近耗尽,把地球数百万年形成的表土层破坏殆尽(化肥、农药、过度耕作),把数千年的森林资源砍伐用光,并进一步威胁气候变化、大气环流。

其次，国际经济竞争日益激烈。世界经济相互依存日益紧密，国际分工体系和国际基本竞争价值轴处于剧烈的变动之中。这种国际经济格局始于工业社会但却在后工业社会达到这样复杂、多样的程度。全球化表面上看起来是全球生产、全球要素配置、全球营销，从而贸易的全球化和资源流动的全球化，但本质上必须，也只能是资本的全球化。而推动、控制资本全球化的主要平台和作业是金融全球化。金融全球化是金融经济的最重要的国际经济与金融的现象之一。然而，金融全球化就如同经济与贸易全球化一样，不仅仅是借助跨国公司来加以实现的，而且依旧必须是在民族国家政治架构的现行的主权至上原则下的国际社会的法律、政治、文化与社会框架下进行的。因而，经济和金融主权的体现就是法定货币、利率控制与决定权，从而外汇汇率的终极决定权。由于大规模错综复杂的国际经贸往来与要素流动，要求高度市场化和灵敏的国际金融价值体系，因此，浮动汇率和利率市场化的选择具有不证自明的内在理性。结果，国际金融便充满了起伏波动。而既要提供国际经贸往来有力的国际金融知识，又要把国际金融控制在适度范围之内，这就直接推动了利率、外汇、货币市场的包括期权、期货、远期和互换在内的各种国际金融衍生品的创新。大量的国际金融创新一方面给国际金融风险防范提供了卓有成效的工具，另一方面又大大强化了国际金融风险。因此，国际经济风险不再单单是贸易风险、国际政治风险、国际运输风险，人们还必须把更多的注意力放在国际金融风险上。而且，更为重要的是，随着一些国家对外依存度的加深和外汇储备的增多，国际金融风险的宏观经济影响变得十分巨大。

再次，世界经济，主要贸易伙伴经济和这些经济体的重大变化，包括政局稳定运行、消费偏好与思潮的变化、产业调整和社会政策变化、央行货币政策调整都会对国家宏观经济带来直接和间接影响。

从中观和微观层面与角度看，首先，金融—经济下的形势法则是在全球化、信息时代、即刻通信时代和网络时代背景下发生的产业的革新，其调整速度几乎可以用瞬息万变来加以描述。没有人可以想象网上拍卖能够成为一个新兴产业。这应该归功于网络技术。更没有人能相信手机、手机短信有如此大的市场。现在的掌上电脑或许潜在价值更大。手工业在大量消失，家庭小商贩在成批地减少，大商贸连锁经营像一种无限膨胀的集合性的经营组织肿瘤一样，四处扩散，恶性发展。但一些传统产业并没有完全消失，仅仅是发生了国际转移。例如，重工业、高能耗、重污染的钢铁产业、造船产业、纺织产业、造纸产业在向中国、东南亚各国和其他发展中国家转移。

现在产业竞争的核心是拥有自主知识产权的核心技术、原创性技术、高端价值的核心零部件和品牌价值的营销权。大规模的外在与边缘产业集群并没有太高的价值，除非由简到难，最后全方位控制，掌握从源头到边缘的全部产业集群。中国未来二十年的发展方向就在于掌握这样的国际产业布局控制权。

因此，产业风险已经不单纯是市场预测、技术占有、成本优势等方面的产业管理风险，而是产业中的核心技术支柱，产业时代变迁的战略变动和不断重组的经营风险。由于金融—经济的包装、组合与匹配能力，加上信息时代的灵敏反应，产业风险变得更加现实又严峻。

其次，金融—经济下的企业、商家、组织，一方面有了更灵活发展的空间与平台，可以通过各种服务杠杆与手段获得启动资金和补充的注入资金，可以实现试验和推出各种产品与服务，使得市场、企业、中介、特定组织或团体之间的界限日趋模糊。另一方面，企业间的竞争空前激烈，规模经济、传统技术、忠诚顾客群、高品质产品等越来越靠不住了。新生代消费群体越来越追求个性化的东西，喜新厌旧，注重感觉，追求外在与表面化，追求简单、快捷，追求新鲜和刺激。他们本身在享受消费之前，并没有多少长期的专心投入与研究，自身条件也未必优越，但就是要那份感觉，那种夸张，那份张扬。唱卡拉OK，跳交谊舞，参赛超女等，都较充分地体现了这一点。

当然这并不等于说规模经济已经毫无价值。事实上，规模经济若同财务或金融势力结合起来，再加上品牌优势，则微观收益和竞争力几乎是无限的。发达国家的国际知名大型公司，往往同时下设自身的财务公司，并在进一步扩张兼并时，依然保留被兼并的品牌。例如，凯马特(Kmart)兼并西尔斯(Sears)就保留了后者的品牌；花旗信用卡公司购买西尔斯信用卡时，就保留了西尔斯信用卡原品牌。

现代企业的最大风险既不是其价值风险，也非其经营风险，而是其生存风险和战略风险。前者直接决定着企业能否生存下去，后者决定着企业的存续与发展。价值风险和经营风险基本涉及现金流的风险，包含诸多具体的风险来源与类型，如市场风险(市场转型、牛熊市转型)、信用风险、金融风险(利率、汇率风险，期限结构风险)、操作(营运)风险、技术风险等等。生存风险可能来自于上述某项重大风险的致命一击，可能来自于形势法则强变下的技术、市场剧烈变动，也可能来自于国际市场与分工体系剧烈变动。有多少企业家能够预见到手机市场对座机市场形成如此大的冲击？有多少计算机专家和信息专家能像比尔·盖茨这样执着地认定和推进个人电脑事业的发展？

传统手工业和农业的生产与经营都不曾在如此短的时间里经历如此快速与大规模的变化与调整。一种产品和技术能够稳定地延续一整代甚至是几代人。铁锹铁铲、牛耕马拉、煎炒烹炸、锅碗瓢盆延续了多久？

当信息智能条件可以以电子速度进行传播和扩散，当用于启动和扩大规模的资金能够几乎像自来水一样方便易得，企业的生存竞争和战略风险无疑将变得很大。金融—经济的风险社会特征在微观上表现得同样是如此显著。

五、金融专家化：结构金融、复合金融、金融工程

英国劳埃德保险巨擘在早期是由咖啡馆顾客的非正式交汇场所和信息集散所致；美国纽交所是老槐树下的一些好事人儿经撮合而成；想当年，当国际金融期货之父梅拉梅德偶然地闯入芝加哥交易所，无意获得其职业时，其正规的法学专业当然与这种低水平的非职业化营生不相干，为其选择此行当，其父亲甚至同他断绝了父子关系。可见在体面的和上层人士眼里，早期期货行当是何等地低下。中国保险业迄今仍旧尚未摆脱低水平、非专业的营销模式。这是其行业起飞的重大瓶颈。

然而，从早期的正规的银行家，到现如今的金融家，诸如金融高官、高级金融理

财师、高级金融分析师、高级风险分析师、高级系统分析师、高级评分师、高级金融策略家、高级金融市场分析师等等，这些现今的金融工程师使得现代金融进入到了专业化和高级职业化阶段。

嵌式期权、结构票据、衍生证券、组合互换、或有贷款与证券等等，如此复杂、多样的金融工具组合和花样合成，以及一阶随机占优，二阶随机占优，久期与均值回归，完整期限结构，大数定理与小概率事件，正态分布与重尾分布，布朗桥与布朗运动，波动率互换、偏态与微笑(skew and smile)，快速傅立叶变换，对称随机游动，比例漂移，随机波动率、隐含波动率，鞅表示定理与鞅测度，风险升水与逆向交易，存量与流量失衡，超级马歇尔—勒纳条件等等，如此繁多复杂的专业名词与陌生领域，构成了一个高速发展变化、吸引大批高智人士投入的古老行当和崭新行业。结果，不得不采取高度的专业化分工，专业化成为唯一的出路。

金融运作已经变成了庞大的产业集群。其需要雇用大量各行各业、各种才能的人员。其中不再是几个少数金融大鳄的天下，金融也不再是非专业人士的赌博式的把戏。金融产业集群建立在惊人投资的现代信息系统之上。这包括大型机、中型机系统，微机与终端联结，视频与远程通信等，当然更借助网络系统与技术，电话和邮递系统，复杂复合软件系统、先进的数据库甚至数据仓储系统，而构成金融技术支持系统。

现在金融高级总裁多半是金融技术官僚出身，有些仅仅是电脑(计算机)、信息与统计精算专家，甚至不是投资、借贷、银行、保险、国际金融、财税与经济专家。

金融专家化首先意味着金融业界人士必须具有相应的系统的金融和相关联的知识结构。在金融业界的高级决策者，包括金融监管部门的决策者，愈来愈需要学者型官员而非政治官僚。相应与相关的知识结构，一方面要求系统的课外训练，另一方面要求相当的从业经验与阅历。不但许多危机应对和灾变处理要求经验，许多分门别类的具体业务知识，都非书本可以提供。

金融专家化其次意味着金融专家特殊的素质与技能要求。他们必须是现代人力资源中的一流人才。他们必须精于计算，敏于捕捉，善用模型，巧用数据，勇于创新，勤于观察。既要有原创性的思想活力与爆发力，又要具有搭积木的综合的本领，还要能够从现有的金融工具中组合出令人满意的结构品。金融专家不应是单纯的学究式的数学家与精算师，他们必须具有金融和经济意识，具备把握金融服务需求和产品特征的灵敏感觉，能够把先进的技术手段和模型开发用于金融数据挖掘和整合之中，以便在鱼目混珠的经济、人口和商家经营记录的信息中，提炼出金融变化潜势与潮流，并提供相对应的战略与政策。

金融专家化的根本原因在于金融对象系统和金融世界不再是传统的简单借贷、一般性的兼并合并业务、单纯的某项保险、普通的理财和财会管理，而是结构金融、复合金融和金融工程。

人们知道，工程师替代师傅与技工，就在于大工业工程不再是凭着祖传家世的经验和个人直觉就可以应付得了的，而是必须建立在一系列的科学概念、公式计算、理论推算与推导、系统性设计、科学计量与思索基础之上。金融工程师就有这个意思。

第二章
金融行为主体行为理论建构和博弈理论模块

经济学与金融学甚或金融经济学通常仅仅利用一般抽象假说，而后直接进入到具体领域与模型，既不对金融行为主体作专门章节的深入论述，更不在学科与学理体系上对其加以展开性的深度探索过程中，再度引入金融行为主体核心理论。这无疑是一种典型的理论鸵鸟政策，其带来的是金融与经济学本体论缺失的严重后患。如果我们把握了历史经纬及认知金融与潜认知金融的基本原理和内容，就可以深入到金融行为主体方面的研究。这样不但可以获得对金融经济学学理的深入展开所需要的系统性铺垫，而且可能引发并推动更为深层的金融本体论方面的科学探究，从而为金融预测与决策，为系统的金融博弈提供行为论基础。

一、金融行为主体论：集体无意识与交叉圆理论

在各个民族，普遍存在着民族救星、人文始祖与先王大帝的英雄崇拜，并在现代社会中以国父、文化超人与圣贤等的形式而继续历史记忆和现代存在象征。荣格在其性格哲学中基本上构筑起了集体无意识学说。其把人类数百万年的演化史，通过潜意识而在今人的下意识海洋中据以保存和体现出来。

以往人们把一些个体特异的深层梦境里的东西，仅仅解读为宗教和神话起源时期的对大自然的恐惧。荣格却将其进一步确定为人类精神起源的远古积淀。

这样看来，今人个体的下意识活动就不仅仅是个现代理性与社会文化氛围下的个体与群体意识的互动，而且是人类全部历史，包括生物演化历程中的个体与群体精神与文化活动的交互作用的现代动态存续。因此，偶像崇拜、图腾崇拜、自然崇拜、英雄崇拜就是一种精神遗传基因，其由生命体的内在密码体系所决定并得以代代相传。

集体无意识演化的主要脉络是国家精神与民族魂灵。它们构成了爱国主义与民族主义的超越文化与心理的一种生物进化性的精神遗产。在笔者创构的舒适空

间理论里，包含着国际通货偏好上的舒适空间研讨。在这里，则进一步找到了除交易方便性及文化交流与金融核算成本以外的爱国主义与民主主义的文化精神心理情结。这种情结，还会在国际贸易与国际投资中得到更加充分的反映。

然而，这些情结与心理结构是否只存在于战争期间，抑或仅仅在外敌入侵时期，并且需要在拥有一定社会地位和身份的金融行为主体面前，才会遇到这种涉及民族尊严、气节、国家利益的交易与活动呢？事实并非如此。普通消费与投资者的股票选择和金融资产的持有，甚至是消费购买方面，都存在着公开的或隐蔽的爱国主义情结。美国、欧洲、中华崛起，甚至于日本挑战、战后德国崛起，都有着强烈的民族情结。

不仅仅是国家与大企业的产业投资、资本流向具有这样的国家意识，平民的生活与选择中也包含着民族精神。这当然不是通过狭隘的贸易保护主义和抵制外货与外贸而表现出来，更不是通过拒绝走向世界，反对外向战略经营而展示出来，而是通过理性的选择与比较，在长期、短期、中期的具体与全面核算下，完成有效的消费和投资选择。

同集体无意识相对应的是个体无意识。个体无意识如前所述，以一定的结构形式而存在。这种个体无意识结构系统又同个人意识结构系统相互作用，通过一定的系统的特定人格化和人之特征集合而被反映出来。这些特征集合可以表示成一定的圆圈。各个圆圈形成一种既有一定交叉，又保持自身独立存在的交互作用关系。于是，就可以引进交叉圆理论。

交叉圆理论是澳大利亚生物学家通过长期观察狼群的生物与社会结构及其繁衍交往而创立的一种理论。该生物学家发现，不同种群的狼在不同的以一定的公里数为直径而形成的圆内活动。同一种群的狼的活动范围或领地，就在此一圆圈内。这包括觅食、活动与繁衍（交配）。这位生物学家同时又发现，不同的狼群所形成的圆圈并非各自完全独立，而是相互之间有一定的重叠交叉。在这些公共领域，不同种群的狼就发生了某种意义上的杂交。狼群社会生活模式可以是完全独立封闭、完全重叠同心圆和部分重叠同心圆三种模式。第一种模式可以完全避免狼群间冲突，各保其安，但狼群将出现由于过于单纯的近亲繁殖而形成的退化趋势；第二种模式是狼群可以获得完全的杂交优势，但种群间的厮杀又将异常惨烈；第三种模式将可以兼有前两种模式的好处，而同时免掉前两种模式的劣势。这位生物学家据此提出了交叉圆理论。该理论一经提出，不仅立刻引起关注，而且很快被引入到其他学科之中。

交叉圆理论无疑可以被引进到这里的个体无意识结构系统中。金融行为主体是一种多重人的集合。每一种人的界定，都保持了其特有的内涵与要求，形成了其特殊的品格与期许。同前述的狼群情形有些相近，倘若每一人性完全独立存在，尽管其可以大大强化自身特性，但其一旦因失去同其他性状交流的补充性，而由于自身的纯而又纯，会发生某种独特性的退化与退步，而若完全重叠在一起，则会造成角色混沌与错位，引致不可控的突变和杂乱无章。故而，只有既独立又交叉的模式，才既能保持独立的各种特质，又保持充分与有效的交流，进而增进丰度与进步。这里的交叉圆理论可以用图 2-1 表示出来。

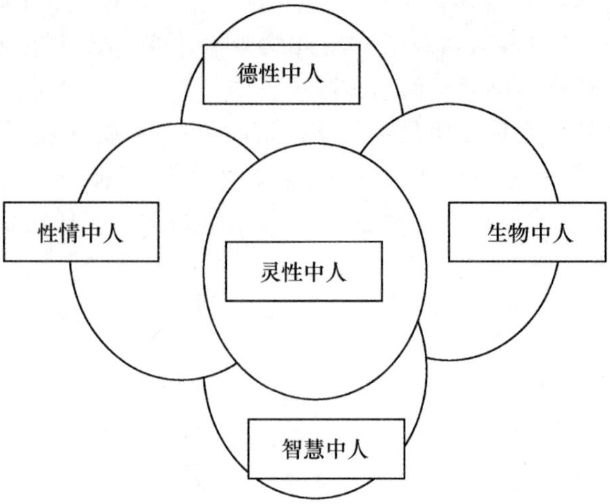

图 2-1　金融行为主体交叉圆

金融行为主体的精神支撑与根本信仰,存在于其精神品性与人格之中。其居于所有圆的中心。这就是属灵人内核。人之有别于动物的本质规定的全部内核,就在于这一灵魂的归属。属灵人并非必须或只能是宗教人士。非宗教人士并非没有灵魂的信仰。信仰的深层活动并不一定都要采取现存的宗教系统。

完全自私自利的非宗教人士,也有其属灵人的一面。那就是其灵魂深处的性恶大爆发。这种人的信念或信仰已经完全物化,变成了彻头彻尾的实用主义和功利主义,而且是在极端个人主义之上的这两种主义的信奉者。这种人一定是金钱主义者,但未必都是物质主义者和享乐主义者。他们相信银弹的战无不胜,自己聚财,也可能利用金钱作为手段,而集结他人的和群体的力量。

纯粹宗教性的属灵人,其金钱意识活动,乃至其人生全部资源和财富,都是有神性和要合乎教义的。什一税和百分之十五的奉献等等不同的宗教规定,对完全宗教人士有着十分明确的约束。而那些完全的善男信女甚至可能以各种手段直至个人的身家性命,来侍奉神明。此外,宗教灵性会渗透到其生活选择的各方面,影响甚至左右其对商业伦理的判断与接纳程度,影响甚至左右其参与经济与金融活动的内容与准则。

现代商业伦理和现代性或曰世俗人或所谓人本主义、宗教改革、理性运动,无疑在某种意义上较为彻底地把人类社会(主要指中国以外的世界,尤其是以西方文明为主体的欧美国家)转移到了世俗主义的轨道上来。但这种转变仅仅是推翻和摧毁了神本主义、教本主义,把宗教同政治、经济乃至文化生活区分开来,其并没有完全否定宗教信仰,而且把个人宗教自由还给了行为主体自身。

在后现代思潮的解构与反思中,文明与宗教出现了再度联手的新倾向。面对价值缺失和精神颓废,人类在重新审视宗教价值灵性并非仅仅存在于宗教事务系统之中。哲学、文学、艺术和其他感性与理性实践中,都饱含着灵性本身。

在人们作为一种根本的精神和信仰存在的同时,人们又必须在一定的社会群体中获得某种德性与伦理品格。这是其完善自我,协调其内外自我同群体的最为省事的方式。动物的社会结构与伦理意识是极为简单的甚或根本就不存在的。因此,动物不存在所谓的道德约束。而人却不能乱伦,不容许疯狂和随心所欲。其必须时时处处把握好自己的身份、地位，彬彬有礼、礼尚往来，恰到好处，自然得体。

人格魅力自然不完全都来自于其伦理境界和理想追求，但高尚的情操却总是会产生巨大的人格魅力。对绝大多数的散户而言，通过金融市场计量分析发现，他们中的相当一批投资者既不进行所谓的市场技术分析，也不进行金融流量的具体模型分析，而是主要关注核心决策团体的投资理念、决策风格和价值追求。这种投资追随被称为价值尊重。金融高官的价值理念与投资风格，具有直接的投资引力，构成了散户投资的一种基本信念与凭证。

那么，是否只有金融高级主管，才具有道德人的金融与信用价值，而对于一般具体的金融行为主体来说，就无所谓道德界定之意义呢？人们知道，商界与金融，除了创新与管理之外，一个最重要的核心就是信誉。信誉可以直接转化为金融价值功能，信用评级可以影响信贷利差，甚至有可能影响重大投资决策抉择的合作可能性。

金融行为主体除了属灵性、道德性之外，还有生物自然性和智能性两个方面。生物自然性是其自然人与物质人的天性。这是人之物质属性和世俗性的一面。这一面具有积极、向上的近乎于生命本能性的东西。经济学上的自律性、自由竞争之核心动力源与学理根据，就来自于此。马克思主义同样讲究个人物质主义原则，并在社会公正与伦理体系下，既要求所谓剥夺者被剥夺，即返还和回收剥削者的占有与积累，更要求各尽所能、按劳分配。因此，马克思主义非但不否认个人物质性的一面，而且既承认其合理性，又要求社会保障制度合理性能够得到彻底实现。

物质人和世俗人界定出金融行为主体的直接物质需要和务实性的一面。这方面是其基本生存与存在的物质性的要求表现。这种物质性是不同于动物性的。不论天然环境与食物供给发生多大变化，老虎还是要吃人的。无论熊猫成为怎样的杂食动物，其仍旧还是离不开竹子这一主食。然而，人的物质性要求却有着巨大的弹性，其因时、地不同与文化背景各异，会有巨大差别。

金融行为主体的这种物质人属性并非是其自然需要，或进一步的生理与生物学方面的天然要求，而是这种主体的一种存在与发展的自然形态与世俗性倾向。正是这方面特殊的要求与才能，一方面促成了其对资产的有用性、专门性的领悟与评判能力，另一方面给了他们进行投资、经营的专用性以具体的可能性判断。此外，也是这方面的功能专用性的感知与判断特长，为他们对未来产业与市场要求走势提供了进行综合判断的基础。

除了灵性人、道德人、物质人而外，金融行为主体又是一个智能人和智慧人。这是这种行为主体进行理性判断、推论和抉择的思维、心理与精神活动基础。智慧人不同于经济学上的理性人假说。其仅仅揭示人之信息、认知、处理与决策能力存在，但既不假定完美信息，更不假定完美理性。智能和智慧人之意识活动部分，构成了真实性、系统性的所谓逻辑思维及科学论证与检验一般思维能力，但这绝非智慧之全部。因为诸如顿觉、灵感、思想火花等的智慧升华，却都是潜认知金融领域里的。

人类的思维特征是非线性的。其不同于计算机的程式化的简单逻辑运算。它不像是基于计算公式和纯粹逻辑演绎形式而进行和展开的。智慧性的判断甚至有时直接来自于直觉，而直觉在重大决策中具有十分重要的意义。在这一点上，波普尔的系统性的证伪论证思辨思路是有参考价值的。任何投资与经营活动的起点，都是一种证实性的直觉判断，甚至更准确地说，是行为主体内首先表现为喜好的一种理性显露，而后才会是计量、比较、论证的逻辑理性活动。在通常的情况下，许多方案及其标志，都是一种真实性的论证，即对某种倾向性偏好的一种最后的系统性确证。只有那些极为重大的抉择，由于多重集体智慧，有可能被证伪与否定。

金融证伪因此在多数情况下是种实践性问题，而非逻辑实证分析的理性结论。

金融行为主体相对于具体的物品经济而言，智慧活动的非情感性要强得多。这可能是金融运作对象体的价值一般性的主要原因所在。换言之，金融运作对象体的情感附着物几乎为零。因为其操作的既非摩天大楼、航天飞机，也不是拥有特定机能的各种金融主体和专门设备。金融追求与运作的是一般价值等价物，是金融抽象价值存在，而且金融速度本身具有显著的价值差异。结果，金融就会表现出明显的非情感性的思维倾向。

商家也有恶霸，商家也会囤积居奇，但高利贷盘剥与欺贫爱富的银行却经常是金融界挥之不去的阴影。由于金融资产与资本的高度价值浓缩性和经营的价值符号性，并且也由于金融具体运作的非实体性或虚拟性，更由于金融竞争的不平等性，即由于资本来源、规模、规制和其他的国家相应的法律确定，造成了绝大多数的一般金融行为主体不具有进行金融企业经营运作的权利和机会。从而，金融领域易于产生非公平的智力运作结果。这同科学界的对比最为明显。同其他的特有人力资本以及行业如教育和咨询行业，甚至创意产业如广告业等比较而言也都是如此。而其同风险和高度技巧性竞争的行业，如军事领域与兵法斗争，娱乐性大众文娱活动等也有所不同。当然，随着现代高度复杂的金融工程和系统性管理，这种特有人力资本的现代金融形象正在逐步确立起来。只要一个国家的金融—经济—产业结构合理，资源配置得当，金融智力运作合宜形象将会越来越得到证明。就像 PC 将会逐步为普通人的智慧平等竞争提供一定的平台一样，网络金融、电子金融的指数化、个性化产品与服务，将会为个人资产管理提供越来越相对公正、平等的博弈舞台。

最后，金融行为主体永远不可能成为一个没有七情六欲的金融计算机和机器人。金融行为主体的情感思维同其理智活动是相辅相成的，甚至在最为重大的战略金融运作中，发挥着更为基本的作用。

情感人和性情中人的金融行为主体，主要会通过下述的行为通道来体现其存在。第一，其以情结形式积淀在人们深层的心灵和潜意识中，不干扰日常金融反应与运作。然而，当其同内在、深层的情结相抵触时，内在深层的情感与理智风暴将会被掀起。而最终将会形成怎样的变数与结局，将取决于情势、情结强度。第二，其通过审美快感和艺术性的评估与把玩，形成一定的功能之外的偏好倾向。第三，其通过憎爱价值取向，形成强烈的价值情感偏好，对是非对错、善恶好坏形成情感直觉判定。第四，一般性的非原则性的情感取向，常常不会明确干扰大的金融运筹，但在合作空间、边界和合作合约频率上，却会发生影响。这些不经意的细小的抉择，积累起来，可能会形成重大影响。

从图 2-1 中可看出，属灵人作为一种复合金融—经济人的聚合中心，同其他属性人加以连接，形成一种有机的复合体。这种复合体相互交叉、渗透，并且互相作用，从而同生物学和生态学上的交叉圆理论一样，在作用与构成上形成互补交叉，并催生出新质内容。这样，非交叉的部分保存了其原本的独立性。例如物质人或世俗人属性使得行为金融主体，在财富追逐与物质价值占有上形成一种内在欲念和行为冲动。其会从潜意识的追逐中逐步上升到物权与产权意识层级，并在政治斗争或博弈中确立起包括人权、股权、产权和财权的物质基础权力结构。与此同时，通过风险管理和价值核算技术，最终形成价格与收益追逐情结和拜物教伦理。

马克思揭示出从商品拜物教，借助货币拜物教最终走向资本拜物教的演进轨迹。这显示出资本主义社会存在的物欲运动升级轨迹。而这种物质主义伦理的人性内在本质就在于其物质人属性。物质人属性的完全化可能走向物欲横流、横征暴敛，甚至禽兽不如。而其同属灵人、道德人、智慧人、性情人的交叉集合，便形成了拜物教伦理和物质主义哲学观。从而在理性、灵性、德性、品味上，形成价值取向，意即为物质主义哲学观的确立，建立起坚实的思想意识基础，从而合理化其物质追求。

智慧人的境界会追求目的性之效率。其对物理性本质有可能进行理性批判与审查，也可能是在接受的基础上，就其手段与效率，即工具理性思维框架进行一定的拓展。智慧人的独立性从好奇心，永恒的探索，直到最后的科学理性，即自然哲学境界，形成一个完整的理性活动系列。在金融创新中的模型化、工具化以至最终的智能化，都是智慧人的逻辑性自然展开。

制度演化逻辑、产品与品种演化逻辑、金融操作系统技术演化逻辑，甚至于具体的金融心理价格策略与其他金融战，都是这种智慧人的自然体现。智慧人与属灵人的结合，产生了科学良知与理性良知。其同道德人、性情中人交叉，形成了情感思维以及灵感与越迁，从而把形式逻辑思维提升到了历史辩证逻辑的高度，最终达到人性辩证逻辑和科学辩证逻辑的高度。智慧人同物质人的交叉与渗透，形成了广义经济人假说，即物质主义的智能化与风险化追求的经济人新学说。在这个意义上经济人并非是狭隘的自私自利属性的经济人，其是在理性规划与设计基础上，进行理性核算与把玩的智慧人，从而成为并不涉及物质本源目的性的效率最大化的理性追逐。

由于金融行为主体的这种复合人特征及其复合化的相互交叉与渗透，带来了高级复合结构和新质产生，从而使得社会人、文化人与伦理人意义下的金融行为主体，既摆脱了动物般的野蛮倾向，又保留了内在的冲力与活力，并通过结构分工，大大放大了个体的能量。

二、金融行为主体论(II)：自我结构

弗洛伊德和荣格因为在本质上的抑制心理学说，都曾界定出那个隐藏在种种外在压抑下的自我，不论其来自于性力(如弗洛伊德界定与发掘的那样)，还是来自于群体和个体无意识及情结受阻(如荣格所界定和发掘的那样)。这里试图使人们内在的金融能量源与发动机同外在的投融资风格和事业追求以及其角色化特定的自我，通过一定的独立与联系，体现出自我的合理存在结构。

自我结构就是这样一种三位一体的自我联合体。内我构成了原梦敦促下的，有着自己本质的本我，是自己特定的气质与偏好的自我或内在本性的性我(非性爱的性，而是本性的性)的这样一种自我。这种自我具有与生俱来的、生就的、野性的、原

始的、质朴的“我求”与“我宿”。这种内我是个体意识，尤其是个体无意识与集体无意识长期相互作用所生成的一种自我界定。因此，成了一种内在的、本位的自我，故可将其称为“内我”。由此，内我一方面表明其作为内在潜意识，隐于个体的最深处，另一方面又同外在的、外显的我相区别。同内我相对应的一种的外显的外在性的自我就是“外我”。其又可称为“表我”、“形我”，是一种个体间相互交往而呈现出来的自我，一种在具体事件与交往中显露的，可被交易方与往来人际直接感触和把握的自我。这种自我同样受制于本我的牵制，并通常并不能同本我完全对立，但其表现形式或至少在许多场合下，却是以变相的甚或伪装的本我形象存在。这是一对内在的与形式化的自我的存在与展现。除此内我和外我之外，还存在一个“社我”或可以称之为“群我”、角色我的“他我”。这同那个具体的外在的自我，即表象的具体性的外我有所区别。其主要强调相对抽象的、公共形象和社群中的抽象态的自我。其多半是由社会角色的认知与践行的长期积累结果所形成的一种内在约定和外在形象表露。

内我既是核心自我界定与核心利益及其情感追求，也是本我存在的主要动源与深层企盼。其在常规的程序化的抉择中，仅仅是通过程序化与内在化了的德性与操守，而起着终极审判与裁决的作用。作为一种核心利益与价值规导，其常常被限定在狭小的作用空间里，只有在核心利益受到侵犯和涉及根本原则时，才会被启动并发挥必要的裁定或修正作用。例如，一些涉及核心价值的工程伦理、工作伦理、商业伦理、为人与处世伦理事宜，会在出现巨大冲突和引发良心不安时，受到内我的审视与评判。

外我则主要是在原则上不损害和放弃内我的情况下，能使具体的运作与交易和金融经济更加平滑与方便地存在的外在“自我”。同具体的金融交易对象打交道的，活生生的就是这个自我。被各个具体的交易对象和合作伙伴基本印入脑海的也是这个“自我”。其通常打理那些具体的琐碎的投资、经营、储蓄、交易与往来。市场上场外交易的及其他方面的经营运作，都是由这个“自我”来体现、参与和完成的。内我的相当一部分会被压抑、抑制或以变化的形态出现在外我上。

在内我与外我之间，还存在一个社我。其代表着一种半透明的抽象的内我和半展示的抽象的外我。同个体的鲜活的被交易对象直接接洽和形成印记的外我相比，社我是社会群体规范与社会角色下的自我界定。同是总统，小布什与老布什，华盛顿和艾森豪威尔，林肯与罗斯福就具有很不同的社我形象。人们可以用美国英雄来形容所谓金嘴(善于表演演讲)的里根之社我形象，人们又可用老谋深算、宝刀不老又语言模糊来形容前美联储主席格林斯潘。从内我到社我，从外我到社我，从内我到外我，本我与真实要被层层过滤、层层把关，层层变形，借以形成一种稳定而有效的工作风格与行为方式。

社我是种他我、群我。其是外界、他方与社群所要求的、看到和与之打交道的“自我”，但它与外我不同。外我是具体的、个别的对象体的自我，它既具体、鲜活，又更随便与灵活。而社我则多半来自于社会形象与社群角色的要求与界定，这样就会注入更多的公众性与群体性的角色意识与社会要求。

从内在一惯性上说，内我、外我与社我，尽管必须有各自的特色与表征，但在形象与性格一致性上,应该说是统一和一致的。然而,由于受众范围和角色要求的差别,其也必须有相当的区分。例如,本我内向的并不妨碍其社我的感召力与魅力。然而,有时候,一些人出现了过度强化这些角色的对立,并以一种虚伪的形象展示社我,久而久之会形成两面人。

内我中的确有些私密性、本源性的东西。其中的一些是见不得太阳的。其仅仅是些可为特定境遇下所“独享”的东西。因此,公众人物也应享有足够的隐私权。但内我中的另外两个核心部分却同隐私无关。其一是内我中潜存个人雄心,甚至野心勃勃的一些原梦性的冲动。例如,成就某种超级的金融梦想,像信用扶贫、拯救苍生,光子金融称霸全球,金融梯度转移带动国家经济崛起、强化中心辐射等等,在一定条件与情境之下,未必现实与可行,只能被留存于内我之中,被压抑和控制着。其二是一些同外我、社我直接冲突的那部分内我,在涉外场合下,只能被抑制住、过滤掉。金融公司与中介对内我的那些属于个人隐私的东西,必须给予充分的尊重。个人消费习惯、消费对象、消费方式、出入场所、享受待遇、往来人员,只要不是违法乱纪,都应给以保守秘密。

三、金融行为主体现象论:重叠角色理论(“六徒说”)

古时有一国王离开朝廷,下去走动并进行适当的查问,以获取民间智慧并了解真情。一次其在返回朝廷议事时,公开考问文武百官,有关这等民间怪事。有这样一个中年家庭户主,在回答国王生活情形如何和怎样安排其家财时是这样说的:“日子过得去,但不宽裕。”他先说一年的收成与所得先要还债三分之一。这似乎让国王无甚费解,想必日子过得紧巴巴的,没有什么积蓄而不得不仰仗一定的现收现支加以周转。但户主马上又说还要放债三分之一,这就引起国王大惑不解:一边要还债,一边还要借出。至于余下的三分之一用掉则在情理之中。现在国王欲知哪一位朝廷命官可解其中的原委与真谛。

其实,这在社会实行养老保障体系之前,几乎所有的家庭理财均是如此。首先,无论是三分之一,还是什么比例,要为老辈养老送终;其次,为养育下一代,这部分的“贷出”也是必须实行的。最后的所谓自家的生活要安排。其实这表明,金融行为主体必须是一种复合角色。而若把金融行为主体的在投资—融资—消费决策中的种种限制与追求,形成某种决策体系构造,则可以有这样一种六徒假说:金融行为主体,无论是个体,还是群体,他们可能是圣徒、信徒、“囚徒”、“赌徒”、“歹徒”、游徒之部分或全部的复合体。

(一)圣徒

圣徒是领袖,是向导,是受尊敬、被追崇的人士。在行为金融与群体心理学中,圣徒就是头羊与头雁。其是一种象征,一种代表,一种指向,一种方向。

圣徒在行为金融主体中有三层含义。第一层含义指现时社会生境与社会活动中的领袖与指导。他们既可能是组织系统意义上的,也可能是精神文化层面上的。当然应当明确,职称与位置,甚至权力本身,并不直接具有统领与引导作用。只有那些有影响力的联储主席、央行行长、财长、CEO、金融投资家、金融和股票分析大师与大家、产业领袖、社会名流,或者有影响力的学者,才会成为圣徒。第二层含义指那些卓越的理财高手、经营大师。他们以其示范和业界影响力,形成和带动着金融变化与转型的时尚与风气,决定着金融演进的方向与潮流。第三层含义是指几乎每个具体的金融行为主体,在其个人与家庭的投资决策担当或某一方面的重大决策上,时而或经常所能显示出来的同样的本领与智慧。

圣徒有独到的投资与运作信仰和理念,有成熟、系统而有效的投资风格,有受人尊敬的价值取向与业界成就以及社会影响与作用。巴菲特是美国乃至世界性的圣徒式人物,其重大决策举措、个别设计、行事风格始终受到广泛关注。索罗斯也应算得一个负面的"圣徒",其量子基金,无论作用的正反面影响,都是巨大的。格林斯潘无论从哪个角度看,都是圣徒。否则,根本无法解释其长期任职期间所伴随着的美国经济奇迹。至少须承认,格老的话与对策是有着非凡的影响力和洞察力的。

圣徒往往具有教父式的理念与角色意识,也有教父式的魅力与实际影响。杰克·韦尔奇就是一个典型的这类人物。金融圣徒一定包括各行各业的人物,因为金融—经济涉及社会活动的方方面面。杰克·韦尔奇以其超级公司经营业绩的辉煌与 GE 大学管理经营理念和智慧的成功教授及其在 GE 中的全方位贯彻和全球性的业绩效法,为其赢得了 20 世纪最伟大的管理者的称谓与尊严。其行业顶尖候选者兼并的哲学,在美国公司兼并中发挥着重要的影响与作用。

学术界中的蒙代尔、布莱克、斯科尔斯、莫顿可被视为圣徒。蒙代尔对欧元的设计、研究与推荐,为其赢得了欧元之父的称谓;布莱克和斯科尔斯的金融衍生品定价公式,开了金融衍生品资产定价的先河。圣徒可能在一个组织与集团中,以一个文化超人的形象而存在,也可能是一个小领袖集团群体。例如 KKR 和黑石集团,就都是数位领袖的集合。

圣徒的金融作用与影响,可以概括为下述几个方面:第一,创立和形成一种卓越的、有影响的金融发展与金融营运的文化、理念与战略,成为制度金融、技术金融、产品金融、产业金融等方面创新的预言家、战略家与引领人;第二,形成有影响力的金融话语权,在社会经济与金融活动领域享有相当的追随力与吸引力,成为金融行情走势的重要预言人和影响人物;第三,可能形成较为成熟的金融品种、金融范式与金融标准,成为业界的标尺与榜样;第四,具有良好的形象与口碑,在周边与社群中形成一定的话语权与影响力。

圣徒同信徒和其他角色的显著区别之一,在于其特定的信念与执著的追求。因此,一些具有金融灵感,甚至具有天才的营运思想的人,并不见得一定成为圣徒。

圣徒是各行业中的大师、先哲与英雄,是业界与社会效法的榜样与楷模,因而圣徒角色与情结就成了这里的最高水平与向往。圣徒绝非就一定是人世间的完美人物。其不但可能有种种缺陷,而且可能有些什么"污点"。比尔·盖茨一生走来,就似乎未曾摆脱对其的不同甚至是负面的评价与看法。美国波兰裔的完美家庭主妇玛莎,也曾以涉嫌进行内部人交易而被投监。当然,这里并不推崇这些缺点,甚至污点,更非为他们开脱。既然是有影响与作用的圣徒,当然最好有尽可能完美的形象与之相称。

（二）信徒

信徒是金融活动中的追随者。如果说圣徒是头羊、头雁，则信徒就是群羊与群雁，信徒效应也就是某种意义上的羊群效应。噪声交易者不是信徒。信徒是在具有明确投资理念、风格与意愿，并具有和实行具体核算或至少是信念把握与理念感悟的圣徒与游徒（包括噪声交易者）之间的那些金融参与者。

信徒的特点是追随与跟进。这种追随与跟进并非是盲目性的，缺少价值判断的。其同样是由一种理性与下意识活动支配和推动的。信徒的资源、资本、能量及其分布，决定着圣徒投资与经营甚或仅仅是预测与风向引导的影响范围与准确程度，或者实现程度。当然，非信徒的噪声交易群体的随机转向或游走，同样具有肯定和放大圣徒的导向、示范和预测功用。

信徒形成的羊群效应是有规律的、易把握的。因其追随头羊投资方向与理念，甚至追随其风格，通常并不为短线的投资、投机暴利所诱惑，而是把投资与经营作为一种信奉的事业与信念之印证来加以实现，从事有意义的金融活动与追求，并非单单靠盈利多寡来衡量，至少从短期说来是如此，至于长期时段，利润最大化则是生存法则。

在当代的专家时代，也包括大金融产业集群之下，实行的是专家理财和专业分工经营，因此，在广义上，每个金融行为主体都是专家，同时，他们也都是一定意义上的信徒。从认知效率和决策有效性角度看，人们也不时地在圣徒和信徒两种角色中切换。人有好为人师、唯我独尊、独断专行的一面，至少在形式上表现出来的是圣徒倾向；而人之海纳百川、有容乃大、虚怀若谷、兼听则明等特性，又表现出来更多的信徒倾向。

问题的关键不在于人之多重角色之潜能与动态换位，问题关键在于适时适宜换位和避免角色错位。角色混乱与角色错位将扰乱行为主体内心的宁静与理智，会把一般情绪波动转化为激烈的情绪宣泄，错用激情，以至于走向疯狂。金融泡沫崩溃前的绝大多数的市场参与者而非撤出者，都是这种角色错位的牺牲品。先当学生，再当先生，教学相长，大智若愚是永恒的艺术。

（三）“囚徒”

任何人在进行金融资源整合、运作时，都不可能是在信息、资源与通道齐备、完善的境遇下进行的。相反，其总是要受到各种各样的具体限制。即便不存在资金、备选方案、人力资源组合、规制政策等方面的外在限制，行为主体内在的各种本我张狂、外我恣意妄为及社我的种种顾忌和社会约束，也都会形成一定的陷阱与牢笼，死死地捆住人的手脚，禁锢其精神，划定其行动范围，更不必说经营伙伴、股东、员工等的利益协调和各种期许了。

从营运选择空间有限、发展路径依赖历史惯性影响、境遇与危机应对约束强制等等约束意义上说，金融行为主体经常与多半是个“囚徒”。换言之，人们在进行理财、投资与营运时，并没有那么充分的选择空间，而是必须在一系列的限制下，完成选择中的简单评估与方案择选。

囚徒效用表现在以下诸多方面。首先，金融行为主体是有限金融可能性空间的囚徒。这种囚徒空间来自于其信用记录、理财能力与经验积累、金融资源与禀赋、金融人脉（人际网络）积淀。这些决定着其投融资之产品与领域进入的可能性空间、价格与收益空间。其次，金融行为主体是投资理念乃至信奉的圣徒之理念的囚徒，即令摸着石头过河的投资，也会受到本我追求的深层限制。再次，金融行为主体是其投资初始境况、现行路线和轨道及此刻现状的囚徒。鲜少有可能是种推倒重建，一切从零开始的金融活动与理财。金融行径通常都是其已有历史的继续和现况的拓展。这就注定了决策的连续性，以及后续项目须同以往的相配套并形成必要的衔接。

并非只有在法定的监禁之下才有囚徒境况。选择的不充分就是行为空间的不自由，心理与灵魂上的种种限界就是灵魂理智抉择空间的不自由。不自由的程度与决定性达到一定的水准，就变成了一种自愿或强制性的囚禁。在这等空间下进行金融活动，就构成了囚徒选择，其所造成的痛苦与难耐，就成了囚徒困境。

经济学中的囚徒困境是博弈论中的一个均衡状况。其核心思想是要表明完全自利并陷他人于不幸的非合作博弈策略，只会造成两败俱伤，双双备受惩处。这是一种竞争过度的公害。但若像经济学家所暗示的那种合谋，尽管有利于双方，但是否会合于社会伦理规范和法治社会观念呢？经济学在这些问题上时常是止步不前的。这就是自利、自私或理性人假说的尴尬。

当然并不能把所有的有着一定或相当的先决条件的金融行为主体，都定义为金融囚徒。这种过于宽泛性的定义，等于没定义，并不能产生任何科学和有效的研究结论与结果。囚徒的限界与行为规范，要相对于圣徒、信徒而言来加以定义。一个金融行为主体，若在投资储备资产、心理账户空间、金融偏好结构和其他金融空间，包括主观概率等方面，可以或者成为圣徒，即充当金融运作的头羊，或者充当某种金融头羊的追随者，都不能视作金融囚徒。金融囚徒是指面对金融机遇，具有金融行为动机与冲动，拥有相应的理财师本领和本能，但却由于主观和客观原因，而无法对金融理念与设计进行实际运作。

许多情况下，由于行为主体的个性偏好与心理承受能力，其金融角色变成了囚徒。这在本质上，应属于一种自主和自由的选择。即便也是一种金融囚徒，但对于个人幸福与效应指数基本上不构成大的影响。除非其因此而失去了诸多重大战略性金融机遇，并由此造成的价值损失直接影响了其生活水平、质量、追求和家庭情况。另外一些客观的金融囚徒，其负面效应却是非自愿的。良序社会应当通过合理的信用体系与制度结构，来尽可能化解和消除这种囚徒困境。廉租房、教育贷款、无条件社会支付重大疾病救助、生计保障等，都是这方面的有效制度设计与保障。

（四）“赌徒”

套利者通常不是“赌徒”。小额大奖彩票购买者、其他小额娱乐性和赌性参与者都不是赌徒，但却包含着赌徒的影子。

在最广泛的意义上说，人人都是赌徒。因为在涉及事业、职业、家庭等的最重大的战略性投资决策方面，几乎人们都是凭借着信念、爱好和社会压力惯性而行事的。而“聪明一世糊涂一时”等更常用来刻画那些极为卓越与聪明的人之冒险、疯狂和因小失大的举措。

因此，赌徒可能是一种始终一贯的，区别于其他角色的金融行为主体，也可能是兼具其他角色，例如，圣徒中的某些头雁在基于某种博运气、靠天机进行金融理财与投资时，也是一种赌徒。只不过他们经常是惊天动地的大赌徒，是制造新闻和业界轰动的超级赌徒。约翰·罗尔斯(John Rawls)、唐纳德·特朗普(Donald Trump)等都是这类人物。其身后的大小追随者还真是不少。这些后继者和追随者的赌徒也应属于此类。因此，后者又同时是信徒。

赌徒并非是一种完全非理性的心态。其不是情绪失控、丧失计算、一任盲动。赌徒的特点是以小博大，要赢得小概率事件青睐，要突破不可能和狭小可能性限制，把宝押在非常规实行和大数定律失效之上。

积极的慎重的向上的赌徒，就是意志和信念决战，就是战略性的博弈，尽管在胜算常规计算上并没有绝对把握，但置之死地而后生，绝处逢生可能创造奇迹。这种积极的赌，并非主人就是无牵无挂，没有一丝忧虑。《大决战》中的毛泽东，香港1998年亚洲金融风暴中的总指挥曾荫权等均是如此。一个有良知的指挥官和金融决策者，不可能把金融投入视作儿戏。金融资源及其运动，表面上看仅仅是数字账面游戏而已，其背后却是人们的血汗与劳作，容不得半点荒唐。

消极的赌徒在本质上是碰大运。而运气实在是没有办法量化和进行深入探究的。碰大运成功来自于两个方面：其一是某些胆大之徒的个人运气再加上赌徒风险分散的广种薄收；其二是由于反常规思维，造成对弈方和大众的失算与失策，出奇制胜，兵不厌诈，占得先手，赢得特例。

由于金融的模糊性、随机性甚至不确定性，金融领域相较于其他任何领域，赌性更强，赌徒的生存空间更大。因此，赌徒思维具有极大的开发价值。

(五)“歹徒”

金融欺诈与金融犯罪构成了违规金融与地下金融、规范金融与黑暗金融、正规金融与灰色金融的不断博弈，出现和生成了金融蛀虫和扒手。“歹徒”就是那些金融运作和金融秩序的破坏者、供给者和非法牟利者。

同小偷小摸、抢劫强奸、流氓恶霸等明火执仗的刑事犯罪不同，金融犯罪和金融欺诈是隐蔽的、巧妙的、不露声色的。金融犯罪人士又经常是道貌岸然的伪君子，堂堂正正的社会公众人物、名流，或至少是掌握实权的人物。而且，在犯罪与正常行使职权之间有相当的灰色地带，并不容易界定清楚。同金融欺诈打交道，就更是不易，其在现代电子金融时代，金融犯罪经常是团伙性或有组织犯罪。其常常具有计算机与网络的相当的专家知识水平与能力，可能对交易盈利造成极大伤害。

金融歹徒的心理与动机是复杂的。毫无疑问，多数的黑社会与地下活动都涉及金融犯罪和欺诈。他们的相当一部分活动本身就属于非法。其中的一些涉及现金交易，而另外一些则通过洗钱方式而转移。此外，黑社会与地下经济，在完成了第一桶金和一定积累后，就要开始洗白自己，逐渐变成正常与“清白”的营业主。

制作伪钞、贩卖假币、信用卡欺诈、投资欺骗、携款潜逃、挪用专项资金、保险骗局(欺诈)等等都是金融欺诈。他们有些涉及金融犯罪。在现代复杂金融体系的高科技金融系统运作和监管之下，金融欺诈与金融犯罪，尤其是前者，又经常是以团伙犯罪形式出现。犯罪团伙形成一定的分工,各有各的绝活。

金融歹徒造成的金融欺诈和金融犯罪会直接冲击金融秩序,颠覆金融公平,带来价值损失。各国与各级金融实体对这种金融欺诈均不敢掉以轻心。但金融歹徒的黑社会和地下群体固然不易应对,而那些进入正式组织与经营系统中的就更是难以对付。

(六)游徒

金融界中的歹徒是少数,金融犯罪与金融欺诈,时常直接来自于巨大的金融利益诱惑。由于金融领域的灰色地带比较多,犯规与违法同创新、闯红灯有时难以明确界定,并且金融对弈中对风险承受的回报,极易刺激人们的赌徒心理,而"撑死胆儿大的,饿死胆儿小的"之现实状况就会造成赌徒向歹徒的冒险转变。这种角色迁移是负面的。而也有从信徒走向圣徒,从赌徒变为信徒,从囚徒变为信徒的。这一角色迁移应该是值得鼓励和推崇的。

那些已经沉溺于购买满足,不断地刷信用卡记录,不经意地使自家债台高筑、资不抵债,走向个人和家庭破产的,通过心理咨询和支持小组帮助,而最终摆脱了那种赌徒式的上瘾角色,从而重新变成理智的理财者,是社会需要的正面游徒迁徙。

这种在不同角色中的游走,构成了金融决策的迁移。这种类型的行为主体就属于游徒。游徒分为终身式游徒和阶段式游徒。而在阶段式游徒中,若其中的一些总是目标坚定地经营信仰、明确的金融理念、成熟的经营风格,从而不同时期表现出显而易见的诸如圣徒、信徒、囚徒和赌徒,抑或是歹徒的角色特征,那其基本上不属于游徒范畴。游徒不仅仅具有在各种角色性之间游走的特性,而且其游走前后的其他角色特征并不显著,并鲜少在一定时期呈现出稳定的角色特征,而且游走角色间的时间间隔等也是不确定的。

四、策略思维与对弈胜出

金融行为主体是高度智慧、人性化的情、理、智、趣、志的合成性动物。金融行为与交易是多兵法博弈,是复合游戏,是循规蹈矩和灵活创新的艺术与科学的集合。策略思维是兵家兵法战略、战术组合思维。行为主体的内我、外我角色定位,决定了其思维展开空间和策略应对风格。他们的心理账户、性格认知、人格认知,同信息流、状态流、资源流一起,参与和形成了思想流和决策流。这种流是一种比拟态的动态运动,并不代表着连续性,在数学上和时间序列上完全可能,而且必须是由离散性的动态决策质量和对手高下及其环境支持情况(所谓天时、地利、人和同决策的配合),来决定最后的对弈结果和胜出可能。

(一)完备(perfect)信息误区与过度(over)信息干扰

格式塔完形心理学表明了金融行为主体一种重大的信息决策能力,那就是在对称破缺的不完备信息状态下,人们会利用自身视觉感官的成形与想象机能自动完善形象残破。这种自动完形思维的能力与倾向,不仅仅在审美过程中和视觉世界里存在，而且在整个的思维空间里，都存在着这种自动趋合、自行推理，借助想象、回忆、联想、推断等而进行的完备性的加工。

所谓完备信息假设，历来只适于事后拟合研究。这种信息处置包含如下几层含义：第一，时间序列样本空间必须相应足够长。若涉及事件分析，则还必须包含时间视窗全系列及其事件发生前的信息状态。第二，横向信息样本空间必须包含足够的抽样集合。否则，并不足以形成科学的统计推理。第三，全部样本产生均必须遵循随机抽样原则。否则，包含着因果关联、相关影响（如羊群效应）、趋势展开和不公平游戏样本的出现，均会造成样本误差，从而形成统计误差使统计推理失效。

然而，无论是公司，还是个人理财与金融运作，无论决策对象是什么，金融决策鲜少会是完全或大致相同的。至于那些常规和程序性的决策，也基本上是在一定的参数与阈值范围内，人为地定义了一些决策选择的范围的。从这个意义上说，每一个重大决策都是"唯一性"的，都包含着完全独立和特殊的东西在内。因此，完备信息概念从根本上并不适于金融决策。依照前述的信息完备定义，完备信息或者根本无法达到，或者信息成本过于高昂。

完备信息假设的误区体现在以下几个方面：第一，无论是主观、客观概率，还是贝叶斯学习下的动态主、客观概率的修正与逼近，都存在着对应于管理决策的一个完美的信息集合；第二，完备信息是确保管理决策的充分必要条件，从而有了前者，就确定了后者；第三，完美信息是金融行为主体进行策略思维所首先要求的基本前提。没有完备信息就没有完美的金融决策。

完备信息假设的误区进而可能演变成过度信息灾害。信息时代与信息社会的信息爆炸和信息结构短缺并存，在金融领域同样表现得很明显。各微观公司、企业信息采集与存储，从一般变量和时段上与空间分布上，明显地过度采集。公共有用金融信息和公共曲解金融信息乃至金融噪声铺天盖地。人们被浸淫在种种混合信息之中，而与此同时，核心与战略金融信息，甚至于公共评级之详尽与有分析价值的信息，却不但是市场化了的付费信息，甚或是相当昂贵的，而且有时甚至还要加上保密性质的。

而过度的无用信息的冲击和有价值信息披露之不足竟然形成一种矛盾共生。对其的解决办法有社会组织专业分工和个人信息处理两种途径。前者是社会组织结构性的专业化分工，即机构投资、公司制、合伙制等有序、有机的专业化金融微观群落和生态环境。由于个体对数据、模型、财会、报表、计算、运筹等的敏感性与天分不同，通过职业分工和团队合作，通过项目制、课题制、等级指挥链等等，而形成协合群体，分别对付不同的方面，形成不同的人力资源优势。后者指个人依靠自身习性和合理化过程，通过心理账户分割、格式塔完形、投资风格、博弈策略，而最终形成一种稳定的信息处理机制。

（二）博弈空间跳出和占优平台重构

蓝海战略表现的就是跳出既定的游戏空间和舞台，重新创建领先的独立的战略空间与平台，把自主掌握、自主创新、自我对弈作为新的战略指向。这是在无力打破和扭转既定的金融秩序和市场与产业结构条件下，能够自我创造的最有效的战略。

金融对弈有可能是被迫、强加的，无助的。像亚洲金融风暴期间，中国香港地区和其他的东南亚国家以及中国内地等，都面对国际金融游资的战略性攻击与冲击，不得不进行回应。但许多情况下，金融对弈却是自选的，自觉自愿的。这就有个博弈空间选择问题。第二次世界大战后的德国、日本及后来的所有雁阵模型下的亚洲四小虎、四小龙等，都是一种尾随战略，而尾随战略就只能是在限定的国际贸易与金融体系之下，从其已有的价值链和分工体系中获得一定的好处。但这要求平面竞争，要求直接在工艺、产品、产业与部门上，通过逐级上升的比较优势来强化自身竞争优势，一步步达到竞争优势积累并形成定价权、市场份额权和行业标准权。日本挑战、德国贸易老大、韩国后起直追等等，都是这种战略模式。为了完成这种贸易战金融价值追逐模式，日本的金融资源采取了高度的产业倾斜性政策。日本与德国都是以银行媒介为基本融资形式与手段。这在演进上述战略的过程中，比之资本市场的那种自由化选择，更容易形成战略资源集结和大规模投入。

然而，瑞士、瑞典等西欧与北欧国家却没有采取这种竞争战略。而是直接瓜分、占领和切入某一领域的战略制高点，形成一系列的特殊的战术攻击，并建构独立的国际市场定位与结构。中国在改革开放的前二十五年基本上采取的是随机占优策略，而改革的后期和改革前则更倾向于后一种战略。对于中国这样一个近代落后而历史积淀又无比辉煌的大国，相比两种战略交替运用，并用与有机结合则更能出奇制胜。

博弈空间并非死框架和万有引力场，任何存活于地球上的东西都受其制约而无法逃脱。

金融创新是摆脱既定框架的一个有力工具。避开短线金融重兵集结，把战略投资放置到长线将热的金融战场上，也是很好的策略。巴菲特价值投资就是如此。而敢于独辟蹊径，不怕冷门，认准未来战略高地等都是良好的策略。

关键是要在战略资源储备、集结、动员、投放的动态配置中，逐步确立起一种占优平台。一时一地的胜败得失，固然也会形成日后的积累，尤其是良好起点，比如第一桶金就具有重大的起步启动作用。

一阶占优、二阶占优都是一种研究背景状态，都是高度抽象的随机研究背景状态的数学表达，同现实距离较远。通常鲜少有同类的金融资产和资源符合那样一种境界与状态。但在足够多的样本群体下，也是可以适当构建出来的。然而，对于真正的金融活动与运作而言，重要的是如何确立起一种占优平台。这种平台就是一种理想价值链及其分工体系和自我资金、自我金融能源与能量级的合宜配套。

美国次级债券市场出现崩盘，这是金融自由化与金融革命以来，过度放纵金融自由运行的必然结果。金融的高度风险性要求适度的金融风险资本投入和垫支，这同抵押价值物一起共同构成了一种硬性金融约束。而百分之百利息分期付款和零首付，均违反了这些基本的金融规则，从而在好时候把资源储备用光分净，而当雨季来临时，就只好纷纷破产，失域丧地，缴械投降，任凭抵押资产在金融机构而非雇主手中折价贬值。因这几乎等于创造了一种房屋抵押的无风险逃离股市：次级债的抵押贷款制度没有要求20%的首付资本投入，同时只需以历史最低的利率支付利息，只要房价和楼市升值，其获利空间自然相当大；然而，房价下跌，由于利息上升，则连锁破产就会形成从业主到金融公司的骨牌倒塌效应。

构筑占优平台，就是要确保不出现上述的反向不可控情形，即通过理念独特（无法被复制）、技术与产品创新、制度与文化新颖特异和特定的风险锁定（套期保值或保险购买或互换约定，或者或有贷款、指数期货与期权购买）等，来完成永远优胜于对手的独特金融生境与结构的建造。

（三）变更价值链分配和变更价值竞争轴

参与金融分工合作、竞争与分配，有两种基本战略意图与指向。第一种是在核心金融价值体系与结构上不做文章，接受现有的价值链结构、分布体系和金融经营结构，只在价值食物链上打主意，把金融竞争力打造放置在价格竞争、市场份额竞争、区域竞争、服务竞争之上，通过传统的规模金融经济、垄断金融经济、领域金融经济、聚集金融经济（城市经济的金融效应）而形成和强化包括功能、品牌、性价等的优势。世界知名金融品牌像汇丰银行、花旗集团、瑞士信贷、摩根士丹利等等，都是基于这种战略而进行操作的。第二种是直接或有计划、有步骤地颠覆现有的核心金融价值体系与结构，拒绝现有的价值链结构、分布体系和经营结构，在国际金融秩序、世界定价权、世界货币上展开大国行动。英国的金本位和帝国特惠制，美国的布雷顿森林体系和尼克松冲击的美元双脱钩，就是如此。

一般而言，居于现行金融价值链上端，占有有利位势的知名企业，通常会保持和固守这种既得利益格局，维持和扩大已有的利益空间，不希望有价值金融结构上的地震，从而无须同新竞争对手站在同一起跑线上。这些公司并非不再进行产品开拓和产业创新，它们会以自身行业老大的优势，不断应对各种金融变局与变数，适时适地推出新的金融品种与服务，这无论是对国内市场，还是国际市场而言均是如此，但这些公司通常由于巨大的历史积淀和产业经营投资积累，不可能愿意从根本上进行全方位的价值链结构上的创新。因此，价值竞争轴变更的起源不可能来自于这些企业组织。

金融与经济竞争价值轴的改变可能来自下述几大方面。第一，当某一种可能引致横向装备革命的新兴产业异军突起时，其借助于风险投资、产业投资、资本市场和市场价值份额，从投资到消费（包括生产消费）形成新兴产业价值冲击波。历史上已经出现过的历次产业革命、工业技术革命、金融银行革命、信息革命、医药卫生革命、城市化等等，都造成了这样的价值总量与结构上的同时两个方面基准价值轴的变化：农业革命使农业产值逐步取代了采集与狩猎价值，农产品与行业价值上升为最主要的价值主导；信息革命时，计算机相关产业价值陡增，世界五百强中信息公司取代了石油、汽车与钢铁公司。第二，大国崛起、国际新强势国家主导国际贸易与世界市场，在伴随着军事、经济与产业革命来临的同时，会直接颠覆已有的国际分工体系，改变国际贸易通道和世界财富分配格局。人类历史上的数十次大国强权崛起、称霸，把强势与弱势、文明与野蛮进行杂交，由于对产业组织、贸易通道的把持，直接改变了国际竞争轴的价值分配机制，有时由于杂交，新质文明的文化产生又带来了新的产业组织变革，这就同时也改变了同阶价值源生产的结构。第三，传统经济的媒介与流转流程的现代化进程，可能引致传统产业的爆炸性增长。例如所谓的第三产业，就是传统的服务业，在历史上早已有之。然而，工业社会由于一般加工业的物质的极大丰富和劳动生产力的超级提高，加上完备消费的后期要求，就出现了空前规模的爆炸性增长。传统的金融中介和非经营机构，也由于资本积累，财富累加到一定的程度，便会由风险规模价值倍增而变成巨大的金融产业集群。

当基本价值竞争轴发生变化时，通常价值尺度手段、核心资源与资产、战略和高价值高价位人力资源、社会消费文化品位等，也都会相应发生变化。粮食曾经作为薪水和计价手段，在历史上曾通行了相当长的时期。在农业经济价值之下，土地是核心资源与资产，与此同时，耕种农艺技术成为最主要的工艺技术。消费的文化品位提升自然要向天然农产品倾斜。结果饮食文化可能会获得空前发展。

大国兴衰与崛起的核心在于改变国际基本竞争轴。历史上大国强权崛起时，由于只注重硬实力而忽视了文明与基础创新，就只能是通过国家政权力量来推行国际统治，借以获得国际财富的特殊分配权。例如占领、收税、抢劫、割地、赔款等等。然而，只有那种把新的更高级的生活方式、生产方式与经营方式引入新世界，从而形成新的价值取向、文化品位、定价体系，才能形成新的国际金融竞争轴，并在驾驭这种新的竞争轴的动态推进中，获得持久的大国领航地位。

第三章

金融生态体系建构、学说构造与金融对弈

西方世界,尤其是美国和英国,乃至一定意义上的法国、日本等高度发达的国家,其现代金融无疑相当发达和完善。这不但表现在金融资产、金融产品和工具、金融产业集群等的充分和发达上,更表现在金融文化、金融管理和金融治理以及金融运作和法规健全之上。而且,生态与环境意识和理念的现代文明潮流源头也来自于西方文明。然而,金融生态概念的首创却是在中国。中国人民银行行长周小川先生应视作这一概念的创始人。当然,西方文明未能提出金融生态原创概念并不意味着他们没有实践理性和运作文明意义上的金融生态理念。

一、西方两种截然对立的金融生态观和金融生境基础及其可能的东西方融合

西方经济学说与管理思潮中存在着根深蒂固的经济自由主义倾向。全方位经济自由主义囊括从自由贸易到自由银行及自由金融,尽管其每一步向前拓展和推移甚至包括从国内自由经济到国际自由贸易,其间都并非是一种简单的直线外推和逻辑顺延。比如,国内分工、贸易利益与福利获取、收益分配等等,都不是一个简单的分工效率提升及交易扩增收益和福利水平问题,而是涉及国家主权、经济命脉、国力扩张等一系列重大经济问题,甚至于关乎经济安全和国际贸易国别分配等的大问题。由绝对优势(利益)到比较优势(利益),由比较优势(利益)到资源禀赋和国际区位理论,由资源禀赋和国际区位理论到宏观战略经济学、钻石理论和国家竞争优势理论、战略贸易和贸易政策理论,上述理论演进代表着从自由经济到自由贸易理论跨越的种种理论转变和理论突破。

因此,从西方经济学中的自由主义传统,并不可能直线性地简单地直接地完成从自由经济推理向自由贸易、自由银行和自由金融理论的过渡和建构。这里不仅涉及诸多重大的理论问题和经济问题,而且涉及诸多重大的实践问题和政治问题。因此,亦如经济主体中的对立存在一样,西方经济文明中的自由与管制同分权与集权

两种生态观和生境理论倾向,不仅始终存在,交替成为主导,而且各自对理论每每形成一定的冲击,并由此引致出相应的政策与战略调整。

金融自由主义经济秩序同经济自由主义经济秩序,在资本主义的早期发展过程中两者是大体上一致的,因为它们符合在资本主义经济、文化、政治乃至军事崛起中的一种自发的、自然和新兴的历史取向。资本主义的萌芽发展和带来的强有力的制度冲击与文化冲动,首先就表现在商业革命和贸易自由上。这种冲动的背后既非马克斯·韦伯(Max Weber)所归纳的资本主义新教伦理方面的财富欲望和熊彼特的企业家创新意念,也非费尔南·布罗代尔(Fernand Braudel)等所宣扬的西方地中海文明或蓝色文明、海洋文明的经营性性格或所谓理性意识,或者是哈耶克的制度理性自然演进结果,即循着市场架构生态之下的自动的文明与制度性的自发演化过程之必然。事实上,资本的自发聚集或最初的商业票据、私人钱庄、早期银行和贸易保险及其他风险管理与控制等方面的发展,甚至于自发的筹资、货币经营乃至发行,以至于资本市场和产权形式的出现,才是商业乃至工业资本起源和发展的前提。因此,从自然自足经济或封建贵族的统制经济向商品货币和资本统制经济的转变,是商业经济的贸易性发展和货币经济的资本性发展相互推动、互为前提的结果。

首先,自由银行、自由金融的最深层基础是自由放任的经济哲学观和经济秩序理念。这其中的差别仅仅在于经济、产业、金融各自的独特性问题。正像国际贸易不同于一般性的内贸和国别经济,其涉及国际分工体系和国际交易体系。银行、金融部门或产业也有别于普通的产业、部门和商贸活动。然而,基于彻底、充分、完全的经济自由主义,自然会把一切商品经营和产业运作视作社会经济活动的不同表现形式,在其竞争演化过程中发生近乎于天然物种选择一样,从而遵循优胜劣汰、物竞天择的自由竞争法则。这样就既提供了公平合理的要素组合和资产配置合理流向,又通过制度机制形成,保障了社会经营福利的尽可能提升。银行及所有金融与非金融机构的完全的市场性运作,通过市场选择和自然竞争压力,造成了自发的最优的金融生态环境和金融资源配置体系及其金融要素和资源的全面的生成与流转。

其次,自由银行、自由金融是在同计划金融和计划经济的社会与经济意识形态的对比中,进一步强化和发展出自身的价值取向的。计划经济思想在财政和金融乃至汇率政策上,统统集中到了计划财政和计划金融风险方向上。在汇率、外汇方面也同样倾向于集中统一管理与管制之上。这就从货币发行到货币供给,从金融价格到金融经营,出现全方位的集权化的控制和国家操控。从而金融市场准入与退出,金融产业的存在与发展等,都是严格依照国家行政计划与指令而展开和发展的。这不但影响到金融产业和部门的就业、资源占用和配置、资本投向和积累,而且决定着金融产品与服务的创新和工具体系的创造与利用。计划或中央管制性的银行与外汇政策,并非仅仅为社会主义国家所采用,那些非盎格鲁—撒克逊的日本和德国也在相当大的程度上,在第二次世界大战后的所谓黄金时代采取了这种强有力的金融体制和政策。在资源与资金短缺的工业化起飞阶段,这种体制与政策的优越性和作用是巨大的。然而,苏联解体和社会主义计划经济的转型与改革,尤其是冷战结束为西方世界的市场原教旨主义和新自由主义提供了前所未有的战略进攻机遇期。

结果新自由主义在内外体制与文化背景之下，借助于供给学派、新自由主义、新制度经济学、新保守主义等等，甚至于通过第三条道路、中间道路、社会民主主义等等社会思潮，通过私有化产权革命、放松规制或非集中化等社会经济改革，从20世纪80年代开始到20世纪末，经过二十年左右的时间，完成了经济规制革命和以金融全方位自由主义为核心的金融革命。当然，在西方体系内部，金融与资本的市场化程度空前提高，从而金融产业集群和部门获得了爆炸性增长。然而非中央化并未得到突破，自由银行的建构也不曾实现，而在非西方世界里的前社会主义和发展中国家，金融与资本的自由化和市场化程度同样得到空前提升，开始遵循的是所谓的金融深化理论，后来就基本上是市场原教旨主义的东西了。当然其现行市场化程度，尤其是资本管制和国家经营金融的基本格局尚未从根本上改变。

再次，自由银行和自由金融是在同凯恩斯赤字财政经济主张相互竞争甚至争夺话语权基础上进一步强化和发展起来的。西方世界的第二次世界大战后的所谓黄金时代是在凯恩斯赤字财政基础之上出现的。到了20世纪70年代初期，由石油危机真实冲击造成的后来出现的所谓的滞胀，一举打破了菲利普斯曲线下的通胀与就业两者实证经验性的替代关系。结果，赤字刺激经济的有效性受到质疑，尤其是高通胀给社会经济造成的巨大甚至毁灭性的影响，引起了经济学家们的深度反思。货币主义的出现，尤其是供给学派的出现，似乎是动摇了凯恩斯经济学的教条或信条般的神圣地位。然而需要指出的是第二次世界大战后的凯恩斯经济学，在赤字财政的财政金融政策与哲学方面并非是凯恩斯经济学的原意。因为，凯恩斯赤字财政是在长期财政预算平衡的前提下成立和存在的，即衰退经济时期的赤字性财政支出必须从根本上来自于繁荣时期的财政盈余及积累。而西方国家的第二次世界大战后赤字财政却完全是不断滚动增大的累积的国家预算赤字。此外，后凯恩斯时期尽管把关注焦点转移到了通货膨胀治理上，即通过货币发行量目标和后来的通胀目标来进行金融流动性和目标区控制，但累加的赤字预算政策依旧在继续实行。而凯恩斯经济学赤字财政金融的实践后果是为国家高能货币非本位性释放开辟了道路。这就为国家级的自由金融开辟了某种通道。剩下的当然也就是非中央的市场性自由金融理论与实践。当然两者并非存在某种逻辑直通车。毋宁说，在赤字财政下的央行持续的货币扩张，使得现代社会经济和政策获得了央行持续性的扩张高能货币投放的信念和操作经验。致使金融自由化在大尺度范围里的应用获得了某种重大的启示。日本尽管并非是正宗西方文明国度，也非凯恩斯赤字财政经济的典范，但却是赤字财政的急先锋。这或许同日本的特定天皇文化和大和民族的国民性有着某种联系。

最后，自由银行、自由金融是在凯恩斯廉价货币经济学的鼓励下，大肆展开和被超级强化起来的。在其著名的《就业、利息和货币通论》（以下简称《通论》）发表之前，凯恩斯是典型的古典经济学家和传统货币论者。他坚信黄金本位，笃信古典经济学原理。而当其《通论》发表时，并且在其后，他一反其一贯的学术立场，大肆攻击黄金为旧文明的野蛮遗弃，并通过其非本位纸币理论及财政赤字价值引导，为廉价货币理论和政策铺平了道路：货币同贵金属脱钩，纸币发行同实体经济支持脱钩，货币因此也就变成了一种政府信用下的可被任意操纵的廉价的信用纸证。而当从货币到资本，再到其他金融资产，只要市场与经济刺激需要，就可以“无中生有”，自由银行与自由金融就可能因此而大行其道。

同这种自由银行与自由金融相对立的另外一种金融生态观和金融生境基础就是国家管制或规制主义。这同国家干预主义有相通的一面，但并不完全一致。国家干预主义事实上是对古典经济学中的自由放任的一种反叛。按照正统马克思列宁主义的经济与政治学说的解释，国家干预主义是国家资本主义和垄断帝国主义时期的国家意识形态的经济学体现。其代表的是私人资本运动发展到国家整体资本主义时期的经济和政治的集中制度性约束和要求。国家干预主义在西方经济思想史上又是凯恩斯宏观经济学对古典政治经济学的反叛和矫正。而统制和管制银行与金融的历史沿革和理论渊源都早于这种国家干预主义，并且其经济学与管理理论基础也有别于国家干预主义。

首先，统制与管制金融与银行在历史渊源上远远早于资本主义的出现和西方近代文明的崛起。自货币从商品中分离出来后，铸币和货币发行以及统一币制就同国家、政府、皇权、君主等所谓江山社稷紧密地联系在一起。金融债券的发行，欧洲银行的早期起源性功能以及其大规模的运作与经营，特别是大型特权股份公司的资本经营，都是同特许权、君主战争筹款、国家贸易等密切联系在一起的。通过发行新币、更替旧币、改变币值、变动货币体系，君主和朝廷不但可以享用铸币税的好处，而且可以大肆地搜刮社会财富，造成社会经济崩溃。财政、金融、银行等部门或机构，在相当长的时间里都同国家强制性的政权力量与统一联系在一起。例如统一的度量衡、统一的道路与立法等等。在一定意义上，这应视为统一市场、大商流与周转的客观要求。当然，其具体发展也因历史与国别发展中的表现形式与现实压力而有所不同。

其次，统制与管制金融与银行是资本主义自由金融与自由或准自由银行发展到危机和崩溃之下的必然的矫正。美国早期的发展在很大程度上奉行的是所谓的自由金融与自由银行政策，过度的自由经济与自由金融的无约束的冲动，导致了虚拟经济与金融的泡沫堆积，而当其达到一定水平后，就会通过周期性的经济危机加以释放，从而使泡沫被压缩，过度的虚假繁荣与价值膨胀被剔除，经济与金融从巨大的结构性、总体性、实体性的失衡中恢复到现实的可持续的状态和结构上来。周期的危机除清和结构调整，有可能是在制度、机制和体制依旧的情况下完成的，仅在数量与结构调整的过程中，完成一定的政策与战略的改变，或仅仅在业务的管理环节上进行一定的创新，但也有另外的情景，即由危机而引发制度、机制和体制上的深层变革。1929—1933 年的大危机就引起了美国从自由金融与银行向统制金融与银行的某种转变。

再次，统制或管制金融与银行是由金融与银行产、行业独特的风险和管理特点引致的。金融与银行业的资本结构同一般实体、产业和经济的完全不同。简言之，金融部门的资本资产结构中，先天地存在着巨大的杠杆效应。这一方面使金融和银行部门可以更大地推动社会资产交易的流转，为财富与资源配置的合理性提供更多的流动性、方便性，从而效率性保证。另一方面，使得金融—银行的资本垫支和资本储备先天不足。金融与银行相应的债务结构或资本—债务结构有别于实体经济部门的资产与债务在时空上的不对称。例如,零存短储与整贷长借会形成资本与债务期限的内在矛盾。金融与银行的现金流周转,因债务结构的特殊性而出现新的要求。金融与银行的先天乘数和杠杆作用,及上述的存贷时空矛盾,以至于资产效率压力,造成了挤兑和危机传染的金融特殊风险性。后者又由于在信用与杠杆下的信心问题,在危机爆发时,可能成了近乎决堤的洪水一般,瞬间构成灭顶之灾,从而,使得金融—银行业具有了某种结构、功能与系统运作上的所谓脆弱性,并隐含着一定的系统崩溃的高风险性。

统制或管制金融与银行在金融生态观和金融生境基础上,构成了现代金融生产的基本生态准则、框架和结构。而自由金融与自由银行金融生态观与金融生境基础又每每从不同的角度对其进行挑战,从而推动着金融制度的创新、变革甚至于革命。统制或管制生态观的基本核心应包括:(1) 独立的权威的中央银行、货币本位、货币系统、货币发行量及调控目标与手段属于国家经济与金融的主权职能,其是不可让渡的、不可分割的。高度货币权必须绝对地掌握在中央或特殊权威部门。(2) 货币、金融体系和产业属于国家核心利益部门与产业(区别于边缘、重要利益部门与产业),并且尤其因宏观和致命的风险性质而必须在资本准备、资本结构、经营准入及其他经营资格方面形成专门而具体的特殊规定。

现代金融体系是上述两种金融生态观的混合。其一会儿偏向于前者,但更多的时候是以后者为基本取向和法则的。然而每一次新的金融生态体系创新都会在不同的思想与学术思潮下,形成一定的政治风波和变革要求,从而在既定的法律、思想、文化与政治基本结构框架下,将其向所欲追求的方向上大为拓展并相应地向前推进。

很明显在美国乃至当代世界金融演进史中,1929—1933 年成为一道历史分水岭。由于深度的世界危机,甚至于全球性恐惧所致,自由金融与银行如同自由经济的古典理念一样,受到挑战以及一定意义上的被抛弃。金融进入到全面的严格的分业的国家管制阶段,而第二次世界大战的战时要求又将这一体系推向了极致。战后布雷顿森林体系在一定意义上是在确立美国与美元金融霸权的同时,把这种全球生态的统制性倾向从美国推向至少整个西方世界和某种意义上的全世界。尼克松冲击的背后是石油危机和美国相对经济霸权的衰落迹象的真实反映。20 世纪 80 年代里根—撒切尔的供给革命是从财政金融的自由化方向上打开缺口的。这与其说是凯恩斯经济学和凯恩斯革命的延续,不说是打着凯恩斯的幌子,反凯恩斯的新自由主义革命。从经济的放松管制、财政的"大肆自由预算",直到最后全面彻底的私有化、非公营化、全球化、金融全球化,以及彻底的金融大爆炸,包括伦敦金融大爆炸、东京金融大爆炸和华尔街—芝加哥金融超级大爆炸,金融能量在瞬间被释放和加速刺激起来。金融衍生品这一超级潘多拉被放出了笼子。全球性的金融起伏波动和非理性繁荣上演了、上演着,还将上演出更加扑朔迷离的惊险故事。

二、前现代金融生态体系基本架构回溯与历史挖掘式"猜想"

前现代金融生态体系呈现出下述的基本特点:第一,这个金融生态体系时断时续,不连贯、不统一、不规范,从而无论从经营发展水平、成绩与结构上看,还是从成本/收益和风险控制角度看,都是一种包含着很大低效与脆弱性的金融支持系统。第二,金融生态体系处于低度的基本上未分化、未分工的自然存在境地和阶段。全能型的工商金融综合体,以家族经济为基本管理与经营结构,而大量的零星的散户或小户却仅仅像无关紧要的边际性的单功能金融加工点为其天量金融运作充当市场能量的基础补充。第三,政治、宗教、文化、经济和金融权力与权利互动、互约,有时互斥、互竞,形成多种竞争排斥和联合互动的模式与情形。在相当长的时期里,不但金融而且经济只是或仅仅是政治与宗教最高权力的"婢女",金融的基本经营性功能或是被禁绝或是被限制乃至遭到伦理和良心上的谴责。第四,既不存在纯粹的成气候与群体的企业家,更不存在银行家与金融家阶层,而是大官商、大地主、大财阀、大富豪式的全能的经营与统治者群体与阶层垄断着一切经济、产业以至于货币金融。不但权钱(政治和经济)、神钱(宗教和金融)、官商密不可分,而且,财经与身份、地位出身等密不可分。第五,从奴隶制度到封建制度,这种基本格局状况不曾有根本性的改变。变化的仅仅是实际做工和生产者的人身依附地位的变动,即作业和生产劳动的简单自由性的增加。随着亚当·斯密的民主(要素)经济逐步演变成自由竞争的资本主义经济,这构成了现代金融与银行制度产生与存在的基本经济制度的基础。第六,白哲特的金融杠杆哲学的彻底广泛传播,带来了现代商业资本经营的真正与全面崛起。这才使金融因杠杆金融在商业资本中的主导作用,真正从一般的产业和其他的经济活动中分离出来,成为具有自身存在和生存价值的能够独立发展的现代金融产业集群。

这些主要的逻辑要点与结论,可以通过下述的远古和近代金融史的发展路径与脉络更具体和真实地体现出来。

前现代金融生态体系可以追溯到公元前一千八百年的古巴比伦时期的《汉谟拉比法典》系统。该法典是古代巴比伦的综合法律规定,是现已考证的人类文明的最早的一部文字法典。在这部法典中明确规定了对农产品借贷的最高利息为33.5%,对银的贷款最高利息为20%。这表明古代巴比伦时期已经存在着放贷活动。没有证据证明存在着存款活动,也无法证明存在着古代银行。这里最合乎逻辑的推断应该是民间大户和富户自发的一些借贷往来。农产品的借贷显然指的是谷物的借贷。这对种子粮和灾荒期的活命口粮来说是关键性的。究竟是考虑到谷物的更重要、更要紧的战略资源性质,还是种子粮的可能倍增收益而确定的更高的利息上限,这里不得而知,也在此存而不论(但至少由这种利息界定可以反映出农业社会的本质特征),并且我们也并不知晓在古代巴比伦时期,谷物是否也同其在中国一样曾被充当基础性货币,或至少是货币之一。而对于银的最高利息为20%。既无法确定银是否具有更为普遍性的货币功能,也无法确定是否符合银本位的约定或至少是银商品锚的存在,但至少可以肯定的是谷物与银两者不存在直接可兑换性。否则,现时的套利活动无疑会使其利差消失,而走向均衡利得。

同这个时期对应的古中国,应正是按官方说法的夏朝开国近二百年左右的时期。从大禹治水中可以推定,在中国夏朝,国民经济的中心是绝对的大规模的农业。因为,如此举国性的水利设施,且有劳帝王亲自统帅的巨大工程,显现出农业的战略与支柱产业地位。而这种社会体制下,显然是以国家财政与行政命令为基础和主轴的。面对中国当时的农业国与农业经济的农本现状,这样的一种财政经济显然是最有效的。因为巨大的沉淀成本性的基础设施,无论从财力、风险控制还是分摊角度看,公共财政金融都比私营与分散化的金融更为有效。到了商朝,中国就不但有了以甲骨文为代表的文字文明意义上的繁荣,而且商业与青铜产业等商贸经济已经高度发达。夏朝的货币信用已经逐步成熟,但国家与朝廷的统一力量仍是主导性的。

美国《全球银行学》一书的作者认为,在中国商朝后期相对应的公元前一千年前左右,古希腊人,腓尼基人由于海上异地贸易,要求在不同地域或国度由贸易双方均可以接受的银行(并具有良好信誉)担任外汇货币兑换中间商或者外汇期票支付中介商的角色。银行还对商人、船主和政府官员的财产进行管理,"这样,在亚历山大大帝之前,人们已经能够用钱赚钱"①。

到了公元2世纪西罗马帝国,由于货币在整个罗马通行,地中海的周边贸易进入繁荣、发达时期,"银行家、金融家们应运而生,兴旺发达"②。

美国历史哲学家威廉·杜兰对此作了以下描述:

"一条连着平台的街道成了银行家休养生息的地方,这条街上挤满了钱庄和换钱的小店。你可以用土地、农产品、证券、政府合同等等做抵押物去向这些钱庄借钱,也可以用钱去对你的商业、企业和航海进行融资。合作贷款取代了商业保险的位置。原本一个银行完全对一个企业融资,现在几个银行一起提供贷款。合资公司的存在主要是为了完成政府的合同,他们通过把股票和债券出售给公众,从而赢得资本。这种股票和债券是以一种叫'占额'或'份额'的形式进行的。或者又叫做'参与合伙股权'。也就是说,这些公司的资金是由合伙人的形式或者其他人参与的形式来筹借的。"③

西罗马的这种金融生态仅仅是因金融顺应海外贸易本身而生,不但其产业基础范围不够广、不稳定,而且其财富和资产范围既有限,自身能力也不足。西罗马之政治、经济、文化与宗教乃至民族的松散联盟,很快因政治与社会生活腐败以及上流社会的奢侈,而引致出社会经济困境,政治上的衰败与软弱则更加剧了已有的经济与金融的解体乃至分崩离析。结果,东西罗马分裂,西罗马最终彻底解体,让位于东罗马拜占庭帝国。

西欧或欧洲的中世纪被史学家认定为一个封闭、狭隘、专制的精神窒息、文化退化、经济凋敝并退回到村镇水平的黑暗时期。这种封建专制下的城镇城邦经济,基本上呈现出来的是那种远离贸易的自给自足的经济。金融、银行与保险成了某种多余的行当。而宗教和主流意识则不但谴责以钱赚钱,更诅咒高利贷,甚至对于一般性的借贷周转和商业获利超过自身自家生活需要以上的都定性为贪婪。不但如此,甚至把更大的获利行为界定为犯罪。这就从社会经营道德、生产生活价值取向,到社会经济基础性的需求与供给,全面性地将银行与金融生存利

---

① 罗伊·C.史密斯、英戈·沃尔特著,黄为忻等译:《全球银行学》,上海译文出版社2005年版,第3页。

② 同上注。

③ Will Durant, *Caeser and Christ*, New York: Simon and Schuster, 1944.

基清除了出去。

而此时的中国却是从秦王朝崩溃后，通过大汉的规范、整治与防微杜渐逐渐崛起兴盛起来，并形成强势大国甚至于超级强国。又经东汉、三国和其后数百年的战乱与无序，从隋朝开始至盛唐，并几乎一直大体上在其汉唐雄风的羽翼下，经元、宋、明甚至清朝保持其大国势态。对应于欧洲黑暗中世纪的是中华文明的盛唐繁宋乃至强元直至集大成的清代。这期间，中国的农本主义国策和国本始终未经根本改变，然而不仅耕读文明与礼仪高度发达，而且包括核心生产要素的土地，主要财富形式的房地产和相当的人力资源，更不必说战略物资诸如粮食、食盐、铁等，始终具有大规模、高比例的买卖与流动。大规模的商业经济既是朝廷命官的重要介入事宜，也是地方富商地主与小商小贩的生存基础。高度发达的华夏商品经济，不但催生了在宋朝世界上最早的纸币（交子）的发行与使用，也催生了多元、多体系的货币系统，而且造就了源源不断的中国商贸人才。中国的晋商、徽商、浙商不但财大气粗，而且讲究高度的经营哲学与儒商风范，在主流文化意识上，把商儒和学仕通过世代努力和整个区域性的合作而结合起来，构成了中华财经文明的一道亮丽的风景线。

尽管中国古文明创造了灿烂的耕读文明，甚至于货币文明，以及高度发达的礼制，但由于重农抑商、重本抑末的国策与伦道倾向，由于皇本主义的一统天下，由于学而优则仕的官本位人力资源配置机制，由于大一统强盛的皇家—国家财政经济和庞大的小手工业、商业、农业经济，结果，中国的那种系统性的大规模的保险、融资、理财和超出家族的合伙与股份经营并没有得到充分发展。杠杆经营、杠杆金融和民主资本经济在中国没有大规模、制度性地发展起来，并始终受到严格的控制，但宗法家族股份制经济在中国却高度发达和兴盛。

欧洲通过两种体制外循环的力量，逐步打破了其封建专制和世袭等级身份，并从基督教文明的谴责与禁锢商业的全面禁欲主义，走向民主、开放、平等、博爱的全面解放的人本主义，并完成所谓的理性运动。

第一大体制外的冲击力量来自于12世纪，为宗教战争的十字军东征。这些肩负着特殊的基督教圣战使命的西方东征骑士们，在欧洲获得了大量的当地富商贵胄的资金与物质资助后向东征讨，他们在阿拉伯和伊斯兰世界不但发现了更为发达的物质经济文明，而且看到了不少的商机，于是他们就用这些聚敛起来的财富沿途进行投资。这些人后来变成了欧洲最早的一批银行家与理财大户。这种体制外冲击来自于一种宗教狂热下的国际交流后的理性复归。这些骑士及其意外的财富，乃至意外的投资机会，都非事先的预谋和严密的商业计划，而是在其意外的职业生涯冒险行径中的意外的相机抉择。因此，它具有可生长点、可发展空间，但却不具有可重复性和可人为操控性，从而仅仅可能成为某种阶层产生的源头示范，不能成为源源不断的生长和发展的根本利基。

第二大体制外的冲击力量来自于欧洲国度自身的社会下层力量的“反制与崛起”。这些人当中有所谓的商贩“泥腿子”，有一般的手工业和其他的非大地主、非社会显贵显赫、非皇亲国戚或其他贵族与僧侣阶层的平民人家。他们在传统的西方社会里无权无势，更无社会家世背景资源，但他们拥有一颗不安分之心，不甘落后，要与社会上流人物竞争，有着最终互换身份的冲动与强烈意愿，拥有自已熟悉的某个行当的技艺和技能,拥有全部的经营才能与身体素质。在亚当·斯密的哲学(经济)和白哲特的哲学(金融)的大规模的社会经济—金融文明洗礼下,这批人最终在前现代经济与金融改革与巨变的洪流中,成了社会新生的资本家与金融家阶层的前辈与先驱。

亚当·斯密《国富论》中的自由放任经济学被经济学家和社会定势大体缩定为市场经济哲学。"无形的手"在自利的驱动供给下,通过供求波动引起的价格涨落,自动地调节着资源配置和再配置(帕累托改进直至帕累托最优),带来了全社会利益大饼的扩大,从而在不恶化任何交易方的前提下,保证了社会整体福利水平的提高。

这种解读与定论事实上应视为一种浅层的经济哲学解读。斯密经济实际上从本质上看应视为一种民主(资源和要素)经济。在这种经济哲学框架之下,社会与国家或政府被分为二元系统。这个二元系统下社会资源的配置与经济流转,基本上由所谓的公民社会,即包括商家、社区、商贸乃至民事法律等构成的公民经贸与生活系统来自主、自治、自决(几乎绝对的自由放任,政府除了收税和救援,没有实质性干预的通道和杠杆)进行。这种自治机制是由市场来裁定、统合与指导的。市场的竞争参与者之身份、作为与资格完全来自于参与者自身的资源、产品、服务与贡献,同其身份、地位和任何的等级、官位没有关系。政府对于这些自治、自发行为,既没有参与和干预的必要,也没有这样的干预权力。政府充当的是守夜人,即秩序维护者和公共产品—体系提供者的角色。

这种民主经济和民主政治不遵从完全等同的原则。因为,在民主政治架构下,最后的决策单元是自然人或法定投票资格人,并且是完全的一人一票等权重的决策、选择投票制。但民主经济却遵循的是货币选票和资本选票。投票的权重同自然人无关,而是同货币与资本量的多寡有关。这一点斯密并没有注意到,而且其不认为会成为社会发展的问题。他单纯地认为只要控制好垄断,消除市场买卖联合,诸如欺行霸市等,就可以保证市场的有序公正。

按照这种思维推论下去,并结合现代经济发展史,人们自然会注意到,最初级的民主(要素)经济,逐步演化成民主(资本)经济,最后演变成了民主资本主义和国家垄断帝国主义的经济。但若回到斯密时代,无论当时的始发动机和思想基础如何,大体上是以社会下层的自主自发经营为本,通过市场交换来活跃、丰富和提高自身的生活水平和社会丰裕。这是一种原始的民主经济思想,具有经济解放的一般价值。在斯密身后的一百年,英国在其经济哲学思想指导下,变成了一个雄霸全球25%的土地和人口的殖民帝国。英国的经济和金融辐射无疑同其地域和人口管辖一样,成了所谓"日不落帝国"。而后,法国、德国、比利时等国积极跟进,最后,英、法在双元大革命的冲击下,逐步形成了现代西方文明的基本政治价值取向。这进一步强化了斯密经济哲学,并推动了其在全世界的大肆扩展。这样一来,现代金融生态的最雄厚的基础,产业和资本或"金融能源"基础,甚至人力资本基础就得到了确立和保障。

同斯密经济哲学相对应的另一重大的金融杠杆哲学同样发挥了不可估量的作用。而这些现代金融和前现代金融,成为了商业资本乃至当今的衍生品等巨大金融乘数经济的最早期基础来源。

早在1873年,时任英国《经济学家》杂志编辑的沃尔特·白哲特(Walter Bagehot)在其《伦巴第街》一书中就以独特的机敏目光,洞察到了新型商人利用金融杠杆对老商人的巨大挑战:"如果有个商人,他自己拥有5万英镑。为了每年从这5万英镑上能够获得10%的利润,他必须赚5 000英镑的钱,他必须把这个要赚的钱打到他出售的货物的成本里面,让它在价格中体现出来。而另外一个商人具有1万英镑,并借了4万英镑,这4万英镑是靠他抵押票据得来的。这样,他同样拥有5万英镑的资本。于是,他可以把他的商品卖得便宜得多。如果他借钱的利息是5%,他必须付2 000英镑一年作为利息。如果他像前面所述的那个商人一样,每年赚5 000英镑,扣除利息后,他每年可得到3 000英镑,即本金1万英镑的30%。如果他愿意的话,还可以放弃一部分利润,把他的商品价格降低,而把那个前面所述的传统模式的贸易商——那些依靠自己资本的商人从商场上淘汰出去。"①

三、现代金融生态体系基本架构

现代金融正像现代经济一样对应于工业资本主义和市场强势经济(参见谭伟东《超现代经济学》,清华大学出版社2007年版)。因此,对于发展中国家、新兴工业国和古文明国家,甚至一定意义上的尚未完成现代化的前社会主义的转型国家而言,现代金融生态体系仍然具有时代与历史的相对先进性。现代金融生态体系是基于前现代金融生态体系的演化态势与演进积累,在现代化经济系统条件与环境下,经过数百年不断的自身发展而逐步建构、形成和完备起来的。

(一)能级、能量级角度下的现代金融生态体系

1. 高能货币

作为高能、大能量级的具有巨大爆发力的原生态金融源泉,现代金融生态体系中的核心生态种群无疑是高能货币。高能货币并非永远是直接的现实态的金融能量表现形式。毋宁说它是潜在的具有巨大金融能量的金融能源和特种金融物质存在形式。高能货币一旦被投放到商业与经济流转中,就可以借助于交易流转、价值衡量、交易媒介、资本转换形式、一般价值窖藏等等形式,甚至通过债务补偿等,以倍增的流转扩散方式存在,释放出巨大的金融能量。

因此,高能货币具有占优、掌控、"吞噬"其他金融生态种群的特性。当然这里并不包括对高能资本或一般资本的金融生态占优关系。从本质上说,现代产权具有更加重要的制度性与遗传基因。其结构与功能决定着其他一切金融生态群落与种群的本质性的存在与作用范围。但这种决定与影响不是通过金融生态自然系统与宏观生境形式而存在和展开的。从金融生态体系的源头动力和宏观样式的势能与动能流转角度考虑,高能货币是宏观金融生态体系形成和稳定发展的最基本、最积极、最主要的金融生态种群。

高能货币的这种金融生态意义与价值集中体现在以下两个方面:(1)现代金融的泛化和最广泛的价值财富运动,使得财富一般价值等价物获得了人类经济与文化史上从未有过的大一统和凌驾于一切物品、能源、要素、资产、财富形式之上的,超出

① Walter Bagehot, *Lombard Street: A Description of the Money Market*, London: Henry S. King, 1873, p. 16.

任何的个别等价物、特殊偶然等价物和普通一般等价物的地位。万能的货币成为最一般的价值符号、财富象征和富有丰裕的标示。世界首富、次富的以数百亿美元计的个人资产，各国年均 GDP 数万亿、数千亿美元的经济增长，以欧元、日元、瑞士法郎、中国人民币等所计量、换算的种种贸易结果、经济增长与发展实况、社会财富的积累与分配，具有了广泛的甚至全球性的金融价值评判意义。人类文明史上的任何一个历史发展时期，无论是黄金还是玉器、珠宝，任何形式的特种财富，都未能，也未曾获得如此广泛的金融生态普世和网络价值统一。高能货币的普世性达到了人类历史的顶峰。(2) 现代经济周期从而金融周期的起伏波动的直接的宏观大尺度的制度性与文化性的基础存在，来自于高能货币的发行、控制或广泛说来的运动。现代有关 1929—1933 年大危机—大萧条—大恐慌的研究，集中到了货币收紧和国际贸易保护主义的双重紧缩方面。这无疑具有过于强调货币金融与贸易政策，而忽略真实经济和实体经济失衡与周期波动原因的种种嫌疑，但货币政策走势与取向对经济与金融周期起伏波动具有极为要紧的作用却是不容置疑的。这种影响甚至某种程度上的决定作用，集中表现在：第一，货币政策的松紧直接决定着经济与金融的冷热程度。过热与过冷的经济与金融周期波动直接或以时延性的后滞影响，决定着经济与金融周期拐点的出现与趋势逆转的发生。第二，货币政策的松紧甚至仅仅是相对抉择的情形与力度，能够直接决定究竟是软着陆，还是硬着陆。这对于经济与金融泡沫的破灭过程及其实际冲击具有至关重要的作用。第三，货币本位、改制及回报政策与规则的调整，对财富的占有与经济分配乃至直接的经济效率与经营产生着直接与间接的影响。第四，货币政策的调整，不但具有直接和后滞的宏观经济影响和财富效应影响，而且甚至直接影响乃至决定着微观和中观的产业走势与发展势头。利率的高低可直接托扶起或扼杀掉一些成长、崛起中的企业与产业，并且在一定意义上，货币流量和流动性存在水平也具有这种命运决定的作用。第五，货币政策、规则与作用直接影响国际经济周转与国际示范传递。通货膨胀、资本效益、宏观经济状态等，都会通过货币与汇率波动而形成国际传递与扩展作用。

2. 高能资本

绝大部分高能货币仅仅是充当完全的货币职能，完成对实体财富甚至金融资产的度量、交易和存储作用，并不充当垫支的本钱，使自身转化为特种资本，而且事实上，充当资本的也并非仅仅只有货币形式的财富本身。任何一种可以接受的财富与资产，只要能够成为某种一定产权结构与契约或经营性交易下的先期投入，都可能成为资本投入。

资本在这个意义上被区分为两个大类，即高能资本和非高能(或低能)资本。所谓高能资本，就是指具有高度流动性、一般等价性的资本。因此，在一般意义上绝大多数的货币资本应统统属于高能资本。但在复杂的国际金融和国际贸易与经济背景下，非世界货币、黄金和国际储备资产的所在地区与国别的货币资本形式，则不能简单地被视作高能资本。也就是说，资本的专用性，从而包括资本的非价值形态和资本的具体的、人力的、资源性的、工具性的、要素性的、技术性的物理、化学或真实属性等等形态，便成了资本/高能资本的障碍形式，而非易市场流通性的金融生态的资本，例如加上种种时间限制的转让、转手、更换和流动的金融资本形式，也可能成为高能资本存在的障碍形式。

资本的高能性来自于资本在宏观金融与资本生态系统中的灵活性或生命转换与运动的属性。因此,资本的高能性是一种宏观与网络金融价值而非资本的微观价值属性。资本在微观场所中的价值倍增属于资本经营自身的特性。甚至资本在金融生态中通过自身的存在所能撬动的货币的相应跟进,即财务杠杆效应也不属于资本的高能属性。因此,这里的高能资本限定为高流动性的资本形态上。

高能资本在金融生态体系中的作用体现在下述两个方面:(1) 高能资本通过股票形式变成了直接的资产或企业兼并过程中的等价物购买券。这使得资本本身拥有了等值的高能货币的支付与购买属性。由于资本市场的这种高能支付属性和相应的保值(也同时承担了风险损失)属性,使得资本市场的扩张和企业资产影响力大为增强。这种高能资本就使自己在资本市场中拥有了购买和支付兼并过程中的资本的特有价值尺度与支付手段功能。这就把普通权益资本变成了某种具有高能资本属性的特殊资本。(2) 高能资本通过多种多样的证券化,直接将原有的非直接权益资本流动的产权变成了"打捆"上市的融资证券和具有一定市场性的流动性资产。不动产就是因为市场流动方面的缺憾而被加以特殊界定的。当然不动产也包含着实体的非可移动性,从而存在着时空,尤其是空间上的移动困难性。非证券化前的诸如房地产抵押贷款、信用卡应收款、汽车贷款、学生贷款、保险业务等等只能作为固定所有权下的资产形式存在,而证券化后,它们统统进入资本市场,成为了可转让的金融资本资产。这样,高能资本借助于公司资产的特种打包形式,完成了另类的非权益资本的流动性。从而,公司资本也从核心资本、经济资本,进一步拓展为特种的资产转让性的资本。

当然,在严格的资本高能的属性意义上说,资本在微观层面上借助于财务杠杆而大肆大幅度拉动债券融资也是高能资本的特权。这种特权又在现代衍生金融工具、保证金和抵押比例大大放松管制的情况下,造成了巨大的资本放大效应。在传统经济与传统金融生态体系中,有多大本钱承担多大的事业,在农业、手工业、工业、服务业等实体经济部门,本金比例非常高,本位投入始终在高位运行。同实体经济相比,商业经济也可能具有较高的投入,也可能有低成本或无本买卖,但总体说来仍然必须有相当的资本比例。然而到了现代金融经营,像长期资本管理公司靠五十亿左右的股本资本垫支,竟然可以支持最高达一万六千亿的金融资产经营规模,杠杆效应超过三百倍之多。这从微观层面上显示出巨大的难以想象的风险暴露和泡沫金融与经济耦合。

从宏观上看,同样可以计量出国家资本结构、债务结构和财务杠杆效应。金融深化指标体系不能完全反映出这种宏观金融风险暴露和泡沫金融状态,而且其也并非是在理论和实用设计上为此服务的。相反,它是在金融生态意义上用来表现金融自由化程度的指标,但其在最低的限度上能够反映出一定的这种宏观金融风险之暴露程度。

3. 高能财政金融

财政作为一种转移支付形式出现,倘若其来自于税收,则除了税收成本和其他的经济效率扭曲外,基本上是一种等价的挤出效应。因此,其同上述的高能货币与高能资本是一样的，对其无须进行进一步的专门论述。然而，现代财政金融的相对大的部分采取的是赤字财政。这就涉及新型的财政金融杠杆效应。

具体说来，首先，当财政金融作为国家开发战略或其他的投资资本支出时，财政金融就会呈现出高能资本的基本效应。但国家级的长期的重大的基础设施和高风险产、行业投资的周期长、回报不确定等特点，会使其同一般性高能资本的作用有所不同。其次，在衰退与大萧条时期，甚至在显著的非充分就业时期，财政支出必然具有凯恩斯乘数效应。第三，当国民经济体系或产、行业部门出现显著不均衡发展时，类似于国家主权基金的国际与国内投资行为，同样会出现高能财政的拉动和结构优化作用。

（二）生境角度下的现代金融生态体系

金融生境包括金融栖息地和金融生态龛。前者是金融种群的产业、企业、服务商家之存在与发展的时空载体和存在空间，后者是从金融能源、能量、物质循环流转角度抽象出来的有利于金融发育、成长与发展的良好或良性空间。这种金融生态龛总体说来有利于金融种群、群体与个体充分有效的发展，因此，呈现出一种良性有序、善意的金融小环境、小气候、小文化，从而使得金融资源、资产、能量更易于在此小系统或微环境中汇集、交换和存储。

有关金融栖息地，存在着货币栖息地理论。该理论试图表明，货币即法币，在其发行地即本国和一定国际区域内，会形成自己的存在与流转活动的一个最佳地域空间，而越是具有世界货币或准世界货币属性，其货币栖息地的地域与国际空间就越大。美元、英镑都是当今这类货币的代表。而国家经济的总体实力和货币的币值坚挺与否、稳定性、可兑换性等特点，同样决定着货币栖息地的大小范围。复兴或新兴的经济体，随着其在国际贸易与国际分工体系下的位势不断提升，其货币栖息地范围也就会越来越大。货币栖息地的网络效应同语言、文化与政治生态背景的相近性，同教育水平、产业与经济发达的相近性成正相关关系，同文化与政治对立性呈负相关关系。战争与殖民地的历史上的非愉快甚至敌对性，有可能因历史上的强制性引入而变成现代的历史惯性，从而由方便性和发达梯度差异的高端输入产生现代网络效应的强化。

金融银行学的高度发达、货币掉期的广泛使用、离岸金融的蓬勃发展，似乎使得货币栖息地的作用在减弱。这其实是个假象。欧洲美元、石油美元（甚至将来的亚洲美元）的超级发展，恰恰反映出美元的超级货币之特殊地位与功用。美元准世界货币及国际贸易结算工具和国际投资的特殊功用，由于在母国本位栖息地的重重法律与政策障碍，而不得不在离岸金融区域和非母国世界经济区域中获得某种确立。这种国际上非母国世界经济区域中特殊地位的确立，会进一步推动母国货币金融创新的一定响应跟进与继续发展。

货币栖息地的生态是其存在与发展的主要原因之一。货币能量本身的广泛需求性和网络价值效应是货币获得货币栖息地的根本缘由。这两者之间形成的是一种共生互求的支持关系。表面上看起来，这里的后者构成了货币栖息地的主动量。因为没有国际价值和国际稳定性的货币充其量只能在货币主权国范围内流通使用。因此，货币的国际栖息地从而一定意义上的货币国际栖息地，完全取决于一种货币的世界货币或硬通货的价值属性。然而,真实的逻辑却与此相反,即世界货币和硬通货无论是怎样的坚挺、稳定和在世界上通行无阻,若没有一个良好的货币栖息地作为对接口,没有栖息地的各种金融生态给养,其就不可能在某一地区落生。其在全球的通用性同在某一局部地区的国际有效性相关,但同其在本国和本区域的通用性、网络性无关。例如,美元在加拿大具有良好的通用性,因而加拿大一方面发行加元,另一方面接受美元,从而成为美元的栖息地。然而,具有同样国际通用性的美元,在墨西哥、南美各国,在亚洲各国等却没有这种地位。

对任何一国经济主体而言,货币国际栖息地越多,其国际贸易与经济往来也越发方便,其国际经济效率也就越高,而货币的国际"输出",同语言、文化、风俗、综合强势、价值观之通适性都具有一定的关系。当然,经济和金融的强势及合宜的国际结算与周转体系是其中的核心和基础。与此同时,货币国际栖息地的增多不但大大增加了一国货币的国际储备和流通数量,而且直接影响一国货币投放的数量波动。因此,在获得相应铸币税的国际收入的同时,也增大了货币的国际供求变动的风险影响。

影响货币栖息地选择的主要金融生态因素包括下述几种:第一是结算货币的双边和国际贸易量。显然是货币贸易量越大,所需结算货币量也就越大。当然,结算速度、信用结算、差额结算及货币周转的速度也同时影响着结算货币需求量。第二是国家金融与货币的周转、活络与交易水平及程度。一国的国际金融业务量越大,业务发展水平越高,所需非本国货币也就越多,量也就越大。国际金融中心城如华尔街、伦敦金融城都是这类典型。像香港、新加坡、法兰克福、北京、上海、汉堡、巴黎、东京等,也都具有这种多重需求属性。第三,国际交流、人员及文化往来中心,甚至仅仅是政治中心,或某种特别国际集市贸易,甚或一种国际博览、体育赛事和国际论坛,例如达沃斯世界经济论坛、博鳌亚洲论坛等,都会形成国际多币需求。这些需求要素本身,不论是强弱程度或规模,都不能成为直接的货币栖息地的生态基础,它们须通过法律、制度设计和文化历史传承,而转化为现实的货币栖息地的生态要素。

有关金融生态龛从本质上和主要的大框架上看,其同金融栖息地是基本一致的。金融生态龛则更具有微观金融生境的内涵。因此,其同金融业界服务、媒介成长与发育以及盈利能力等等状况有着密切的关系。从另外一个角度看,也就是更多地从微观的金融供给生态的角度看,金融生态龛更强调金融创新之良好生境。

四、超现代金融生态体系基本架构的未来展望与推断

超现代金融生态体系尚未真正形成,但从现代向超现代化过渡,却已经是全球性的潮流。关于超现代经济的基本价值和制度性建构与发展,有兴趣的读者可阅读谭伟东《超现代经济学》中的经济发展阶段论和世界经济转型的有关章节。这里不再赘述。下面集中探究的问题是超现代金融生态体系的可能演进方向与发展路径。

超现代金融生态体系的首要要义和重大转型会包含在金融部门和金融群内部。其核心是要使现代金融生态体系逐步理性地转入自身可持续的并能够形成自我约束、自我清除过度金融与经济泡沫的金融生态系统。这里包含下述几点要求:第一,金融生态体系必须形成金融资产与财富理性扩张的预警机制和内在稳定器。现行

的资本市场和房地产市场以及金融衍生品市场的相互脱节、非理性膨胀失控与缺乏合理金融价值统一度量的状况，必须受到制度设计的限制。第二，其会逐步减小高能货币、高能资本、高能信用、高能财政的显著不等效状态，通过货币体系和资本市场及相应的其他财政金融改革，造成金融资产和财富的可转换性与高度相互替代性，从而缩小各种财富市场的区隔化和风险收益差，使资产市场体系尽可能地互通和实现高水平的一般金融均衡。第三，它还能重新在动态信用价值和各种本位联动基础上，逐步建立高水平财富存量本位基础上的高能货币及金融中介运作系统，发展大规模的高信用和低泡沫的网络与电子信用货币。最主要的是要从元金融的源头上彻底改变当今世界的货币、外汇和其他通货的贬值机制，保持货币的价值稳定性，从而从根源上尽可能清除高能货币带来的泡沫。第四，金融生态体系确立起合宜的金融财务杠杆，强化种种保证金、储备金和风险资本的垫支与预留，规范和严格控制金融衍生品与产业扩张空间，追求内在风险自惩和自破产，解决金融衍生品同元金融产业基础严重脱节并自行发展的问题，将衍生品金融纳入到理性的原生金融发展之合宜轨道之中。

超现代金融生态体系的第二个转型会在建立起合宜的国民金融结构体系时出现。这其中会涉及一系列具体的国民财富与金融结构的优化、升级与淘汰问题。第一，重塑超现代国民经济与财富的产业金融部门结构，在这种有机结构的部门产值、规模、资源与资本配置结构中，逐步改造过度虚拟化、空心化的金融主导的结构状态。发达国家的金融产值贡献已超过20%。这是对社会经济价值投入—产出的极大扭曲，超现代的产业金融部门结构必定会使包括产值贡献在内的其他投资占比过分虚拟化的结构调整到更加有效与合理的状态上来。第二，重塑超现代国民财富结构。现代国民财富过度地依赖于房地产价值，这方面的财富比重占国民财富拥有的25%—50%之间。这一方面同现代人居住空间日益变大，居住过度豪华奢侈有关，另一方面同有限空间下的供给刚性基础上的金融操作有关。无论是保护地球，强化自然生态，提供合宜、健康、温情、惬意的居住空间，还是恢复合宜财富价值和意义比重，房地产过度价值占优的现状都不可能维持下去。第三，重塑国际财富与金融结构。这方面的结构性失衡与失序，将在国际金融的系列章节中加以详尽研讨。

超现代金融生态体系的核心价值观是基于绿色金融、和谐金融、共享金融、自主发展金融和有机可持续金融。

绿色金融要集中和彻底地体现在绿色国民收入核算和绿色金融体系核算以及绿色产业与经济的金融支持之上。前两者是宏观规导与指示的金融价值观。其本身的科学建构和初步完善，将彻底打破现代金融生态体系下的速度陷阱和增长陷阱。要把经济增长生态与环境基础、资源永久性耗损、生态圈与生物多样化的折损统计、考虑在内。要在人居、工程、生产、物流、售卖各个环节彻底改变人定胜天、越大越美、越强盛越追求的审美取向和价值追求，在尊重自然、尊重土地、尊重生命与环境的经济活动中，进行金融能源、能量的生成与传递。这样，核算价值、统计价值、市场引导价值、考核与政绩价值、社会发展价值等等都会从现代金融生态对应的简单市场价格追求和单纯增长速度之下被解放出来，在大发展观之下找到新的平衡点和价值支撑。后一项着重解决产业发展与增长演进的绿色金融要素和政策倾向。

清洁能源、环保产业、绿色农业、有机代谢工业、环境与生态友好物流、山水或无视觉音响污染城市等绿色产业与经济构成，不仅逐步成为新的增长级与发展级，而且要渐进成为主要的经济支持。其中，有机农业就是在人类传统农业中获得高度智慧，借以把有机垃圾变成有机肥料，使农业能把现代科学和现代有机循环合理地结合起来。

和谐金融一定会渗透到金融的方方面面。和谐金融所代表的是通过金融力量与手段，保障和完成人与自然的和谐，从而在长时段，甚至永续开发与经营的意义上，保证金融物质、能源、能量同自然宝库、自然修复和自然给予的相互和谐，同绿色金融联系起来。和谐金融在宏观经济和国际经济格局下，追求金融行为主体的平等和金融国际社会的和谐。这会把人类社会的现代与未来的政治、文化理念，通过国际伦理和社会价值取向，通过社会企业与第三部门的竞争，而注入到发展模式、路径选择上，从而注入到未来路径依赖之上，并通过新财富观、致富观和交易观及相应的金融与财会准则和模式，通过新会计与税收标准和政策，重新塑造金融行为主体与国际金融社会的行为模式。

超现代金融生态会沿着两个可能相互属于辩证矛盾的方向继续演进。一方面，由于未来产能、基础技术手段、财富获得的方便性和激励效应，建立在更加广泛的社会与国际信用基础上的金融交易媒介会更加灵活、普遍和增大。这会更加激活社会经济流转及财富创造与效益享用效应的加速扩散。换言之，财富的高流动性和超出一般性市场的流转会大为增强。从而应急、救灾、互助能力会大幅提升。另一方面，完全脱离实体经济与价值金融的过度的信用卡购物、财政和公债泡沫以及金融衍生品投机，会受到官方约束和业界与民间的自律与自发抵制。虚拟金融会受到规范性、强制性和公众性等多方面的约束。

此外，金融政治与金融文化及金融教育会大为普及，成为公民基本素质要求之一。一般性的利息、折现、对冲、资产组合、套利、多维风险、流动性等等，会成为日常决策的普遍性基础。赌徒式博傻和盲目的羊群效应不再会成为低级金融游戏的伴随现象。

五、简单性与复杂性共存的双向全球金融生态与生境演进

如同《时间地图》等大历史、大生物史所展示给世人的那样，全球经济生态与生物同自然界与社会乃至宇宙演进与发展一样，同时共存着双向运动与双向演化机制：一方面，演进主体在同环境的相互作用下朝着日益简单的方向发展，另一方面，演进主体又同各种综合体系相互作用，日益朝向复合体或复杂方向发展。它们从不同的角度和系列，共同推进着效率和品质，共同保护着单质性与多样性，从而大大丰富了金融世界。当然，与此同时，有时也会埋下金融泡沫、危机乃至崩溃的种子。

正像绝大多数活的生物体属于林恩·马古利斯（Lynn Margulis）和多里昂·萨根（Dorion Sagan）所谓的微观世界[①]，绝大多数的活的"金融生物体"同样属于金融微观

① Lynn Margulis and Dorion Sagan, *Microcosmos: Four Billion Years of Evolution from Our Microbial Ancestors*, London: HarperCollins, 1987, p. 119. 转自大卫·克里斯蒂安著，晏可佳译：《时间地图：大历史导论》，上海社会科学院出版社 2007 年版，第 129 页。

世界。如果把活的金融生物体定义为具有新陈代谢和繁殖—复制或其中一项功能的生命体的话，那么，从原始的简单的单一金融合约，到复杂的金融交易过程或金融品种，从自然金融体到合伙制、有限责任制和无限责任公司，从单纯的保险、证券、住房抵押、储蓄机构、合作社，到银行、财团、康采恩、全能银行和金融帝国，活的金融生物体或表现为超越直接生物自然体的合约结构，或表现为自然人、自然人家庭与经营团体，或表现为法人社团的金融超自然人的社会群体。

同经济学上的规模经济与领域经济共同发挥作用一样，规模金融经济与领域金融经济也共同发挥作用。金融实体与金融生态体系为实现效率追求上的规模金融经济，在金融生物体的演化过程中必然自动推进标准化、同质化、批量化、零部件化的大规模的金融产品生产与经营。这种标准化的规模化的自动化的经营与演化倾向，呈现出三级跨越式发展。首先出现的是像信用卡一类的单一的普遍的“老少皆宜”的或纯大众化的金融产品。这有些类似于具有最简易功能性的品种。其次是出现了像证券化或期货性的金融集装箱式的打捆产品。这类产品内在或隐蔽的结构性被单一的外在统一性与规格化“抹平”。在此基础上，最后则出现了单质普遍性的衍生金融品种，尤其是产生了指数化金融品种和种种类似于傻瓜相机的自动判定的电子金融的交易平台与品种。这样，纷繁复杂的风险计量、多样化管理、结构性设计的金融复合品，就必然被简单的统计与模型化的专家技术性操作给全部遮蔽起来了。但由于其炒作理念和转手的简单性，从而就会变成广泛受市场青睐的大众交易品。

简单性的演进同时表现为高度的金融专业化分工和各级价值链条上的分级市场区隔与市场定位。美国是这种金融生态的丰富的简单性金融经营与运作的典型。例如，对应于不同的储蓄要求和投资回报期许，其演化出了储蓄银行、保险、房地产、储蓄机构、养老保险金和信用合作社等。这些单纯甚或单一功能的储蓄金融实体，可以最大限度地简化品种与作业流程，从而大大降低管理与交易成本，提高金融经营绩效。与此同时，由于金融业务与品种的简单性，风险暴露、风险评估、风险控制与管理，就都会由于其中的资产结构、债务结构、期限结构、支出和管理层级结构的简单而易于操控。

从认知金融的角度看，简单性同样具有极大的优势。无论现在人的受教育水平多高，现代信息技能多强，人类的永恒天性都是要追求在直觉上和感觉上的认证与常识性把握。简单性的金融品种与结构有利于金融行为主体与交易方的迅即领悟。

生物学上是如此，大千世界和人类社会也大体如此，简单生命结构的存活时间更长、更原始、更质朴。因此，简单金融体在生命上具有一定的优越性，并且其构成了整个金融生物金字塔的庞大的微观支撑基础。随着网络金融、电子金融的发展以及金融教育的更加深入与普及，简单的标准化的批量作业的金融产品与业务会更加兴旺发达。

货币的出现及货币衍生品的大量出现，代表着价值在一般性的支付、计量与存储方便性以及经济效率意义上的提高。其是在信用关系随机性、交易往来随机性条件之下，广泛减少交易与经营成本的最为简便的方法。而随着电子技术和信息全息性手段的更加方便与廉价，自由金融与银行意义的原始态双边金融交易会更加兴旺发达。

领域金融的实现方式通常会通过复杂金融体现出来。同简单金融相比较而言，复杂金融表现出更加明显的结构层级、系统性、目的性、有机组合与分工性。简单的生物体呈现出细胞与组织的单一性，生物体的微小单元性。复合和复杂生物体就会表现出专门性的器官、组织与系统特性。这种有机体内的分工与协作，表现出了高度的结构稳定性、功能分工性和系统有序性。复杂金融同样具有这样一些特性。为了克服市场资源与交易流转的随机性、机会主义和不可控性，在市场自发运动成本和金融组织体系经营成本之间的相互平衡，便产生了金融组织的日益复杂性。

多样化经营的风险分摊与多方面规避风险等的创新，不断地推动了复杂金融的产生和发展。为了谋求领域、行业与工具上的风险结构方面的不均衡性，组合资产的风险分摊会推动金融企业的行业进入和有机相关业务的纵向兼并。从植物到动物，或经过生物体，由于复杂有机体的多功能系统性构造的出现，便会产生空间自由位移的可能性，再加上大脑中枢神经系统的信息与智能系统的外部世界调控，就会使得这种复合体的避灾、化险能力更为强健。面对大火、缺食、断水等各种可能的风险灾害，动物可能利用迁徙来加以规避，而动物群体的社会性集合，则更会通过个体、群组的特定社会性角色定位和分工环节而形成更为强大的社会生产力，借以抗拒自然风险。例如，群体迁徙、人口迁移、社会性逃难、群体性开发边疆等等均是如此。

为产生新质生产力和协和生产力，复合金融体成为不可避免的组织系统的构建形式。简单的单纯的原生态金融，无法形成诸如同一时间、同一地点之瞬间巨大的金融资源的整合与调用。例如，分散化的市场力量无法应对巨型工程与项目资金支持，无法承受大产业资本项目。至于像基础设施这类的巨型项目，甚至连一般的大型金融机构也无能为力，而需由国家政府出面承担。复合金融的新质生产力可能表现为：第一，交叉经营与运作的金融技能与知识杂交所形成的金融创新品种与工具；第二，交叉经营与运作的金融技能与知识杂交所形成的金融创新能力及其优势；第三，有机指挥链下的组织结构所产生的新质机能，如动物肌体所产生的大脑与中枢神经，带来了高级理性思维与理性选择活动的能力。金融复合体的专业化预测与风险管理、专业化市场开发与推进等，相应地也都可能因此发生。

资源共享，也就是数据、系统、空间人力资源上的共享与互惠，同样推动了金融复合体的发展。专用设备、专用知识、专用人才在固定的资本结构下的固定的回报比例获得支付后，其被闲置起来会是经常性的，而不同的金融业务事实上会出现大量的资源与要素共享之要求。这就直接推动着金融复合体的出现与发展。

关联式交叉销售或连带经营也是推动金融复合体出现与发展的动力之一。这种优越性不仅仅体现在交叉销售的顾客群名单与联络方式以及其他商业信息的共享上，更为重要的是捆绑销售和捆绑消费可以获得整体优化的经营组合。

至于巨头的金融复合体所具有的国际金融竞争优势，就更是一般性的简单金融体所不具有的。庞大的微观金融帝国，不但能够支持本国企业的大规模国际贸易，可以强力支持本国公司的对外投资，更能为本国跨国公司的国际经营提供多种金融服务及保障。

如果以金融企业或商家演进的复杂性来表示，金融复合体经历了下述几个发展阶段:第一阶段是以单功能的分业经营地区性的金融组织为标志,即以地区银行、区域保险公司或区域性的房地产抵押、养老基金和储蓄机构,或地区性的券商与投行作为主导经营体;第二阶段是以全国性和国际性的金融组织为标志,即形成网络性和支行性经营的金融经营实体发展阶段;第三阶段为相对充分的混业经营的金融经营主体发展阶段;第四阶段是以一站式服务和金融超市为标志的超级金融帝国主宰的金融经营主体发展阶段。

如果以金融产品与服务演进的复杂性来表示,金融复杂体经历了下述的几个发展阶段:第一阶段是单纯或纯粹特定金融功能发展阶段,如贷款、保险、再保险、纯股票、纯债券等单一产品发展阶段;第二阶段是复杂性金融产品,例如可转债、浮动利率贷款、或有贷款等复合产品发展阶段;第三阶段是混合或充分复合产品,主要是基于金融工程计量、模型、多种嵌套的金融产品的发展阶段。

从金融从业人员角度看金融发展演化可分为下述几个阶段:第一阶段是以经纪人为典型代表的非专业化的金融中间商人性的"职业"金融人员从业阶段;第二阶段是以所谓银行家为典型代表的专业化的机构中介性的职业金融人员从业阶段;第三阶段是以金融工程师、金融分析师为典型代表的高度专业性的机构中介性的职业金融人员从业阶段。

同简单金融相比,复杂金融生态体系要求更多的金融生态支撑。简单金融生态的早期和或低级形态,仅仅要求普遍的商业化的货币金融经济。交易人力资源、金融文化氛围和秩序、金融管制与进入法制规范、金融业界区隔甚至金融分业或产业演进以及产品演化,都处于低度和原始发展阶段。风险意识和一般风险规避手段单调、缺乏。金融支持的技术要求也极为低下。早期的咖啡馆、户外小型场地等公共集合与休闲场所,或旅馆饭店等人员与信息传播集散地,就可能成为初级的金融发生地。因此账簿系统与交割、计量手段都相应地十分简陋。中国的算盘,西方的计算尺,人力的脑记、笔算、口读、心算等等手段都曾经发挥过重要的作用。

而现代银行、现代保险、现代金融中介,通常不但要位于显眼繁华的地段,而且要豪华、气派、舒适、典雅,甚至需要时髦相伴。这不仅仅会给顾客带来某种往来业务过程中的舒心和安逸的感觉,更要给顾客和整个社会一种金融坚如磐石,具有充分的资本与资金实力,能够充分抵御和化解各种风险的心理暗示。

六、"竞争"(竞合)金融生境存活机制

如同市场竞争几乎构成西方经济学价格与社会经济效益存在的基本机制一样,银行与金融竞争同样是西方金融理论的基本信条。这种基本信条同自由金融与自由银行是一致的。放任自流的金融与经济,在本质上并不同于民主政治和人权平等,它是一种政治的社会伦理价值取向,要求一般的普世的自由经济权,在西方政治伦理与道德哲学中不大占有突出地位。由于经济上存在的剥削与等级制度,从本质上无法达到彻底的经济民主与经济平等的境界,因此,经济自由与金融自由的经济学、伦理学和金融学的基础,便始终是以经营绩效和社会福利为评判尺度和基本价值尺度的。

依照一般均衡理论,金融资源、资产的自由竞争,终将通过市场无形之手的自动、自发调节,通过供求双方市场博弈、产业与企业博弈、政府规制与厂家博弈等等对局,而达到一种相对均衡的状态。这种一般均衡状态代表着金融与经济资源、资产、资本的各专项边际替代率基本相当,从而任何的进一步流出—流进的配置改变,都不可能提高经济效率,从而改进社会福利。这种最优境界既是市场效率资源配置的最优境界,也是福利配置的最优境界,同时还可能是市场结构与产业结构的最优境界。在这种最优境界状态下,一般均衡的金融价格体系被确定下来,与此同时,一般均衡的金融产品、服务和金融产出规模也得到确定。这样一来,金融价格体系稳定及金融价格发现、价格决定得以实现:产出什么、产出多少、为谁产出的一系列金融生产经营与分配、流通问题都得到了相应的解决。

依照熊彼特的创新与周期理论,金融资源、资产和产出的决定,是通过金融企业家的五种诸如经营、生产、技术、管理与产品创新来实现的。金融竞争首先表现为金融企业家的创新行为、创新过程和创新结果。金融创新产生了新品种,引进了新工具,推进了新服务,并带来了工艺、管理和组织制度方面的创新。这些创新冲击带来了新的市场供给冲击,甚至直接引出新的市场存在。创新金融与传统金融在争夺市场,竞争价位、质量、服务等方面,引发了市场非均衡性冲击。金融在创新服务、产品、成本、价格、质量,甚至生产与经营过程、手段与工艺等方面,同已有的市场供给方进行竞争,通过正向和逆向选择,将优胜的顶级的高端的产品与产业从一般大众金融市场中区隔开来,推向高价值链上的市场存在(参见谭伟东《超现代经济学》中的逆向选择与道德风险章节)。金融创新如同经济创新一般,是一种用熊彼特的话来说叫做建设性的毁灭的过程。金融创新可能是平稳的安全的市场引入,也可能是剧烈的动荡的毁掉已有传统金融厂商与企业的金融市场冲击。即便市场是新兴市场与产品拓展,从宏观上也有可能形成对过去金融市场的挤占与瓜分,除非是那种互惠关联产品与市场的创新。

有关金融需求方面的竞争几乎没有专门文献加以研究。其事实上是个十分重要又极其复杂的领域。金融需求的多样性、广泛性、"依赖性"、"连带性"等特征,是一种经济社会文明的金融秩序与文化的集中体现。需求的广度与深度,需求的规模与水平等,都直接反映着社会经济的信用化程度、风险管理与控制程度。一个战乱不已、政权更迭、腐败丛生、民生凋敝的社会,是不可能存在广泛、复杂和持久的金融需求网络体系的。

同日本、德国相比,美国金融需求方面的竞争无疑是极为有利于金融多样化、模型化发展的。美国人在殖民地时期就享有远远超过英国所谓宗主国的工资待遇,而且农户平均拥有土地的英亩数远远高于其他国家。然而美国人却自始至终而且越益地并不太过在意储蓄,而是把节俭、生活甚或享受与消费,或至少是预支或透支未来借以平滑当今或一生的消费视作理所当然。

优质金融客户的需求优势,同低质甚或劣质金融客户的需求劣势形成某种市场较量。这方面的不对称竞争并未出现所谓的劣币驱逐良币现象,相反,信息或风险区分的相对方便和客户群鉴别的信息评估之有效性,却导致了市场区隔和价值链分割的简便与明确。而金融供给方面与此相应的竞争,即对应于不同的金融需求方面的竞争，发展出了各自不同的供给技术、人力资本和金融组织体系。结果，银行等传统和“正规”金融机构凭借已有的金融网络的资本优势，以及交叉销售和金融商誉等无形资产优势，垄断了优质金融客户的金融需求所赖以要求的包括房地产抵押、汽车贷款、信用卡等金融系统。这类信用卡服务发展成为一般性的所谓通用型的银行卡业务。

面对银行等金融机构的这种优势，非银行的储蓄与存款金融和非金融机构为了避免同银行在金融客户资源上发生正面冲突，转而通过新建自身的非优质金融客户的资源库、专门的信用与风险评级与打分方式、专人的拖欠款与呆死账追缴技术与系统的建立，以及人力资源储备，从而开启了并不断扩大了新的金融市场与业务。

金融竞争的有效展开是开拓市场、划分或区隔市场，从而分别提供某种创新和完成功能整合，以便形成市场和产业的有效机制与方式。

在同质市场上，最低层面的金融竞争，会形成行业与产业标准、稳定的市场规模、优质和令人满意的金融产品与服务品质，以及更为重要的合宜价格。这种竞争会集中体现在规模金融的效率竞争方面。比如，它会通过标准化、批量化、零部件化等规模金融产品之生产或供给，追求大众金融市场上的价廉物美的供给所带来的规模性收益。随着现代金融与产、行业的发展，这类市场、产业的竞争优势会促使金融机构越来越向巨型发展。例如，银行卡的大规模、标准化、自动化的批量与品牌经营，要求巨大的先期资本投入。美国信用卡由于这种金融竞争优势，业已基本垄断了全球的信用卡市场。包括日本、德国等基本上都未能在此领域实行有产业战略意义上的跟进。而今中国的信用卡产业正在悄悄地试图予以跟进。这方面的竞争有些类似于标准经济学中的完全竞争，其市场结构、产品结构符合完全竞争下的基本假定与状况：同质产品、完全信息、“完美”理性、非垄断行情与产业。

同完全竞争市场经济的实体部分不同的是，金融市场、资源与竞争，在行业进入、资本要求、资格确认与准可、市场与产业技术等方面，都要远远难于一般实物经济的情形。金融开业、从业、扩张的行业监管，要远远复杂于一般实物经济的同类情况。在这个意义上说，完全自由竞争的银行与金融几乎是不存在的。因此，金融供给方面的种种制度性限制会对完全竞争金融产生影响，使其无法从根本上实现进入自由、退出方便、个体参与方永远是市场价格的接受者等标准情形，或者起码会大打折扣。

由于金融业的产品、服务在本质上的价值一般性，使得其在许多方面，具有产品、领域上的自然垄断性，即随着规模扩大，单位成本会几乎呈现出无限降低的趋势。其规模边界经常是以市场、国界、产业边界和最优货币区等为限界。然而这种金融自然垄断又在现实金融市场结构和组织模式中更多地表现为寡头垄断而非完全垄断。

七、逆向选择、道德风险的两极产业与品种推进

同经济学中的逆向选择与道德风险一样，金融领域中的相近事件也同样表现为“逆向”选择与道德风险。也同经济学一样，主流理论仅仅注意到了逆向运动与发

展，根本忽略了正向运动和发展的存在及其良性选择以及相应的结果。经济辩证法、金融辩证法事实上是普遍存在的。任何一种现象、事变的典型性特点，往往存在着其对立的一极。这双面性的共生与不时的某一倾向性的显性存在是一定历史时期的普遍存在。而且在典型倾向下被束缚甚至压抑的对立面，在不断集聚的同时，会逐步占上风进而渐渐取代另外一方。

（一）劣币驱逐良币与良币占优统合

劣币驱逐良币是经济学家描述和解释在信息不对称下的逆向选择的经典例证。货币持有者或进而货币发行方，同货币在买卖过程中的接受方对货币品质、成色、斤两等等信息把握与占有方面的不对称性，使得高品质的货币在市场平均作用力下形成的估价上受到普遍性的低估，结果，高品质或良币就会从流通中逐步退出，变成财富的窖藏手段。

劣币驱逐良币事实上是个极为复杂的复合货币体系的一种特殊的混乱的情形。古代中国经常流行上币、中币和下币三种货币共存。但其间未曾发生什么劣币驱逐良币，或良币替代劣币的情况，而是各就其位、各尽其职、各安其分。劣币与良币共荣、共存的前提是劣币与良币自身身份确定问题，相互间换算价值问题和各自对应的市场媒介问题明确无误。

劣币驱逐良币的经济理性首先发生在货币价值尺度选择与使用成本—收益上。当社会经济往来与金融活动的价值尺度问题出现混乱、模糊和不确定时，双重或多重价值尺度中心处会发生动摇与危机。继续维持多重和双重价值尺度的社会成本会远远大于其社会收益。由于最高级的所谓良币通常仅仅适用于“上流”社会往来和极为大宗尺度的交易，其价值的稳定性必须具有跨期的保障性。因此，其超级贵重、稀有，难以成为大众与广泛性的中众金融往来与活动的媒介。然而，当良、劣币的品质、成色、价比相对稳定与固定时，这些问题也就自然得到了解决。然而，当模糊和相应的不确定性比例与币值情形出现时，价值尺度功能与流通手段功能会发生迅速的分离。良币、高品质的货币会成为大尺度、大宗财富或高价值品的价值尺度和一般窖藏手段。因此，其会迅速基本退出支付手段领域，从而成为“锚商品”式的那种特殊货币。

（二）劣产驱逐良产与良产占优统合

价值尺度与支付手段在货币贬值时会发生一定意义上的职能分离。同样，当资产形成良与劣之明显区别时，也会发生劣产占据流通与转手之主导地位，结果良产从低端市场退出。表面上看来，似乎市场和流通领域是由大量充斥的劣产来决定的，但本质上却是良产的日益金贵，备受珍爱，成为高端和“精品”的代表和象征。

劣产与良产都属于历史范畴。其同具体的金融经济生境、历史与文化习俗相关。在饥荒年间，粮食谷物和各种充饥物品就会成为首选良产，而家具就可能退居到劣产行列。大萧条时期就发生过把家具当柴劈来烧，借以做饭、取暖。而任何人若不懂这种活命第一的生存原理，就可能面临生死抉择的考验。如有民间故事讲，当古代发生洪水灾害时，财主与穷人各自从家中逃命出门，财主舍不得他的金银财宝,带了几个金元宝爬到树上,穷人家徒四壁,但有一锅菜团子,便带了几个也爬上了树。洪水不退,穷人有了菜团子可以充饥,财主饿得无奈。试图以元宝换菜团子,自然遭到拒绝。这种生与死的智慧其实经常发生在人们的投资、理财抉择之中。然而,在非战争、瘟疫、饥荒和经济崩溃的正常年景,在资产池的总体配置中,良产事实上占据优势。

如同产品分流(即大路货与精品系列分流,普通品与奢侈品分流,大众消费品与高端消费品分流)有助于产品的创新与扩散,有助于市场分割与产业演化升级一样,良产与劣产分流,也同样有助于资产市场与资产财富体系的结构升级和功能定位。这是资产市场精细化、专业化的分工演进的必然结果。

良产的理财价值、投资价值都好于劣产。因此会成为高级理财品、投资品。良产同劣产的分流,导致资产财富结构的合理分工和匹配,从而在满足不同财富经营主体方面,形成更加合理的产业集群、产品群组界定和人力资源分工体系。

(三)劣资驱逐良资与良资占优统合

垃圾债和劣资(股)一样,由于低值(进入价甚至二次市场价)、高险和潜在高利得,具有极大的赌博性质。其在满足那些"赌徒"、"游徒"需求方面,具有极大的优势。并非所有的投资者都是风险中性和风险厌恶性的,也不是所有的理财人都是损失厌恶性的。投资群体中原本就有着与生俱来的"赌徒",再加上由于情境和其他种种诱惑,可能造成的"游徒"(临时角色游走与调整),在大牛市和金融大泡沫生成之时,就会形成"赌徒"人气市场和"赌徒"势头导控。

由于资本市价来自于对未来现金流的预测,因此,其理论价在几乎无穷大与无穷小之间摆动和游走,因此,资本价格就会出现"天价不离谱,地价也沾边"的荒唐局面。技术派和行为金融派(或心理学派)会或者大显身手,或者至少是有所斩获。事实上,由于良资的市场波动,尤其是下跌反应会远远小于劣资的,并且通常会在市场演变中更遵循基本面的价值决定学说原理,因此,良资会成为基本面派信奉者的价值投资对象。

高风险从而高流转,使得劣资在不崩盘的情况下,成为市场竞逐对象。"垃圾债"、"垃圾股"和其他的"垃圾券"会因为票面小额与高风险—高回报特点,先在"赌徒"与"游徒"间受到广泛青睐,随着其在起伏中的波段性收益,会吸引越来越多的投资者与投资群体。而只要这种吸引力大过其排斥力,则看涨机制和做空机制将在推动收益上涨的同时,进一步推动劣资驱逐良资。

而与此同时,高质优异的有着稳定和长期收益的资本会进一步成为战略投资群体的"本基"沉淀对象。它们会远离大众投资群体,远离高频流通市场,成为"窖藏"性投资手段。

八、最高金融生态有机机制:有机协同

有效、适度竞争,不但能够有效地剔除劣质、低效的金融种群与个体,而且可以通过适度压力,促使较优或优秀的金融产业组织进一步发展,从而可以优化金融种

群结构，改善金融生态群落，促进金融业的生境、生态和种群与群落的改进。例如，通过兼并、合并，甚至强行收购，通过竞争破产、市场争夺和竞争开发，全面促进金融创新提升与服务优化。然而，良序高效的金融生态体系，不但要求有效适度竞争，而且更要求有机高效合作。金融合作可以区分为简单协作、复杂合作、有机协同三个层次上的合作。

有机协作的金融经济效率和一般性的投入—产出效率，可以通过下述直观性的比较而得出一种直观上的把握。一般或原则上说来，越是高等生命形式和有机物，其生成系统、组织、器官、细胞的具体专门性分工越强，从而单功能集合体存在的集团式分工越是明确、单一和专门。这从一般性的初级生物与农业投入—产出生产力方面看是极为浪费的。比如说像蚂蚁群的社会分工，使得繁殖功能向专门性的蜂王身上集中，结果其生存、劳作和繁殖得到了高度有效的安排。而人类的生殖精子与卵子，大千世界的种种生命体的种子，消耗了生物生长巨大的能量与营养，却被大量地浪费掉了。此外，从单纯的蛋白转化或其他的有机与无机养分投入—产出来看，显然越是高等生命，其效率越低，从而才可能形成一个由大到小的金字塔食物链。

进一步推广来说，举凡企业、公司、组织，同市场和零散的随机的交易或购买行为相比，总是会存在员工在作业时间、投入精力和其他专门资本使用方面的浪费。因此，从这个角度上看，似乎只有非有机物组织形态、非有机体分工系统、市场自然形态和大自然的非生命或低级生命形态，才是最为经济和高效的。这里当然根本没把生命体和生物组织与社会系统的多样性、高级目的性和其他存在价值考虑在内。若涉及生命理性、存在价值和多样性与丰富性价值，则简单效率核算就必须为等级差度多样性权重衡量所修正。

然而，即令单纯从一般性投入、产出效率来看，只要把产品的多重微观属性和产出的同量级的生物动能属性，甚或简单的生物物理与力学或机械性能属性核算在内，则有机生命体的合作效能所带来的真实产出效率就是巨大和惊人的。举个最为简单的例子，一部机器人要想获得如个体生命的简单的组合性的动作、文化语言、推论等方面的纯产品，其投入的规模与复杂程度都是不可想象和测量的。机器创造、机器运转、机器运算、机器思考在单项或简单指标下的投入—产出，可以轻易地超过人类个体的，但若想用每日的那些简单的“饭料”，来模拟和产出同样的人类的能量、生长、发育、维持、运动、活动和做工等全部的具体的产出，则是完全不经济的。从这个角度上看，自然演进数百万年，人类社会文明进化上万年的这种生物社会结构与遗传工程，具有极为伟大的效率功能。而这种效率功能若借助于社会分工体系，则有可能在理论上被无限地放大，那么，到底放大极限在哪里？又是什么力量与机制造成这种放大效率优势的呢？答案是有机协调与协同。这里按照金融协同的三大层级进行具体分析。

简单协作可界定为金融中介、组织、机构的非自主性、机制性的，甚至非契约性的一次性、简单的拼凑下的新安排。这对大型工程项目融资、较大的公司和企业融资与再融资安排等具有重要意义。简单协作可以大体理解为同质性金融资产、资源的相加性组合。其中不存在非多质性的多样性的等级结构，也不存在异质金融的特定组合与趣味,仅仅是同质东西的规模扩张上的优势。马克思分析了这种协作在农业、建筑和其他工业实体经济运作中的集合优势。

复杂合作不同于简单协作,其中主要的是:第一,其已包含异质金融资产、资本与资源的组合;第二,这些资产按价值、功能等区分,不但存在特异性,而且具有相应的等级结构。因此,复杂合作本身已经包含着简单的结构性和组织性。如果把简单协作比作原核生物形式,那么复杂合作就相当于真核生物性质。原核生物是其脱氧核糖核酸松散地分布在细胞里,水平地同其邻居如同垂直地同其父母进行横纵向的自由交换交易,它的繁殖就是自我复制的父母克隆。它们在生态体系中的作用是巨大的。“地球原本布满了玻璃似的火山岩,凹凸不平,酷似月亮,细菌时代把它变成一个富饶肥沃的星球,我们的家园。”①

真核生物同原核生物相比具有以下几点特殊性:第一,前者比后者要大十倍;第二,前者结构远比后者复杂,所包含的脱氧核糖核酸前者比后者更是多一千多倍;第三,更为重要的是,前者在富氧大气层中茁壮成长,因其找到了利用这种新能源的方法。“由于真核细胞比原核细胞包含了多得多的遗传信息,并能够获得更多强大的能源,因而有更多的代谢作用技巧,并且能够产生更复杂的生物体。通过在氧气中吸取能量,真核细胞间接利用了进行光合作用的生物体——如经常向大气注入氧气的藻青的努力成果。真核细胞比原核生物拥有更具灵活性和适应性的隔膜,而这种隔膜能使它们更为精确地与它们的环境交换能量、食品和粪便。真核细胞同时还有一个特殊的内部容器,保护他们的精制的遗传机器——核子。最后一点,它们的内部结构日益复杂,因为它们包含有内部器官,或者细胞器。”②金融的简单协作当然可能推动巨大工程,但无论其产生作用的组合规模有多大,其简单性的配合与合成并不具有结构性和遗传信息。而复杂协作则由于组织性,可以通过发展史、发家史、企业文化、商业秘密而构成金融组织结构的遗传基因,并且由于其可以有效利用外部环境与资源,具有同外部系统的能量、信息、物质交换的能力,其自我驾驭的生长(新陈代谢有机成长)使其成为通向更复杂、更大规模组织系统的基础。

生物史上出现的真核生物和有性繁殖“被认为是地球上生命历史的重大转折点之一”③。生物上有了这两点,就不但产生了更为复杂、精巧、灵活的生命体,而且产生了真正庞大的生物体和更高智慧的生物体,其中有效繁殖更加速了这种进化过程和影响选择方向。

由此,出现了一种生物生命体的发展飞跃,把生命合作引向了更高的协作。这就是有机协同。这种生命独特的内在协合的自组织、自秩序、自平衡、自控制现象,从本源上已经隐藏着真核生物的功能:“随着真核细胞的出现,生命迈出了另外一步,超越了自由遗传传递的网络,而走向共生现象的协同作用。独立的生物体相互

① Lynn Margulis and Dorion Sagan, *Microcosmos: Four Billion Years of Evolution from Our Microbial Ancestors*, London: HarperCollins, 1987, p. 114. 转自大卫·克里斯蒂安著,晏可佳译:《时间地图:大历史导论》,上海社会科学院出版社 2007 年版,第 126 页。

② 大卫·克里斯蒂安著,晏可佳译:《时间地图:大历史导论》,上海社会科学院出版社 2007 年版,第127—128 页。

③ 同上书,第 130 页。

混合,创造出比它们的总和还要大的新的整体。"①

金融与经济社会的有机协同,呈现出巨大而惊人的量与质的变化,从而引致出一而再再而三的金融创新、变革与革命。从最大尺度上看,宏观与国际金融在一定意义上所建立和形成的社会分工和国际分工,都无不具有一定的有机协同属性。尽管其依旧无法同真正意义上的有机协同完全一致。而列宁曾提到过的国家资本主义巨型股份公司的计划经济和计划体制下的国家社会主义中央经济,在一定意义上则具有这种宏观尺度意义上的有机协同。在微观层面上,有机协同主要指的是合伙经营、企业法人制、有限与无限公司。在这样一些经营与金融实体中,产权结构与性质得到明确,职能分工得到确定,指挥—决策系统得以独立,从而分工协作成为一种有机性的建构性的自组织性协调活动。

传统经济学和主流经济学一直在强调和突出竞争,其经济学与金融学的基本分析架构就是建立在市场竞争基础之上的。本书并没有忽略金融竞争的作用,而是进行了更进一层的分析与挖掘。此外,本书更为强调金融协作,并且不再将其作为一般性的分工结构的既定事实加以简单处理。上述对三大层次的协作的深入分析,构成了这种处理的主要部分。在本节中,几乎一致采取同生物学相类似情形的比拟和比较研究。以后的研究将进一步运用此种方法。

生物学上一直关注着共生现象。这是构成生态系统和生物圈演进的十分重要的现象。捕食与被捕食的竞争也可以视为一种共生,不过那是一种敌对性的共生,是在食物上有你无我的消费性的共生。从被捕食群体消亡将导致捕食群体因丧失食物源而消亡的角度看,这也是一种共生。不过生物学上更多地将其归类为竞争关系。其他的非对抗性的争夺食源、水源、生存空间的竞争关系也比比皆是。生物学上的协作分为三大类别。第一种叫做所谓的寄生关系(parasitism)。这是一种寄生物种存活会使被寄生物种付出一定代价的关系。许多鸟类将蛋下到其他鸟的窝里就属于这种情形。寄生的前提是继续维持被寄生的生存环境与条件,而非消除或霸占,否则就无法继续其未来的生存与繁殖。第二种叫做所谓的共栖关系(commensalisms)。即两物种共同生活在一起,一方获益,另一方也并不受损。这有些像公共产品和(或)俱乐部品的消费与享用。第三种是互惠共生关系(mutualism)。在这种关系中,两物种共同受益。昆虫和鸟类为各种瓜果授粉即属于这一种。

在市场交易中,形式等价交换原则的背后是所谓的理性核算和自愿交易假定。这就隐含了所谓的帕累托改进和帕累托最优。这种标准下的金融往来至少在交换范围内,形成的是一种所谓的共栖关系,甚至于互惠共生关系。然而,敌意收购与反收购博弈,则表明这种关系不复存在。此外,当帕累托改进与帕累托最优的不均等获益状况动态演进下去以后,或者前帕累托资源禀赋、资本原始积累存在不对称与不对等的前提条件时,这种共存与共生状况与态势就可能被打破。为了建构可持续性的协作关系,就要求遵循均等获益帕累托改进与最优及超边际改进与最优。

① Lynn Margulis and Dorion Sagan, *Microcosmos: Four Billion Years of Evolution from Our Microbial Ancestors*, London: HarperCollins, 1987, pp. 119, 123—125. 转自大卫·克里斯蒂安著,晏可佳译:《时间地图:大历史导论》,上海社会科学院出版社 2007 年版,第 129、142—147 页。

从最本质和核心层面上看,资本经营形态下的要素组合就是一种共栖关系。这种各种要素和金融要素或生产与经营意义下的匹配与组合,就是把各要素同其他要素的载体结合在一起,其只要要素分配与配置合理,各要素均获得合宜补偿与回报,并且都在总体上严格地依赖于其他要素的投入和载体的存在。这就各获其利又不损害其他方的利益。然而,当分配不均时,这种寄生性的共生关系就会转变为竞争性的对立损害关系。市场本身无法保证这种共栖关系,而且根据上一段的探究,更高水平与境界的均等帕累托改进与帕累托最优以及超边际改进与超边际最优应当在市场关系中得到贯彻。这不但能保证可持续的寄生关系,而且有可能提升这种关系。

兼并、合并、收购有可能是寄生关系,尤其是现代性的收购,不但要保留原有品牌,而且要进行企业与公司文化整合,并且尽可能保留原有员工的就业与福利,尽管被收购方利益会受损,但通常不是竭泽而渔。

适当的合宜的金融投资,甚至于金融投机,也属于创造某种共栖关系的投机套利。当然有自身获利,但干扰和破坏市场态势与秩序,并直接或间接损害其他市场参与方福利的问题,然而其套利活动的主要收益来自于市场自身的差价,而且适度套利既有助于价格发现,又有助于价格趋势均衡,从而形成价格稳定。

共同基金、合伙制、员工持股或职工收入等都是要追求所谓的互惠共生关系。中国当前提出的和谐社会,要追求共同富裕,追求"发展为了人民、发展依靠人民、发展成果为人民所共享",都是从不同角度,既包括微观,又可能是宏观层面的互惠共生关系。和平共处、共同受益、各尽其力、各获其利、和而不同,从而达到自然合作与共享太平和发展的美好境界。

九、金融盖亚假说与生态自优化和改进:最优生态系统

萨伊定律和弗里德曼自然失业率假说是经济学中的一定意义上的古典和现代盖亚假说。有效市场和 MM 定理是现代金融经济学中的金融盖亚假说。亚当·斯密的市场无形之手更是古典经济学的更形象的经济学盖亚假说。事实上,这里所说的理论出现的年代、学术渊源,同生态学关系和学说与学理方面的目的,都同生态学上的盖亚假说没有任何直接关系,但却无疑从不同的角度,反映出一种自调节、自稳定、自趋向的内在平衡调节机制与现象。

用希腊神话中大地女神的名字"盖亚"命名的生物体系统,采取的是远超出我们通常所能认识到的合作形式。它是一个单独的、遍布全球的自组织系统,本身构成一个巨大的自我调节的超级生物体,自动维持地球上生命体所适宜的环境:"我们在20 世纪 70 年代引入了盖亚假说,假定大气、海洋、气候以及地壳由于获得生物体而被调节到了适宜于生命的一种状态。盖亚假说还特别指出,温度、氧化状态、酸度以及岩石和水的某些方面在任何时候保持稳定,而这种状态平衡则是由生物群自动、

无意识的积极反馈过程来维持的。”①

盖亚假说本身包含下述要点。第一，自主的无目的的服务体系或相互可能竞争与对立的生物群体或生物圈本身，并非像其呈现的那样处于一种无序和无关状态，而事实上是以各种正反馈的连锁与联动机制或某种关系，形成一种具有广泛合作的动态作用与生长系统。第二，这种系统最为重要的生态改进与创造形式来自于其可能存在和不断发生的生态创新。生态创新提供了生物体种群与个体巨大的可控的物质与能量，可以数倍、几十甚至上百倍地改进生态与生存环境、质量与发展空间。第三，生态创新和其他类型的生态系统稳定与改进的正反馈与负反馈机制和作用已形成，有些是人为的，有些是自然力自身演进的，因此有些是自主的、有意识的，有些根本是无主的、无意识的。

盖亚假说可以得到地球生命演化进程支持的例证确有不少，例如太阳近46亿年释放的能量增加了46%，而地球表面的温度却升高了15%左右。关于这种地表稳定自动调节的循环生物机制之一，就是水藻降解硫化二甲基——大气氧化反应产生微粒——微粒凝结成水蒸气——水蒸气形成云层——云层减少太阳辐射——太阳光降低地表温度——温度降低减少水藻数量。这就形成了所谓的世界自动调温器。

关于盖亚假说本身的第二要点须强调指出，无论是生命形式的出现，还是生命形式的高级演化，在许多情况下，尤其以人类的出现为最具代表性，那就是随着其存在与出现，发生了生态创新，并且，这种生态创新本身就有可能是不断升级的。生态创新是以生态影响与生态改造或改进为前提的。生态创新的影响，显然有微观局部作用和宏观全局作用。生态创新的本质要求应该是微观与宏观的协调一致。但有时局部优化、良好的未必引致宏观长远和全局的最优与良好。例如，人类的能源生态创新，极大地改善了自我生活的发展空间，但对地球生命圈的未来，甚至于对人类本身的未来，却未见得有好处。

金融生态盖亚假说可以进行这样的大略界定，一个良好有序、自稳定、自协调、自平衡的金融生态，必须是一个可以自我造血，能够进行自组织、自稳定、自协调、自平衡和自改进的体系，通过金融生境、生长要素的充分与和谐以及日益增进的供给，带来金融产品、服务、工具、中介、市场与系统的不断的“生态和谐”和“生态生产力”的提高：产业促进人才，人力资本蓄积推动产业集群发展，金融文化氛围与经营合宜秩序形成各种金融资源、能源、能量的引力中心与引力渠道，将周边和大范围的金融资产与资本，要素与人力，不断地吸引到相应的金融生态系统中。法律法规、基础设施、产业集群、规模与领域效应、产品与服务丰裕度等的建构和发展，会形成相互刺激、相互激发的连锁效能，从而使得各种金融中心、金融城、金融区域的融资、投资、理财、风控、招商、托管、租赁、保险金融功能和产出等相互匹配，成龙配套，出现规模的不断扩大，结构优化升级，收益和商誉或形象加速提升，创业与升级日渐处于有利的环境支撑和系统给养条件下的动态优化演进。大博弈就是创生这样的金融生态体系并获得国际金融国家竞争优势。

① James Lovelock, *The Ages of Gaia*: *A Biography of Our Living Earth*, Oxford: Oxford University Press, 2000, p. 19. 转自大卫·克里斯蒂安著，晏可佳译：《时间地图：大历史导论》，上海社会科学院出版社2007年版，第142页。

第四章

金融价值经济学理基础：价值源、价值链与价值轴

规模经济(scale economy)、领域经济(scope economy)、聚集经济(agglomeration economy)集中代表了内部、准内部经济。而技术创新等溢出和其他的制度环境等宏观与外部效应，则构成了外部经济。公共领域、公共品等无疑提供的是外部经济。定价经济似乎不好归类，好像既有内部经济因素也有外部经济因素。定价经济首先来自于国际贸易大宗商品的价格话语权或价位“确定性”。其主要集中在国际经济市场中，似乎不大涉及国内市场问题。然而，事实上，被神化了的市场公平定价机制并没有达到完全竞争下的那种充分公正，市场区隔会基于各种创新和特质性经济而形成种种事实上的经济“飞地”。这些飞地各自遵循不同的经济生态原则，因此也就形成不同的价位，参与价值链的不同区段，受价值轴的不同程度的影响与左右。例如，投行与做零售的商业银行以及零售的分期付款房地产融资机构占据不同的价值端位，著名金融帝国同地区银行承接的不是一个档次的金融业务，其价值高端与低端显而易见。金融价值经济学就是要把上述国际贸易领域中的这种价值链现象，纳入到全景式金融流程之中，建构一种包括经济与非经济，市场与非市场，内部与外部统合起来的价值链条理论与学说，从而搞清价值源泉、价值分解和价值决定的基轴。从而为金融博弈，特别是大国金融崛起和国际金融博弈提供理论和学说支撑。

一、金融价值源理论重构

劳动价值论会显得过于笼统。假定说金融劳动的社会必要劳动量决定金融产品与服务的价值，那么各种其他金融资源与要素投入该如何解释呢？进一步用物化金融劳动解释又在逻辑上形成矛盾。其可以是物化劳动的，但并不必定是物化金融劳动的。那么是否要简单移植要素生产力价值论和金融供求价值决定论呢？在构成金融成本价格索价上，要素生产力论显然是易于移植的。包括土地、房产、物质资

本和人力投入甚至其他无形资产，如已经积累起来的名牌价值和其他的专利，统统都可以打入到总成本中去，在此基础上形成厂商价格决定的供给曲线，但这也仅仅只能解释金融供给价格基础，却无法涵盖金融需求价格决定。供求论尽管从原则上可将金融供求同时纳入价格决定体系之中，但对供求金融的具体分解若无法形成系统和科学性的把握，主要是指功能与结构性力量的分解与统合，则其依旧仅仅是停留在过于宽泛的宏观性范畴之上的研究。

在金融价格机制和认知金融理论中，可以对分解态的金融供求做大量铺陈性研究，在资产价格决定中形成相对系统的数理金融分析、综合与处理，并且在资产分类新论中对金融资产区隔化的市场进行进一步处理，进一步引进金融市场类比自然的价值高、中、低端区的区分，但这一切尚须进一步补充经济学意义上的金融价值源泉之理论依据。也就是要揭示金融经济的价值本源和基础。

（一）效率金融经济学

金融作为一种特殊的经济活动，即媒介经济，用来度量和保存价值一般形态的经济活动，同样要在效率意义上获得其最基本的价值来源和拥有价值基础。这是所有经济活动能够长久持续下去，保持其相应的市场位置的根本支撑。效率金融经济首先表现在三大金融经济效用上，这就是规模金融经济、领域金融经济和聚集金融经济。

规模金融经济在不同的国家，会受到不同的规范约束。一些国家，如德国、日本、中国等，历史上习惯于国家和中央控制金融。金融经营权被统辖在中央政府一级。因此，国家级的跨地区银行就能形成全国性的规模。而美国却在相当长时期内限制和反对跨州银行的设立。这在一定意义上影响了金融业全国性的规模经营效益。至于这种规模金融效率上的损失，能否为州内部银行的区域金融竞争效益所补充，则是需要进行实证研究的。而根据美国金融创新和规制发展演化结果看，显然是不支持州级金融限界的。

规模金融经济存在着一个空间展开规模和区域金融服务质量的相对权衡利弊问题。伪规模金融经济主要来自于金融超强在全国乃至全球霸主地位之下的两个非市场经济结果、垄断经营定价和服务质量降低。换言之，规模金融经济本身并未形成效率提升，其收益仅来自于降低服务水平所导致的成本降低。规模金融经济受制于下述经济社会文化因素之影响：首先，其经营上限受制于国家金融规制的直接限定，尤其是跨地区经营和行业垄断法制与法规的限制。其次，规模金融经济受制于金融产品与服务的业务区隔之限制。产品与服务越是同质化、大众化，其规模金融的潜力也就越大。像普通信用卡、一般性的汽车贷款、分年龄段的人寿保险、汽车类的车险、房产险等等就是同质化很高的产品。然而，金卡与普通卡，寿险与产险就存在着产品差异。再次，规模金融经济受制于基础设施水平的限制。例如，大通信与信息全球平台快速周转的可能性出现之前，金融全球配置与运作的规模可能是不存在的，从而规模金融经济的全球化就根本是不可能的。第四，规模金融经济受制于文化与社会习俗限制。法币是法律强制性的。即使没有法律强制性的压力，货币使用的人际网络性也会形成明显的外部经济效应，从而使得外币使用的种种不便性变成显见的劣势。第五,规模金融经济受制于人力资本和人力成本限制。发达国家已采取外包转移,借以缓和人力成本压力。

规模金融经济并非可以自动形成。其获得规模经营的初始投入是相当惊人的。因此,绝非任何市场参与者都可以自由进入。例如,为了获得一个信用卡用户,美国信用卡公司平均投入120—150美元不等。这种市场扩张的初始投入,不是一般老式企业可以承受的,也不是普通小企业可以承受的。为形成信用卡规模生产,大型计算机与计算机网络,先进的数据库与微机处理系统,金融欺诈部门、过期违约追缴讨债部门、风险部门、市场部门、财会部门等等均须齐全完备,其预算额度均要达到相当的规模。而且,如上所述,顾客群和应收款保持要求不断的市场促销,要求动态的投入。这又对资本规模提出一定的要求。

领域金融经济在本质上就是混业经营的优势。其既来自于混业要素与资源共享所带来的成本节约,其中包括一站式服务所带来的消费者和顾客购买成本的节约(顾客时间与精力上的成本节约,一方面会形成口传效应,放大商誉,引来更多的顾客加盟,从而自动促成规模扩大,另一方面消费群体会合理地分享其节约的成本,或将其扩大为更大的投资、价格让步或购买更多的其他金融服务),又来自于混业技术与管理交流所带来的溢出效应。

领域金融经济面对最大的效率挑战,就是在规模经营的专业化收益与企业经营的核心支柱业竞争优势的丧失之间所必须进行的权衡。领域金融经济在现代风险社会中还可能来自于不同行当风险周期的优劣互补之上。当然这同时也意味着有可能的周期同步共振的负面影响。

领域金融经济并非意味着金融业务可以像转魔方或玩魔术那样,将金融业务进行任意的匹配和组合。其主要的限制来自于:第一,金融业务的风险匹配的可容性。不同的金融业务在风险端位上处于不同的位置。高风险与低风险金融业务并不可以随意地进行组合。因为其不但可能会降低企业的风险等级,引起商誉的下降,而且可能导致企业陷入风险乃至更危险的境地。例如,美国的次级房屋抵押贷款债务危机就波及了多家房地产融资公司和混业金融公司。一些房地产公司因此而破产、倒闭,汇丰银行这个国际金融巨头,由于几年前购买了美国家庭国际金融公司(Household International),而被牵涉进去。汇丰的新措施是在北美裁员一千多人,正在放弃自己在北美的房地产抵押贷款等相关业务。第二,金融业务的相关性和兼容性。例如,信用卡和投行、储蓄机构,从资金链条上具有业务兼容性;信用卡业务同房地产抵押贷款,从风险管理和顾客群信息库资源共享上具有很大的相关性。旅游公司同信用卡、保险甚至区域房地产营运有业务兼容性。这种业务兼容性和相互支撑性,或者来自于金融业务的上下游,或者来自于消费与风险的互补性,或者来自于资金周转的业务往来。第三,金融客户群的偏好兼容性和互补性。金融顾客就如同超市客户群一样,不但是分等级的,而且在消费偏好与选择上是形成"团伙性"的。Kmart、Target、JCPenney、Macy's对应的是不同的客户群体,就如同花旗银行、芝加哥第一银行、家庭国际对应着不同的金融顾客群一样。

聚积金融来自于金融产业集群在一定空间集合所产生的金融创新和产业革命效应。国家、区域和国际金融中心,当今世界著名的伦敦金融城、纽约华尔街、芝加哥金融市场，以及东京、法兰克福、新加坡、香港、上海、北京、旧金山、巴黎、大连、深圳等地的资本和期货市场，都形成了远远高出其他地区的金融价值生成和聚合效率。

效率金融经济的另一大来源就是最基本的最实用的功能金融价值。在这里，金融供给商家之间无法在最主要、核心和基本的功能价值以外做商业文章。因为功能价值部分的市场相当于经济学中的完全竞争部分。也就是说，产品具有高度同质性和低度特异性。比如小麦，加拿大的小麦同美国的小麦差异几乎可以忽略不计，A 农场小麦同 B 农场小麦的差别几乎难以确认。同样，大路货和大众金融产品只能提供最主要的功能性价值。顾客并不在意产品所具有的其他的时髦身份象征、时间节约等方面的价值。例如，像强制性汽车险、零售储蓄、最普通的信用卡、学生贷款以及首次购房房屋抵押贷款等金融产品或品种，顾客寻求的仅仅是最好的价格，购买的是最高的性价比，而对其他的服务或特征不大关注，即便关注也不想支付而只想得到免费供应。

这四大效率来源（规模金融对应于规模经济，领域金融对应于领域经济，聚积金融经济对应于聚积经济，功能金融经济对应于金融产品和服务具有的特殊使用价值）所涉及的可基本定义为大众金融产品。这种金融产品与服务均属大路货，商家很难形成特异的产品差异性，顾客群同样难以区别出不同商家的产品异同性。故而，消费者辨识和商家推出均专注于产品与服务价格竞争性上的区别。这种市场辨识形成的市场压力一般集中在最基本的功能满足上。

（二）创新金融经济

金融产品与服务价值除来自于其所可以提供的最基本的功能之外，还来自于特异性、特质方面的创新价值源泉。创新价值可以区分为品牌价值、领先价值和特异价值。技术创新同样可以按照熊彼特定义的包括产品、原材料（投入）、组织、技术、制度等方面的创新进行分解。这些创新并不直接转变成市场上认可的金融价值。它们必须通过产品与服务的特殊价值存在形式和辨识形式，而得到市场上的确认与兑现。

金融商家通过技术、管理等环节上的创新，通过公司和文化包括经营哲学、企业文化超人、公司物质文化轨迹与基础、企业文化符号象征强化等等方面的特异差别，来刻意突出和彰显本商家品牌之特性。其通常是通过在金融市场上同金融顾客群的动态互动，逐步地确立起商家的主打品牌。这些同商家紧密相连的金融品牌、产品与服务，在金融市场中享有不同于大路货与大众品的品牌地位与价值优势。例如，高盛、美林证券、摩根士丹利的投行业务品牌，花旗、瑞士信贷、汇丰银行的金融超市品牌，黑石基金、KKR 的杠杆回购品牌等等，均是享誉全球的金融品牌。它们毫无疑问会产生巨大的品牌价值。

金融品牌价值在本质上来自于商家自身的综合性创新。这种创新借助于技术、人力资源、管理、产品与服务设计等各个方面的特异与创新，形成商家独特的产品商业利基。这些利基具有特殊的品牌引力和扩散力，结果，在持续的经营过程中，品牌本身就会形成一种无形资产，从而使商家获得金融市场上的特意追捧和价值回报。

品牌价值有别于功能价值。当然这里指的是融资、运资（资本运作）、投资等基本功能。不同的商家可能均可以提供差不多的金融功能，但不同的品牌却在售后服务、市场商誉与公共形象等方面，具有功能价值所不具有的各种特色优势。具体来说，一个重大的上市融资、投资方案和运作，若其 IPO 策划与承包商由美林证券、摩根士丹利、花旗承担，则不但其一级市场完成将具有轰动效应和业务保障，而且在日后的二级市场上可能会继续延续良好的声誉。麦肯锡可能咨询要价比其他咨询公司更高，但其战略咨询品牌与产业挖掘创新能力，会使其客户获得更大的回报。

品牌价值是一种在深入区隔化的市场下的局部均衡优化结果，尽管其绝不可能来自于一般市场平衡，但也会受到一般市场均衡的影响。当一般市场总体态势良好时，商家就更是有理由突显其品牌之存在。反之，整个市场营运一般时，则市场的主要能力会集中在功能价值的获取与比较之上。

在现代信息时代，品牌价值远远超过历史任何时期。当不存在全球化尤其是金融全球化时，品牌价值只能是区域内国别下的金融价值。现如今在信息时代的广告洗脑、电视轰炸、新闻“围剿”、媒体炒作、论坛渲染、网络强化的情况下，往往会造成赢者通吃的格局。金融机构再凭借其巨大的财力和资产经营规模，更会形成不断叠加放大的商誉马太效应。

品牌还可进一步细化为王牌价值和一般品牌价格。前者是那种金融品牌价值中的所谓金字招牌的价值，其或许来自于百年老店、千年传承，或许来自于极为超前，无法为竞争对手复制的自主核心竞争优势（如独特的知识产权、先进的配送和流转基础设施、独特的产权激励结构。私募基金中的黑石与 KKR 的独特性就是如此）。

创新金融经济的价值又来自于领先超前的金融运作。20 世纪 70 年代，当芝加哥率先引进金融衍生品时，金融衍生品属于绝对的前瞻性产品。几十年后，其业已成为巨大的金融衍生产业群。超前可表现为产品、服务设计、规划等方面的超前，其中包括新产品与服务理念、结构、售后服务、或有管理各环节的超前。

金融创新必须具备一定的物质技术支撑，否则，无论创新点子如何超前，仍旧是无法实现的。例如，信用卡早在 70 年前就已经出现和存在，但其真正的黄金时代却是在 20 世纪 80 年代，尤其是 90 年代至今。因为信用卡作为最典型的技术含量高的大规模产业化经营和标准化批量金融生产，要求模型化、数理金融处理、计算机化、通信与数据处理、电子化等等技术手段支持。这一切现代金融技术手段均是传统金融根本不具有的。又比如衍生品金融定价，无论是对做市商还是投资方来说，金融成本与价格核算及盈亏分析、风险分析等，均离不开复杂的计算机金融模型处理与计算。这是传统金融中的算盘、心算、计算器所无法承担的。

由此可见，金融创新的价值中的一部分实际上来自于技术先进和现代技术的投入与组合。这也进一步表明，单单是技术进步并不直接产生和创造价值。除非其改进了劳动生产力和被纳入到金融创新中，否则它便无法自动生成金融价值。

金融创新无疑必须有绝好的金融点子。世界金融衍生品之父梅拉梅德最初大胆设计并推广的金融衍生品，无疑是这种现代风险管理的一个大胆的绝妙的金融点子。其为全球金融市场带来了巨大的财富效应与金融繁荣。像美国的发现（Discover）信用卡，其原始的起家史，就是一种赔本买卖的倒贴性刷卡消费奖励。信用卡业当时的业界规则是给顾客 25 天左右的免息资金使用期。发现信用卡率先推出购买额之 2% 至 5% 的现金回送。这在最初被讥笑为荒唐和傻瓜行为。然而，不但发现信用卡靠此传统而做大到500多亿美元的资产管理规模，其他的几乎所有主要品牌的信用卡商家也全部跟进，拷贝了这种现金回送方式。

年零息或半年零息应付款项借贷转换也是信用卡的一种经营手段。其相对于120—150元的新客户招揽投入成本，这种转移费用或许并不算太过惊人。此外，考虑到广告、促销和其他的营销投入，此项措施或许也是不坏的办法。然而，信用卡公司相互间的挖墙脚给了客户以往返占便宜的可乘之机。

这表明金融创新要造成金融营运领先。这或许表现为技术金融领先，或许表现为市场理念领先，或许表现为产品设计的领先。无论它们是哪方面的领先，金融领先都获得了市场前卫的特殊价值评估。这种评估时常会由于均衡价值尚未形成，竞争对手尚未跟进而获得可以利用的所谓撇油价格战略好处，从而使价位处在所谓奶油价格之上。而这种价位只能是非均衡的，会随着时间的推进，也就是竞争的加剧，而发生领先的丧失并相应地逐步失去价值优异。因此超前价值的获得是有时间段的，只能在动态比较中得到保持。

超前和领先溢价既是一种市场奖励，也是一种市场价值补偿。由于稀缺性价值评估，供求力量调整对超前的会给予某种特殊的奖励。当然评估结果直接来自于市场供求力量的消长。而关于市场价值补偿，超前与领先通常不但要承受超过一般的业界风险，而且由于非传统金融运作的特殊投入，无疑会形成高于传统金融的额外支出。其不论从资本本金回收还是资产投入增值角度看，均会要求相应的回报。

金融创新经济的第三个价值来源是金融产品与服务的特异性。金融创新未见得都会引致真正的领先。综合就是创新，特异也会成为创新来源。金融创新未必构成全新的金融元素和金融系统，也不见得是完全的新质产品与服务，可能就是以往不受关注，属于被产业与市场遗忘的角落，而后被发现或得到了相应的重视。

独此一家别无分店可以具有特异性。连锁经营，全国乃至全球拷贝布局也是一种特异。金融特异价值当然主要来自于供求间的不对称。这就是稀缺价值和唯一性价值的集合。金融创新的一个关键点就在于造成这种稀缺性。

特异性价值的来源可能是技术支撑下的人力与资本投入的补偿，也可能是某种巧妙的新组合的回报。特异性价值同品牌价值仍可能形成混合。前述业已指出品牌金融可以指王牌金融，也可能是名牌金融。这两者也可能是混合在一起但确实可以加以区分的。特异价值并非是那种固定的品牌价值。其实市场中的某些特定的服务、特殊的产品连接，可能是未被大金融商家重视到的业务，可能是市场分割下的被遗忘的角落。它们并没有形成什么有名的商标，响亮的牌子，但其提供了现行金融市场上的短缺甚至不存在的良好的补充。

不可因此而忽视这一市场与特异价值。尽管其尚未形成品牌，但却不意味着其永远不能形成品牌。由于其特异性，很可能就会迅速形成品牌。

（三）标准金融经济

标准金融经济是一种行业标准、业界规范、经营技术的某种价值获取。这是金融竞争的制高点之一。一般说来，任何一个行当都会在其运行的过程中，逐步形成一些行业标准。这些标准构成了该行当进行产品与服务之生产、管理的基本显规则或潜规则。由这些规则的创造者与主要执行者所集中体现的金融运作，代表着行业的行为规范，从而成为行业基本效率标尺。

标准金融可以大略区分为价值标准金融和工具标准金融。价值标准金融的核心应该是国际金融体系中的准世界货币和次级的硬通货货币，或至少是可在最优货币区中充当最优货币。工具标准金融应区分为产品标准与产业标准两大种类。

在知识产权时代之前，标准经济的重要性并不太明显。一个产业、行业的领头羊充其量只能在行业价格领袖等方面获得某种决定影响的好处，并不能获得其他额外的收益，但现在知识产权、专利费用或类似的拷贝权变成了一笔惊人的收益。由于现代的通信、信息与计量以及监督手段的发达与方便，知识产权的实施成本就变得相当低廉，结果知识产权补偿和标准经济溢价便成了价格中极为重要的部分。

价值标准很显然是一种货币金融在国际金融市场体系中的地位与作用的显示。其制高点是实现准世界货币功能。由于这种货币处于世界经济与金融的近乎于至高无上的地位，其被国际社会公认为价值比照尺度和支付与结算手段，同时也具有了国际价值窖藏手段的功能，因此就变成了一国获得国际金融支配权的最高象征。当年的英国英镑，现今的美国美元均是如此。

这种价值尺度标准的确立，当然存在着国际军事、政治乃至文化上的种种条件与经营策略和环境，但在本质支撑上却必须是一国的实体经济与虚拟经济，必须在世界经济体系中占有举足轻重的地位，其经济位势与境况因而具有左右世界经济走向和波动的实际影响力。

世界货币或准世界货币离不开一定的国际金融制度设计，也离不开一系列的独特的国际金融体系安排。这种安排与设计如果是在一国的超强时期出现，那么其所获得的益处就会更多，持续的时间也会更长。

英国是靠殖民体系、超级工业强权和极其强大的资本实力而建立和维持英镑霸权的，美国是靠布雷顿森林体系、世界银行与国际货币基金组织及其强大的金融实力而建立和维持美元霸权的。两者之间的差别有许多方面，其中较为重要的是英国没有在逆差贸易中延续金融霸权，美国却在双赤字情况下继续美元国际霸权；英国主要靠的是晚期的资本输出和早期的商品售出，美国靠的是晚期的资本输入和商品输入（对应于其美元输出，高科技及服务贸易输出，即文化和其他软实力输出）。

硬通货当然不及准世界货币，其通行范围和普遍接受的范围要低于准世界货币，但其同样在国际金融与国际贸易体系中扮演着重要的角色，更低一级的最优货币区的区域国际货币同样会使法定货币发行国在国际财富交易与流转中获得一定的好处。

这种价值标准或简单直白的形式性的市场通货或国际货币标准，可以为发行国带来如下的收益：第一，其可享受一定的铸币税，据专家计算，美国从美元中所获得的国际铸币税在6 000亿—10 000亿美元之间；第二，其可以降低一国外汇储备水平，从而节省外汇储备成本；第三，其可用来自动调节外部不均衡，不必受制于黄金、外汇储备的限制；第四，其会因为通货身份而获得经济、金融与文化的强势形象输出。

一国金融除要尽可能占领这些价值标准的制高点外，还需着力推进和尽可能占领工具金融的制高点。所谓工具金融就是指金融产品、服务、产业经营与管理的种种金融技术与理念上的业界规范和参照准则。这其中会涉及诸如资本标准、产权规则、产品与服务的功能与结构、“生产”与经营流程、营运技术诀窍、产业规范体系、商业经营范例、技术与经营培训手段等方面的标准。甚至更为具体的如定价规则与公式、产品结构设计、获得顾客的营销技巧、风险控制模型与系统规范、商业与项目评估标准、营运报表与信息披露策略、融资手段与兼并策略等的相应标准。

价值金融标准与工具金融标准两者之间当然存在着密切关系。一般情况下,前者应该建立在后者的基础之上,前者是以后者高度充分发达为发展根据和国际信任来源的,但也可以建立在强大的实体经济与贸易基础之上。后一种情况不会是持久性的。经济—金融内在自恰逻辑肯定会推动发达主体经济演化到发达金融标准经济。

金融标准经济与金融品牌价值两者有关联,可能连成一体,也可能是分离的。业界标准是职业的作业标准,为专业工作者所遵守与喜爱。品牌价值是市场评估性的,其为顾客群体所认可和追捧。当然,前述的价值金融标准,实际上既为专业工作者所认可,也为消费者所认可。

越是进入后现代化与后工业社会,标准金融经济的战略意义就越显突出。赢者通吃、知识产权收益、网络效益、金融安全等等问题的存在,均使得其越来越具有金融制高点的战略指向。中国从世界加工厂向世界工厂的转变,中国粗放加工产业向集约创意产业的升级,中国低端价值经济向高端价值经济的推进,都仰赖于能否实现中国金融崛起。而中国金融崛起的核心战略指向就在于在资本市场、金融市场中能不能形成中国标准。这种标准可能是上海标准、北京标准、香港标准,也可能是深圳标准、大连标准、郑州标准等,它们可能是期货品种标准,可能是股指证券标准,可能是综合指数标准,也可能是产业行规标准。只有形成中国设计、中国制造、中国标准、中国时尚四位一体的组合,也就是从创意到生产,从标准规范到时尚风格或品位偏好等的全方位全系列的中国方式基础之上的中国定价权,才能实现中国金融崛起。而中国的金融崛起会反过来扭转中国创造在国际竞争轴中的不利局面,大力推进中国向高端价值链移动。

标准金融经济的价值主要来自于标准所造成的创新或创意省略和创意经济。其同时也来自于标准化带来的通用性增加的外部经济和规范性的批量作业效率的提高。这最后一点同规模金融经济发生重合。

标准金融经济主要来自于创意,即核心金融理念的创造力。其同金融人力资源有密切关系。当然也同金融历史传统有关,但同金融绝对实力并没有太大的关系。伦敦大爆炸带来的伦敦标准,新加坡、香港等的金融市场创意,都是来自于其金融自由生境与生态良好,同其绝对的金融与经济实力没有直接关系。此外,各国国情不同,发展阶段各异,文化传统有别,从而标准现实性也就会不尽相同。发展中国家的金融也有自己的创意空间。

(四)位势金融经济

竞争或市场参与永远不存在绝对对称和完全平等的境遇。实体经济是这样,金融经济也是如此。这里引来了一个最基本的问题,在优势与劣势位势不对称的情况下,究竟是弱势方会得到市场的更多同情而获得额外的价值补贴呢,还是优势方会凭借自身的市场优势而获得更多的定价权或至少是市场引领权,从而得到更多的溢价呢?总体说来,市场条件下仅仅追求形式公平和形式等价交换,通常不可能在市价中形成对弱势的补偿,而市场上的强势方常因各种位势而获得市场强力或市场压力主导,从而处于交易的优势方,亦即在价格谈判或讨价还价以及价格制定上,处于主动和优势地位,并在这种不对称的境遇下的所谓对等自愿交易中获得某种溢价。

位势金融不同于创新金融中的领先金融。位势金融是特异性、创新性、领先性等同其在市场结构比例中的位重的某种结合。位势金融当然也可能完全独立地来自于其压倒一切竞争对手的金融能量整合与集聚的规模与水平上,但一般说来,金融巨擘鲜少是工具金融与标准金融方面的矮子。

位势金融总体上并不违反市场通行规则,其在形式上是公平与公正的。所谓店大欺客,客大欺店是同一个道理。买卖双方,除非势均力敌,叫价通常只能偏向于优势占据方。这是重力定律所为,合序合规,没有办法改变。同样,金融业界的同行也不可能在信息、融资能力、商誉、人力资源等等各方面处于对称状态。优势方会主导通过价格领袖、抢占先机、制定标准等等方式与手段,把收益上的好处充分地体现出来。

然而位势金融经济也可能来自于金融垄断。垄断在经济学中早已区分为自然垄断和政策垄断两大类。自然垄断来自于产品、产业生产与经营的单位成本随规模扩大而自然降低的这种属性。这种垄断不来自于人为的设定。因此,并不需要从生产源头上全面调整,仅仅通过规制,强迫其扩大产量,自行降低价格(而非维持垄断定价和垄断的产量)即可得到解决。而对于政策形成的垄断则需要废除相关的政策。因此,在评估和追逐位势金融经济时,宏观金融监管必须防止金融垄断,以便提高全民金融福利。

位势金融容易同前述的效率金融混合在一起,从计量金融的角度不太容易科学地区分开来,但从金融博弈角度,从市场竞争角度,位势金融来自于其在竞争市场中的地位。综合上述反垄断金融,位势金融应该是追求竞争寡头策略与境界的。

位势金融除上述的结构优势外,还可能来自于金融领袖地位,即行业龙头老大和历史传承优势,即微观和区域金融所形成的良好的金融文化硬环境所带来的历史积淀。这些金融无形资产和资源,或者渗透到金融工具、产品与服务之中,或者变成金融人力资源中的基本素质与技巧,或者成为某种微观企业形象,为其带来竞争对弈中的优势,从而在市场上获得特殊溢价。

二、金融价值链:市场结构存在、确立与展开

金融从价值高端与低端角度可以按食物链的等级状态,形成一个金融价值金字塔,如图 4-1 所示。

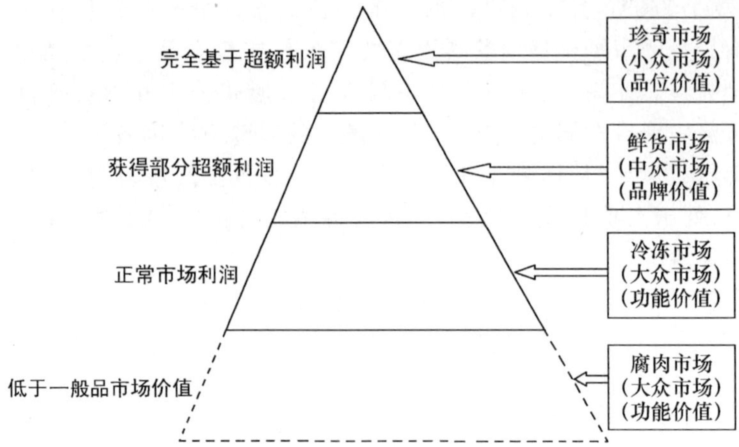

图 4-1　金融价值金字塔市场结构

(一) 类比性价值市场结构

金融价值链完全可以类比自然界的食物链。这里将其类比成肉食市场,可以更加形象直观,也就易于理解和把握,同时也可以进行更为精确的科学性的学理分类和科学“计量”。此外,尽管金字塔结构可能同现行抽象的市场价值规模结构并不直接相符,但其仍旧可以提供价值金字塔逐级放大的某种比照。

能否由上述直观的金融价值链市场结构总结归纳出一些深层规律呢？答案是肯定的。可以给出下述这些基本内容:

第一为层级规律。市场结构中的层级越高即越是靠近金字塔的顶端,金融价值就越居高端,而市场层级大体上也对应着金融技术开发、设计、金融能量与商誉品牌的占有和享用。尽管并非绝对如此,例如,一些专注于开发次级金融的大公司其上述的各个方面并不逊色,也拥有足够的竞争优势,仅仅是选择不同的金融进入领域而已,但总体上是存在这种递升规律的。这种层级递升可能遵循由零售金融到批发金融的轨迹,由分业金融到混业金融经营,也存在着由区域金融到跨国金融的路径,但特殊企业从高点切入,率先创新,直接进入最高的价值链端位也同样是可能的。私募股本的 KKR 与黑石基金都是很好的例证。

第二为规模价端反向规律。大体上说来,金融价值链市场结构呈现出一种越是向上的高端价值的金融市场,其总的资产与周转量就越小,越是处于低端价值的大众金融与民间金融,其总的资产与周转量就越大。这同生物—动物食物链的内在逻辑关系是一样的:在食物链条中,食肉的少于食草的,原因是后者提供给前者以食物,后者必须形成一定的倍数,方能满足食物链的基本数量要求。当然金融价值市场结构并不一定完全存在这种投入—产出间的关系,即高端金融在业务流程上并不必定以低端金融为基础,但若进一步从利润分成的宏观角度看,从金融业务演化的角度看,其可能还是符合合成比例和演进逻辑的。因为越是高端,所获收益的相当大的部分就越来自于超额利润,而金融市场能够承受的超额利润必须以广大的正常利润业界的高度发达为基础。

第三为价格互动但价位区隔规律。高、中、低端价值并非互不影响。货币发行、利率波动、优惠或次级金融市场行情变化等均会造成各金融端位上的收益与价格间的动态互动，但无论怎样变化，都不会改变它们各自所处的价值链端位。一般说来，高端价值金融不可能降为中端的金融，低端的金融也不可能变成高端的金融。

第四为金融能量非固定分布与市场涨幅变动规律。上述金融金字塔市场结构揭示的是金融市场近乎于绝对均衡时的结构态势。然而，金融市场不可能经常处于这种状态。在非均衡的常态金融市场下，金融能量在这些端位市场中会不断重新调配，从而形成市与价非同步性的波动与变化。

（二）定价与价格因素

在下面的资产价格理论章节中，将会建立起来包含自相似性、周期性、随机性三性混成、叠加的一般性资产价格理论及模型，并在其后的进一步的各种扩展中，将其一般形式向具体的、现实的资产价格逼近。在资产价格机制及相关的市场区隔理论方面，将对本章的类比性价值市场作详尽的分解与揭示。这里要在上述的一般性理论与模型尚未展开前，先对各分层级的价值链市场的价值形成和价格形成因素进行详尽、深入的研讨。

1. 小众金融的高端价位

处于此价值链上的价格变动与演进，会同一般金融资产定价理论与模型中的情形有很大的差别。一般说来，这里的自相似性很不明显。因为它们基本上不可能是一种连续时间的成交价格，相反会是一种绝对的离散价格。其发生也遵循小概率事件而非显示出强烈的随机性波动。就其与周期性的关系而言，它们应基本属于太周期而非反周期，或充其量属于周期滞后，即比周期波动慢一定节拍的非周期性运动。

因此，通过统计拟合和计量构造这类价格不会有好的预测结果。因为，它们基本上是有价无市的个案成交。历史在这里基本上不会重复。因此，价格形成与价格成交就具有绝对的小样本情形。

当我们从大的宏观视野上排除了这些常规市场力量均衡之后，就剩下了非常规的市场力量比较。这包括直接的金融博弈，即金融单独的、唯一的供与求双方的多方面的博弈（金融势能、位势、金融商家战策略、金融商誉与影响力、各自的金融境地—现金流、融资渠道，特别是债务结构与债务期限等等的较量和对局）。金融区隔化的平均利润率压力和特定行业的历史性回报参照会起到一定的作用。

不论是首发股票（上市），还是大规模的兼并，因为这些举措多半是战略性的，从主导和强势方来看，其通常是志在必得，并期望过程平稳有序和项目尽快完成，因此出价往往会相当大气。读《洛克菲勒王朝》的人都不会忘记，当三驾马车分道扬镳，洛氏决定接受公司，自己全部买下时，谈判讲价一路飙升，洛氏是镇定自若地出价应对的。许多大企业家、金融家在交易谈判中的当机立断，快刀斩乱麻等均显示出这类人物的抉择特点，他们的时间价值与这类抉择的战略组合价值通常远远胜过那些关注局部的边界价值。

小众金融价格除了形成这种战略价值外，还要受到更大的公司政治的影响。这往往会涉及权力斗争、派系利益、高层偏好、内部人效应函数等，这些因素更不是由模型可以轻易计量和模拟的。经济学并没有深入研究失误经济学,权力经济学和政治博弈经济学,而这方面的博弈在小众金融价值中却具有举足轻重的地位与作用。

美国乃至全球20世纪90年代间的并购高潮中,不断被刷新的并购价新纪录,数百亿乃至上千亿的并购价就是这种企业整体资产价值的最好说明。中国曾在一个时期内流行的所谓算政治账而非经济账,也包含这层含义。其实,政治是根本意义上的经济分配格局和金融—经济游戏的重构以及制度空间的延续。因此,其价格影响一定会大于直接和简单的趋势外推式的成本价格计量所获得的结果。

小众金融的价格事实上经常会超出一般性的同质资产定价。因为其购买对象和金融交易对象多半不再是某种单项资产,而往往是诸如一个既有的公司,或至少是大公司属下的某一次级分公司,或另外一种具有生意功能的资产—资本组合,即便是单一资产交易,也一定是大宗的战略性资产。因此,资产池定价或捆绑式复合资产定价,成为了一种进一步的价格现象和对模型的挑战。

从这个角度看,小众金融定价的主要技术层面就从项目评估进一步发展为生意评估。无论是项目评估还是生意评估,都已经不仅仅是一种综合、复杂的大咨询项目,而且本身已发展成一门学问甚或学科。这就表明,这种价格确定不但要视具体情形而定,而且需进行各种实际的境遇分析、事件分析和数据挖掘分析,以便综合和通盘计量。

基于上述分析可以确定出下述定价原则与定价基准:

第一,小众金融首先要评估和确立交易对象的战略价值。这种价值对全盘资产池具有牵导和决定性的作用。因此,要估计引致价值而非仅仅局限在交易对象体本身的价值。这无疑会抬升价格。

第二,小众金融面对的往往是复杂的生意组合价值,而其价格定位既取决于其未来预期价值,又取决于其自身的结构组合价值。因此,不但要用权重法,而且要用动态结构与情景预估,甚至需要借助于路径分析法,以便确定未来组合价值的演进路径之或然率。

第三,小众金融还需涉及交易双方高管阶层之利益函数和资产组合的政治分析与权力分析。

2. 中众金融(时尚风向)的中、高端价位

中众金融是指那种相对新兴的尖端的领先的金融产品与服务交易成熟与规范化的金融。这相当于实物市场中的活货、鲜品、鲜菜、鲜肉市场。不同于上述的特价专供市场,这里有了竞争,需要随行就市,但这里的市场价位明显处于价值链的较高或次高端,远高于下一级的价位。

中众金融在价值链上的这种地位,取决于下述价格支撑与确定:

第一是产品与服务性质本身。大盘蓝筹股、良好信誉的保险产品、品牌商誉好的上市股票、具有一流高管团队的基金总是受到交易对象和市场的追捧。产品与服务所具有的流动性、风险锁定性、多重选择性或者或有权益性等特点,都是良好的金融资产属性。这其中当然已经包含着主要部分——功能价值。金融资产的功能价值不同于实体资产的功能价值,其不完全来自于所谓的使用价值的功能评价,金融资产的功能,从获得收益性、流动性、保值性角度看,无疑包含着顾客的主观判断,从

而偏好和主观概率作用很大。

第二是进入市场或完成交易的身份象征。富豪出入的金融机构不同于普通市民光顾和需要的，金融尖端顾客要区分自己的资产管理不同一般大众的金融理财。因此，象征身份与地位的品牌与品位价值的区隔，就带来了中众金融价位的基本界定和存在。品牌价值是一种市场累积评定的无形资产。它已经具有了市场定价的公共属性，既是一种顾客群内外形象的认可，又是一系列的综合金融服务及其购买与抛售所获得的心理感受和实际价值。尖端金融顾客无疑会支付一定的价格给进行交易的场所、服务甚至于氛围（包括装修、布置、咨询服务等），但其总的价位最终却是要超出常规回报的。因此，这一切的品牌与品位，必须滚动成对买卖双方均有利的预期回报。

第三是最基本金融功能的基础价来自于市场力量的较力。这会同一般资产价格理论章节中的自相似性、周期性和随机性三性混合计量非常相像。这部分可以借助于计量金融模型进行处理，这里不再赘述。

3. 大众金融的低端市场价位

这是一种金融大路货的市场价位，其应类似于批发金融的市场价位。而一般金融超市中零售的也应是这种金融品，其只会稍加一定的手续费。这些金融产品与服务的对象应是大众理财。因此，这是一个散户与大众理财的金融市场产品，其价值与价格在某种意义上类似于完全竞争市场的产品。

供给价应该是最常见的成本加平均利润，即在市场利率和业界代表性利率的基础之上，加上边际利润；需求价在理论上可以通过历史市场价格加以统计处理，但现实的交易者可能不会如此地机械，而会根据小样本的记忆寻找和现实市场抽样调查比较，从而确定心理价位。

大众金融的近乎完全竞争的市场，使得利润边际有限。因此，价格上的超额溢价会基本不存在，最终，经营收益只能来自于规模金融经济。

第五章

资产通论、资产价格分析与市场直接博弈

经济学以财货(goods)为首要研究与解剖对象。因其中不但包含着多重价值,而且内含着全部其他的经济关系,并且构成了经济循环流转的基本材料。经济金融学则以资产(assets)为首要研究与解剖对象。因为正是资产构成了金融—经济循环流转的基本材料。事实上,除了复式记账中的资产和资产定价理论及资产组合中的资产论之外,资产在经济学领域并未引起足够的重视。相反,资本和商品却依然是经济学的基本核心范畴。然而,随着金融价值的全方位流动,资产支撑证券化和电子金融的迅速发展,资产作为核心范畴的几率将会大大提高。

一、现代资产分类

由于贸易品与非贸易品的界限日渐模糊,资产支撑证券化和电子金融高度发达,资产范畴渐趋构成核心经济学与金融学范畴。而产权交易、无形资产、人力资本等范畴的形成,更将资产概念引向深化。在金融媒介作用下,资产不再简单地等同于历史上的财富。资产外延远大于资本,其内涵也严格区别于资本。统计规律上的金融资产和非金融资产,又在形态或存在形式意义上,区分出了诸多资产类别。资产范畴构成了金融学的存在基础。

(一)原生—衍生分类

资产按标的价值存在或价值依附性,首先区分为原生金融资产和衍生金融资产。这是现代与后现代金融学的最重要的区分与界定。这种资产分类并非来自于学术界的咬文嚼字和定义廓清,而是直接导源于巨大而迅猛的衍生金融市场及其进一步发展的潜力与空间。宗寒在《求是》杂志 2012 年第 8 期上著文,指出:“2010 年全球货币交易额超过 1 000 万亿美元,其中与物质生产直接有关的仅占 1%,货币存量比经济总量高 16 倍。2009 年,全球外汇市场日均成交量 4.2 万亿美元,是商品和服务日交易量的 90 倍;金融衍生品场内交易日成交量 10 万亿美元,达到产品和服务

日交易量的200多倍。美国这个最大的金融帝国,虚拟经济更是疯狂发展:虚拟经济和服务业的产值占的比重从1950年的11%上升为88%;金融、房地产服务业的利润占到总利润的70%;金融衍生品总量1998年为72万亿美元,2008年增长到672万亿美元,10年中增长了9倍,而经济总量只增长了不到1倍。"全球金融衍生品账面价值为同期世界GDP的数十到数百倍。统计与分类口径不同,测法与说法也各异。然而,无论是相对GDP总量还是原生金融价值总额,衍生金融都是一个巨大的新兴资产池。而且,更为重要的是,衍生金融不但大大地影响了原生金融的功能,而且引致了一系列的金融创新,把风险管理、金融杠杆、金融全球化推进到了一个新的历史阶段。

原生金融资产是指其本身具有直接的市场和非市场之评判价值。其价值存在并不附着于和依赖于另一种标的资产的存在。以往全部的贸易与非贸易品,所有的财富和财货,全部的商品甚至无形资产等,都在这个意义上属于原生资产,而其一旦借助借贷、证券、货币和外汇等手段,甚或纯粹信用形式存在时,就构成了衍生金融资产。

信贷无疑是原生资产。期货、远期原本在交易对象和资产运作意义上应属于原生金融,但由于定金—杠杆可放大运作和交易的目的性等特点,它们就演变成了衍生金融资产运作。

股票是原生金融资产,而在其基础上的股票期权、股票股指期货和股指期权等等,则属于衍生金融资产。大多储蓄存款、国库券、地方政府债券、现金、公司债券等属于原生金融资产,而在其基础之上的各种互换合约,则属于衍生金融资产。

原生金融资产同样具有虚拟性质,因为其价值与实体或存在形式本身并没有什么关系,仅仅是一种市场价值特性,也就是价格表现。股票掺水,股票异常溢价,楼市、币市过度升值等等形式,都是虚拟存在,都会构成泡沫金融,但衍生金融资产的虚拟性质要远远胜过原生金融资产的虚拟性质。当然,从理论上和辩证思维来看,衍生金融资产的出现,在最主要的功能意义上是提供原生金融风险对冲,从而通过一系列的金融保险、套期保值和远期金融锁定,平抑过度的原生金融资产价格波动和控制过度虚拟水平。然而,在实战里的衍生金融对弈中,由于定金制、期权费制、做空制等的存在,无疑加大了无本经营的套利与投机可能。原生—衍生金融结构问题,原生—衍生金融资产定价问题,原生—衍生资产交易和市场结构问题,原生—衍生金融泡沫问题及由此引致的宏观、中观、微观金融安全问题,就都构成了重大与前沿的金融理论与实践课题。有关这些部分将在相关章节中逐步涉及与展开。

(二)属性分类

从标的资产形态与存在看,首先可区分为无形资产和有形资产。无形资产至少可以包括品牌资产与商誉价值资产、知识产权和文化遗产(无形部分)。这是从宏观经济角度看的分类结果。微观个体也存在信用资产。其为信用评级分类所界定,可直接产生巨大的价格差异,从而直接影响投入成本和回报收益。

事实上,从表面上看起来,全部有形资产价值都是客观或现实与直接可测出的。例如,它们都应是在生产力(或生产率)、功能有效性、技术含量或其他方面的技术功能优越性基础之上出现的。别墅同筒子楼、电子自动机床同普通机械机床、高品质矿石同低品质矿石,以及适于人居住和商品—金融运作的自然—人文生态系统与相反的生态系统等等都是如此。但除却这些显而易见的功能、技术层级和创新特质方面的差别而外,有形资产价值同样也是受无形资产的比照与哄抬的。例如纽约、洛杉矶、芝加哥、北京、巴黎、上海、台北、香港、法兰克福、汉堡等城市,它们都是国际大都会,其有形资产都因其巨大的无形资产的存在和提升而得到大幅提升:一般说来,文化与经济引力中心,会形成巨大的价值池与人员往来汇集作用,而这种上涨的金融能量的汇集与释放,就会直接推动有形资产的价值向上浮动。因此,文化上、艺术上、时尚上引领潮流的那些国家与地区,就会获得有形与无形资产作用互相叠加的好处。

有形资产根据其资产用途属性,又可以区分为消费资源物品资产、资本资源物品资产、要素资源物品资产和生态系统资产等。资本资源与要素资源可以合并在一起,但若从一般投入原料要素和资本物品角度加以区分,也是可以的。而且大宗贸易和专业化贸易本身也是有区别的。

在世界经济的早期,国际经济与金融活动的实体是国际贸易,而国际贸易的主体是消费资源物品资产的流转。因此,当时的格局使得原料产地和消费市场加工工业能力(背后是资本支持能力)基本决定了工业区位、经济格局和贸易金融流动。因此,近代的列强首先确立起来的是殖民地与半殖民地体系。这决定着其工业能力下的过剩产品产能与物品的出入,同时也决定着其对原材料资源之控制能力,而全球化与金融全球化格局下的世界生产布局,全球资本配置、跨国公司和它的直接投资经营,已经不必再借助于殖民地体系。而且,重污染、高能耗、劳动密集型的产业或企业可以采用加工贸易方式,把生产与加工通过世界车间组合分离出去,只掌握设计、品牌、最后成装(或仅仅是贴牌)与营销。这就是发达国家过去几十年所实行的国际分工基本战略。

在现代经济与金融发展史上,石油输出国组织是唯一一例成功地借助于国际政治与国家政权手段,在国际市场上实现要素资源价值掌控的自主推动的。在这其中,国家利益、民族利益,尤其是资源国的普通平民利益究竟能得到多少保护,依旧并不十分确定。但跨国资本获得了巨额利益,以及中东石油输出国的王公贵胄获得了巨大的家庭利益是显而易见的。世界的东西南北,不但分属发达与不发达、富裕与贫穷,而且可以进一步区分为美丽清洁舒适的家园和相反的环境恶劣的生栖地。如果发展中国家是以牺牲自身的生态系统资产来获取现存的经济增长,这不但涉及发展中国家自身的代际公平问题,而且由于地球生态大系统自身运行机制的作用,至少在某些方面,会早晚影响到全球生态系统,并可能导致全人类的生态系统危机。因此,发达国家不但要面对环境污染输出转嫁的人类良知拷问,而且会在不久的将来面对全球的生态资产破产问题:拯救地球必须是全人类的行动,发达国家理当担负起更大的责任。发达国家公民不可能把自己罩在一个与发展中国家分离和隔绝的纯氧系统之中,这比星球大战计划的那种全装备的安全系统还要荒唐。

资本要素资产在国际市场上不但被大大高估,而且其核心技术与专利还被严格的非市场力量所控制着。这就直接导致了现在的国际贸易失衡。美国与欧盟对中国贸易的大规模逆差,有相当的原因就在于此。当然其更深层的原因在于“中国制造”所具有的近乎绝对的竞争优势。反过来看也就是中国在国际价值链端位和国际价值竞争轴上的弱势与吃亏反映。

在现代国际贸易体系下，消费资源资产应区分为终极消费资源资产和中间消费资源资产。像中国、印度、孟加拉国、越南、老挝、柬埔寨等，所拥有的主要仍旧是中间消费资源资产之制作能力，亟须提升的就是由上游、中游而到下游的那种向最终贸易品转换的能力。这就要通过产业升级换代和对终极价值产生与实现的渠道之掌握，在终极消费资源资产的生产和分配中获得国际贸易与金融控制权。

要素资源资产的国际定价权直接决定着一国的国际竞争力和国际财富分配公平。相对于这种国际市场的定价权和资本资源资产的国际定价权，中国具有的外汇储备的价值风险是相当大的。这些加工贸易和商品劳务贸易所得与储备的价值存在形式不是有形资产，不是非贸易品，而是法定货币。外汇作为国际储备资产，不管是美元、欧元、日元，还是美国政府债券，其价值不但依赖于货币价值与变动走势，而且依赖于中国在上述外汇或债券国际市场中的定价权和讨价还价的能力。单纯地设计一种进口战略资源储备、进口资本技术设备，或只是靠引进国外高级智力，或实施"走出去"战略，进行海外直接投资如实行海外兼并与企业扩张，或实施主权基金国际金融投资如建立外汇交易公司等，都无法一揽子直接解决国家外汇储备的超级风险问题。

中国的生态系统资产储备是庞大的。这不但是指中国独特的自然景观与生态群落的自然赐予资产，而且尤其是指中国五千乃至上万年的文明遗产的庞大积淀。这是当代任何一个发达国家所不具有的。历史上的文明古国几乎全部消失殆尽，唯一一个绵延了至少是被官方确认和史书记载的五千年的华夏文明，积累起了任何一个其他文明所不具有的巨大的文化历史遗产。它们不但以文化基因、文化血液直接渗透到现代文明载体中，而且以各种存在方式，通过历史博物馆、文物古迹、史书口传等等，在不断地被重新发掘和炒作，从而形成新的资产追捧的"热门货"。中华手工艺、中华医药、中华养生、中华服饰、中华武术、中华园林、中华诗词曲赋、中华绘画、中华建筑等等，都将在未来几十年相继成为世界性的资产开发资源宝库中的高值财货。中国一千余万件的历史古文物散布、遗失在世界二百余博物馆和民间收藏馆中，尽管数量惊人，但这些散失海外的文物也仅仅是中华古文明巨额文化资产池中的一小部分。而全部中华文化资产的价值尚未被现代化而加以借用，更谈不上进行深度开发。

（三）风险层级分类

现代金融学将资产大体上分为无风险资产与风险资产。这种区分有一定的道理和现实实用性。存款与定息债券被定为无风险资产。概念与范畴清晰明了，易于操作。但这种划分对应于后现代金融却无疑过于粗糙。

事实上，无风险资产可以进一步划分为微观无风险资产和宏观无风险资产。像现金等应视为在一定时期、一定国度里的微观无风险资产，但考虑通货膨胀和国际市场汇价不同以及硬通货流通性问题，其应该仍旧具有宏观风险和国际风险。而世界货币和准货币以及硬通货，表面上看来应属于宏观无风险资产，但由于美元、欧元波动，同样也具有风险。贵金属等战略资源也非绝对宏观无风险，但相形之下，可粗略视为宏观无风险资产。

在资本自由化和资本项目兑换自由化不存在的条件下，一个远离国际经营业务的企业与个人对微观无风险资产的意识和管理应该是追求安全和保险性经营的，但若属于涉外经营并经常进行国际旅行，则应考虑到用宏观无风险资产来避险。

介于风险资产和无风险资产之间，还存在着或有风险资产，因此，这类资产应该被进一步看成是条件性风险资产。在某些域值、条件不出现时，它们应该是无风险资产，但若存在的条件发生变化时，则其将变成一定的风险资产。例如，房地产在自拥有（即无抵押贷款的情况下）和温和通胀情况下，应属于无风险资产，而在剧烈和恶性通货膨胀下应属于升值无风险资产，但当能源价格飞涨或地区间产业与经济衰落时，则会变成风险资产。

或有风险资产随着或有贷款、或有证券、或有衍生金融的发展也会获得广泛的关注并被大规模地经营。或有金融产品的开发将表明对区隔风险的产品性处理会日益增长，从而使得金融资产的风险概率空间被进一步细化，进而有助于投资主体对其进行更加理性的分析与选择。或有金融产品是产品化与市场化的或有资产，而现实中的金融和非金融资产本身同样具有或有风险资产的性质。引入或有风险资产管理，通过或有情景分析，就可以更为合理地量化风险暴露，形成或有管理应对措施和策略。

最后是风险资产，由于当代金融风险意识强化，风险资产概念获得了广泛的应用。绝大多数发达国家的房地产采取抵押贷款的方式，即便是固定的分期付款利率，由于房地产价格和价值的市场波动，房地产实际上是属于风险资产，而若利率未能锁定，则风险更大。

从最宏观和本质上看，超出一定的时段，例如半年以上，则几乎可以百分之百地认定，人类所有资产的财富都会变成风险资产性的。这种风险波动来自于：第一，作为元金融的货币并非币值恒定不变，而是随着其动态地注入和对国际货币的调整而不断变动。第二，所有资产会在新的技术冲击、资源变动、消费与生产新范式等等的相对资源与经济变动下出现价值调整。这种比价调整经常是温和的、难以观察到的，但有时会有巨变和相应形成的剧烈震荡。除非最后的这种情形发生，通常的风险资产应当不包括这种最广义的温和的相对价值运动。第三，各种宏观政策和金融政策并不一定均遵循标准教科书和政策制定者的意愿发生作用。资产受环境的影响是不确定的。

风险资产主要不是指这种意义上的资产，而是指直接涉及具有金融之市场风险、信用风险、运作风险、战略风险、技术风险、模型风险等的那些资产。其时时刻刻处于风险包围之中。例如，金融公司的资产时刻受到金融欺诈风险的包围。普通百姓甚至消费支付都面临着种种具体风险。诚信、友爱、公平、正义事实上变成了全世界的商业道德考量。

（四）金融层级属性分类

从金融属性角度看，资产分为实物资产、货币资产、信用资产、衍生资产等。实物资产是人们最熟知的资产形式，而且在一般情况下，实物资产的保值性好，风险较小，但这仅仅是相对某种其他形式的资产而言。例如，大众消费性资产，尤其是农、牧、渔业产品的时效性、新鲜性极强，其保值性差且风险很大。由于资产的终极价值在于实用性，无论是消费使用，还是生产使用，绝大多数的人们日常生活与工作所直接感受到的是实物形式的资产，因此，作为其最熟知形式的资产，通常是人们喜欢持有和把玩的。

然而，市场竞争越是激烈，保值压力越大，金融运作越是高度发展，资产偏向于高流动性与高回报性的资产形式就会越强烈。在尚未明确资产心理账户和择定偏爱资产形式之前，货币资产形式最为普遍。这是流动性过剩经常出现的原因之一。

货币资产并不能自动保值，即便拥有准世界货币，拥有硬通货，也会因货币形式的坚挺与贬值而出现风险。中国的外汇储备最初高度集中在美元及美元资产上就具有这种风险。后来，开始调整为一揽子货币，变成一种货币组合资产。这当然比完全集中在美元资产上风险要小，但仍然有着各种风险。

除货币资产外，还大量存在着各式各样的信用资产。信用资产可能同货币资产相脱离，也可能同货币资产捆绑在一起。

（五）结构与组合性分类

虽然存在着大量单一属性的金融与实物资产，但在许多情况下，资产是以一定结构性的状态和组合式的形式而存在的。它们可能属于结构性金融产品，也可能是配置性资产组合。金融越是高度发展，这种结构性和组合式的资产就越是高度发达。

单一资产和纯性资产是清一色的某种资产存在。这是人们习以为常的资产形式。在马科维茨资产组合理论出现之前，人们只理解和熟悉此种资产形式。单一资产当然并非所有人的普遍选择。根据消费、储蓄、投资等功能，资产被自然而然地划分成不同的类型。由于本能地抵御风险起伏，人类早就实行了区隔化风险管理。但马科维茨资产组合理论出现之前，人们的投资理念中并没有明确的分散化资产组合以降低风险的意识。

同单一资产相对应的就是结构资产。结构资产可能来自于结构金融产品。这是由金融商家、职业金融工程师设计构建的结构金融产品，也可能是投资者与策略家动态调整和选定的组合资产。当这种形式涉及买进卖出具体的金融资产时，就构成了资产组合；若是通过原生金融和其他金融合约的调整，就构成了资产配置。

结构资产代表着金融演进的新趋势。公司金融中的资本结构构成了该学科的核心范畴之一。相应的理论对权益资本和债务资本的比例关系，进行了多方位的探究和界定，从而对比例结构同各种外部市场的关系及收益进行了揭示和解释。由于自融资和杠杆撬动是公司与企业融资过程中的两大对立和显著现象，因此，资本结构有无最优结构、资本结构与股利政策之间的关系问题，就成了资本结构的最主要课题。资产负债管理表明，反对单纯的资本结构关注仍旧是不够的。而债务结构，长、短、中期债务，以及核心资本，经济资本和资产的制度性规定，又表明资本和资产结构在进一步深化。

金融结构范畴是在国民经济范围内，把资产结构金融大类的产业结构抽象了出来。这能够引致更加深入的宏观金融研究专题，我们将在专门的章节和其他相关部分作深入探讨。

二、资产价格动态演进特性和通用资产价格确定

资产在金融—资本市场的运动与展开,可能是世间种种物理、生物运动中最为复杂的一种。其包含的各种复杂的特性,形成了一种混合的演进与运行机制。资产价格运动与演进包含下述环环相扣,互相约束,既非起点也非终点的三环交互作用链:自相似性、周期性和随机性组合运动。现代金融学仅仅把随机性作为资产定价的基石,这就大大弱化了资产定价的可能预测和现实解释力。上述三性连环相扣,构成了一种复杂混沌特性,这就是演进、有规和无序相统一的"三性合一"。

(一)自相似性

分形科学揭示了海岸线、树叶、山脉等形成与呈现出来的动态复制和变化规律。这些自然存在的宏观样式看起来其微观构成结构体大都极为相近,但当具体和仔细地对其进行观察时又会发现它们各不相同。这就导致了分形科学的出现与发展。自复制、自相似呈现出非欧几里得几何的形式特征,它们的测量维度变成了分数而非整数。

资产价格波动与运行仅仅在表面的相似性上表现出鞅过程或鞅测度,而实质上是其自身的一种相似性的自拷贝与自复制。这种自组织与自推进的机制,控制了最基本的动能效应。其在金融资产运动的背后,代表着所蕴藏的和欲爆发或释放的金融能量冲动。金融资产价格中的长记忆特点,首先来自于这种背后的金融能量的推动,而推动的表现形式却是一种自复制。这种自我复制有可能受制于微观市场结构的制约,例如,价格的离散性、聚类性等等表现,它们来自于市场价格倍数变动的制度性要求和涨停板、跌停板等的最后制度性制动。

这一点在更深层次上可能具有更大的认知金融和成本金融理性。金融行为主体的核算运行舒适单位只能是有限的一些简单倍数与分数。过于连续性的即不间断的金融价格波动,在收益与成本控制方面是没有意义的。因为,价格变动从来就不是一种无成本的纯数学游戏。因此,连续时间金融就必须为离散时间金融所修正、补充,甚至被其重新界定。两者均不可能完全按照自我界定而无限展开自我。

这样,自相似性就代表着金融资产价格波动的内在活力和局部展开可能性空间。这种自相似性从而也就体现了金融资产在一定的时空条件下循着一定的资产价格运行趋势有规律地自我复制的一种游程保持。从这个意义上说,有关股票和资本市场随机性检验之一的游程检验,并没有太大的意义:符合或不符合正态分布的游程样本分布检验,并不能表明单个资产本身是否具有随机性。自相似性所代表的能量守恒和能量趋势自我保持,即游程的可持续性、游程长短与游程逆转,才是资产价格波动的关键因素。

长记忆是分形理论的一种形象说法。其能表现出自相似运动的一种趋势延续特征。金融资产价格波动中的长记忆是指一种大的价格波动后倾向于跟随着另一个大的价格波动。这同天气与气候现象是一样的。大旱之后容易接着大旱,连阴雨通常会持续一段时间。这符合能量汇集—释放的正反馈机制与机理。被追捧的资

产其买卖易手和成交量的哄抬通常会持续一段时间，而价值性投资所热衷的资产更可能在很长时期内保持高价位势态。这种价值趋势又通过期间可能的若干次伏击战，呈现出阶段性的起伏波动，但这种震荡调整属于趋势加强式调整。

因此，自相似性是金融资产价格背后的供求力量所形成的一种趋势均衡。这不是一种简单的价格平衡，而是一种决定着价格变动趋向的平衡。这种均衡代表着供求较力的结果无法改变价格变动走向，从而只能在既定的上涨或下跌或原地踏步基础上重复过去。而趋势重复的体现形式则是这种自复制。

那么，价格暴涨、暴跌与逆转又是如何造成的呢？动能效益似乎只能回答价格维持趋势均衡的内在较力，却无法说明可能出现的暴跌暴涨和价格反转。这就涉及金融资产价格变动的另一特性——周期性。

（二）周期性

金融资产价格的上升与下降不可能无限制地维持下去，并不存在任何金融资产的微观运作生态和环境，可以使得投资商、投机商、内部交易人、流动交易者、机构投资者、个人理财师永远拥有完全一致的对其看好，并且对其价格定位也是完全一致的。金融行为主体的主观概率空间预测永远都是各不相同的，并且追随各自的贝叶斯学习而进行相应的个性化调整。因此，金融资产价格波动背后的交易能量走势，永远是看涨、看跌与维持现状三种状态。而这三种力量结构较力的结果，就决定着均衡趋势走向的变化。这三种力量结构的变化代表着现有市场力量，更反映出整体金融结构与趋向方面的变化。其长时期的理性根基在于实体经济结构与相对宏观金融价值结构的比较与回归。这种回归在资产价格市场上表现为均值回归，在现实经济中表现为商业和经济的周期运动。

均值回归可以是静态的，也可以是动态的。静态的隐含的假定是主要技术指标和经济技术均未发生实质性变化。随机运动表现出最终向其期望数学平均值靠近。这在生物学、人口学、社会学上具有普遍性。对于那些业已成熟的金融产品与行当，在不存在巨大的外力冲击下，均值回归也应该是适合的。在这种静态比较中，均值回归表现了金融市场的理性化运动。而动态的回归则应包括趋势变化和趋势均衡推进所造成的升降之结构变动。这就应当是以跳跃式和漂移形式存在和展开了的。动态回归的隐含假定是在足够长的时段下，各种技术与经营指标都存在调整的可能。因此，均值不可能是静态唯一性的，而是对应于不同的金融生态系统与条件，可以形成各不相同的均值。

周期性代表金融资产价格背后能量起伏波动的上下限之限制。这种“封顶”与“铺底”（也称探底，表明反弹时机稍纵即逝）的域值构成了趋势均衡逆转的阀门。长记忆表明，至少在理论上无论是牛市还是熊市本身都具有维持自身惯性的动能。然而，却不存在永远的牛市与熊市。那么是什么机制在调节牛市向熊市转变，上升趋势均衡被下跌趋势均衡代替的呢？答案就在于价格趋势运动中的这些上下限值所构成的逆转阀门。

通常并不存在百分之百的统一的域值标准。市盈率是不错的量度，但中国当今资本市场的市盈率同美国的竟然相差两倍之多。中国的在60倍左右，而美国的通常在20倍左右。这能够说明这种比率的价值是不存在的吗？并非如此。至少在美国这种国度，自身的常规标准具有一定的警示作用。中国现阶段的股市应是由过度单一的投资金融结构、大量的流动性过剩以及暂时的资本市场理性所导致的。金融资产回报被长期过度压抑，突然有了一个突破口，赌性思维就推动了这种可怕的投资。高度发达的世界股票市场的长期年收益率平均为7%，但其是通过大起与大落，牛市乃至大牛市，熊市乃至大熊市而实现的。这就使得上下限运行空间有极大的不确定性。但年度400%甚或700%的增长是绝对的投资疯狂，既非理性，也非健康。

周期性的均值回归在最一般意义上的经济支持就是平均利润率规律。这种平均利润率规律又是通过优质资产分类对待（差别待遇）而体现的。大体说来，金融资产可能更敏感、更前沿、更指向未来和较长期地反映经济与资产间的相关关系，但其最终的现金流支持依旧是平均利润。金融资产的平均利润率不同于直接实物经济的原因就在于：第一，其是未来现金流的一种预期；第二，其收益既来自于标的资产实体经营的实际市场价值实现（通过红利和扩股、增资等体现出来），也来自于市场追捧，即投资群体评估（通过股票溢价体现出来）。这就使得金融资产平均利润率的变动要远远复杂于现实经济实物平均利润率的变动，但良序资本市场和经济秩序性不但高度相关，而且前者必须以后者为坚实的基础。

炒概念股曾几何时试图打破这种内在经济规律，所谓高科技与新经济及知识经济，打破经济周期运动，永远繁荣下去的说法大行其道，而且曾被许多人认定为经济学的"新大陆"。然而信息泡沫、高科技泡沫、美国经济衰退把人们又重新拉回到了现实中来。概念股的虚拟性更强，这就使得其周期性更难预测，但其依旧必须以现金流为基础。现金流只能在一定时期中在虚拟情况下运动，而且必须在信用链条、资金链条、价格转移链条、债务链条不被中断的情况下方能存在，否则，泡沫会立刻破灭。

影响周期性的并非仅仅是上述那些金融对弈和经济波动力量。周期性波动还来自于市场偏好，即消费者与投资者的风险与消费倾向偏好变动，以及社会价值观念变动，生态与环境价值相对运动等其他因素。周期内的趋势之保持一方面是金融资产供求能量推动暂时处于均势的一种体现，另一方面是所有重大的相对价值尺度与指标只能在一定的限界内运动。因此，其间的弹性是不变的，但当某种金融产品、产业、资产的特殊位重达到一定程度时，尤其是其大到无法被市场理解，大到直接干扰和冲击其他正常的金融运作秩序时，例如楼市持续高温，把主要资源与人力都吸引到房地产开发上，造成其他产、行业困境，或者房地产行业超额利润过高，直接影响了社会其他行业的正常收益和分配的合理与公平时，宏观经济政策和微观投资行为心理就会据此而进行必要的调整。

当一些带有警戒线作用的指标达标时，就会发生踩雷现象。随着头羊选择，羊群效应导致市场大规模迅速跟进，市场的均衡趋势就将发生逆转。这种调整有全面性的，也有局部性的，有灾难性的，也有较为温和的。日本过去二十年，房地产、股市的泡沫破灭，造成经济增长低迷，但其影响却是相对温和的。美国高科技股、信息股的泡沫破灭，现如今的次级房地产贷款，都没有形成历史上的那种大恐慌式的破产与大崩溃灾难。其中有着深层的值得探究的东西。

金融资产价格起伏波动的周期性与自相似性，即一定上下限界内循环轮回的趋势保持,不是采取直线运动方式,而是通过局部震荡和调整来完成和实现的。这就涉及了随机性。

(三)随机性

在马科维茨资产组合理论等基础之上,夏普和林特尔最终形成了所谓的资本资产价格理论。这一理论的价格模型就是一种随机性的典型:资产价格被分解成两部分——无风险资产常项和随机波动部分。而随机波动又被分解为风险溢价和随机扰动两部分:风险溢价被解释为所谓的系统风险,其是市场组合的共同评估与反映,同个别证券没有什么关系;随机扰动被称为非系统性风险,即是由非资产组合或市场集合风险抵抗所能解决的。

系统性风险尽管也造成资产价格起伏与波动,但在本质上或至少在理论上是可以得到补偿,并从频率和概率角度看可能受平均值和大数定律支配的。这代表着整个市场风险力量的波动与收益补偿。自相似性中的动能效率,即趋势均衡的维持,以及周期性中的均值回归中的一些域值、门限,其中的一部分就来自于这种系统风险。

而随机扰动部分则来自于统计和计量金融所无法确定的变量,及市场力量以外的其他风险。随机扰动的加入,使得随机结果遵循随机游走,从而表现为金融资产现货价之未来变动路径分类,在理论上就永远只能是涨跌、随机、不确定这样三种可能。有了这种随机游走,就可以保证前述的趋势均衡逆转和周期中的拐点会届时自行出现。

金融资产价格波动的随机性显然不同于纯自然的随机过程。其背后的金融看涨与看跌能量显然并非完全随机变动,而是遵循着形式逻辑理性规范的。这一方面使得金融资产价格波动预期更具有规律性和趋势判断之可靠性,另一方面又加大了预期的复杂性。

自相似性、周期性和随机性的复合,造成了金融资产价格起伏变化的混沌性。这种混沌性表现在其既无序随机,又有规并确定,并在一定的宏观形势上表现出一定的演化特征。换言之,金融价格上涨与下跌都是有界的,因此总是会收敛到一定的比值和概率之上,不会无界发散下去。金融资产价格波动的任一游程的下一步变动,都视其已达域值且情况有着随机变向和向扰动变化方向转变的可能。用一种连环图表示三性的关系,如图 5-1 所示。

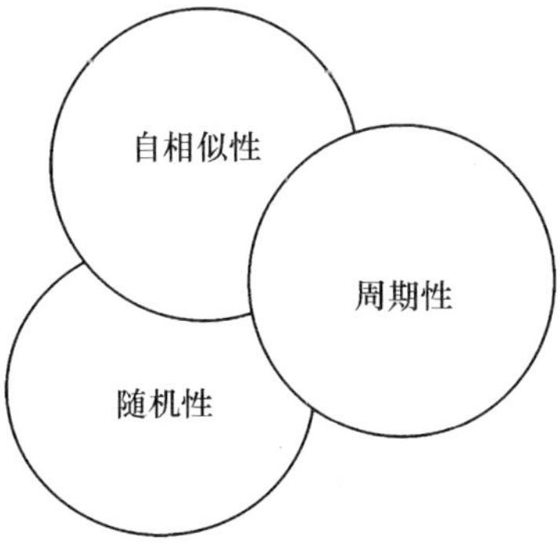

图 5-1 自相似性、周期性及随机性的关系

就展开的逻辑起点而言，我们选择了自相似性。其似乎也是资产价格波动的一种能量释放的表现形式，但事实上，三性形成环状联系，互相渗透，互相规定，互为起点。资产价格的种子里早已埋藏着上述三性，其共生、共长、共同作用于资产价格波动变化之中。

在这样的新价格范式指导下重新构建资产定价模型，就远远超越了现代所有已有的资产价格理论。无论是资本资产定价这种单要素定价理论，还是基于罗斯套利理论的多要素理论都是如此。

关于其超越前者，根本的原因在于资本资产价格的收益构成来源不再仅仅是风险溢价。这方面的挑战既来自于模糊溢价、流动性溢价的实践与理论挑战，也来自于考虑各种诸如规模金融与其他的金融比例要素之实践与理论挑战。多收益来源而非单纯风险溢价应当是显而易见的。继而，无风险资产的收益回报被想当然地放置到风险资产收益之中。这乍看起来合情合理，仔细推论却实属荒唐。只要选择了无风险资产的存在形式，同时也就放弃了风险资产的机会收益。而无风险资产已经择定，这样就同无风险资产的任何方式不再有任何关联。因此，决不应该用无风险资产回报来先行解释风险资产的相当大的一部分。此外，无风险资产收益本身就是需要解释的金融变量。

关于其超越后者，根本的原因在于套利理论模型几乎是纯统计试错结果，而且套利基本理论本身也并不完整、严谨。金融资产价格多来源的理论与现实基础必须是明确、坚实和可靠的，其要不但是数理经济现象与规律的提升，而且必须同时具有金融与经济变动的内涵。我们的三性循环互规理论本身就具有这种科学性与现实性。

在这种新规范基础上的资产价格模型应表述为：

$$E(\overline{r_{ps}}) = \beta_1(S) + \beta_2(\omega) + \beta_3(R) \tag{5-1}$$

其中，S 代表自相似变量，ω 代表周期变量，R 代表随机变量。上述公式是假定自相似性、周期性和随机性均可能被统计或科学或经验分离出来，并且各自的作用相互独立，综合效益具有可加总性。其中，β_3 可视作除了自相似性与周期性外的随机波动部分。在现阶段暂可视作夏普、林特尔资本资产定价等同项。

若假定自相似性、周期性和随机性可遵循发展关系和相应数学要求，则通用资产价格模型应表述为：

$$E(\overline{r_{ps}}) = G(\varpi)H(S) \quad GHF\{\varpi[S(R)]\} \tag{5-2}$$

这样，便形成了嵌套式资产价格模型。其中的关系形成一定的内涵嵌套。随机被嵌套在所有方程中，其首先被囊括在自相似之中，而后两者都被囊括在周期之中。

三、通用资产价格模型与理论拓展

上述理论和模型中的自相似性、周期性与随机性都被假定为或者是一种常量，或者是一种函数关系，或者是一种概率密度函数。不管哪种形式，都似乎是过于“理想化”的数学形式。事实上，上述三方面均可能受简单或有性而非连续密度函数制约。此外，他们也均可能受到结构性和流动性制约和影响。因此，理论与模型均需要进一步加以拓展。

(一)或有性引入的模型与理论拓展

资产价格变动的临界值域十分重要。表面上看来,价格变动在时间上可以是连续的,但在真实价格的离散性和聚类性受到学术界的广泛关注后,市场微观结构的制度性和交易者的认知习性被引进到研究之中。结果发现,价格波动既非在时间上连续,更非在数值上连续,而是既有异步交易存在,又有聚类价格和跳跃式价格,即在某些价格点上聚堆,又以其作为基础而发生倍增性变动。

当交易表现为金融能量聚集态势的竞争,意即看涨看跌、空头多头、买进卖出、持有观望等等各态交易介入方,以其手中的资产、资本加上可能借助金融杠杆撬动的金融能量,在价位、持有量(交易量)、保存时间、推动价位、均势维持等方面,展开"攻坚战"、"拉锯战"、"阵地战"、"外围战"、"战略决战"等种种金融对弈时,金融产品(资产)价格走势就变成了下述这些金融反向作用能量的或有状态的对立反应:(1)多空势均力敌,导致价格均衡均势保持,价格游程为确定性的继续维持;(2)多头能量占上风,以压倒优势抑制卖压时,市场能量维系表现为买方抬升和竞争持有为主导,带来价格游程向上攀升的新逆转,其能否达到涨停板,并带来几个涨停板,取决于这种抬升总杠杆所撬动能量的对比态势;(3)空头能量占上风,以绝对优势主导市场氛围和能量态势分布时,市场表现为卖出气势主控,带来价格游程向下翻转的新逆转,其能否达到跌停板,并带来几个跌停板,取决于这种下压中杠杆撬动能量的对比态势。

当交易方对这一切只能是在动态演变中加以把握,而在交易前的市场准备和交易探索或发现过程中,不得不做出各种判断和决策时,其主观概率和经反复进行的贝叶斯学习调整的概率修正,就会以先验性判定被置于价格预期和竞价—还价谈判之中。结果,这些以或是商务合同条款内容,或者干脆就是激烈市场竞争价位态上出现的临界值,就都会构成具体的或有状态的价格显现。

金融监管当局和交易所,也会为了维护金融秩序、交易公平性和多方利益协调,而形成一系列技术上、管理上的制度规定。这些规定的域值同样会转换成或有价格的反转表现。

引进或有性后,前述的通用资产价格模型就会变为如下形式:

$$E(r_{ps}) = \begin{cases} \beta_{1a}(S) & 若\ S = S_a \\ \beta_{1b}(S) & 若\ S = S_b \\ \beta_{1c}(S) & 若\ S = S_c \end{cases} + \begin{cases} \beta_{2a}(w) & 若\ S = S_a \\ \beta_{2b}(w) & 若\ S = S_b \\ \beta_{2c}(w) & 若\ S = S_c \end{cases} + \beta_3(R) \tag{5-3}$$

或有性是一种区隔化概率和函数,表现为价格波动的一种时空跳跃性状态。它把连续性波动或价格游程的保持与发展,转变成连续—离散、区域连续—阶段跳跃的组合状态。这在认知哲学和实践理性上,真正符合量变质变,质、量和度转变的内在关系:同事物本身的量变首先不改变质,但量的变化积累到一定程度,就产生一种度量纲的临界点,超过这种度量纲的临界点后,累积起来的量变就会导致质的变化。交易主体在一定区间的价值调整和变化,同样不改变他们对价值游程甚至价格大势的判断,但超过一定点后,就会出现游程与大势的重新界定,从而引来行为调整和价格预期与竞争的改变。

（二）结构性引入的模型与理论拓展

金融产品（资产）中的一些是单品质的、同质性的，而另一些或相当多数却是组合式的，是以捆绑的形式存在的。这种捆绑性应该集中通过其内在结构性反映出来。从原生品到一级、二级衍生品，越是现代金融工程构造出来的，结构性倾向与要求越明显。为了综合管理风险与收益，投资方可以直接选择现在的结构金融品，也可以自行设计，分别购买相应的金融品以期形成自己的结构投资与组合资产。这均要求，把结构性引入到资产定价模型和理论之中。

结构资产定价理论上可以大致区分为两种类型。第一种为当组合资产的主体与核心部分是以某种特定资产的形式而存在，而其他的衍生品和对冲保值措施可以设计和应用的时候，例如购买保险，购买期权、期货，或进行互换性设计等等金融交易活动的投入，在会计计量时都可以被当做保值成本而打入总成本核算之中，也就是说，涉及净收益（或净亏损），无非是要在原有的计量模型基础上，或者把新的成本要素作为输入参数而代入其中，或者在模型结果得出后，再把综合的附加保值成本考虑进去，从而得出最终的评估。具体例如，对于计划与实施兼并、合并已有公司的资产，都必须进行全面的资产评估。而一般说来，这些原有的专用资本形式，作为原公司业务支撑的最基本的资产存在主体是必须基本保留的，但对其改造与调整以及保值费用，可以作为附加成本。在宏观和超宏观经济中，国家战略物资储备资产，其实物战略物资资产主体必须保持，而其在国际大宗商品与资源市场化的保值投入，可以作为附加成本加以处理。由此可见，对于这一类的结构性资产价格处理，只是一种分步分段处理，无须对模型本身作太多的变更。

同上述第一种的类型不同，还存在第二种实体资产形式，即多种存在形式的复合资产。例如，以一篮子货币构成的货币篮子形式存在的国家外汇储备资产就是如此。保险投资、捐赠基金投资和其他资产与负债等等资产组合都是有着严格规定的资产池，它们的情形也是如此。在这种例证中，捆绑式的资产实际上是多种资产的集合体，并且各种资产间存在着一定的结构关系。由此，资产价格和资产池回报也就不再是由单质性的资产价格模型给出，而应是由下述的加权结构性的模型给出：

$$E(\overline{r_p}) = \partial_1 E(\overline{r_{ps}}) + \partial_2 E(\overline{r_{ps}}) + \cdots + \partial_n E(\overline{r_{ps}}) \tag{5-4}$$

若资产池同时存在或有性，则模型变为：

$$E(\overline{r_{ps}}) = \partial_1 E(r_{ps}) + \partial_2 E(r_{ps}) + \cdots + \partial_n E(r_{ps}) \tag{5-5}$$

上式的各分式项除前述的参数外，应是式 5-3。而参数为某种资产分布加权权重，其应根据具体情况而定。

（三）衍生性引入后的模型与理论拓展

原生资产与衍生资产价格按照现有的资产定价理论似乎不存在什么本质上的差别，其可以互相复制，但这些模型均是在假定交易成本为零、转换无摩擦的情况下加以证明的。而这些假定都是不真实的，并且同这些假定相反的行为扰动具有相当重要的意义。此外，原生金融中的杠杆放大和信用风险放大效应，以及批量金融，都成为了新的重要的资产存在特质性。

考虑到上述特质性,并由于尚未重构衍生资产价格,此处仅仅指出上述问题存在。将在新衍生资产价格专门章节中,在上述价格理论与模型基础上再行拓展。

四、多重溢价与多因素资产定价模型

套利定价模型的实际应用与推广,引致了众多金融溢价源泉,从而实际上把资产定价模型从单一风险因素拓展到了多因素套利模型。然而套利理论本身的金融学理基础却是不完备的。金融资产形式形成市场均势与均力,远非是异地异时的套利所能解释得了的。金融行为主体的多样性,从而其主观概率测度和金融能力空间及金融资产的市场区隔性乃至交易方的私密性等,都造成了资产价值评判与趋势评估的丰富多样性,并且资产经营的法定与伦理约定性的多样性,同样造成了金融产品与资产交易的种种异质性,这就绝对地形成了多重溢价和多种因素资产价格来源。理论上,至少可以归纳出下述资产溢价来源:风险溢价、金融能量溢价、经济效益溢价、特质溢价、模糊溢价。

(一)风险溢价

风险溢价是迄今为止资本资产定价和多种金融定价理论研究最多的一种溢价,但大都并非是真正把握了风险溢价的本质属性。前述的或有风险溢价就是一种极为有效的拓展。此外,结构风险溢价、债务风险溢价也是很好的拓展。

或有风险溢价和或有风险资产价格确定较为具有真实含义。这比系统风险和特质风险的区分可能更有意义。资产按其风险程度与属性可分为完全风险、或有风险和无风险三种。而这些实际风险多半不是连续密度函数性质的。它们多半是真正的或有意义上的风险。

关于风险溢价的相关文献汗牛充栋,但风险溢价理论总体上可能无法适应未来金融演化发展的要求。究其原因如下:第一,以往所有的风险溢价理论无疑都夸大了风险溢价的理论与实践意义。承担风险应该得到一定的投资补偿,但这种补偿份额会是相当小的,否则,根本无法解释残酷的破产清偿现实与运行机制。而所谓风险资产相对于所谓无风险资产的高额回报,是对实际投资眼光、负债、期限结构、创新、管理等等的社会奖励和回报。就像利润、利息是资本的附属品,资本一定是要投入营运并创造出超出自身价值的价值。其额外补偿部分或来自于劳动生产力提高,或来自于规模经济,或来自于外部性,或者是马克思的劳动价值论基础上的剩余价值。总之,资本必须具有真实来源。因此,把利息解释成牺牲消费的奖赏是庸俗的、肤浅的,也是不着边际的。风险溢价在理论上应该基本上同保险精算下的一种社会平均风险赔付相当,但会大大低于当今资本资产定价理论所认定的。第二,或有风险一项具有更为现实和重要的意义。第三,无风险资产的风险溢价应该是个崭新的课题。引进国际竞争环境和金融生境与生态系统的相对运动,无风险资产变成是有条件的,并且其实质上也需至少是在或有风险意义上被重新界定。进而无风险资产价格溢价来源就变成了新的重大的学术课题(在本章第一节中已作相当的论述,此处不再展开,将在无风险资产相关的部分,分别对此进行深入的研讨)。

（二）金融能量溢价

如前所述，动能效应并非一种数学游戏般的统计运动，其背后是由金融能量分布、重估和其中的对弈变动造成的。而以往的金融理论则对此几乎完全没有进行学理把握、科学提炼和模型化动态演进统合处理。起初是仅仅用随机性及其变形进行风险溢价单纯处理，进而通过经验性或至多是财会金融下的理论猜想和实证结合给以简单处理，又通过套利性而加入更多的解释变量与因素，最后是在流动性溢价、模糊溢价和其他微观市场结构上再做点文章，但这一切均未能上升到科学理论的高度。

金融能量来自于原生金融、衍生金融内涵和释放的能量，并来自其借助于货币形式、信用杠杆等手段，在一定时空下所形成的总的金融价值的存在与能量释放。这种总价格应是个弹性很大的数值：其可能由于种种原因而被压制，从而被大大低估，更一般地则是由于各种上升预期因素的叠加而被极大地抬升，从而被过于高估，形成巨大的金融泡沫。

因此，溢价本身仅仅指的是绝对值之变化，不含有符号变动，但这变化既可能是抬升，也可能是下降。这里要重点考察这些分解态的各种具体能量溢价之来源。

1．大势溢价

金融大势，无论是牛市还是熊市，也无论是势头盘整还是新的大势逆转，都具有传染性：普遍性乐观和普遍性悲观会像瘟疫一样，在市场与金融生态系统中扩散。扩散的速度是惊人的。当然，大势、中势与小势（局部调整）的波及面与持续时间间歇均不同。

大势溢价是以大势乘数存在和扩散的。这种乘数效应由于资本市场的日交易即时性质和资本市场成交量（基础规模），而变得异常惊人。经济中的其他常数，甚至包括货币乘数，其效应都受到了有限的费时运转（周转）速度与滞后的影响，而处在一个有限度的范围之内。当然，这里应该把货币现象中的通货膨胀效应除外，其虽然可能不及资本市场那样快速，但扩散的速度与范围也是惊人的。

大势溢价来源可区分为两大类：第一大类是金融能源注入推动的大势溢价。这种大势溢价具有价值与实体的真实性，具有坚实的基础，也因此具有可持续性。这种大势之基本势头若出现问题，则不应是金融价值能量供给上的问题，而是诸如实际产业行业与市场情形方面的问题，或者在国际市场的价值体系中的地位问题，也可能是产业组织管理方面的问题。金融能源注入通常采取诸如上市公司筹措股本金、新投放市场的基金、保险与储蓄等其他金融和非金融机构可能释放或转移出来的资金、民间金融投资方向的跨市场跨产业的转移等等不同的形式。中国过去几年来资本市场规模从 3 万亿市值、1 000 点一跃变成 30 万亿市值、6 000 点的背后，就是股权分制金融能源、基金投放金融能源、经营金融公司改制金融能源、储蓄转投股市金融能源、保险等机构投资金融能源和其他的大型上市公司的金融能源等等的同时推动。这是全球金融市场上前所未有的高速度，是超级的大势与大势膨胀，但其间的泡沫也是巨大而可怕的。然而，中国股市的急转直下，现如今重新又跌破 2 000 点，却主要既非泡沫破灭，也非金融能源、能量的撤出，而是预期错乱，资源整合战略的操作问题。第二大类是金融能量注入推动的大势溢价。如果说金融能源是某种意义上的原生金融品或资产,那么金融能量可视作衍生金融品或资产,非衍生金融的信用金融也应视作衍生金融能量。能源可以视作本金融或实体金融,其本身具有实在价值,自身能够作为价值资产与实体而独立存在,无须依附于其他资产,也不需要仰赖其他原生物而获得价值评估。相反,衍生金融就是依赖于原生金融,比照于原生金融而出现的附属价值体,其不能独立存在。原生体一旦消失,其他相关的衍生品也自然消失。但衍生品有可能像肥皂泡一样,一旦被吹大,不但会出现具有欺骗性的充气性的增大,且在太阳光照下五光十色,而且可能在一定时间内,独立地漂浮在大气中,自由自在地飞翔。

无论是能源金融注入的推动与扩散,还是能量金融注入的推动与扩散,在金融价值社会性规范之下,都具有理性,甚至在超出这一界限后,对泡沫破灭前的那些出逃投资人说来,也都是理性的。这是最为典型的博傻游戏:都把下一家接手的他者看作傻瓜。这里的金融价值社会性规范来自于下述几重规定:(1) 国际同类资产的可比性。其实即便是非贸易品,同样可以进行总量对比。例如,以日本的国土面积、综合国力、经济规模作为衡量基础,在十年经济与金融泡沫之前,一个大东京的地产总市值就超出全美国房地产总值,这就无疑是神话般的泡沫。(2) 同类市场与资产的一般市值比列。(3) 金融—经济结构的国际比例。(4) 各业金融资产回报的横向比较。(5) 全社会财富、投资回报的横向比较。

当大牛市出现,整个资本市场的疯狂有可能获得例外论的种种学派理论支持:第一种例外论应当是一种"翻本"式的复仇要求。要把熊市期间的损失,精神折磨损失,未来可能的再度被套牢的损失统统加进去,使其变成新股市价位的依据。甚至是一种赌徒式的世界末日的最后一搏。第二种可称为新周期或反周期论。例如,科技与信息泡沫破灭前,就广泛弥漫着知识经济打破传统经济周期的论断。第三种为金融神化论,把金融技术、金融价值核算和金融运作交易神秘化,形成价值崇拜与神秘性之外的行业崇拜,造成像点石成金这类资本运作的行业光环,使投资者失去常识和直觉意识判断。

大势存在下去的最根本的神秘基础在于,在价值"落袋为安"之前,统统都是账面上的游戏。而账面上的游戏之本质就是一种巨大的借贷或信用链条点上的数字游戏。只要有微小的现金流就可以使其运转正常,只要现实资金流不被打断,兑现不被同时要求,这个数字游戏在理论上的无穷大和无穷小之间游走摆动,就只有考验亡命徒的胆量和承受力了。而只要市场缩水没有造成巨大的生活质量方面的现实冲击,缩水结果就会变成一种犹如反复洗牌、重新洗牌的风险游戏:投资人在其中获得一种纸上谈兵,把握投资战场的情势之心理满足。

大势溢价可以用反复进行的或动态深化的内部人与外部人投资的贝叶斯不断学习与跟进的大势营造和大势扩散模型加以表现(参见汪昌云主编的《金融经济学》(中国人民大学出版社 2006 年版)中有关贝叶斯学习部分,就可推展出我们所需要的)。

2. 看涨—看跌溢价

关于看涨—看跌机制的分析与探究,将在下一章的相关部分完成。本节侧重在其他理论方面。

看涨—看跌也可以区分出金融能源注入推动和金融能量注入推动,这方面更重要的应该是后者。因为其核心是一种心理预期效应，而非来自于真实的金融价值投入方面的实际变动。但有一点要特别强调，当某种被追捧的资产是由于长期受冷落而大大偏离其相应的基本价值面时，看涨矫正同金融能源注入推动没有什么本质差别，或许有的仅仅是注入与应得评估间的一种滞后或错位效应。

看涨—看跌溢价在形成金融能源与金融能量集结与转移方面起着十分巨大的作用。金融市场同实物市场的价值与能量配置具有很大的不同。前者由于特殊的虚拟价值，导致了价值评判方面的巨大弹性空间；后者也存在市场特殊青睐的时候，甚至可能同金融市场挂起钩来，出现异常的虚拟价值系统，郁金香泡沫就是有名的例证，但现实实物市场一般具有让人直接体会和感知的成本，多半不会出现过于荒唐的价值追捧，至于说那些古董、古玩、古字画等特殊行当，绝大多数普通大众的投资是不予介入的。

因此，一般实体经济市场尽管不可能完全真正地实现均衡，但相比较而言，除特殊垄断和新兴创新行业与产业外，基本上能够尽可能地实现平均利润和均衡价值运动。从而，其资本分布与转移，不大会出现过大的区别和差异。也就是不会出现像股票、债券市场上所出现的那种价值为零但市场依旧火爆的怪诞行情，即不可能产生股票垃圾和另外一些被追捧的毫无真实基础的超级价值股票与债券。

就如同有了期货，现货市场的价格波动应当被调节得尽可能地理性和平稳。因为，远期和未来市场价值的现在锁定，为未来有的放矢地资源调配做了较好的铺垫，但如果缺少足够的真实补仓，仅仅是在金融杠杆下的空头多头的纸上谈兵游戏，则金融市场和实物市场就都有可能出现更大的起伏波动。

看涨—看跌溢价从本质上看是种非零和游戏。这种非零和游戏有可能在相当长的时间里，因普遍受益的账面膨胀而得不到损失体现。当看涨情势强劲并形成传染时，每次换手都是以已有的投资或投机之获利出局，新的未来获利预期诱使而得到继续发展强化的。这是不断“击鼓传花”下去的市场“理性”作用结果，即现实获利的“落袋为安”和未来获利的美好“憧憬”交相推动的必然结果。只要在看跌情势没有迹象出现之前，这种非零和游戏就会一直继续下去。当看跌趋势生成到超乎先前看涨总溢价时，零和游戏结果最终得以总清算。而这时的清算绝不是均匀分布的，遭受巨大损失的只能是后来接手的那些倒霉鬼。

从最宏观的角度观察，若一国存在对金融资产和非金融资产比较上的看涨情势时，只要这种情况持续一段时间，该国的金融资产相对于货物就将快速生成并堆砌起来。降一个层级看，在各个金融资产之间也同样会不断形成对某种资产的看涨和对其他资产的普遍性看跌。如果这种情形持续一个时期，看涨的资产会形成一定的泡沫并被积累起来，看跌的泡沫自然被挤出，出现向真实价值回归甚或过度矫正。这种不断变换的过度抬升和过度压制，造成了市场金融价格的起伏波动和向均值的回归。而回归趋势的最终力量应当是平均规律作用的结果，但这种均衡是有条件的而非无条件的。条件的核心就是完全竞争、特别创新与自然垄断优势的消失。金融资产市场和实物市场永远不可能完全均衡。

看涨溢价模型可以通过对自相似性模型改进而得到。自相似性的动能效应之一就是看涨溢价。这种溢价可以通过事件分析，在既定的事件、事件窗口及前后情境处理，通过对自相似性的分解，就可以得到计量方面的实证分析。

（三）经济效益溢价

经济效益溢价基本上是规模经济溢价、领域经济溢价和聚集经济溢价的集合。关于规模经济溢价，金融市场与实证分析似乎否定了规模经济溢价的存在。因为几乎相关的实证研究结果均证明，小企业、小股票回报高于规模较大的企业公司股票所带来的回报，但这肯定是个伪命题。原因在于：第一，这些实证分析所用的数据，不具有科学的可比性，其分析结果的大小企业不是同质性的资产池的科学比较；第二，小的后起的反倒存在较大溢价，其来源不是反向的小规模，而是特异创新和价值追捧或价值矫正。只要数据合宜，金融领域的规模经济一定是存在的，而且一定会反映到资产价格中，蓝筹股溢价就是一种明证。

规模经济溢价的基础是真实的，是实实在在的劳动生产率的提高和单位营运成本的降低。规模经济在金融领域有可能被忽略，原因在于金融资产计价的虚拟性或许会大大掩盖其真实性。规模经济效应模型化的问题主要出在变量和要素的选择上。在多要素资产价格模型中，计量金融经济学家们仅仅把企业或公司规模大小分类作为规模经济变量。实际上，他们选错了变量本身，应该选择同质性的金融资产，例如，贷款规模、信用卡规模、抵押贷款规模，特定同质衍生品交易规模，或是整个衍生品交易与投资规模等等，作为规模经济的指代变量而非相反。

规模经济在金融业界同样存在着显著的效益，并且是一种构成重要溢价来源的市场观察，这完全可以提供更加直观和强有力的根据。在金融业务分类市场上，存在着批发金融和零售金融。两种同质金融产品或资产仅仅由于销售批量不同而呈现出巨额差价。这种成本差异就是规模经济溢价。同时，衍生产品设计与组合，为了追求标准化、批量化所形成的大规模标准设计，例如期货、股指等等金融品种，都是追求规模经济效益的有力佐证。

除规模经济外，领域经济溢价已经并将继续变得日益明显和重要。专业分工和专用资本越是区分显著，领域经济的交叉共享成本就愈加明显。现代金融微观操作上的数据资源共享、顾客群资源共享、理财规划资源共享、多样性金融品种选择共享等成本分摊，带来了巨大的金融成本优势。与此同时，一站式服务和金融超市购买的金融市场，又大大节约了投资与购买金融品的“消费者”（事实上是投资者）的时间与精力成本，这种效率上的提高会自动反映到金融品（资产）溢价之上。

领域经济在金融品市场上的直观佐证，应该是结构性金融品的大规模发展。现代团队式金融工程师作业与工作方式，使金融专家智能在组合产品中直接体现出来，从而使领域经济效应在终极产品中得到一定的反映。

公司的金融品种、部门、经营的多元化，产品与服务的分类指标、结构金融品的比重等等因素或变量，都可以作为领域经济的指代变量。

聚集经济来自于城市经济学和区域经济学。聚集经济效应既不同于规模经济的单质的规模扩张效率，也不同于多样化的资源共享效益，而是一种由消费与生产群体空间上的聚集所造成的多样新质经济：(1) 市场和专业分工的细化，从而市场的扩大，带来了新质需求和相应的供给可能与优势，例如偏远小村庄在消费能力与水平上，无力承受豪华的酒店、医院、大学和律师事务所；(2) 具有多种技能的人力与人才聚集起来,形成专业与市场信息及经验的广泛与加速的传播与扩散,完全有可能大大强化职业、生产的进一步专业化,从而生成创业学习溢出效应;(3) 聚合成名效应,形成国际大都市的前提是必须有国际大都市的规模,此外,这种规模引力还必须是高级特异人才聚集起来的结果。这都会形成“品牌”和声誉效应。

聚集经济效应在金融市场上同样显示出明显和具体的作用。其最突出的表现是各级金融中心的出现。这些金融中心被区分为国际金融中心、国家金融中心和地区金融中心。其中国际金融中心又进一步区分为全球性国际金融中心和区域性国际金融中心。金融中心的供求双方所造成的金融市场深化、细化与开发潜力,带来了聚集经济成长的可能。而像以伦敦金融城、纽约华尔街、北京金融街、上海浦东金融区等为代表的区域性金融功能区,也体现出聚集经济效应。

关于聚集经济效应的计量分析,显然可以通过对金融城与非金融城、金融中心与非金融中心的配对分析来处理,但可以指出,理论和直觉上的毫无疑问会存在。实证处理起来却不会很容易,因为会有各种其他复合效应搅和在一起。

(四) 特质溢价

经济学对特质溢价并没有给予足够的重视,而是将全部的关注都放置在一般均衡和局部均衡价格上了,但在多级多层区隔化的市场上,人们所看到的是极大的价差与利差。经济学用简单的超额利润加以解释,并立即认定其在长期竞争中就会自动消失。这样一种经济学终极处理无疑太过草率,因为经济学家在逻辑上并没有搞清,这些溢价是如此的此消彼长,动态地并且永恒地存在着。这就要求发展出一种能够解释这种溢价的动态经济学来。

特质溢价大致上来自于三个方面:(1) 创新领先溢价;(2) 品牌商誉溢价;(3) 质量服务溢价。芝加哥证券交易所率先推出了金融期货产品,其创新业务就会使其获得特有的领先溢价回报。伦敦国际金融中心借助于其金融市场规模、人力资源品质和动态的规制创新,赢得了金融产业的国际声誉,自然也就会获得相应的溢价回报。优异的质量与服务即使是在同质功能价值上所下的功夫,也当然会在市场上得到足够回报。这方面的价格形成与界定,既是市场供求的货物的物以稀为贵的所谓自然法则结果,更是独特的行为经济学与社会心理学价值判断带来的结果。具体说,就是社会分层和心理界定的划分,带来凡勃伦的所谓有闲阶级的那些标志性的炫耀性的消费行为,进一步发展成社会时尚就产生了品牌价值取向。

金融品牌价值或溢价计量分析,同样可以运用配对分析方法,选择品牌与非品牌样本,再从中剔除诸如规模经济、领域经济等等的其他效应,得出所需要的结论,但事实上品牌效应有可能被其他的效应掩盖,那就是功成名就的名牌同创业中的非名牌的努力成本上的巨大差异。名牌的坐享其成背后的员工舒适并不容易得到很好的计量。这当然也是伪品牌问题,而关于这一问题就更加复杂。

(五) 模糊溢价

模糊溢价属于新近刚刚受到关注的领域,其来自于信息经济学向金融领域的拓展。这点将在市场与信息金融部分作进一步探究。

第六章
金融市场、金融产品价格理论与博弈机制

金融产品是金融资产、产品与服务的统称。其中资产应具有较大的综合性。在实物经济中,服务与产品可以进行较为严格的区分。资产同物品与服务亦可以进行严格地区分。物品可以区分为耐久性与非耐久性两大类。资产则既不能是消费品,也通常不会是服务与非耐久性物品。然而在金融领域,由于其核心是价值一般形式,通过原生与衍生金融、现货与期货、证券化等一系列存在和转化方式,一切资源、要素、服务、产品都可能成为投资与金融运作的标的资产。因此,在最广泛的意义上说,在金融领域资产与产品两者可以互用。

上一章初步建立起了金融资产价格新理论范式与模型,但这种一般理论和价格模型仅仅是从数理金融角度研究和发掘的。尽管对金融本质数量关系进行了深入和科学的界定,但并未能深入到真正的金融市场价格机制与机理上,没有对金融产品和资产价格形成本身作出科学的经济学理论规定。而若不能建立起诸如供求决定论、均衡价格论、边际效用论、生产成本决定论等理论,并在各种真实有效的价格机制与价格机理的基础上形成这些理论,则数理金融理论与模型不但只能是一种科学猜想,而且很有可能是现象论意义上的猜想。

一、金融产品(资产)价格机制理论

金融产品(资产)价格的形成、稳定、传导和发挥作用,是通过各种各样具体的金融产品价格机制来实现的。无论是资本资产定价理论,还是套利定价理论,都不能令人满意。即使说到衍生品定价理论,其同样不但在实现实证检验方面留下种种溢价之谜和市场异常现象,而且在理论上无法形成具有显著经济学演进的学理支持。尽管行为资产定价理论、动态行为资产定价理论和行为金融学解释理论,在此方面出现了良好的学术苗头,但由于心理学家的案例性学术思维惯性,无法形成强有力的经济学学理结构和说服力。

金融价格的形成与运作机制十分复杂,把经济现实中的一些可能原本微不足道

的东西都加以放大，故而需要对其进行具体和深入的解剖式分析与建构。

（一）看涨—看跌价格机制

看涨—看跌价格机制应该是一种普遍性的价格驱动和形成机制。然而，经济学却基本上没在这种价格机制上投入多少科学家的智力。这是有原因的。在日常的商品交易和现实市场生活中，基本价格驱动应该是由贱买贵卖决定的供求价格机制：下降的价格会带来更多的购买，上涨的价格会导致滞销。看涨、看跌的虚位以待在实物经济中同样存在，如房地产有时就会在这种价格机理上产生影响并发挥作用。当前的许多房地产商恰恰利用了一种心理：有规律地抬升价格，刺激潜在业主的高价位恐慌和恒长的预期价格幻觉，借以推销住房。但总体来说，一般情况下，在实物经济中由于相对一般均衡力平衡作用的结果，价位与价值有相当的均势确定和自我修复能力。只有那些非一般品，如吉芬商品、古董古玩等特殊保值品，特定情况如灾荒年中的特定供给下的商品，才会出现较明显的看涨—看跌价格波动与运作机制。

然而金融产品（资产）市场上的情形通常会有相当的不同。

IPO溢价就是十分明显的看涨—看跌价格机制。首次公开发行的股票多半都在低价位，甚至相当低的价位上上市。其中尽管存在着市场不明（接受与评估试探性）下的上市承销商交易及失败承担成本摊销或转移等因素，但公众的羊群效应般地看涨价格与抢购驱动，却无疑是IPO溢价的重要来源。

这首先就引出了一个重大的市场与价格制度建构问题。金融市场—价格结构是多元性的。首先，其可区分为一级市场和二级市场。一级市场是指股票首次公开上市。其基本上是投资银行、证券商或证券承销商（批发金融）同投资群体对投资公司与资产的互动性谈判（讨价还价）、运作（路演和融资战略）和分配（发行价、溢价等）关系。而后，上市股票进入二级市场，进行自由流动。其次，有一板、二板上市市场机制（甚至出现了三板市场）。在二级市场中亦有创投和风投主导的创业或新型高科技公司，以及稳定的运用产业融资、自融资和市场融资的成熟经营公司。

看跌机制在金融产品（资产）市场上同样重要。一般而言，在普通实物市场上看跌会买进。消费或更确切的需求会因为降价而增大，但金融活动的目的在于增值。因此，只有溢价，才有投资和投机价值。结果，看跌首先会引来抛售风潮。尽管存在某种观念的滞后性行为（其被行为金融学注意到），但看涨看跌即会同抛售羊群效应一道，促进价格下跌，而价格跌到一定心理判断域值之后，低价买进的持有又会导致价格逆转。

看跌价格机制又由于做空机制的存在，而变得更加扑朔迷离。做空者期望看跌成功，成功者几乎无本套利，有所斩获。

看涨—看跌价格体制和投资心理的存在，无疑使前述的自相似性、周期性和随机性以及它们可能的或有性，变得更为复杂多变。看涨机制会推动金融价格不断攀升，看跌机制会使低价进一步走低。这走低走高的非常规驱动，使得自相似性在流程或均衡趋势维持上，有了机制动力保障。

（二）博傻价格机制

实物交易市场也存在着套利和投机，但泡沫经济或价值期盼是有限的。因为，实体经济的基础价格是直接建立在基础价值和可见的市场评估之上的。换言之,价值或价格评判尺度具有客观可比性和现实可参照性,但金融资产或产品价格基础本质上是对未来回报的预期,这就出现了下述几重不确定性:第一,未来价值和收益流的期望预期时段究竟可以持续多久?预期时段有效性的长短不同,会大大影响价格形成。第二,期望价值是否会收敛,趋向于一定的价值?第三,未来回报的相对参照系应界定在哪里?同何种价值体系进行比较才是最合理的?第四,预期的差异性和预测错误是如何在价格风险中被呈现出来的,误价损失(错误界定价格)是如何分摊的,存在补偿机制吗?

在这一系列复杂的问题背后,存在着模糊信息、主观概率差异、现金流动、风险偏好等方面的种种问题,更为重要的是,同淘宝与赌博等游戏不同,金融产品(资产)交易总体说来属于非零和游戏,此外,不确定性和泡沫只要不为恐慌、抛售、资金链断裂所打断,在高价位的买入都不意味着自己成了真正的倒霉鬼。同购买彩票的简单碰运气之赌徒心理不同,金融交易的这种自以为运气总会偏爱自身、丧气总会偏爱下家的接手心理,构成了博傻价格机制。这种机制会进一步强化看涨—看跌价格机制。

席勒的《非理性繁荣》发表了若干年,格林斯潘和许多经济学家不断告诫美国投资群体,必须警惕资本市场泡沫,但美国股市泡沫的最终破灭却是在这些不同警告发出后的若干年。这就表明大牛市时博傻的价格机制具有极大的向上抬升作用。1929—1933年的大危机持续了至少四年,而经济元气的最终恢复和新的经济范式与秩序的最终形成,却是借助第二次世界大战才最终完成的。这表明,逆向博傻价格机制在大熊市中的向下价格压低也具有极大的抑制作用。

博傻价格机制由于买空—卖空机制的存在、广泛的社会保障体系的建立以及各种衍生金融庞大的周转运作机制的存在,而变得更加强健有力。最初,在对冲风险金融行当和其他衍生品机制出现以前,除了极少数的过剩流动性持有者外,价格的下跌运动总是不受欢迎并危害多数参与方的。而今,却是价格的起伏波动,甚至剧烈起伏波动,只要不摧毁经济与金融日常运营秩序,都会带来高额利益,甚至巨额利益。这就是以美国、英国为代表的现代金融秩序的最为可怕的虚拟状态。

美国的养老金购股、职工优惠售股、雇员福利股权等制度和政策性举措,都有着法定年龄限制和持股时间限制。前者给了购买方以递延税收优惠,但要求必须持有到退休年龄才能不受惩罚地支付使用;后者通常规定是持有两年。这一切制度上的硬性规定,都是为了剔除短线投机、炒作,维持尽可能合理的长线投资。而今中国的资本市场几乎陷入了疯狂,在不存在这些制度性规定的情况下,任由全体投资者为短线抄手,大赚而特赚,并可即时兑现。这不但对真正的兢兢业业的实物与实业创作者是不尊重、不公平的,而且也会使资本市场本身潜藏着巨大的风险。大批的散户现如今是在泡沫蛋糕获利幻影下获得刺激,而在泡沫破灭时,会同借由专业优势、信息优势,甚至内部人优势而适时抽逃资金并获巨利者的境况完全不同。因为,广大散户被套牢而血本无归会直接危及其生存和健康。这会留下巨大的社会隐患。

凯恩斯曾对博傻价格机制做过一种最直观和简单的描述:每个人都希望并相信,将会有另一个更傻的人接过自己的股票。这是一种普遍向上攀升的价格预期、推进和易手。

博傻价格机制的普遍存在需要一种相应的金融心理与金融文化。当普遍性的心理账户仅仅是危机防范、日常营运而非个人风险性的风投、创投时,投资损失的风险厌恶或至多是中性的风险偏好态度,将会基本上防止博傻价格机制的普遍存在。只有在那种全民性头脑发热、集体性投资理财冲动时期,整个社会储蓄、投资资金,甚至于相当部分的资产与财富统统一哄而起,构成了不断滚动的庞大的金融投机运作时,这种博傻价格机制才能得以建立并持续下去。

博傻机制很少是被少数的金融诈骗型的投资热潮激发和推进的。其一般都是由实实在在的淘金热、贸易热、投资实业热(如铁路、航空、能源、金融金属、有机农业、生物化投资热潮等),或由新兴产业引发的投资新大陆的发现等原因而引致出来的。其受到推动和被扩散机制作用,也每每是随着一些不断重复(就其实质而言)又花样翻新(被注入新内容和采取新形式)的投资理念、理论反复变换包装而出现。

(三)市场区隔价格机制

同实物经济价格形成与作用机制一样,金融产品(资产)价格同样是在区隔市场基础上得以维护和发挥作用的。

市场区隔价格机制可以看成是局部均衡价格存在的基本前提。一价定律或完全套利的实际情况,表明市场永远不可能是统一一律的。由于各种信息成本、交易成本、微观市场结构、产品设计结构、交易群体异常结构、金融产业与产品的创新结构等等方面的不同,造成了金融市场与产业在时空上的错位与区别:交易场所的集中与分散、交易方式的连续与离散、交易品种和标的资产的统一与多样等等技术经济差异,带来了真实市场的显性区隔化。市场的区隔可以通过以下几方面表现出来:(1)交易市场空间与实体上的区隔。这既体现出同一时区上的空间差异,也可能是不同时区上的空间差异。结果使同种金融品种在不同的交易市场上流转。(2)交易市场时间上的区隔。自然时间上的开市与闭市、产业与产品随时间上的演进与变化也可视作这种市场区隔。(3)非标准化场外交易。(4)零星化的个体碰撞式交易。(5)纯粹单一功能性的金融集合或组合交易(如共同基金和私募基金)。(6)专门法定功能金融品种与理财,如特殊保险像社会保障类的保险、外汇储备交易、货币发行与央行金融业务等。(7)特种金融与社会功能金融品种与理财,如非营利组织金融、捐赠慈善金融理财等,后者如医院、大学、养老院、孤儿院、福利院等等的经营。

功能与价格上的区隔有联系,但并不完全一致。上述功能上进行制度限定的一些行业与品种,并不完全不参与正常与普通的市场运营。例如国家外汇储备就可能通过专营外汇投资公司进行纯商业性的投资理财运作。这时,其作为一个投资主体,并不直接造成区隔价格机制,但有些功能限定,就会直接产生价格约束。

在现有法定货币和文化语言及人力资本经济系统之下,造成金融场域直接的区隔就是国家自然经济—金融区隔。其价格收益从直接经济效益角度看,应该说是远远低于其所造成的昂贵成本损失的。欧盟统一货币、统一贸易和金融,尽可能向区域国际金融中心靠拢,就是最真实的金融理性反映。然而,这种区域经济一体化和经济金融全球化的好处,又会因为国际财富分配不公,不但不断受到效益损失,而且更直接引发国际不公平和深层矛盾出现。世界货币和准世界货币所事实上造成的世界金融霸权,已远远不能由于效率好处而得到广泛的支持,从而无法获得经济金融国际合理性。解决这一国际社会上的区隔金融与一体化金融两难问题的现实出路,在于几大区域最优货币区的形成和洲际货币的出现。可以预见完全有可能是欧洲的欧元,亚洲的以人民币和包括日元、印度卢比、韩元等一揽子货币所形成的亚元,美洲的美元、加元和巴西里尔为基础的美洲币,能够形成世界大洲际和地区间货币市场的大区隔。更为现实版的可能是人民币、美元、欧元和将来可能的新卢布的真正大国最优货币区的国际金融市场区隔。

金融市场与产品价格在最广泛的意义上完全是建立在供给与需求多样性基础上的,即金融资产商和金融负债方的充分多样性的基础之上的。做市商、批发商、零售商等依照潜在的客户需求和自我供给成本及销售组合商家搭配与策略,推出各种成本加价基础上的产品与服务。潜在顾客则在尽可能的市场现实性比较中进行选择。金融工程的三方互惠互利的组合性市场建构,通过并非是各自终极资产的全方位易手量度,而是共赢前提下的盈余额终极结算,形成了各式各样的互换金融契约与交易。这是现代区隔化的市场价格机制,借助衍生金融而形成的最有效的交易渠道和市场价格之形成与存在机制。

区隔化的市场价格机制在一定的意义上就是一种金融价格食物链的“分食”机制。简单地说,就是依照金融资源与资产实力划分区界,并在信用评级和各种商誉及实力背景基础上,把批发金融和零售金融分割得尽可能各行其是、各赢其利,进而在此基础上,由包括互换、期货、期权等不同的金融业界,甚至更为复杂的直接的结构票据业务,或有贷款等金融组合品等金融品种,来进行进一步的市场区隔与交易整合,相应地在契约完成或交易过程中,进一步完善和形成金融品交割价格的分割与划分。

美国房地产次级贷款泡沫,让人们充分注意到了次级债权与次级贷款市场。这是一个十分庞大的区隔化的金融市场,并非仅仅涉及房地产市场本身。事实上,各种金融资产与交易几乎都区分为优质与次级市场两大类。优质和次级市场在产品、服务、价格上均存在着极大的差别。银行作为一种具有特殊优越地位的金融中介,通常仅仅同优质客户进行业务往来,这包括房地产抵押贷款、储蓄存贷款、通用信用卡和其他代理业务,例如各种电子转账与支付业务。银行通过较低的储蓄利率获取收益。与此同时,银行所剔除掉的收入与职业不固定,违约率较高,具有一些不良贷款还债与还账记录的庞大客户群,却成了次级金融中介的巨大开发市场。这些客户多半存在着现金流的连续性、稳定性上的问题,并不完全缺少还贷信誉与交易信誉。由于他们这些不确定性和资金安排方面的紧张,使得他们不但具有较大的金融现实要求,而且甘愿支付更高的金融借贷价格。而这些客户的融资心理、生活方式等也造成其理财行为理性上的某种缺失。这样,对金融公司而言,反倒是只要有适宜的风险控制专家系统和电话呼叫中心等追缴避险系统,这个庞大市场的盈利性就是有极大开发空间的。美国家庭国际集团(Household International)、互益集团有限公司等都是次级债业的著名大公司。

（四）影子价格市场机制

经济学为了界定那些非市场化的转手与流转东西的价格，提出了影子价格概念。经济活动中的要素投入，一些是直接由市场交易而来，其中市场上的每一次易手，都会有直接的交易价格。然而，另外一些要素，则无论是通过捆绑式合约购置的，还是公司企业自有的，往往并不通过市场，而为成本估计方便或价格与利润核算分析方便，也必须估计其价格。这就只能借助于比较市场交易形成某种价格，就是所谓的影子价格。

在环境与资源经济学中，绝大多数的经济学对象体是非市场交易对象，像美国的大峡谷、尼亚加拉瀑布、黄石公园，中国的鄱阳湖湿地、九寨沟风景区、古长城遗址，意大利的罗马遗址等等，诸如此类的环境与资源资产都从未有，也在任何可预见的未来不大可能进入市场，也就不可能由市场形成任何的价格评估。对于诸如此类的资产对象如何进行价格确定和评估呢？影子价格显然是有效的选择。

金融资产的产品也存在着大量的这类非市场的价格灰色地带。在以家庭这一终极享受、消费和自然生产单位里，金融资源资产和全部的经济往来鲜少是通过市场过程和市场价格完成的，赠予和直接占有成了通行标志。然而，当儿女长大成材，各个核心家庭独立运作，最后财产遗留处置时，为了独立健全人格培养，为了公正和简单运作，遗产易手处理和财产的转移有时也需借助于公平交易和公平价格来进行。这时，影子价格就是一个绝好的参照。

公司、企业里的成本费用分摊和项目管理，或者独立公司核算、利润中心账户管理，就是一个经济和金融企业实体利用影子价格体系，来完成内部非市场性的市场价格管理。通过这种办法，既可以避免市场行为的过度昂贵的交易成本（包括广告、营运、信息物流与合同、执行费用等等），又可以获得有机合作的好处。

影子价格可能以一种隐含价格和直接换算价格出现，固定收益债券的期货、期权价格波动不但有规律，而且是日渐发生的。交易所、做市商完全可能将其直接计算出来，每日挂牌上市，予以公布，市场据此进行必要的适应调整。

事实上，银行和中介间的拆借利率，构成了金融利率市场的极为重要的基础价格，而其形成在某种意义上，就可以看作是一种专家推断的集合妥协的影子价格。其本来仅仅是一种可能的市场试验报价，并非真实的市场交易价格碰撞结果，但却构成了重要的其他金融价格赖以形成的基础。

影子价格在本质上说是一种市场价格的投影价格。它不是直接的市场价格，不由市场供求力量对比和交易方竞价—还价碰撞、发现来具体最终形成，而是参照市场价格，借助于其他的比照手段形成的。它是有些类似于模拟、实验、推断与计算出来的“计划价格”，当然要变成交易实体接受与认可的公平或隐蔽的价格。

大宗股票交易也有这种协商价格。同人们普遍观念意识不同，大宗股票交易价格并非完全地通过标准的公开透明的交易市场来完成。实际上，它们分为两大类进行交易，一类是在交易场所楼下大厅，在交易现场内直接由市场决定和形成的；另外一类却是不经市场，顾客被直接送到楼上，由交易所指定专门的交易所内人员负责，进行单独性的客户服务并私下形成交易过程来完成价格磋商与出售的。这种价格算不得是完全的影子价格,但也不完全属于市场价格。交易方的私密性和不愿履行信息的公开披露等手续,造成其价格形成的非公正性和诡秘性,其通常是最好的市场获价和市场获利。

金融价值确定上的虚拟性质,金融资产的多维风险性和交易的日益复杂与多变性,尤其是金融工程与数理金融在衍生与原生金融特别是结构金融领域的广泛应用,使得金融定价机制里的影子价格机制的作用越来越大。这有些像知识经济与观念生产一样,经济的系统性基础知识的背景越是全面与普及,虚拟经济的理性计算和试验性计量的作用就会越大。在这个意义上说,奥斯卡·兰格当年所争议的计划价格的现实性就越是具有存在可能。市场的产业调整、最终偏好显示和处置权依然存在,尤其是市场的破产清偿和时常转移比较的现实压力依然存在,但实验性、协商性、投影性的影子价格作用机制会越来越重要。

(五)风险补偿价格机制

风险补偿价格形成与计量应该属于金融学研究中最热门的问题,尽管金融学主要研究的是风险溢价,而不大关心风险价格机制本身。并且风险溢价基本和主要仍旧是一种理论猜想和数理模型推定存在。这就难怪金融资产价格理论似乎缺乏那种令人信服的学理基础。

风险补偿价格机制在本质上应是一种观念补偿和风险赔付机制。其实质运行有两种比照形式和机制:第一涉及损失风险的,基本风险补偿是在保险精算基础上进行的,其通过建立保险池赔付机制来完成。这种价格机制的存在绝非仅仅仰赖于纯粹的保险精算这种数理金融计量,其存在的真正金融机制在于保险池的商业组织和资产或资金的运作。而保险池的存在与建立,本身已经涉及规模经济,甚至领域经济和其他外部性问题。若进一步涉及保险投资,则损失风险补偿就更加复杂。第二涉及投资风险补偿部分。事实上,金融学是以无风险资产这种最基本的机会成本作为最好的保底基础,此外,再把无法解释的市场波动作统计均平处理,将另外部分的市场随机收益放置到风险溢价之上。这在理论上不但是荒唐的,也是不彻底的,在实践上也难以为实证检验所佐证。

随着人们对投资、创新、价值真实来源的深入理解,随着投资创业的价值取向逐步稳定,随着保险池和其他准保险的对冲保值衍生金融的发展,风险补偿价格机制的形成将会越来越逐步向真实、合理的方向演化,结果,真正的风险补偿部分将日益向着风险赔付,也就是在资产池或市场组合风险抵御真正有效的情形下回归。

通过各种组合证券、保证金购买和或有风险处理,风险溢价会变得越来越向保险学精算和保险池运营方向靠拢。现行的金融学与金融经济学的无风险资产恒定补偿,以及在此基础上的所谓系统风险溢价等等做法,无疑都是夸大了风险价格。而且系统风险溢价部分,也把模糊价格、流动性溢价,甚至创新与品牌溢价包括进去了。

风险补偿价格机制不会是种恒定不变的价格形成机制。它会随着流动性过剩,随着国际资本环境和国内投资机制及一切其他的投资环境与金融生态系统演进,其中主要是资本形成机制发挥作用和行政效率的提高,甚至随着社会投资兴趣与创新创业偏好变化，而不断地进行相应的调整。此外，社会公众风险意识也会成为风险补偿价格机制形成与变化的有益参照。

一国的金融结构，一国投资群体的投资风格结构和投资回报价值取向，也会影响风险价格机制的形成和作用发挥。因为，这些情况的综合反映会通过投资方向与投资实现机制的变化，而直接影响金融产品与资产价格的波动空间。风险价格补偿会由于投资群体的风险意识的不断增强和风险理性认知的逐步成熟，而日渐收敛到一定的阈值范围内，与此同时，风险价格补偿机制也会在结构性保证保险池、投资池和各种自动化安排的抗风险投资体中，进一步在区隔市场和细化市场中，找到更加结构化与区隔化的表现形式。

（六）金融博弈价格机制

金融产品（资产）价格确定与形成，不可能是一种简单的静态计量的数理方面的直接导出和确定，也不可能是商家、投资人、做市商、监管机构的一种直接成本核算、预期要价或心理还价表示，也不会是赤裸裸的、直白的市场大势的直译或反推。相反，它们是在种种利益独立、目标函数不同、价格取向各异的投资方之充满变数的动态博弈中得以体现并最后被确定下来的。

这种对弈竞拍的价格形成具有普遍性，是所有经济、金融市场的共性。市场取值和价格形成的一个十分关键的作用机制和激励，就是市场竞争：多头方或买方压力与竞争态势，造成了多头头寸获得的难度，使得他们必须在供给一定的“货源”中，通过价格争夺与厮杀，才能获得市场争斗的交易权。这是价格追捧的抬升机制。而空头方与做市商的手头“现货”和库存量，又决定着其交易成本、库存成本等等实际压力约束下的出手意愿和心理预期，从而决定着价格抬升的适宜价位的意愿或中意价位。因此，价格抬升的高度，不但受制于多头方报价的影响，而且受空头方还价的制约。

交易所或其他正式市场提供的是用于竞拍的公共竞争场所。而大量的场外交易又如同巨大的个性化、顾客化的外围市场网络，提供了一种价格变动的更松散的竞争舞台。场外交易尽管不是共同的时空下多方买卖的对决，但双方的博弈或借助于做市商代理人的博弈，同样是在反复的讨价还价中进行供求博价的。

金融博弈价格机制可能有下述几种具体形式：第一，做市商间接的多空载体竞争，即大小不等，存货多寡不同，风格与历史各异的做市商价位间的竞争。其中，库存和其他管理成本，成为其价格变动的主要基础。高存货相对应的高额库存成本会造成向下的价格压力，反之亦然。第二，拍卖式多空头直接市场对弈。在有限的既定的时空中，多空方金融压力、能量与预期等方面对阵，加之市场策略等其他因素同时发挥作用。第三，造势或做市的领袖价格机制。不但在投资取向领域里存在着头羊—羊群效应，在价格形成和行业标准的各个方面，也都存在着这种立标—跟进效应。实力雄厚、知名度高的那些金融玩家、股神、公司、企业等等实体，每每作为领头羊，形成市场与行业的价格示范。

二、市场区隔、价位与价值链

市场区隔是一个极其广泛的概念，指各个方面的市场细化与区分。其可能是制度性的、永久性的，也可能是产品性的，甚至是特定功能性的，乃至于时空上及服务上的一些细小差异带来的，更可能是品牌乃至审美学等其他外延功能上的区分引致的。

市场区隔的本体基础是创新而后建立起来的市场利基（或叫市场生境）。在这个基础上所形成的市场区分，会造成真正意义上的种种金融生态、生境与产品上的“飞地”，其靠着自身独特的生长发育与存在利基，把自身同其他产品生态与生境区别开来，并相应获得公正的市场评价、补偿与回报。

（一）生态食物链之价值链所类比的市场区隔理论

金融市场与价值链可以类比自然生态食物链金字塔。其中最为广大的草食生物群体与群落是庞大的经济金字塔基础，这是由大众金融和普通品金融产业之信用群落构成的。

金融市场按盈利和回报以及金融成本与难易情形，可以区分为若干层级的区隔市场：(1) 最高的价值链端上的量子基金、小众或特种理财，最优质与高端客户定制的由著名投行金融操作，银行与各金融/非金融机构垄断的优质客户业务。这种市场仅仅为享誉全球的顶级金融公司、理财大户和业界名流所掌控和瓜分。一般性的金融与非金融机构无缘与之进行交易往来。这类业务的回报与价位都是高端性的。一些具有国际声誉的高端咨询公司也属于这个行当。(2) 属于中等价位的各种中众理财与普通优质客户业务（也包括次优顾客群）。这部分相当于普通金融业务中的较优质客户业务。大部分银行中的金融业务属于此类市场范围。其价位不由个别交易双方确定，而是由寡头竞争甚至完全竞争的市场决定，但这一市场范围仅限于这个价值链条范围之内。(3) 属于低档、普通价位的金融产品、服务市场区隔。这类产品应是大众货、廉价品，要求物美价廉，还要服务于最广泛各类金融对象的客户和群体。绝大多数消费者心目中的零售业务里的次级市场属于这种市场空间。(4) 最后一类市场是所谓的垃圾市场，相当于动物界中的腐肉市场。这一市场不同于实物经济中的回收废弃物、破烂的垃圾品市场。实物经济的这类市场基本上是没有什么盈利可言的，几乎属于真正价值链条以外的市场运作。交易是个补充，尽管从使用价值角度看，周转对绝对低收入阶层而言具有致命的含义。随着生态经济、循环经济、后现代经济的加速发展，实物经济中的垃圾市场将可能发生重大的价值链条上的提升。而金融垃圾市场一开始就不同于实物经济垃圾市场的价值链和价值创造，它可以说几乎是个废弃的待开采的金矿。这里的垃圾市场主要是为那些由信用风险评估和其他现行金融评估的价格与经营歧视所遗留下来的巨大的金融待开发群体与业界。垃圾债券是这个领域最杰出的业务。次级债券、次级抵押贷款以及次级信用卡，正在逐步成为高风险、高盈利的新型庞大的金融产业。只要金融政策与策略得法，这个市场完全可能成为下一个未来可同中产阶级市场相当比例的大市场。

第一类高端价值的市场又可以区分为三个子类：第一子类是具有特殊“美味”的“野味”品市场。这不是普通的野味，也非一般的美食，而是两者的结合。其属于金融钻石市场，价位会在最高端，并且在金融交易操作上往往会创纪录，并载入相应的金融史册，成为不同意义上的经典与闪光的案例。由于这种交易的非常规性和非连续性的历史独特性，其价格不菲，也并不易于预测。这种钻石市场价值对应于所谓的食物市场价值中的“山珍海味”之奇货与奇客，会受到不确定的供求变化的剧烈影响。这种不确定的供求同时取决于这类特殊产品、服务与经营的奇特金融天才的诞生与作用发挥。历史上历次重大的金融崩溃在形成初期的情形，都有些类似于这种独特的市场。尽管天才式的人物早期也多半存在，但演化的结果是进入全社会的金融疯狂，从而把钻石市场拓展为全部金融市场，最终只能走向崩盘与死亡。第二子类应该是山珍海味之外的美味、美品、美食市场。这里美味，例如大宗兼并和大宗IPO，尽管是惯常性的传统金融业务，但供求量均十分有限，不但受制于社会经济金融的发展状况与水平，而且受到金融生态，尤其是制度规范和社会及文化金融环境的影响，例如，在美国实业资本发展阶段，华尔街的声望就直接影响兼并扩张的金融实践及成功率，反垄断法的出现与执行也受社会舆论的影响。第三子类属于受到专门与极昂贵的生产成本推动的“精品”市场。食品业中的那种由听着音乐、享受着人工按摩的肉牛所生长的特殊牛肉与所提供的牛排就属于此类。那些用来作为特供食品的也多半是这种商品。金融业同样也存在一些这类由专门部门和专家设计与运营的资产与产品，其价格同样不同凡响。

尽管这一类钻石市场价值连城，处于价值链甚至金融业界辉煌的最高端，但却不是金融业的基石和主要利润来源。这相当于奢侈品金融市场：在一定的金融生态和生境系统下，一定会演化出这一高端市场与产、行业，却不会真正主导和决定基础和核心金融。然而，这并不意味着一国可以放弃这方面的努力与推进。因为它的市场价值和影响会对基本价值轴和国际财富分配产生巨大作用。

第二类市场可以分成若干具体产品性的子类。这有些类似于鲜肉市场（鲜货、活物）和冷藏肉类市场。又可进一步区分为生品与熟食市场，也可以按照不同的部位和脏器细分为不同品种的市场。第一子类所对应的应是那些尖端投资者和金融服务需求者。这些金融“时尚”与风潮上的人物与单位，总是在任何的投资与经营领域意欲占先，要下个先手。这就要求产品与服务的那种鲜活性，亦即其独特的领先性、超前性、“保鲜”性，区别于其他同类品的非功能性的产品与服务之品质。第二子类对应的是那些基本功能需求群体。这些非尖端市场进入者，要的不是产品与服务所能体现的需求方的特殊身份、地位等方面的象征，他们有足够的时间、耐心去精打细算，不怕麻烦，要求绝对好的性价比，追求投资回报的每一细小的来源。至于各种产品与服务，依照其细化功能上的分类，则对应于各种功能要求的投资与供货群体。例如，人寿保险同产险，产险中的房地产同汽车保险，车保中的新车与二手车险，都会依照产品之功能性要求进行进一步的市场细分。别的细化则有可能来自于保险群组的其他特征，例如投保人是否成家，有无子女，老年还是青壮年等方面，因为其行为特征从而风险概率、道德风险约束等都会不同。

第三类市场应算作是大众金融市场，这有些像上述的食肉类进入到食草类食物链，或肉食类中的最低档的人工养殖的大路货市场。这一金融品种主要靠的是规模金融经济、领域金融经济、聚集金融经济来实现其绩效。第一种效应来自于大批量、大规模的生产，例如大批量处理的信用卡业务。第二种效应来自于一店式服务、金融超市式经营收入。例如，顾客既可有信用卡，又可以有同一品牌的支票账户、储蓄账户；既可以有房地产抵押贷款，又可以有同一品牌的各种保险。若类比于草食，这一道理当然也可以进一步区分为现草与干草两个姊妹市场。同样，也会按照产品与服务功能进一步细化为种种具体的功能性市场。由于这一市场的标准化、批量化的大规模生产与经营，因此产生了同质品的剧烈的市场与产业竞争。在过去的二十余年里，这一市场所对应的各类金融产行业的技术创新迅速发展。信息金融、计算金融、电子金融、模型金融等等可以说都是从这一市场率先出现的。大众品的零售金融特点要求这个行当的非个案处理和机械化或自动化处理，要求计算机模型化筛选、评估打分、核算、核定、拒绝等等决策环节自动化，因此这些程序或工序都几乎全部变成了信息化、自动化，并正在探索商业智能化。房地产的风险模型恰恰是从信用卡消费领域的信贷风险模型中借用而来的。

最后一大类的垃圾债券市场同样可以进行细分，而其种种有意义的细化市场可能更为具体和重要。这将在相关的部分再作具体介绍。

（二）自然地理之价值链所类比的市场区隔理论

自然地理概貌表明，从宇宙间观察到的地球呈球体实际上是个假象。地球表面若以海平面为基准，则球外表面是由剩下七八千米的差距所组成的各式各样、高低不平的地貌。其中有世界屋脊等的高峰与次高峰，有绵延不断的山脉，有起伏不定的丘陵与盆地，有峡谷与高原，有平原、河流与湖泊，有沙丘、荒野与洼地（包括湿地）。从流动性角度观察，从而市场分区、市场分类，从而价值链分割，同样类似于这种高峰、高原、峡谷、平原、大川、江河湖海、洼地、深洞等等的局部小系统均衡。由于这种近似于自然的金融作用力、自然金融“地貌”分区作用的结果，金融市场只能在各自相对分割、封闭的情况下，达到相对局部均衡，无法形成全球性的一般均衡。因此，一价定律和购买力平价都只能是一定意义上的学术假设，永远无法成为真正的金融经济现实（当然不排除某种普通商品在运价与交易费用的单价差异几乎可以忽略不计（即几乎为零）时，也可能出现这种特例）。

三、金融市场的自然区隔与最优金融区

金融市场分割成不同的部分是由于各种不同的自然金融力量。当然这种所谓的自然力量并非是真的大自然的力量，而是基于各种金融利器、工具的规定性而形成的客观力量。首先，法定货币作为一种源金融，就自然而然地形成了国别金融区。国别金融的这种货币区的界定，通常不是什么人为力量可以改变了的。最起码的那种网络外部性效益，就足以维持其自然存在与推移：居住在美国，周边均以美元结算和核算，若非要以加元作为价值尺度，那无疑只会带来无穷的交易麻烦。其次，货币

区不仅受国界影响,受货币的国际购买力平价和硬通货水平的制约,而且还决定了货币在一定区域里的金融媒介优势,这便进而引来了最优货币区的存在和作用。再次,各种金融能量汇集周转便利,又形成了不同的金融中心,不同的金融品种会在不同的区域里呈现其特有的活力与作用。

(一)最优货币区与区域或国际市场区隔

最优货币区是由蒙代尔1961年最先引入金融学中的。其是从货币区概念演化而来的。关于最优货币区的学术讨论一直在进行着。其在核心层面上直接受所谓的固定汇率和浮动汇率哪一方最优或更优的争论之影响。从逻辑上讲,若是固定汇率更优,则最优货币区就同世界货币直接相关联;而若是浮动汇率制最优,则似乎就没有最优货币区存在的必要。这种逻辑论证与推论尽管有价值,但并不同现实直接挂钩,而且仿佛也并不可能直接解决现实的国际金融问题。

不论是固定汇率,还是浮动汇率,抑或是混合汇率制度,货币区和作为其经济与货币一体化或区域经贸与结算联动化的一种整合形式都是客观存在的。其低级形式表现为双边汇率和推而广之的所谓平价汇率网(每每双边汇率),最高阶为货币同盟。事实上,港币同美元的长期挂钩,过去人民币同美元的挂钩,都在一定程度上表现为低级货币区。而欧元的出现和欧洲共同体则无疑表明货币同盟的最高形式的出现。

按照成本收益分析方法,加入货币区的收益有三:第一,永久的固定汇率可以消除货币区成员国间的投机性资本流动;第二,因成员间不再需要持有国际储备而进行交易和国际支付,故可节约外汇储备;第三,货币一体化可以促进经济政策的一体化乃至经济一体化。此外,还存在政治上的收益。这是因为货币区作为一个整体在对外谈判上将比单个国家更有影响力。[①] 这种政治上的收益同样也带来和可转化为经济上、金融上的好处。欧盟成员国现如今在国际舞台上对内联手自我保护,对外一致统一口径,不但获得了自第二次世界大战以来未曾有过的大国联盟地位,而且对维护高福利与高绩效欧洲经济,起到了重大作用。欧元的曾经坚挺与美元的走软充分显示了其各自的综合经济实力,尤其是综合社会福祉的本质性差别,而"欧洲梦"挑战与刺激"美国梦",更把后现代软力量,注入到了国际政治经济与文化的竞雄舞台上。

关于最优货币区理论,无论是传统分析方法,成本收益分析方法,还是最新理论与方法,都有着严重不足。这些方法都没能形成一种清晰可见的整合的具有统一逻辑和学理机制的综合分析,从而既无法合理地解释已有的货币区,也不能科学地预测未来货币区演化路径。

首先,关于最优货币区的演进动力机制问题。第一,货币区是法定货币的区域和国际化的元金融之辐射力的一种自然扩展。其最主要的原动力来自于货币的相对国际价值比和国际购买力性价比。高价位和高价值比的货币会在自由贸易、资本流动中处于优势地位,占有甚至占尽在辖区扩散范围中的风头,形成自动的扩散力。

---

① 贾恩卡洛·甘道尔夫著,靳玉英译:《国际金融与开放经济的宏观经济学》,上海财经大学出版社2006年版,第408—409页。

第二，国际储备的程度与水平同样在同一国际储备资产池中占有重要地位，会推动一国货币超出法定国别区，而在一定的自然货币区中进行流动。第三，法定货币国的文化力量、自由化程度和国家政治与经济风格等方面，也会成为动力机制的考虑内容。最后，货币区成员国的双边关系和整个区域成员国的多边关系、友好程度，也会通过经贸与人员，甚至文娱往来，而影响货币区的形成和发展。

其次，关于货币区的演进机制与方式问题。货币区可能首先是个自然演进区，其可能会受传统的殖民地—宗主国关系、新老移民国家关系、同文同种文化亲缘关系等的影响，而在非制度性建构和法定权力机制之下自然形成。例如，大中华圈或中国经济圈（包括中国内地和港澳台地区，以及海外华人圈）就在货币媒介与资产周转上形成了一种自然的货币圈。海外华人在所在国必须使用当地法定货币，但其在中国内地和港澳台地区的投资运作或其间的贸易活动可能会逐步地向人民币靠拢。

由此，货币区演化可能遵循下述路线与发展阶段：首先是由于民间经贸与金融理性导致自然、松散的不规整货币区存在；继而相关成员国政府意识到这种理性，并进行适宜的制度性安排，从而过渡到整个国家进入完整的初级货币区，即平价汇率网络制度性安排；再进一步发展，构成高级货币一体化的多重货币制度建构，其是一种一揽子货币同盟货币区；最后则走向货币完全一体化的单一货币同盟。

货币区同金融市场区隔并不完全一致，尤其是在自然货币区和初级货币区时，货币区涵盖同市场区隔有相当大的区别。各个国别与分地区市场的金融交易基本上仍旧是独立的。

最优货币区同自然货币区、法定货币区也未见得完全重合。例如香港这种完全的自由港，无疑已经逐步演进到人民币最优货币区的成员方，但由于其自由贸易和完全金融自由化国际金融中心的地位，其现阶段和最近一段时期的最优货币区，仍然会是港币货币区。同样的情况也基本上适于中国台湾与澳门地区。美、加与美、德间的经贸往来均相当高，经济一体化程度在美、加有相当的基础，但看不出美元最优货币区在这些区域的前景。当然，美元作为一种准世界货币，美国政府根本就不在意，其甚至并不希望推动其邻国与贸易伙伴的这种最优货币区。

最优货币区通常不太可能形成单一货币流动。其在法定货币区过渡中，以法定货币为主币，而被其统辖下的那些国度，依然会使用本国或本区的自然法定货币。因此，市场区隔就会是双重的，也就是既是本国自然法定货币下的统一市场，又是最优货币区之下的国际或区域市场的构成部分。

由于最优货币区的出现，外部均衡概念会出现一些变化。当假定不存在最优货币区时，任何国度与本国的经贸往来都构成了国际收支经常项目的一部分。其贸易赤字和顺差就会造成国际收支失衡。而当存在最优货币区时，在其中的贸易顺差与逆差就具有某种准内部区域的平衡性。例如美加贸易失衡就同美日贸易失衡性质有所不同。其实美国同中国内地、中国香港地区、中国台湾地区的贸易失衡，也具有这种性质。只是美国政府把意识形态和洲际差别放到了国际平衡公式之中，这并不太符合国际金融与国际经济学原理。

（二）最优金融区与经济—金融市场区隔

金融城、金融中心和自由贸易区、经济同盟或共同体等，无疑会形成空间辐射和一体化经济体与区域，会形成独特的区域性跨国与跨区的金融生态与金融生境系统。它们会使一定的金融系统、金融群落、金融种群、金融物种（个体）形成生存与发展态势以及广泛的连接和相互影响与作用力。

类比最优货币区的从低级到高级的演化形式，也可能出现由低到高的最优金融区，但最优金融区的微观操作和非官方色彩会比较强烈。因为这类区域合作性的金融安排与经贸安排，往往是通过微观金融实体与组织之间的协议框架和合作备忘录等非组织性建构而形成和推动的。

四、基本价值竞争轴变动与金融市场区隔

基本价值竞争轴变更可以在国际经济空间出现，也可能发生在宏观甚至国家内的地区经济范围内。国际基本价值竞争轴和国家基本价值竞争轴变更多半是同文明、技术和基础设施或大国兴衰的大长周期连在一起的。像石器时代文明，农业文明，手工业文明，大机器生产时代文明，自动化生产时代文明，信息与半导体文明，交通与能源革命等等，都曾经在带来生产力革命、生活方式与经济组织的革命震荡的同时，改变了国际与国家价值竞争轴。

第七章

行为金融动力学微观基础架构与行为分析

理性金融比之理性经济在相当长的一段时间里似乎更让世人认定其学理、学术的规范性和严谨性。金融由传统的家政、理财、财会预决算或俗称的管家、账房先生之职能等演化出来，更倾向于“实打实的”、精确化的和遵循严格逻辑与经典数学之“游戏规则”，而非依赖现代模糊数学之思维逻辑。因此，倘若可认定经济领域的商战必须是靠经济动物的“自私”与“算计”取胜与过活的话，那么金融行当就更是应当超级理智与清醒。然而，从众的羊群效应，恐惧的崩溃效应，井底之蛙的框架效应与小概率事件及小样本推定，“有了还要再给”与“没有却更要夺去”（耶稣基督式陈述）的马太效应，或者人际关系理论和行为主义管理学派出现的“霍桑效应”，心理学派发现的期望效应等，在金融行为主体和经济交易、生产过程中可谓比比皆是。因此，行为金融，从而行为资产定价、行为金融营销、行为金融风险、行为金融政策、行为金融管理，甚或未来的行为金融工程，都已经或者将会变得越来越为人们所熟悉。

行为金融学或者行为与实验经济学已经深入到传统效用理论当中，从而在不确定性经济学中引起了一场根本性的变革，即把传统的序数基数一般效用论改造成了展望效用理论。作者已经在此基础上，基本构造出了一个建立在生命周期、个人境遇状况下的对应的分级、分层次的心理账户体系的一般展望理论，从而把行为金融学中的损失厌恶纳入到一般理论中，使其还原到了对应于特定的心理账户与生命周期的特殊效用理论。

一、动力全流程图解：诱惑、选择、期权、期货

经济学由一般效用论发展、演进到展望理论或期望效用论，试图把效用论奠基于理性预期和未来计量谋划的获取之上。这直接导源于风险溢价、风险敞口决策和“舍或赌”与“赔或赚”这两者不对称的风险偏好展望上的行为金融观察及相应的理论升华。其实，除风险衡量而外，在收益测算、成本匡算上，尤其是战略机会收益与

机会成本的换算方面，现在和未来空间，从而过去、现在与将来的时空转换之间，始终存在着非线性换算与不确定关系。

可能进行的或精确计算出来的所谓理性预期，多半都是不存在的，至多仅仅是在若干严格假定不变或非现实假设条件之下方才成立的。至于合理预期学派中的均值—方差选择空间和递归回溯计量，就几乎更是纯黑板上的抽象或理想态的“真实”，其甚或不及运筹学下的或经验主义意义下的匡算来得更加科学与真实。

事实上，金融行为主体，包括个体与组织系统的决策，从更深层和现实的层面上看，其决策动力、执行动力与预决策动能，与其说来自于预期，不如说来自于诱惑。诱惑在这里不同于常规用语中的那种浅层的几近上当受骗的简单“被吸引”，受刺激而行动。诱惑在此已上升到一种新的涵盖广泛的范畴。其是一种未来合力下的包括情结、意志力、表象刺激或激发、对决或临战下的推导，当然更包括反复比较、智算、情定（情感平定）的不可阻挡、不可反制，乃至不能放弃的那种诱发与促激（触动与激发）。

金融暴利会冲击几乎所有的金融行为主体，但其在贪婪的广泛社会时空发生基础之上，才会形成催生大面积羊群效应的诱惑。因此，纯粹外在的情形，甚至于已造成广泛社会心理冲击的金融享受暴利现象本身，也并非就能成为诱惑。可见，诱惑不但具有外在的“魔力”，还须加上内在的“诱力”。这就是说，诱惑必须是内外因合作、合力，必须由内在的心理账户及所划定的风险倾向与态度区域，连同外在的相合的回报、挑战和刺激相互间谐和，才能形成和发挥作用。对于那些具有客观概率，可以由客观概率测度与概率空间表示的诱惑及机遇，诱惑刺激会程序化般地转化为计量、模型或某种定量性的预期概算，然而，对于那些未能和不曾形成客观概率的，或受测不准原理支配的，则诱惑刺激并非就不会转化为金融行为，而是或者通过主观概率设定和其后的贝叶斯学习（加以对主观概率不断修正），或者通过非概率思维，诸如战略可能性或胜算把握度分析，或者索性就是最后可承受度确定下的最大损失和最坏情形接受下的战略布局预先投入的学费成本匡算，来具体体现并最终完成。

诱惑不同于预期。预期是一种经典或精确数学，或至少是概率论基础上的核算预计。即令预期模型中已包含了一般博弈，甚至子精炼博弈或颤抖手均衡博弈，也不同于诱惑。预期的最原始形式有可能是从主观概率的设定开始的。然而诱惑却不存在这些系统规范和科学界定，其是一种心理萌动和内在冲动。它在内外因共同作用下，构成了金融行为抉择的前导。诱惑会远远超出预期的体验和作用范围，把理性、情感、意志和品格统统加在一起进行处理。

金融行为主体不可能把其所有的投资、储蓄、经营、就业与家庭消费行为统统放置在诱惑之上。那些已经程序化的或风险稳定化的或基本生活常规化的，例如已经择业和成婚情况下的就业与生活安排，自然会尽可能地通过预测来支持决策，但尽管如此，金融行为主体在应对重大危机和面临新选择时，除了境遇压迫之外，主要还是基于一种诱惑的引导与刺激，甚至于激活与激发。

诱惑不但在选择前发挥重要作用，而且会贯穿于金融动力的全过程（任何阶段）。它会构成一种模糊的，因而也是难以言明的心理驱动和行为理性支持。从诱惑到选择是一种决策科学化和决策可操作化的路径与目标具体化的飞跃。选择有时表现为动力的消沉,但多数情况下会使动力更趋稳定、持久和强劲。当力不从心、被逼无奈下的接受某种选择发生后,理想的幻灭和追求的苦痛会影响选择后的动力持续,但“退一步海阔天空”,“干一行爱一行”,“行行出状元”和未曾洞见的新机遇等,都有可能提供新鲜动源与动力热情。而当自主地抉择促使诱惑转化为选择时,那种目标明确、方向集中、走上正轨、积累有成、前程似锦的信心与前景诱惑,就可能焕发出更大的热情、干劲与冲动,带来更大功效的动力爆发和长时期输出。

选择具有结构性、稳定性、目标集中和单一性。选择有主动和被动两种。资产组合的积极管理和消极管理是两种截然不同的选择。积极管理的资产组合,显然要求更多的精力与投入,以便随时随地依照模型、策略、反馈与行情,在具体的投资目标、目的、战略和风险的指导下,进行跟踪式调整。这显然也就要求积极的管理动力和风险控制动力。而消极管理和被动管理就秉持尽可能不操作、不重组原则进行运作。其中的主要经济理性为:第一是重组资产的交易成本考虑;第二是资产池的优化效益需要一定的时间方能体现出来。频繁的重组只能打乱正常营运理性周期和显示脉搏,但消极管理所体现的选择同样不意味着动力本身的消失,只是按兵不动、积蓄力量、暗中窥视、等待出击而已。

选择并不就是传统主流经济学中的边际替代性选择。那是一种所谓数学上仅存在内部解的微调式资源配置选择。选择的主要方面和战略价值应该是指超边际选择。选择的经济学与价值准则,也不是单纯的帕累托改进和帕累托最优,更应当包括超帕累托改进和超帕累托最优。这是一种均等可持续的增益衡量的动态帕累托改进和动态帕累托最优。由于加入了这样一些根本的价值取向性的选择内容与选择规范,就不难理解选择前后和期间的动力驱动依然甚至更为强劲。

选择的代价是战略机会收益的放弃,是路径依赖的变迁成本,有时甚至是不可逆的终极归宿的永久性框定。选择的成本是如此的昂贵,选择的指向是如此的重要,但绝大多数的金融行为主体的选择却大多是在微调上过分精确与认真,在更基本的超边际的选择方面反倒经常处于糊里糊涂的状态:听凭所谓命运的安排,或仅仅是随波逐流,充分放大羊群效应。

因此,选择中一种极有价值的战略思维是逆向思维抉择。这是一种在绝大多数的按常规出牌的金融趋势与环境中,洞悉反向运转态势,从而靠逆向战略预置而抢占逆转战略先机,赢得变向时的占上风的思路和运筹。

选择后并不意味着就会直接导致金融变现,完成金融交易,分摊金融风险,获取金融结果。特殊的重大的选择事实上是一种期权式的投入和购买。除了那些直接的商品现货交易、资产出让与组合等交易外,金融行为主体的许多选择实际上是一种累积“做多”,但在家庭的资产财富达到一定水平后的一些选择,却有可能是“卖空”(当然也可能依旧是做多头)。人的生活成本中的一部分就是一种生命期权,进一步推广的人生与健康险则是金融商品期权。生命期权也同一般期权一样不必非要实现,但一般来讲鲜少有轻易放弃的。同生命期权相类似的还有事业期权、职业期权、创业(商业)期权、生活期权(也可包括健康期权、美丽期权等。这对那些明星、名流、才艺人士来说十分重要)。而财富期权中的主要部分,除了上述的人力资本期权外,主要是职业期权和房地产期权。当然,随着老龄化社会的到来和风险社会的平滑消费意识的不断增强,人们把金融关注的资源配置重心转向养老金储蓄和投资方向。

期权在英文里同选择是同一个词(option)。期权本身就是一种选择权。在金融中其无非代表着一种以微小的期权费获得的具有排他性和自主性的购买或放弃的选择权。看涨期权是种预先锁定低价的购买选择权,看跌期权是种预先锁定高价的卖出选择权。

如果说选择的驱动主要来自于战略收缩、目标集中后的专注和相对明确的预期,期权则是由于期权费购买的直接投资和对未来相对可预见的看涨看跌态势这种利差的确切追逐,而使得操作与运营更加具体、明确和娴熟。这其中会由于经验积累带来的学习效应而生成更好的预期回报。

这里的期权,已经远远超出了金融期权,并且事实上甚至超出了实物期权范畴。因为实物期权主要是运用金融期权方法与定价,来评估和处理非市场化的企业、公司的实物资产。这在破产拍卖、资产处置(含财产处理)、兼并与合并等金融运作过程中,具有重大的实践或操作价值。而这里的期权几乎涉及人之生活过程中的方方面面:家庭组建、儿女养育(尤其是教育)、人脉关系、社会角色投入(例如教师、领导者、企业家等),都是某种期权。这一范畴远远超出人力资本概念中的人力资产之拥有与经营意义上的期权。

期权的阶段性目标实现无疑是对期货存流量的掌控。期货范畴事实上是在风险社会中的已经含有的广泛的金融标的资产与物品转换成现货后出现的状况的拓展,具体说尽管在金融契约现实约束结构中已经不存在直接金融风险了,例如,付清贷款的自拥有的房地产,消费贷款后的高等教育学位与资历等现货资产,已经等同于完全的自拥有资本而不存在被银行等金融机构取消赎回权的风险了(foreclosure),然而实际金融运作在国际汇率、国内法币和财富比价中的相对风险并没有完全彻底消失。在这个意义上说,莫顿的连续时间金融无疑应包含着连续时间风险的含义。

期货作为财富和直接拥有使用价值的标的物与价值载体,具有现实的(present and real)实用性和直接的追求一定生活品质的现实物质或功用能力,因此,这种财货目标之锁定与追求,就会直接对人们的家庭与血缘关爱、自身幸福追求甚至于人类自身的生产与再生产等方面的抉择,提供具体和现实的物质保障。这就必然在诱惑、预期、核算上具有更加具体和强烈的刺激与激发作用。

如果用一系统动力转换展开图示加以反映,上述四大环节的驱动力可以表述如图 7-1。

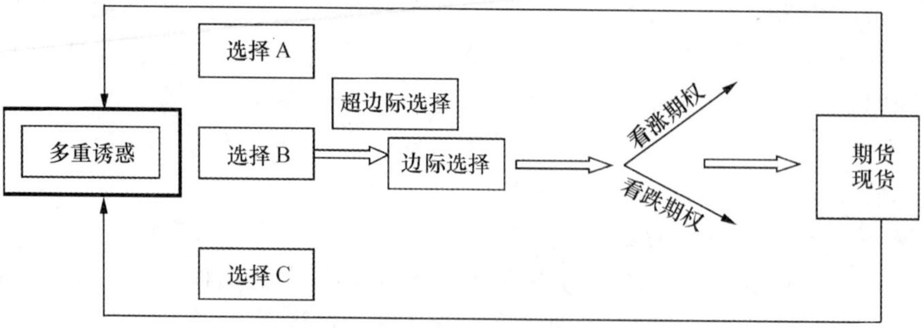

图 7-1　金融行为主体动力展开体系

传统经济学把动机与动力混淆起来,并且把自私利己(或称自利)作为金融行为主体的动机与动源,把市场竞争作为唯一的外部化了的驱动力。这是过于简单化的学术和不求甚解的甚至偏狭与误导的学霸式的学理与学风。图 7-1 中的动力全流程图表明了动力分阶段的系统性展开旅程。动力的分解、分段与期准,是一种理性与激情、主观与客观、理想与现实、理论与实践、生理与心理的互动和社会化过程。金融经济学并拓展到经济学微观基础全部,动力结构是复杂的、阶段推进与多项展示开来的。

二、诱惑展望效用论:经济与金融微观基础分析框架

展望效用论已经矫正了传统效用论中的风险厌恶恒定这一假设,把损失厌恶加入到了效应理论中。作者提出的心理账户和生命周期理论支持下的一般展望理论,在行为经济学与行为金融学基础上(包括认知经济学和认知金融学),已经把风险偏好、损失厌恶、中性偏好的阶段性、逆转性、分区性(区隔化的心理账户与投资空间)纳入到了更为一般性的风险理论结构与体系中。这里,要在此基础上把诱惑也加入到效用论之中。

无差异曲线的效用展示,表明了每个行为主体自身的效用等同性是有序差的,是可以进行比较的,但不同行为主体之间等效用线(即无差异曲线族)是不可比较的(不具有可比性,因个人的感受、需求供给和禀赋供货都是不同的)。而这一点对于诱惑就更是如此。展望是对未来的一种期盼或预期展望的收益流、风险流、现金流和支付流。这是一种主客观概率推定的未来金融流。其既不是完全客观概率空间下的测度,也不是完全主观概率空间下的测度,既不是纯个人性的,也不是纯社会化了的,而是一种上述的相反相成的混合动态辩证合成结果。

诱惑是欲望的前提与基础,又反过来成为欲望的现行体现与冲动合成。欲望是效应的直接推力。它构成了效用中的强烈的主观感受、要求、评价,从而成为效应中的需求与供给自我衡量、自我评估、自我定价的最主要的推动力。诱惑参与了欲望的合成,也被欲望锁定和关注,更被欲望放大与激发,而反过来其又刺激和推动欲望,并使欲望一步步进入驱动力的全部分段过程,一而再地推动、煽动、诱导金融行为主体,形成欲念和抉择力本身。

经济学家在初始形成效用概念之前,把欲望解读得异常简单和自然。就像孔老夫子的“食色,性也”一样的不容置疑、不容思辨、不容探究。渴了要喝水,饿了要吃饭,冷了要穿衣,困了要睡觉,累了要休息,如此等等,如此而已。相互交换初始动因也无非是交易双方都有一定的剩余,从而交换的是欲望与消费剩余的东西,但市场与分工稳定后,欲望就变成了提高消费水平与福利水平的手段。然而,一当欲望由商业洗脑决定,欲念强度同自然生理属性几乎毫不相干,而变成一种无助的贪婪与富有的炫耀时,经济学主流不得不让位于凡伯伦的炫耀性消费理论和有闲阶级论了。于是主流经济学又尽可以辩解道,有闲阶级而非普通消费群体,因之欲望受社会阶层特殊性之主导,不足为一般化之凭证。可问题在于商业洗脑、征服的可是地地道道的平头百姓,而对于那种近乎于葛朗台式的追求理财而非今生享用的怪诞的快乐这种经济学悖论时,韦伯的资本主义新教伦理成了从宗教文化源头上解构的理

论基础。进一步说,问题还在于资本主义的现代化已经展开,全球普世性的资本逐利是一样的。究竟是马克思的资本人格化更科学,还是韦伯的新教伦理更有说服力呢?显然,历史唯物主义解读更具科学普世价值。

诱惑—效用方程可以取代,并可以更一般化效用方程。展望理论已经把损失厌恶这种另类的风险偏好引入到效用理论之中。本书的一般展望理论又借助于心理账户和生命周期,把展望理论更加一般化。在这里,将把诱惑作为更为基本的动力分析框架基础,构建出更加一般性的诱惑—效用理论。这就不单单是由于心理账户在区隔化和生命周期阶段性上产生不同的展望与效用曲线,而且由于诱惑这种对欲念的主、客观处理和内在驱动,形成更加一般性的金融与经济分析基础。

强诱惑—效用理论、函数或曲线,或者真正科学的是强诱惑—效用假说与"紧集"(compact),代表着风险偏爱、价值菜单主导、超市场均衡判断之效用投资理论。这可以同时打通厂商与消费者理论。金融行为主体既可以是经营投资者,也可以是消费者,标的资产或购买对象既可以是投资贸易品,也可以是消费品、享乐性的服务。

强诱惑—效用论对消费群体而言,主要对应于那些尖端消费者。这些顾客群体已经把消费上升为文化、品位、生活品质与情趣、社会身份与地位的象征。他们的购买对象恰恰不是由价格性能比的一般效用论所描述的那样,而是追求特异、新奇、独有、高贵、典雅、时髦等等。其通常不问价钱,只求满意,不顾所谓社会大众口味与情感;不介意价格离谱,只追求个人形象与品牌效应。

强诱惑—效用论对投资群体而言,主要对应于一切创投、风投和非稳定产业化投资,或那些具有垄断倾向的创业、投资群组。那种解读和践行社会事业梦想,追求创业成就感,寻找意志实现的种种投资冲动和尝试,就是强诱惑—效用论的体现。

中诱惑—效用论是中诱惑—效用假说与"紧集",代表着风险偏好、价值菜单在决策中占据相当的地位,超越既定市场均衡判断之效用—投资理论。这同样能够直接打通厂商与消费者群体。其中的行为主体同样可以既是消费者,又是投资者,标的资产的购买对象同样可能是具有双重属性的资产或物品。

中诱惑—效用论对消费群体而言,主要对应于那些高档品牌消费者。这类顾客群体不同于前述的那类尖端消费者,他们对新品牌、新价位和过度品牌、过度价位保留足够的敏感。无论是奢侈品还是保值品,都会发生一定的市场与产业沉淀,要求一定的时间评断。换言之,内在的冲动欲望加上外界的诱惑,并不足以使其完全"我行我素",或者干脆就是乱了方寸,而是借助于一定的历史与市场评价,完成自身的决策。

中诱惑—效用论对于投资群体而言,主要对应于从天使投资升级和转换成的风险投资的行业与投资标的。而对于历史与市场参照,对于新颖、创新、商誉、投资风格等的评断,从而愿意支付与接受价格,这类投资群体同样保留足够的敏感。

至于弱诱惑—效用论,则基本上对应于风险中性与厌恶的消费群体与投资群体。这部分除了与风险中性部分略有差别而外,基本上就是对应于主流经济学已经相对充分研究和考虑过的对象群体。主流经济学事实上紧紧抓住了成熟和完美市场、产业的消费与投资群体。而且其理论与方法,就是把投资者(厂商)和消费者(顾客)完全分离的二分理论与方法。通过一般化诱惑,就能够在效用和价值之间打通必要的通道,使得个人—主观同市场—客观,使得均衡—平均值及市场曲线,同非均衡—边际值及个别曲线完美有机地统一起来。

诱惑—效用论在下述五大领域应该能够发挥重要作用:超边际决策,超帕累托改进与超帕累托最优境界追求,社会企业(包括商号、市场产业与公共部门的社会成本、社会收益核算),完全竞争市场与产业外的经济体系,市场失灵的其他领域等。

边际决策是常规决策,而超边际决策才是分支决策,也就是方向与路径决策。这种决策不可能借助于已有的核算比较模式进行和完成。就如同学习、求偶、成家、立业等决策,古往今来始终存在,但其中的奥妙甚至绝妙之处却似乎是只可意会不可言传。人人都须经过自己的努力探寻,发现自我,找出规律,并形成模式。

帕累托改进和帕累托最优是一种完全对称与充分市场下的形式等价判断与选择。其中不包含任何的仁义与慈善,甚至不包括真正的公正与同情,更不包含对未来商业交易中的进一步的机会不均等的可持续性判断。其只关心彼此眼前既得利益的最简单的无任一方受损。而超帕累托改进与超帕累托最优强调社会公平性增益下的帕累托改进与最优。这不但是造就可持续的,而且是真正社会公平正当性的交易与分配。

社会企业是第三部门,是市场和政府以外的经济运行载体。其是在私有品、公共品之间,存在的一个俱乐部品,是在私域和公域之间,存在的一个小群与交叉集体域。既没有政府的权威与官僚,也没有市场的苛刻与无情,在社会文化、公益团体之间,形成一种超市场、超产业的经营管理,从而会形成非营利组织模式。其会形成必要的连接,但不同于市场运作,而在完全竞争市场外和市场失灵的其他领域,成为诱惑—效用论大行其道的"主战场"。

三、选择动力学理论

在证券、银行和保险领域,出现了或有支付体系、风险分摊和其他相应的对峙博弈安排。兼并中的对赌协议,也开始引进这种或有金融契约。广义地说,激励兼容事实上就包含着这种或有契约与制度安排,但一般地说,经济学和金融学除了公共选择理论而外,基本上未曾建立起科学的选择理论。其基本分析基础架构是静态的,而其动态性仅仅是为了演示和强调如何实现、达到和维持其优美的静态最优境界。因此,也就更是无从形成选择动力学假说与理论。

选择理性不可能是一种纯粹理性,即其是不可能把价值判断、激情驱动、理想追逐,甚至误区及错误的公众情绪和大众偏好统统排除在外的选择动力心智活动。因而也就不可能为一种简单的统计算术平均,或者更为准确的统计加权平均所解释。选择会在均平量和加减边际量这两个方面与方向上较大地发挥作用。

1. 超边际与边际空间及其动源、动能

在现行市场规则秩序下,边际空间的选择动力,基本上遵循着主流经济学的效用与展望理论规定。其在消费市场中,追求效用最大化和跨期平滑效用分摊(当引进家族里的爱和对外的慈善效用函数成分时,也会包括理财性的转移支付);在资本和金融投资市场中，追求利润最大化和长期可持续均衡利润回报。这里事实上隐含着经济学家未能发掘出来的几个重大假定：第一，社会市场与资源配置系统完全是在社会公正与平等，起码是机会均等的条件下，对私有品（资源）、部分俱乐部品（资源）和部分公共品（资源）进行充分有效配置的。第二，市场失灵不通过市场价格分配体系加以解决，而是通过更有效的政府规制等其他公共选择、制度与文化建构加以解决。第三，市场原则同家庭原则、俱乐部原则、团体组织原则、政府公共部门原则各行其是，各司其职。其互不干涉，不存在原则等级问题。换言之，市场原则并不具有超过市场范围的通用性与普世性。第四，市场经济原则仅仅是一定范围的效率原则，夸大和缩小其有效范围都会造成社会灾难或起码的不幸。

因此，边际原则中暗含着的所谓"金钱面前人人平等"、"商场无父子"等原则，绝不意味着经济学不讲伦理价值判断。其事实上是用"亲兄弟明算账"和"先小人后君子"的简单方式，尽可能地在全社会、全市场系统内，消除搭便车的懒汉与投机取巧，鼓励并奖励勤奋创业，而不是拒绝人情，消除人情，蔑视人际关爱。因此，那种把边际驱动仅仅解释成自私自利，追求财富的绝对自拥有与自享受，同真正意义上的边际主义动力是不相适合的。斯密要为商人、企业家正名，为他们挣得应有的社会评价，为社会福祉的综合提升完成社会建构的理论铺陈。的确其中包含着一种要使得个体或微观上的自利、自爱或干脆说自我追求这种"不利"或"害"（通过无形的手），演变成借助于社会分工—市场机制和市场竞争（含模仿学习）造成的普遍受益。这就客观上成为社会总体的有利或"善"。但斯密绝没有认同，更没有鼓励自私自利。他的《道德情操论》和其毕生的孝敬母亲的行为，都展现出他的仁爱品行操守和社会精神支持。

2．路径依赖动力统

行为动力是一种连续与离散相结合的东西。初始动机与始发理想和追求有可能成为持续动力。一以贯之的动力推进，在金融理财中也是存在的，但对绝大多数项目而言，投资与经营管理过程中涉及的却是那些路径依赖情形下的动力的不由自主性的排他性的选择驱动。

路径依赖的两大最重要的支撑与理性基础在于：第一是干中学的学习成本以及相应的资本投入与积累；第二是业界与社会网络中的商誉、形象、社会资本以及人的关系网络的重大作用。当然，技术与行规性的内在管理业务要求，也会是路径依赖的一种关联与支撑。体制与制度建构也会成为制度演化路径中的重要依据。

惯性、习惯、传统力量等因素都可能成为动力。动力与动机不同。动力不一定非要是主动、积极的，动力完全可能是被动性的。而路径依赖动力则可能是主动性的，也可能是完全被动性的。当一种金融行为，如某种投资与信用选择一旦发生，其余下的动力有时根本就不是金融行为主体之初衷所欲追逐的，但这并不改变合约限定的力量，不改变阶段性、步骤性和途径性的路径依赖的延续。这就造成了路径依赖的被动性动力。而当把路径依赖的客观要求同主观意愿和心理主动（心悦诚服地按部就班地）推进，则积极谋划、最大限度地利用路径惯性和优势，就变成了主动性的路径依赖动力。

路径依赖动力若从组织成长角度看，并从自组织现象和有机生命现象上看，表现为内在成长逻辑的自动展开和自推进过程的组织性状、传统之"遗传基因"、业务流程的内部自主逻辑规律等，它们都会成为强有力的路径进入和继续维持的自发动力。其无须外界干扰和推动，会由低向高发生自动升迁和跳跃。

从这个意义上说，无为而治的自由放任，恰恰可能最大限度地发挥自主权、自演进的作用。而反过来看，初始进入和始发领域也就尤为重要。这就是中国民间古智慧中的"男怕入错行，女怕嫁错郎"的真实含义。前者终生事业无成，追求无果；后者毕生不幸，一生劳神委屈。

朝廷不能朝令夕改，人不能朝三暮四。稳定性、连续性同形象、声誉、名气，同立功立德立言，同安身立命、国泰民安等都息息相关。这从反面看，又叫"上贼船容易下贼船难"。

3. 公共选择的集体意志与意愿力：大众偏好、社会情绪

阿罗不可能定律证明了民主机制的大众选择之困境、尴尬和额外的成本（甚至途径）要求。布坎南更是在宪政等一系列最根本的国家制度建构层面上，来寻求公共选择的理性基础。制度设计与演化，制度与体制结构，社会传统与惯性都是事后和外在性的。这些制度、机制、风俗等等一般说来，会成为社会大多数人在绝大多数时间必定无条件接受的给定约束，其中还包括受到其历史演化和现实政治生态较力下变动结果的直接或间接控制。与此同时，在动态政治生态力量博弈过程中，人们也会根据利益要求和力量对比的社会风向，或以改良、革新方式，或以更加剧烈的战争与革命面目对其加以变革。这看起来是对其进行了随意性的，多半是接受和妥协性的接纳，而实际上是不断地同时对其加以改造或予以创新。其也正是大众偏好、社会情绪、民族情结和国家魂灵等这类集体意志和意愿的结晶。这些具体形态的公共选择之集体意志和意愿力，又进一步通过国家意志、法律框架、文化约束、社会传统和大众舆论等制度、规范与习俗，对公共、私人和俱乐部经济—金融行为空间进行约定，加以影响和实施推动的反作用力。

(1) 大众偏好

大众偏好具有强制力，至少是胁迫力。当然这种强制与胁迫，又取决于大众偏好存在的形式。从直白与伪装的角度上看，大众偏好事实上是以显示性和隐蔽性这两种偏好形式存在的。前者像显性规则一样发挥作用，即明确地约束和要求集体性的资源配置之投向和运营；后者以像潜规则一类的东西，隐在人们与集团背后，发挥着模糊性的但依旧强有力的，有时可能会是间接的、迂回的，从而可能是事后的规正作用。

作为对阿罗不可能定理的进一步延伸，可以证明大众偏好不可能定理的存在。进而，布坎南试图建立更广义的或宪政经济结构下的"一致同意原则"（借以体现政治上或公共选择领域的帕累托最优）。而这在根本意义和可能性上也是不存在的。当然这并不等于实用性的现实态的大众偏好不复存在和同样无法形成。因此，大众偏好不可能定律，又应进一步分解为：① 有限、有界大众偏好的可能性与必然集体理性；② "普世"、"统一"的带有强制性的甚至专政性的制度与体制性的大众偏好（国家意志、国家建构、民族精神与文化性的制度规范和社会设计与结构）；③ 多元冲突博弈和多样化或层级结构的大众—分众（中或小众）文明—经营结构。

由此可见，大众偏好通过集体理性、制度理性、实践理性、文化行为理性这些"手

段”,发展和演化成了一种动态、多元、层级式的社会偏好选择体系。这样,其对应于不同的社会金融—物质产品系列、国民经济领域和结构,在不同的时间和方面,同不同的国民心理账户结构和社会风险结构,就会自然而然地形成各自必要的组合与匹配。

大众偏好主要和直接影响的是公共产品和俱乐部产品。这部分在社会财富与金融资源中的占比相当大。同时,大众偏好又几乎直接决定着文明体系和国家的基础设施之投向与运作。这部分的投资拉动作用十分巨大,而且以其特有的外部性对社会经济发生巨大推动作用。此外,大众偏好也对私人品之消费和时尚潮流产生巨大影响。随着绿色运动,不但可持续性的太阳能、风能、生物能等能源经济发展提速,像毛皮和其他动物敏感性产品的流行与消费,也都受到了环境保护主义者的影响。吸烟曾经被理所当然地认定为个人消费习惯和消费者个人主权范围内的事情,然而,随着公众对二手烟健康危害态度偏好之改变,香烟产销已经发生了重大变化。

由于社会阶层甚至阶级划分与意识分野,大众偏好涉及政治价值判断时,就会出现分裂、对立。而所谓的“政治正确”(PC)的这种来自于国家政权和社会舆论的巨大压力,就会使一些非主流的偏好选择以隐蔽的伪装的形式体现出来。例如对于各种社会歧视及对歧视的社会干预与纠正,又如对少数族裔和少数与弱势群体的机会均等(甚至机会优先)的社会政策与社会福利,大众偏好不可能是显性的直白的。种族、年龄、性别歧视在强大的法律公共舆论之下,一般会采取神不知鬼不觉的方式来顽强地加以表现。

(2) 社会情绪

社会情绪也可称为公共情绪。这是一种比大众偏好有时来得更加猛烈、快速的社会选择压力。社会情绪是一种民心、民意、民情和舆论导向。其通常是政治生态分布及突发事件的混合物。它更多地受焦点人物、焦点事件、焦点问题的影响。常态和非特殊时期,相对稳定的大众偏好发挥着作用,社会情绪处于整体平稳状态,个别的事态和分散化的民众情绪不足以酿成重大的资源调配的社会压力。然而,当某些突发事件被社会广泛关注,成为公众焦点后,则社会情绪会骤然升温,形成公共选择的新方向和强大压力。政府对三农问题的关注和取消农业税,以及廉租房、经济适用房、社区医疗(社区医院、医疗资源配备等)政策的出台、教育公共性方向的调整,都是近年来社会情绪引导政府积极跟进的结果。

社会情绪逻辑结构并不遵循常规、常理逻辑关系。社会情绪并不必然就是社会合宜理性。民主建制把这种民众抗议、舆论监督、多权分立制衡演绎成了一部庞大复杂的社会决策系统架构。

社会情绪具有极大的传染性,以及不稳定性。社会情绪有可能是同社会理智与理性连在一起的。巧妙引导和介入可以集合起巨大社会资源与能量,完成重大的社会变革与改进。但是若掌握得不好,则可能使全社会陷入混乱乃至战乱之中。社会情绪的传染性同羊群效应在金融危机时耦合叠加,会大大放大羊群效应,造成深度恐慌乃至绝望下社会性的铤而走险。这种世界末日和彻底颠覆性的心态,会大大加速旧有金融体系的崩溃,在瞬间完成财富与资源禀赋的重组、运气与机遇空间的重配、金融偏好与结构的重建。

存款保险制度、“大到不能倒闭”的政府救市原则,似乎从制度建构上解决了金融储蓄宏观传染风险问题,但若从投资热之花样翻新、泡沫与非理性繁荣持续不断、“三十年河东,三十年河西”的金融重新洗牌来看,金融与经济学并没有对管理和控制社会情绪形成科学性的学理性建构。风险管理与风险社会统统都是现象。客观概率空间所代表的灾害性和刺激性风险,对现代社会而言几乎不成为主要问题。除非是地球毁灭性的自然大灾难,否则,社会财力与运作管理已经不应成为金融风暴的引子。问题的关键仍旧是对变化无常的社会投机与投资“热情”乃至狂热的社会情绪问题的控制与引导。

4. 隐蔽的深层诱惑结构:激情、理智、信念(价值)、意志

成年人的诱惑动力已经全然不同于童年时期的了。即令少年时期的,多半其核心的生命力诱惑,也非简单的感情用事和不谙世事的鲁莽。诱惑绝不是一种非理性的活动。诱惑是意识与潜意识共同作用的结果。诱惑更多地来自于下意识的活动。这种潜认知金融的心理、情结、思想活动,通常无法量化、模型化、路径清晰化。举凡可预测、预期核算的,都是常规性、客观概率性的统计可以解决的。有些客观概率空间问题,由于其过度随机性,也不得不被进一步通过或有界限加以处理,从而将风险进一步分摊与锁定。然而这类常规的稳态以外的且多半是重大的举措,恰恰主要是由诱惑、诱惑力给以推进和完成选择的。

激情诱惑是一种由信仰、深层追求和灵性眷恋所主导、诱发和支持的诱惑。这种诱惑具有超越时空与条件的诱惑力和持久力。其被深埋在平素的含而不露当中,但一旦爆发,却如火山喷发一般,势不可挡。因此,激情诱惑的选择所涉及的都是战略性、决战性的,其具有生死攸关性。

理智诱惑是一种由智慧、心智和超常心理核算的意识活动所主导、诱发和支持的诱惑。这种诱惑不具有人类、社会的崇高价值判断基础,是个体和群体中的“智力比赛”和“巧计妙算”的展示与得意。这不为真正的领袖和大家所推崇。当然,一些智人、能人和圣人,由理智诱惑开始,经大彻大悟,而升华到永恒的价值界定上之后,则可能由理智诱惑而引导至更高层次的诱惑驱动。

信念(价值)诱惑是一种由深层信仰、核心价值观、文化等所主导、诱发和支持的诱惑。这种诱惑是心灵深处恒久震撼撞击的诱惑。是是非、正邪、神俗(世)所界定的诱惑。这种诱惑具有终极决定性、裁决性,从而在最后关头具有一票否决的特性。

意志诱惑是一种由意志力、意志品格主导、诱发和支持的诱惑。它同信仰、激情和理智形成交叉,与前者互为表里,同激情形成共振,与理智相互和谐。

上述诱惑解决或决定的是财富观、赚钱目的、享乐观,从而决定着事业观、人生观、幸福观、价值观,决定着荣辱观、核心价值体系、人生价值取向。这些诱惑的集合与混成,在超边际经济决策、超帕累托决策和重大的边际决策和边际帕累托决策中发挥着决定性的作用。当它们在参与和主导决策时,影响着决策选择路径与轨迹;而当决策转变成执行以后,这些混成诱惑和某种主导诱惑并未消失,而是作为潜伏的认知金融中的深层结构得以继续存在,在核心驱动力上继续发挥着“进与退”、“扩与收”、“激进与保守”等的推动或制动作用。

一种稳健的、程序化的“工作上的常规投资”是件非常无聊、无趣的事情。如何

能够使人们一直支撑着，甚至积极而无抱怨地完成一生的职业生涯，恐惧、社会不敬等固然有作用，但家庭幸福、人生境界、主人翁精神和个人责任等等，却都是更为重要的精神与心理支撑。而这一切都必须合理化成上述的种种诱惑驱动。

投资、创业、职业变换等所有的重大金融运作，都不可能是一帆风顺、一挥而就的。在逆境与困苦之中，当人们举棋不定、优柔寡断的时候，上述的种种诱惑驱动是支撑投资行为继续下去的内在动力。

5. 意向选择、道德风险的正态与偏态结构：投机（套利）、互利（互换）与价值投资（分享激励兼容）

市场供求分布及策略选项会直接形成市场结构及市场竞合（竞争与协同）作用力。其可能以压力形式出现，也可能以诱惑力形式出现。逆向选择、道德风险并非仅仅以单向的负面形式而存在。这取决于金融行为主体的态度偏好和分布生态。

正面的逆向选择是一种产业与产品分流，它是产业结构优化和普化的积极过程。尖端品、高档品的功能价值化趋向，尽管同起源时期的高端产品相比在退步，但大规模的成本节约使其降低成大众化产品与产业，同时进一步促使尖端与创新再次升级换代，转换成更高阶的高级品与产业。而负面的逆向选择却是一种产业与产品无结构与级别分流的媚俗化和在不对称信息中的浑水摸鱼。这会迫使高质量产品及其所有者退出市场，造成市场与产业萎缩乃至完全消失。而究竟是正面还是负面的逆向选择，则主要取决于投资或理财群体的从众结构和行为主体的偏好结构。

一个良序高效的金融体系与形态，一定是以互利（互换）性的投资理财大军作为其庞大的中间支持而存在和维系的。其遵循绝对的互利互惠、形式等价公正原则，这些原则共同构成了整个金融系统的主体。与此同时这个体系又以相对少量的套利（投机）和价值投资为两翼。前者加速均衡价格的发现与形成，促成创新扩散和市场加速溢价之扩散；后者给中坚和基石创业群体和实业家以前瞻性和持久性的支持。

倘若整个社会和国家的投资与理财群体，主要或大部分以金融性投资，或投机与套利为基本目的，即在短线与即可兑现的空间上运动，则其就是以负面的逆向选择和道德风险为主的金融生态体系。而其形态的分布自然就是逆向选择和道德风险的偏态。这种金融投资生态分布将造成全社会与国民性的金融经济行为的机会主义倾向和金融价值锚缺失的社会经济失衡。它会大大催生金融—经济泡沫，并导致一切急功近利的高换手、高交易的虚拟繁荣，也就把风险积累和推迟到未来某个时候剧烈爆发的可怕境地。

与此相反，倘若整个社会和国家的投资与理财群体，主要或大部分以非金融性投资，或投资和价值的造成与持有为基本目的，意即在长线—未来兑现空间上的运作，则其就是以正面的逆向选择和道德风险为主的金融经济生态体系，相应形成的分布也自然是逆向选择和道德风险的正态。这种实业性投资生态分布将造成全社会与全民性的金融—经济行为选择的价值主义倾向和金融价值锚坚实（坚挺）的社会平衡。它会大大防范和抑制金融—经济泡沫膨胀，也必然会导致一切“风物长宜放眼量”的大尺度、大格局、大战略投资理财观下的真实繁荣，也必然把风险规避在有限的时空之内加以解决。

正反态的逆向选择和道德风险,其金融行为价值取向与判定截然相反,其谋利驱动与展开也全然不同。

6. 选择的误区和死角

选择是自由的核心价值体现。当然,选择并不是永远存在着可操作的空间。没有选择的选择是强制性的被迫的选择,因而也是事实上的无选择。金融选择空间里存在着很多这样的选择无奈和无奈的选择。此外,尚存在着其他种类的选择误区和选择死角。这就要求在良序金融生态体系建设中,不能仅仅提供选择的"空头"套利,还必须在现实支撑的选择可能性空间和选择备用资源上,创造足够多的资源与物质禀赋条件。

对金融行为主体而言,选择的两个最大误区在于:第一,个人金融完全理性误区;第二,完全从众或专家追随的羊群跟进误区。前者是经济学完美假说陷阱,其把经济与金融行为主体等同于意志自由主题,追求绝对的自主选择,而其核心价值支撑却不是哲学上的自由意志,反倒是所谓自己最了解自己的效用最大化理论。市场失灵的第四种消费—健康—美丽怪圈就是对这种误区的最好诠释(参见谭伟东《超现代经济学》一书)。后者则把独立理性判断几乎完全放弃,"随市(波)逐流",追随名家专家。这尽管省力,并通常会获得中等以上的回报,但未必获得最优回报,并在金融大恐慌时损失巨大。

主动、积极与被动、消极理财有效平衡策略是理财、投资领域的一大难题,但尽可能摆脱误区,避免死角困扰,却是微观、中观和宏观金融应设法构造与推动的。

四、期权、选择权掌控动力学理论

自由的价值被进一步上升为人权、消费者主权以及财产与投资权。而机会权利,包括受教育权、知情权等,都可以从中引致出来。罗斯福新政时期的免除匮乏、免遭恐惧的权利,又从消极自由主义角度,形成新的选项界定。可见,自由意志的拓展具有何等重要的社会福利之政治价值。这同时也是重大的金融与经济价值。政治从表面看是所谓的权力角逐和争取民心运动,但其深层结构是经济利益结构的集中性,甚至爆炸性的体现。而军事与战争,就是公开对峙的你死我活的冲突性政治。

期权是实物与金融的选择权。这是一种购买的选择权,是市场交易下的购置"特权"或"优先权"。其同股权完全不同。这主要表现为全价与全风险以及"定购价"与有限风险之间的区别上。同时也表现在杠杆系数的差别上。股权购置没有杠杆余地(当然股东持有后,可能享受由公司金融里的杠杆效应收益,这是另外一个问题)。

选择具体资产项目或资产组合的投入成本上的核算(包括时间),同进行资源配置的运作及其对投资结果的掌控,都会在随机和风险空间的识别与计量中按需要来进一步确定。金融行为主体的这种谋略与动力驱动,推动着期权演进态势的全方位拓展。

1. 或有实现空间投资:不确定分级锁定

同纯粹随机风险空间相比,金融行为主体只能相对偏爱或有空间。从客观概率,或进一步亦可包括主观概率角度看,或有空间就是所谓的条件概率。金融行为主体不但生存于条件概率空间中，而且希望把风险付出和收益（获益），至少可以同相应的条件系统加以挂钩，从而在支付和契约中获得某种可操作或可计算的选择。

阿罗—德布勒证券代表的是一种完美的金融—证券市场性。其以理论上的无限差异化的产品、支付、风险、成本为基础，构造出对应于种种可能性的证券体系。然而，无论金融生态体系与市场结构如何完备，经济的规模效率与领域效益的集合点，都只能是市场的有限性而非完美性。对于这种超级最优市场性的不可能下的次优选择，就只有或有实现空间选项，或者产品、品种、支付对应于条件概率下而进行的不同的设计，金融行为主体由此也就可以在这种业界与市场相对锁定的风险控制空间中来购买相应的抉择权。

由诱惑与偏好加以启动，在完成边际与超边际选择后，投资者与理财家们并无法直接获得财富或收益，即使是投资主体在市场上已经实现了价值，仍然存在着财富保值与增值问题。而在金融领域中，完成超边际选择后，仅仅提供了未来财富的路径、框架，尚不足以直接获得相应的投资回报。

因此，价值与财富把握的进一步明确，生命与事业确立的进一步明晰，就转化到期权—选择权的掌控之上。

或有实现空间的关键在于界定出上下限。这对风险控制、破产底线、过度投资、过度泡沫和刚性或黏性的弹性化或至少是限界约束和反弹等等方面无不具有重要作用。期货和期权市场上的涨停板就是一种制度性的变相的或有实现空间。或有贷款、或有对赌协议等都是金融博弈上的或有实现空间。浮动利率或各种复杂的结构金融，更有可能形成结构性或有实现空间。金融动力就不再是完全确定下的财富所有。

2. 诱惑利得的或有实现

确定性利得、支付或回报是那些刚性或黏性价格的东西。金融中除了确定性利息的借款和工资等支付外，多半或绝大多数的其他运营与活动都是由不确定性统治的。同细化不确定性空间的或有实现空间相对应的就是诱惑利益的或有实现。换言之，当确定行动利得存在时，多半不存在诱惑利得问题。这仅仅是一种机会成本与机会收益的直接比较。而当不确定性利得存在时，则诱惑利得出现。为权衡或对付这种已有选择性操作空间的诱惑利得，便产生和发展了或有利得实现。

对购买这种选择权和期权的投资方而言，前者必须形成心理风险承受和客观概率风险锁定空间。读书深造、专业选择和最后的职业抉择等等，事实上都是人们的一种期权购买。一个人终身的收入同其教育投资之间的关系，或更广义的同其整个的生命投入的关系，就是一种期权实现和期权购买的关系。改行、专业不对口的“将就”，可视作期权的放弃，即不执行期权。

从对人生收入或资产形成的整个预期的完全不确定性来看，通过上述具体的教育投资、卫生健康投资、生命投资、家庭投资，或进而包括直接的寿险、产险等的保险投资，金融行为主体的生命与就业投资核算就可以被转化为条件概率下的可分解与测算的预期，并同时由于对这种分析框架下的各种具体学历、学位、职业证券、种种职位和品牌等的“投资获得”之购买，而直接和间接地拥有了或有收获的期权。

不论是从纯粹理性（或理论），还是实践理性（社会现实）来看，人们都明白这种分段转化的预期是诱惑利得的或有形式。其既不以必然性的确定无疑来表示，也不以完全随机的不确定性而显示，而是在不同的境遇条件、水平和可能情况下（例如初始禀赋、行业景气、投资态势、供求分布、产业结构等），以或然性形式出现。

同这种人生期权相较，各种具体的实操性业务上的直接投资、理财、保险、对冲、套利行径，在完全无法应对的不确定性面前，无论是供给方，还是需求方，都会同样采取期权设计思维和制度设计保障，借以消除完全不着边际的赌博式的机会主义，以便双方能够通过对风险承受、现金流量、产权债务结构约束，通过预算约束、社会经济文化制约等等上、下限的限定，形成诱惑利得的可能性实现操作。

从期权到期货，从期货到现货，这期间存在着诸种转换环节。从历史与逻辑双重角度看，似乎是资金的充裕或金融的高度发达，促使现货高度发达，从而进一步推动期货发展，并最终引致期权产生。然而，这仅仅是一种现象观察与提炼。期权尽管出现较晚，但仅仅是从正规化和大规模的金融品种与次级产业角度来看是如此。从古人的求仙占卜到今人的预测、赌博，再到风控与博弈，这些现代专业化分工的次级产业与种种金融行当，从本质功能看，它们伴随着人类文明的起源始终都是存在着的。

3．诱惑权衡的放弃空间

当代的一位著名画家和艺术哲学大家韩书力，曾精辟地将人生成就经验总结为这样一句话："善取不如善舍"。大千世界诱惑多多。倘若朝三暮四，到头来只能是熊瞎子掰玉米，掰一穗掉一穗，最后只留下左右腋下的两穗。纵观古往今来的芸芸众生，绝大多数的往来香客岂不正是这等模样。真正"江山留胜迹"的有几许？真正能胸怀"吾辈复登临"的又有几多？条件、机遇、才学、能力、品行等方面，是否真有如此大的差别呢？孔老夫子"有教无类"证明差别可能微乎其微，亚当·斯密反倒注意到事实上恰恰是事后的社会职业分工，方能造成教授与农夫的显著差别，而非其"原装"的智能与素质间的差异。若进一步穷追下去，究竟又是什么导致职业择定与职业成功的呢？归根结底回到对前述的"取与舍"的大彻大悟：把人生的境界与追求集中到人生战略制高点上，并锲而不舍，就将终成大业。

投资、理财，尤其是股票市场的处置效应表达的是斩仓断臂之难。这在所有金融—经济空间中是一样的。面对抽象的、意念的、寄望的撩人心弦与动人心魄的诱惑利得，拒绝诱惑或放弃机遇，显示出了高度的心智与水平。股神巴菲特在世人对他抛售中石油股的"暗箱交易"、"背后阴谋"或机遇转嫁的种种猜测面前，在年度股东大会上直白地予以阐明，他认定中石油市值千亿美元左右，而其火爆时的市值竟高达两千八百亿美元，故认定泡沫与风险过大。这里先不对这种市值地位作专业评论，面对一个世人追捧的"金砖股"，股神的冷静显现出投资造势（市）大家的"放弃"之大智谋。

期权—选择权不但包含着或有实现空间、或有诱惑利得可能，还包括对诱惑权衡利弊后的明智放弃。金融期权上的不执行，从权衡上放弃并非难事。由实值、虚值与平值三种状态，或由执行价格与期权费计量在内的总收益比较，很容易对盈亏平衡作出明确决断，但对于人生期权的放弃，却经常是困难重重和极为痛苦的事情。这种放弃的内心驱动力，有时比继续持有的压力要大得多。

传统金融工具中,基本模式是全投—全撤,即一种全资、全价格运动形式。尽管理论上也允许放弃,但无论是从技术成本,还是退出成本来看,放弃的代价都十分巨大。因此,在可行性、灵活性或经营性的意义上说,基本上并不存在真正意义上的放弃可能。然而,期权—选择权却是一种百分比很低的期权费投入。这种低成本的进入权力购买,就在进入与退出的双重成本上,为经营意义上的放弃创造了真正的空间。

当然,人生期权,尤其是生计与事业期权,迄今依旧还是传统性的,甚至是非市场性的运作。而席勒教授所倡议创设的生计、房地产价值指数,可能成为未来的相应的金融工具,真正形成大众的全方位指数市场。人生期权的放弃性选择空间就可能被大大拓展。而在金融生态体系下,可以掌控命运的人类不再奴隶般地服从旧有分工,他们按自认的天分、喜好、才华在职场、商场、社会进行选择的可能性就会大大拓展。灵活又高效(交易成本廉价)的退出机制,是保证选择—放弃的关键。金融行为者的驱动力之大小受制于这些根本性的制度性设计与制度选择空间。

由此,放弃成本不单单是一种诱惑利得同放弃损失的比较,而且是进入成本同退出成本的现实比较。一般而言,若是进入成本十分昂贵,不但择业、投资或一般意义的进入会困境丛生,须慎重对待,而且进入时的千辛万苦和巨额投资,决定着放弃的权衡利弊、患得患失。这种期权—选择权的驱动力就在各个层级上全面拓展,从而同传统金融工具相比,其不但放大了驱动力的作用空间,而且加大了在各个空间的驱动能量。

4. 杠杆性风险对冲与收益的驱动力放大

制度空间的驱动力是本书的理论创新所在。这在正统主流经济学的市场竞争力方面有所涉及,在比较经济体制,尤其是国际比较研究中已有涉猎,但均未形成明确而系统,尤其是可以在微观经济学基础上研究的实用概念和理论界定。本章节不但是对行为金融学、金融心理学的重大突破,而且是对金融制度动力学和金融社会学研究的重大推进。

制度空间的驱动力在期权—选择权和其他的金融衍生品工具中,通过杠杆效应,而表现得更加突出。

工具的出现始终是人力、智力的延长手段。这种延长不但客观上放大了人之能力,而且各种扩大的工具手段体系,使得人类的想象空间、创作空间、作用空间变得更大。而在这种视野和作用范围扩大的同时,包括人类的雄心和干劲等内在驱动,也得到激活和放大。

杠杆金融无疑使得期权—选择权和所有的相关衍生金融的制度性驱动力被激活和放大。假定,传统金融下一百元的资本垫支,全资—全入—全撤模式就仅仅容许一百元资本加利得的总量驱动,而杠杆金融下假定五倍作用,就会把一百元的初始资本垫支放大到五百元以上。再假定,百分之五的固定费,则一百元的初始资本垫支理论极限放大就是两千元以上。这是二十余倍的放大。而这其中的驱动力可能还要大(也可能小于此理论极限),因为要考虑到网络效应、羊群效应和风险效应的权衡。

五、期货—现金流动力学理论

如果说上述论述我们涉猎了制度动力学理论，本节就将涉及约束或瓶颈动力学理论。经济学在这方面的研究有着根深蒂固的学术传统。任何最大、最优化方程，都必然同时跟随着各种预算和其他相应的硬性约束。而完善的理论经济学，通过所谓双重理论的契合，即成本最小和利润最大化的一致性，把最优化经济理论构造得似乎天衣无缝。当然，应强调指出的是，尽管经济学有着这种约束下优化的学术传统，但经济学并没有明确意识到约束动力学问题。在正统经济学原理中，约束仅仅是系统边界条件而已。而我们却发现，就像金融工具和技术设计一样，约束不但是条件，也会成为动力运作空间，甚至驱动源本身。

1．套利风险空间与非或有诱惑实现

现金流是金融活动的基础和生命条件。现金流断流轻则是金融泡沫破灭，金融萎缩，重则是“退出”（破产等）、失败和危机。因此，连续稳定的现金流是金融之命脉和金融理想态；稳定可靠的现金流是金融生命现象的基本保证。因此，现金流不但成了财务金融、公司金融、上市与兼并金融、投资金融、理财金融等首要关注的指标，而且是破产、清算、重组的最重要依据。

套利兑现同“食利”无风险借贷收益一样，其收益来源有两个：第一个是经济相对论的一种资产相对膨胀利得，其同时间贴水概念有一定的差别；第二个是非均衡空间市场机会的横向均平的补偿。但此两者都应是系统性的，从而是全社会的产业与行当的平均值。套利兑现不同于“食利”无风险存货收益的一点在于，这里的套利兑现是一种相对于积极战略的资产管理。因此，存在一个对主动、积极地发现、经营资产机遇的套利机会的补偿问题。

尽管套利兑现是所有金融行为主体自动乐见的“天上掉馅饼”式的诱惑驱动，但并不意味着套利的理性决策驱动就一定是轻而易举的。对所有的金融行为主体而言，任何持有的资金与资本，都存在着战略机遇的可能性损失，除非始终保持充分流动性，除非是无本两头对冲套利。不过这样的机会鲜少存在。

套利纯理论定义是无风险收益交易运营。然而无论是实物商品套利这种跨地区、跨市场套利，还是金融产品的金融市场套利，一般而言，总是存在一些不可测的风险。商品损坏、政治风险、自然灾害等等都可能是潜在的风险。只是说这里的风险，同市场风险、运作风险、信用风险、系统和技术风险等常规金融风险不同而已。

2．期货诱导与未来架构设计

现金流压力是现在式的、现实性的，但现金流的未来保值和稳定流动却是超出现在时空，涉及未来金融之契约安排。在这一点上期货同期权是一样的。此外，期货同期权一样，其运作目的不在于标的资产的实用性，而在于其具有的保值与增值性。但期货不同于期权的重要一点，在于期货不具有自由的放弃权。因此，期货的做多与做空，理论上都必须对冲（同时反向操作）。否则，就务必出手，这或许带来增益，或许导致损失。

期货在理论上构成了现货的前导市场。因此,期货可以具有所谓价格发现功能。期货的产品标准性带来了一定意义上的金融运作的困难。结果,导致了远期合约金融的发展。这种标准与非标准性的标的资产交易,构成了完整的市场充分性。

工资及其他标准化的职业合同和学业证书有些像人生的期货,而其他的非正规化的投资,有些像人生的远期合约。

房地产作为标的资产,在业主最初以一定量的定金启动购买阶段,包括进入开价谈判阶段,可以视作是某种期权。根据买卖双方价格协商的结果,可以成交,也可以放弃。放弃的损失也仅仅是时间投入和所交的定金。在购买了房屋,开始分期付款阶段,则有些像是期货。所不同的仅仅是此时的期货同现货在实用性上是等同的。那些非标准化的分期付款购房合约,有些像远期,而现金购房则基本上是现货交易。

期货的升值空间是追求期货的一种基本动力,而期货和远期同时具有的对冲风险功能,更是行为金融主体对于未来风险锁定不可或缺的。农场主若不能通过期货交易完成未来市场的风险规避,则经营的现金流稳定和可持续性是无法保证的。

3. 期货现货空间转换

对绝大多数的理财与投资者而言,其运营目的最终在于获得财富的实用性价值使用(消费或赠送)。若涉及未来使用,则选择只能是期货。此外,现货市场的供求争夺和供给充分性问题,也可能带来期货交易。

期货到现货的转换是直接的,从而在使用价值流动性上不存在障碍。当然,这是指期货与现货具有相同的使用价值,倘若两者属不同的标的资产,则使用价值流动性上就不存在转换的直接性。

由于同现货相比,期货存在着如此众多的好处,加上期货、远期交易中的杠杆放大效应,就使得期货追逐成为金融行为主体的重要驱动力。而像房地产这类兼有期货与现货双重性的标的资产,就会更加成为市场上热衷追捧的对象。这是房地产热和房地产泡沫如此普遍与持久的重要原因之一。

期货不是现代金融的新造,在荷兰郁金香狂潮时就早已存在这种期货交易。然而,大规模系统性和规范性地经营期货却是现代金融体系才有的。完整的现货与期货系列才能形成完整的金融资产市场。

然而,当代战略物资和紧俏国际市场大宗货物的大规模期货化,却明显带来了大规模的国际金融争夺战以及市场风险暴露被直接放大等等国际风险加剧的问题,以至于信用风险、市场风险等被前所未有地放大,结果在非理性繁荣中蕴含着全球联动大危机。这就对国际社会、各国政府监管部门进行必要的规制提出了理性要求。期货的投机性、杠杆性、风险放大性是同一个问题的不同表现,金融业界该是对其加以认真对待的时候了。

由初始的诱惑与偏好到预期与决策选择,由边际和超边际决策、帕累托和超帕累托改进与最优到期权—选择权占有,由期权到期货和远期的金融安排,由期权—期货—远期到现货与财富,金融行为主体和金融投资与经营微观单位的流动动力学路径学理和经济分析的基础骨架与逻辑结构,通过本章的安排已经初步呈现出来。这是一种可以同时涵盖、解释、分析和预测包括市场和非市场金融行为驱动的具有广泛适用性的制度、文化、组织、社会、心理金融动力学的学理体系。

到期货为止，尽管包含了方便的现货转换空间，但还不是现货，并且，对于现货或即时资产的财富价值，仍需给出合理的金融经济学解释。此外，企业单位的投资保值与升值，尤其是在权益资本形式下的期货概念拓展尚需进行。

4. 不对称信息下的期货保值或升值：烧钱信号动力学

公司、企业通过直接市场融资和其他增资、扩资，永远存在一个如何使原始股东收益最大化的问题。在不对称信息情况下，金融市场中广泛存在着高额利润收入的公司承诺烧钱现象。这种表面上非理性的信号传递策略的背后，却是一种追逐已有资本权益期货收益最大化的处理选项。

“我们将公司的策略空间拓展至允许承诺烧钱。我们证明如果公司可以利用这个信号，那么在上节中的分离均衡和混同均衡将被打破，即不存在满足 Cho-Kreps（1987）直观准则的支持任何均衡的信念。特别地，我们将证明对于某些参数值，存在一个唯一均衡，其支持均衡信念满足 Cho-Kreps 准则。在该均衡中，两种类型的公司都将发行股票为项目融资，且高利润公司承诺烧钱的传递信号显示它的类型。

“注意，这里当我们称烧钱时，并不是说公司真的烧现金，而是指对公司来讲不可换回的行动。该行动或者使公司将来的收入按某一固定金额下降（无论是高利润还是低利润公司），或者使公司和股东在项目收入实现后支出一定数额的金钱。”①

在分离均衡中，一个发行公司（被发现是低利润公司）必须放弃 25% 的公司价值以获取项目的股票融资。然而，如果高利润公司能够显示出其类型，它只需发行 15.4% 的股权为项目获得 \$20 的融资。因此，通过传递可信的信号，高利润公司可以减少 25% －15.4% ＝9.6% 的发行比例。这一减少为原始股东带来的价值为 \$130 ×9.6% ＝ \$12.48。但是若低利润公司模仿这个信号，它的收益仅为 \$80 ×9.6% ＝ \$7.68，因为低利润公司的每股价值很小。这种不对称收益意味着高利润公司可以仅通过承诺烧钱 \$7.68 就能可信地传递其信号。②

公司烧钱信号的传递，可信地界定出了高利润与低利润公司，余下的仅仅是烧钱成本大小同烧钱原始股东最终受益的比较。若后者大于前者，则烧钱信号策略必定实施。而此时烧钱成本，则相当于品牌运作费用或某种期货定金支出。因此，烧钱公司行为驱动就被放置于科学的理性分析基础之上。

5. 现货持有、财富资本和股东债主分流：重新洗牌禀赋与顾客群效应

最后财富如何归属，各种金融契约与财富主人的相互间的分流及新一轮金融博弈的“禀赋”基础，统统在现货持有、财富资本占有及由此引致的消费、享用或慈善赠予之上得以完成，当然也包括所持有未来投资资产价值上的获取多寡。因此，金融活动或投资的第一要义是把握住战略性“出逃”机会，这是关系到获得的每一轮或数

① R. A. 贾罗、V. 马斯科西莫维、W. T. 津巴编，吴文锋等译：《金融经济学手册》，上海人民出版社 2007 年版，第 631 页。

② 同上书，第 632 页。

轮连续或离散金融活动的最后“收关之作”。市场上的价值实现既是上次金融牌局的结束，又为下轮开局给出了重新洗牌后的新手牌局。这一切又同时均同客户群效应有着密切关系：客户是分食物链而“进食”的。这种分组、分层的投资、理财有完全主观因素驱动，也大量地决定于客观的机遇和条件。

狭义客户群效应指的是由税率所分野出来的客户群组：“Dybvig 和 Ross(1986)从数量和价格的角度定义了税收客户群效应。若存在对所有证券均作边际投资的投资者和严格偏好持有部分证券的超边际投资者(inframarginal investor)，则存在数量上的税收客户群。”①

完全可以将此狭义客户群效应进行广义推广。事实上，从各个角度和水平上看，除了那些大路货金融品种以外，几乎从来就存在着各自限定、区隔化的市场和歧视性价格空间。这就造成分层、分级或是单边的、双边的客户群效应。信用卡分为钻石卡、金卡、银卡等“会员卡”；分期付款通过信用打分评级等的信用政策，划分出不同风险价格的利息支出群组；金融资产持有者区分为现金持有、实物资产持有、固定收益证券持有、股票等权益资产持有、外汇储备资产持有、珠宝与古董古玩艺术收藏品持有等“族群”。

理论上几乎无限迭代的平滑消费理论模型，表现出了财富持有与传递的无限代际的可能性。基金会、组织、公司的百年老店、千年传承，又在法律主体形态与组织架构上，确立起了这种现实传递的可能性。效用偏好动机中的慈善与利他主义的引进，又在代际与跨代际间的无限时空中，为财富的延续与转手，提供了理论上彻底的动力保证。更不必过多加以解释，还广泛存在着基金会等各种非营利、非政府组织的免税好处、慈善的精神与社会心理收益的刺激。因此，现货的终极掌握，并非是所有金融行为主体的终极目标函数里的标的资产，但对绝大多数的非超级富豪而言，其终极的可消费与享用形态，却是财富的终极归属。因此，所有其他非现货形式的财富存在，都仅仅是用来平滑消费，作为尽量放大未来消费可能性的手段而已。

过度理性的防老和养老储蓄及一切相类似的储蓄—投资—理财计划，无疑在现代信用时代，大大异化了金融行为主体的理性追求，但反过来看，过度的信用支付与信用消费和享受，尤其是在像以美国为代表的房地产消费与享乐上，也包括其他的诸如各种时髦现代家用电器与汽车交通方面的财富占有与使用方面，又表明了当代人现货预期与效用的超级强化。这种非理性预期享乐与消费，已经在全球性的虚拟金融空间大泡沫中，埋下了未来经济与金融崩溃的种子。

---

① R. A. 贾罗、V. 马斯科西莫维、W. T. 津巴编，吴文锋等译：《金融经济学手册》，上海人民出版社 2007 年版，第 632 页。

第八章

金融博弈：建仓、逼仓、倒仓与金融大战

中国作为世界上最伟大的古代兵法大国，曾产生了诸多世界级的兵圣，孙子、孙膑、鬼谷子、伍子胥、曹操、诸葛亮、毛泽东等都是其中的杰出代表。这些超级战略与兵法大师，为后世确立了许多迄今为止仍旧充满几近永恒智慧的兵法原则。"生死之地，存亡之道"意义上的国之大事等，成为国家战略安全的永恒关注（不管是新安全观、新战略边界、新战略展开与打击空间、新对弈兵器与手段，还是旧有的一切）；"不战而屈人之兵"成为普世、永恒的战略最高意识境界与追求；骄兵必败，克敌制胜，以弱胜强，成为中华民族最伟大的战争胜算的战法，也同时成为可以集中展示出中华民族绵延五千年的崛起与复兴的伟大历史奇观；"兵贵神速"、"兵者，诡道也"、"兵无常势，水无常形"成为战略预置与投放，兵力与兵势布局、谋篇的运筹谋略；"胜败乃兵家常事"，"不拘泥于一城一地之得失"，"保存自己，消灭敌人"，赢得战略决战之大胜、全胜与终极胜利，成为兵势健康心绪和军事投入与经营之原则。

商场如战场，商场甚至过于战场（《闯关东》电视连续剧中的夏掌柜的观点，商场无父子说，又如"亲兄弟明算账"等。这自然过于极端。对其全面把握，请参见谭伟东《超现代经济学》一书中的四重场理论）。而金融博弈乃至金融战，由于其纯价值形态上和时空上的"瞬间"有限空间完成，有时会表现得更加杀气腾腾，更加血淋淋得令人恐怖。在这个意义上我们或许可以理解巴尔扎克对金融秩序观的如下概括："没有一个作家可以写尽金钱的罪恶。"这也许进一步强化了人们对金融战场上金融行为主体的观察：华尔街受着且仅仅受着两大心理规律支配，一是贪婪，二是恐惧。当淘金热与牛市时，贪婪主宰着华尔街的心理脉搏，而当破产风起、熊市抬头时，则是抱头鼠窜般的世界末日大难临头下的抽逃操纵着华尔街的主旋律。股神巴菲特面临股灾时的临危不乱，游刃有余，或许是金融界中不多的金融常胜大将军的气度。

一、金融兵法与金融战略空间

战争与和平是人们观察到的两个截然不同的军—民（或战时与和平时期）形势

与战略态势空间。战争的残酷性令人厌恶与恐怖，它不但造成生灵涂炭，而且使得大量的财富和无数的家园归于毁灭，给人留下了惨痛且极为深刻的印象。世人憎恶战争，渴望世界永久和平。似乎军事与兵法上仅有或者战争或者和平两种截然相反的状态。而其中的模糊态，第二次世界大战后的西方战略家们创造的冷战这一概念却未能得到足够的关注。事实上，从和平到战争，其间存在多种状态和发展阶段：战术失和、战略失和、分庭抗礼、对峙升级、军备竞赛、战略赫阻、战术打击与消灭、战略打击与消灭、大决战、全面战争等。军事对抗以外的军事交往与沟通，军事比武与军事切磋，军事合作与军事支援，乃至军事战略联盟与军事及其他联盟，包括核保护在内的种种保护等形式，又都构成了军事合作与非竞争博弈。

同样，金融博弈从竞争合作到爆炸性的金融对峙和金融大战，也存在着若干层级和展开形式。普通的非对抗性的金融博弈，一般并不就意味着涉足方的相互金融封杀、残杀和置对方于死地。从领袖—跟随价格、羊群效应到善意兼并，从互换到敌意收购，从抵押贷款及可能强制拍卖与收回到市场份额占优后将对手挤出，从国际直接投资、国际外包、跨国经营到国际投机攻击、贸易战争、经营颠覆乃至经济侵略等对峙，金融博弈呈现出万花筒般的奇妙组合与竞合互相渗透。

金融兵法就是要确定在如此复杂多变的竞合生境与发展空间下，掌控基本走势与运作可能性空间，在战略思维导控之下，统合利弊权衡与风险空间，统合正反作用因素或一切正反向作用的金融资源、环境、能量分布和可变金融生态体系统，统合“敌我友”统一战线、对抗阵线、攻取阵线的全部战线局势和种种战策变化可能性空间，统算战略态势维持成本与收益、战略展开成本与收益、战略进攻成本与收益，还要统算“敌友”对弈策略与战术调整的相应变化，并要统算市场大势与产业形势的“形势法则”作用力所提供的利弊空间与支付格局，从而综合统算现金流可能性、支付与财货—债务结构匹配和未来收益预期，尤其是力主扩大的优化战略空间预期收益，进而形成最后的战略决心，完成已有的战略预置调用，启动未来的战略预置和投放，作出相应的战略进攻与打击，打造必要的战略态势与战略棋局，借以在新的为我所用、“利我碍敌”、“助友合道”的诱势与造势下的新的大棋局中，完成资产结构优化和收益组合升级。

（一）兵圣之境：不战而胜，屈人之兵

军人应非但不怕战争，而且在本质上会有些“偏爱”战争的刀光剑影下的“公平比武”，但兵家之圣雄绝不可以也决然不会热衷于战争，更不会穷兵黩武。兵圣之境代表着兵家之最高境界。其是一种借助于预演的非流血的理性的或智慧上的战略对局和战策战划的“比武”，在形成强大的无以匹敌的竞雄优势之下，包括造成各种心理、文化与舆论上的利好大势之下，获得敌方自动走和、放弃对抗、选择和谈，甚或“缴械投降”。

金融兵圣之境不在于是否是常胜将军，也不在于战略攻进或战术策动后的资产与权益斩获的多寡，而在于金融资源投入与获取的比例，在于战略指向的实现程度，在于总体金融资产的全方位核算之损益。从巴菲特以价值投资理念所倡导的长期、实体和优化的资本支持，到其对泡沫与投机炒作的厌恶与鄙视，再到其面对股市崩

盘而后诸多投机者闻风而动，进行所谓的“抄底”时的泰然自若，最后到其长期经营立于不败的金融大厦的建设，并到其最终将所属的全部财富捐予基金会，这一切全都无疑不在表明，作为金融兵圣的战略思想与对弈境界。

不战而胜远远超出那种所谓兵来将挡，水来土掩，也非所谓兵无常势，水无常形的诡道兵术。当然，不战而胜更不是“刀枪入库，马放南山”的自欺欺人。不战是说不大战，不决战，不劳民伤财、两败俱伤，也就是说不战并不意味着不备、不抗，也不意味着不小战，不应对。诸葛亮七擒孟获而最终收复并稳定云南的后方，就是另一种以小战，以关键性的有限伤亡为代价的小战，而赢得最终的不战而胜，屈人之兵。

形成强势货币，布势最优货币区，推进货币国际化、硬通货乃至确立起世界货币地位，形成国际贸易与国际投资引力区，造成外部经济对自身金融与经济的强依赖，掌控核心资源、技术和“垄断”必要的市场与标准，建立起强大的金融动能和规模金融及产业集群的大位势，掌控国际金融通道与命脉关节等等举措和追逐，都能造成不战而胜屈人之兵的金融兵圣之境。

不战而胜不等于没有亮剑、无须亮剑。金融与经济战况布局与对阵时，两军狭路相逢，不战而胜是尽可能避免一场金融大决战、大混战，避免血战、跳楼价惨状出现，就是要尽力通过布势、造势、诱势、导势，通过金融心理战、金融舆论战、金融外部资源供给战略据点争夺战，获得强大无比的金融优势，以势造成对手的大败退，造成大输家的恐慌与惧怕，迫使其主动媾和，放弃争斗。

（二）不对称胜算Ⅰ：集中优势，以弱胜强

军事上的骄兵必败，常常是同那些占据天时、地利与人和下的过于轻敌，结果反倒处处被动挨打，兵败如山倒的情形联系在一起的。毛泽东的“集中优势兵力，各个歼灭敌人”的军事原则是弱势下的游击战略决定的扭转战略态势，以弱胜强，以小胜大的法宝。不对称胜算指的就是在双方力量对比悬殊，一方处于绝对或至少是相对强势状态，另一方处于弱势的情况下，通常的胜算把握绝对地倾向于前者而非后者，在这种金融力量较量对比之下的反常规的弱势方反而胜出，战胜强者的以小博大，以弱斗强，赢得金融对弈与冲突的胜利。

金融实力表现在资本实力、资产规模、人力资源与技术占优、品牌亮丽与融资通道便利、风险与债务结构合宜、经营可持续性与后续力强劲、产业与企业金融展开空间强大等等方面。而优秀的企业舵手和良好的管理团体及其相应的投资价值取向与投资风格，更是实力的软性构成。经营软实力同经营硬实力同样重要。然而，这些依照常规思维所认定的金融实力，并不代表着在金融对局和全方位博弈中就有胜算保证。在上述标尺下的强势金融实体与组织建构，欲实现上述不对称实力对比之下的胜算，还需要出奇制胜，以柔克刚。

局部与无限时空上的以优战劣，通常构成不对称胜算的最通行和较有保证的战策与战略思想。金融对弈商家的超强金融实力永远只能是相对和有限的。任何金融集团在任何情况下，都会存在短板效应和固有的阿基里斯之踵。针对对手的软肋，相应地集结有效的金融资源、工具与手段，就会造成局部以多胜少，以众敌寡，进行这种战略规划实施的要害在于：第一，精心地以弱阻援（以少量金融资源的投入阻

断对手大规模的雄厚的战略性金融资本或策略性临时融资后续资金的投入与调动)的策划与布局。倘若形成聚歼包围而欲收复时却无法抵挡对手后续资金注入,无法切断或至少是阻隔对手迂回包抄的其他项目的大围剿,就将陷入反被围歼的境地。第二,速战速决,久拖必败。弱小方的金融可持续与回旋余地总是远不及强势对手的。因此,在进一步展开攻势时,速胜成了必要的选择。第三,背水一战,置之死地而后生,形成以一当十的金融尖刀与先锋,通过超限战之战略战术及强大的局部攻击阵势,打乱对手的长期经营布势和阵脚,造成一鼓作气之势,形成摧枯拉朽之力。

不对称战争的最大忌讳是有勇无谋地死拼家底和固守阵地而非核心实力的得失计算。对于不对称胜算下的运作,由于家小底子薄,在任何一场真正战略对决中,都是生死攸关和输不起的。现实要求灵活机动的战略战术原则,积小胜为大胜,不做亏本买卖。巴菲特毕生的经营实践,提供了这方面的成功范例。而《赌金者》一书所描述的长期资本运作公司,确有良好的开局、迅猛展开的态势、小巨人大招式的呼风唤雨,然而咄咄逼人地四处出击和战线过长,却使得其最终陷入彻底的被动境地,以至于不得不以破产而告终。

无论我们如何从经济和金融道德上评断索罗斯、罗杰斯的量子基金式的国际金融"偷袭"与"冲击"性运作,但从兵策与战法上看,其在绝大多数甚或几乎全部情况下,都是一种不对称的胜算或败笔。他们的"突袭"有成功,也有失败。其所谓成功的案例均是在以私人经济金融力量,同某国政府(如索罗斯等做空英国政府和英国央行的英镑),甚至有时是同国际社会的多国联手与联动的十分强大的主权国家或国际金融国家联盟(如亚洲金融危机时发生的)这等对手间进行的公开的汇率大战或战略性储备资产争夺中完成的。

同理,不论如何评断有组织的犯罪和种种"黑客式"的金融欺诈的伦理道德方位,从金融兵法上看,他们同样也属于不对称胜算。

事实上,无论这些有组织犯罪团队技术上如何优异、管理上如何精干、手段上怎样先进,同大金融集团、公司、企业、机构的反金融欺诈与盗窃机构实力相比,同这些金融实体的财力、人力、社会情报与信息资源网络与手段相比,总是处在相当的劣势地位。然而,他们以生存在幕后、黑暗和夹缝之中,靠"灵活机动"和超常规破解、破译和截获手段,同正规金融团体展开了非公开的、不定期的金融游击战。因此,金融机构的反黑道的防范与对局,就成了最重要的正常业务和危机处理安全之屏障。

国际社会,一些国家联盟的某种国际金融,同一些主权国家,尤其是现行世界的大国与超级大国的金融与经济博弈,有时也是处于不对称的弱势方。如石油输出国组织(OPEC),其开始要抗衡的无疑是西方大国。不管是从国力、军力、财力甚至于产业与资源支撑角度看,还是从全球组织系统与资源动员和整合能力角度看,石油输出国组织都处于绝对的下风与劣势。然而石油输出国组织通过主权捍卫与行使,通过牢牢地把握住"地下黑色黄金"这种当时还便宜如水的战略资源(潜在的价值战略资源),通过提价、限产、联合行动、威胁、国际磋商等等举措,一举扭转了西方大国,尤其是英美的国际石油市场和世界石油美元的命运。石油输出国组织的现代化,几乎完全就是这种国际经济与金融的不对称胜算的绝佳成功范例。

不对称胜算此种以小击大的兵法要义应强调"纸老虎"和"真老虎"双重军事战

略战术思想原则。在战略态势上，要将对弈的强势方当成绝对的“纸老虎”，从精神、心理和大局与趋势上，认清其外强中干，在经营与经济道义和天理上，在资源与结构的重大缺失上，在可持续的广泛运作空间上的战略劣势，从而，在这个层面上将其绝对地当成吓唬人的“纸老虎”来应对。然而，在战术层面，尤其是在具有战略突破口和战略对比逆转意义上的战术动作和战术策划上，却必须慎之又慎，胆大心细，策划到各种细节和方案安排，从而把纸老虎绝对地当真老虎来打。而真老虎是绝对要咬人，甚至吃人的。“战略上藐视敌人，战术上重视敌人”构成了真假老虎的兵法辩证原则。这是当代大兵法家、历代罕见的大战略家毛泽东的最重要的军事思想之一。

金融兼并战中的蛇吞象现象经常发生。这就是一种典型的不对称胜算。通常，像 KKR 和黑石集团等这些国际上有名的私募运作基金，在金融战策略上，基本上都是采取这类以小博大的金融对弈。两者尽管在战法上会有些差异，但在动员和使用金融杠杆方面，却通过低资本投入的高债务策略，来完成所欲进行的兼并扩张整合。

对于那些成为靶子的兼并对象（被锁定和追逐的瞄准对象），其在势单力薄的被动局面之下，同样有可能运用以弱胜强、以小反大的不对称胜算运作，进行反兼并、反收购、反吞并。毒药丸、金降落伞、银降落伞等，都是现行常用的反兼并政策，但这些都多半为招安、安抚技巧，不构成真正意义上的反兼并战略战术。

（三）不对称胜算 II：“兵临城下”，“宜将剩勇”

不对称胜算的第二种是指同对手相比处在绝对的多方面与大部分优势条件下的对弈胜算。如前所述，一般而言这应视作获得赢局理所当然，落得输局不可思议。然而在现实运作中，稳操胜券下的翻车不但经常发生而且理当赢得局面时，最终结果究竟是大胜还是小赢，是终极胜利还是表面上的取胜，其间的差别是相当大的。因此，不对称胜算的这一类对于如何防范骄兵必败，避免被胜利冲昏头脑，始终把握博弈与对局中的主动，做到宜将剩勇追穷寇，以大兵压境兵临城下之威势，加上精心布局，巧妙运筹，以最小失利与失手的代价，赢得最后的胜利，就是战略与兵法之要诀。

这类不对称下的失手与挫败（即稳操胜券下的失利与失守或胜算不多、不大），具有极大的成本代价，其可以从下述几方面加以核算：首先，轻敌可能带来败北的挫败成本。具体说来，由轻敌而可能造成的一城一地之得失，仅仅会造成局部与暂时受挫，损失的仅仅是个别项目、契约和商机，还不足以影响全局与未来经营。此虽看似败绩与可计量成本初步微不足道，但其可能具有较大的负面示范效应，对于今后的公司治理与其他业务拓展，有可能造成不利影响。其次，轻敌造成了战略机遇的丧失。这会使得金融博弈的大决战和后续长期对局受到致命的影响。这样的损失，就不单单是简单的“损兵折将”，“割地赔款”，而是在“主力部队”、“战略高地”、“重大时机”上的败北。这种代价会对今后金融对弈中的竞价与策略运用，对后续的翻身造成巨大的压力，并有可能引致从此一蹶不振的严重后果：由于轻敌而造成的一溃千里的大崩盘效应，或者也就是轻敌造成的兵败如山倒的决堤效应。换言之，原本外强中干的强大，在重大对阵中的失守形成了全线连锁崩溃的多米诺骨牌效应。当风险链条拉得过紧过长，债务结构与资产结构过于复杂，在巨大的金融杠杆之下形成的超大型金融运作关节点上的失利，就会成为由盛而衰的转折点。昔日的辉煌所掩盖下的风险、失衡、无序与低效,甚至内部营运的致命管理伤和企业文化硬伤会统统显现出来。

因此,在处于强势与优势情况下的不对称胜算,绝对要求彻底消除轻敌意识与轻敌方略。相应地,在资产池、风险结构,尤其是在债务结构和预备金融的储备,或起码是危机与临时应急、应变性的战略金融之资源储备和战略金融之融资渠道准备方面,不可以有任何的马虎。这同大军和大兵团行动时,因粮草的后勤补给系统被截断而失利败北是一样的。金融的战略储备资源更远远超出单纯的粮草供应,其同时也是金融兵器与弹药的补充。

从现代最经典的风险案例,即美国橙郡破产案可见,衍生品金融的微观破产重大危机的出现,往往就是由于资产技术管理者,即交易员与操盘手在大量运用杠杆衍生金融工具长期获益后的某次重大失手后,在抱着尽快弥补上,从而不被主管和外界察觉出所造成的资产重大损失之心态下,试图挽回局面,结果进行了更大杠杆撬动的"赌注"式投入,最终走上破产的境地。并且,这类案例通常几乎无一例外地发生在那些"常胜将军"、"明星投资家"和"股神金圣"之类的操作员们身上。他们的翻车均非在实力与势头上,而恰恰源于他们过于骄人的战绩和辉煌的业绩历史。

这种强势和优势不对称胜算战策,除了消除轻敌意识和策略而外,就是如何加强在对弈胜利获取和未来生态布局方面的把握。具体说来,优势下的失利败北固然不好,那么优势下的大胜、狂赢和把对手赶尽杀绝,形成自家绝对垄断是否就是最佳结果和最高追求呢?获胜或利得的综合评估的战略考量,究竟应如何把握呢?

兵临城下有可能是额外成本为零,有可能额外成本甚大。相应的或不论成本如何,同所有态势与情况比较,追求不战而胜都是最高金融境界:其不仅避免了激烈对弈下的折价、投入和拼杀的损失,而且为理性对局秩序和未来合宜的竞合生态形成与布局,创造了有利的经营空间,但不战而胜的最高境界的赢得通常不仅仅取决于自我约束与境界追求,也取决于对手的一系列品质与经营风格。并且,不打不成交或许是金融行为主体的天性之所在。

为创造良好的未来经营生境,兵临城下的兼并通常非但不采取赶尽杀绝的灭绝性策略,反而采取适度的宽大政策,借以稳住阵脚,借以先夺商机与无形资产。例如,在收购价格、就业处置,特别是对上层管理团队的吸纳与安排上,甚至初始整合的方案试行上,收购方都会给被收购方以有力的开价。

关于前述的额外成本问题,当形成对对手的战略包围与可能的围歼是属于无心插柳柳成荫的情况时,即行为优势主体的总体经营方略和市场与产业占位之推进过程中的总体谋篇布局,自然而然地带来了一些并非刻意陷对手于无形中被收编与整合的地步,也就是非战略意图和战术包围下所获得的额外收益时,则额外成本就几乎可以视为零。在这种条件下,让利空间和和平解决的好处是极大的,但多数情况下,却不会出现这样"天上掉馅饼"的好事。对局中的被围困状态,完全是"我为主体"方精心制造出来的。这时兵临城下的额外成本就一定会相当高昂。在这种情况下,让利空间会受到已有成本开支的影响。从而,快刀斩乱麻的有效战略攻击,速战速决的解决会是上上策,但战略对阵的更大的成本支付和可能对未来合作造成的伤害,也是需要慎重考虑的。这一点同战争既相同又不同。不同之处表现为在消灭敌对有生力量方面,既不存在道义上的问题,也不存在未来竞合合作问题。因此,完全可以任由战争的“无情”来解决。而金融与商业上的对局,既不可能从肉体上“消灭”对方,也不可能从金融未来生境上完全消灭敌方。兼并、合并的目的,总是要整合与形成合力。然而,涉外战争甚至国内战争,总有个和平相处,总有个优待俘虏的战争人道主义问题。从这个角度上看,两者又是相同的。

(四) 对称胜算:避开两败俱伤陷阱,追求双赢共谋局面

零和游戏下的价格战、市场份额战、资源争夺战或其他的恶性竞争与博弈,均会导致龙虎斗的两败俱伤的共输局面。这是实力相当的博弈通常应避免的恶果。亚当·斯密等主流正统经济学家无疑希望通过有效市场竞争压力,来达到消除垄断与特权所带来的浪费、低效和对消费者造成的损失。因此,经济学反对卡特尔联盟,反对价格操纵和垄断特权。这似乎同这里所倡导的互利共赢主张相悖,但其实这是一种误解。

经济学上的垄断、特权与共谋,都是有着明确界定的。垄断与寡头垄断的价格与产量操纵,理论上界定并不难,实证上确立是要通过包括法律专家在内的业内人士仔细严格地给以论证的。不管实际情形如何复杂,除非形成两大寡头垄断市场与产业情形下双方的合谋,需要给以特别的反垄断关注而外,在即便是存在若干个大的商家占优的产业市场结构之下,对称合谋通常并不总是同垄断经营连在一起的。

对称胜算有时是十分困难的,因此,实力相当的情况下交恶,都会导致“鹬蚌相争,渔翁得利”,但只要以理性和理智战胜感情上的冲动,在互谅—互让—互助中寻求竞合,则对称胜算不但是可能的,而且时常会创造共赢局面。这可能是所谓“门当户对”的婚姻和高层级交往或所谓的“实力外交”的基本经济学理性。当代金融在这些方面创造出无数的金融工具。这集中体现在互换(swap)金融工具和衍生品方面的创造。实力相当、层次相同,但不意味着各自的长线领域、品牌优势、专家集合、市场渠道(国内、国际的资本市场、中介市场,单业和混业等等)所有方面与领域均会相同,从而必然会形成各自闲置起来并不盈利的有形与无形市场资源。对称胜算就是寻求这些各得其所的胜算空间并加以充分利用。

从利率互换、资产互换、收益互换到风险与盈利互换,从局部有限互换到总体互换,互换同股指与股指期货等一样,创造了一种新的不经产权结构变更,即可进行风险与利益调整和交换的新金融工具与方式。这给对称胜算提供了巨大的获利机会空间。

互换之所以能够获得如此超高速增长,除了当代信息金融和网络技术优势提供了复杂结构金融的清算性互益快速处理之外,主要的还是由于对称胜算的巨大帕累托改进的福利与效率空间的实际存在。这是一种最具可持续性的金融,是深含金融理性的金融生境与金融演进生态方向的金融工具创新。

(五) 战略集结:牛市与熊市的逆转基础与大势支撑

“最后一根稻草压垮骆驼”对突变论和战术资产组合管理与操作都具有重大价

值,但对于战略家思维与宏观金融计量则几乎就是个偶发因素和导火索之借口性的东西。这有些像技术派同基本面派在视角、视野与视线上的差别一样。前者只见树木不见森林,后者更有些只见森林不见树木。最合宜、最有效的金融分析,不但是综合性的、实操性的,而且是战略与战术集成性的,并且要把上述两者结合起来。

基本面与大势分析,必须是宏观视角和大尺度观察,并且是时间序列甚至于时空序列或时空矩阵的和历史实证性的。仅仅停留在时间序列的"空洞"数据与实体经济支撑的思维约定上,有可能对金融创新,尤其是金融超常大爆炸的能量生成与转换意识不足,从而错失资本运作和资产配置的良机。然而,缺失大尺度历史性宏观与中观实体经济和金融物质资源的感觉、概念与意识,则可能由于井底之蛙的狭隘心态,而忽视大风起兮的战略乃至命运风险,从而在一夜间造成不可逆转的损失,输个精光。

牛市与熊市的大势形成及走势支撑与维持,显然并不仅仅依赖实体经济和真实经济的"行情",而且会在虚拟生境和价值形态上,形成并维持自主生长和自行扩张的金融能源与动量,尤其是当国民心理账户和整个社会金融—经济—文化体系形成结构性偏好转化时,这种金融独立运营的能力就会更强,但无论如何,金融生命力仰赖于其同实体经济相耦合的开放系统性质,从而其必依赖或是国内的或是国际的实体经济之能量补充。例如,20 世纪 80 年代以来,尤其是 90 年代的超级金融大爆炸和金融革命下的资产与财富虚拟化革命及产业链调整,都依赖于新型工业国和全球其他经济体的国际贸易与经济的外界输入与补充。发达国家的环境顺差、资源顺差、生活品质或国民福利顺差等等,通过财政逆差、贸易逆差而间接和虚假地反映出来,这其中除了发达国家的服务顺差包含某些真实经济国际竞争力外,其他的方面,都是由新兴工业国和发展中国家的贸易补偿所造成的。

任何金融大势的出现与维持,金融资源、物质与能量的战略集结与分布结构的调整都是其基础与核心。金融战略家、金融兵法大师、金融战略分析师、金融领袖们,最重大的战略情报、战略知识和战略信息库的基本构成,无不是来自于他们对这种金融战略集结的全局性的历史性的灾变或结构性变化的系统、完整和智慧性的把握与预见。这里应采取后现代哲学大师们常用和推崇的解构语言来分析。预见主要强调的并非是对所有的战略集结的态势变化,即那种可计量、可搜集且合乎常规逻辑推理的预见与把握。因为,智慧性跃迁的洞见和超感觉的大师性职业化的特异猜想与灵性般推断,有时反而起着更为重要的作用。由于金融和军事同样都属于一种自我实现预言的特殊预测体系与结局,因此,金融在未来大众思维和范式的洞见和战略预置,就会造成先机性占优,从而通过羊群效应而完成自我实现预言。对预见的把握同样不同于简单的信息采集、分类整理、归档与升华,其强调的是其中去粗取精、去伪存真的智慧性凝练。

战略集结可来自于下述几个层面:首先是形势法则意义下的战略集结。这是一种命运性的天翻地覆般变动的淘汰、演化和整合。这种战略集结可以在文明体、国家主权、经济范式(例如知识经济时代)、产业,或者市场结构层级上发生。不论哪一种层级,形势法则意味着结构性变更大势。其绝对不以人的意志为转移,已经形成社会文明与制度性合力,是不可逆转与抗拒的潮流。从而"顺之者昌,逆之者亡"。

历史上的商业文明范式、技术经济朝代、产业升级换代与更新、市场大繁荣与崩溃的种种形势比人强的金融巨变与革命，都表明了这种战略集结的至关重要。然而，形势法则可能会促成朝阳产业，也会导致夕阳产业衰败，但其不意味着所有传统产业的生命力之全部丧失。比如，伴随着信息革命和知识经济崛起了微软、IBM、惠普、太阳、甲骨文等等公司，但沃尔玛（Walmart）非但没有消失，反倒更加兴旺。沃尔玛在1993年成为世界十大零售商冠军后，1995年首次登上《财富》杂志世界500强之榜首，而后从1999年到2004年，在其近乎绝对辉煌的岁月里，连续6年蝉联冠军，不但保持长期不败，而且至今依旧雄风不减当年，始终处在巅峰与准巅峰之间，创造了经营大业的近乎神话般的佳话。其次是宏观和超宏观的国家与国际金融战略集结。这种集结具有直接的国家政策、战略导向和国际竞争指向。通常，因经济政策调整和国际竞争需要而发生的金融资源调整与整合，往往会隐含着重大的商机。例如，美国在第二次世界大战时期的彻底的罗斯福新政，就在国防与战时经济政策调整、完成美国战后世界霸权布局以及构建相对系统与完整的社会保障经济制度等方面，形成了大规模国家干预、赤字财政（公共债务金融）和国际租借信用经济。这不但使得美国愈加在工业制造和全方位国民经济体系上走向超强，而且为今后的国民财政金融运作和信用经济打开了缺口，同时也使美国大发了战争横财。再次是重大微观经营主体的战略集结。历史上已有过的南海泡沫、黑郁金香狂潮、密西西比泡沫[①]等，都不但在一时间形成了大规模的民间金融投资或投机资源与能量汇集，瞬间形成了非理性繁荣泡沫，而且带来了整个社会与国家金融秩序、体系与规范的震荡，并最终给金融生态造成了深深的影响。无论其是正面还是负面的，都是如此。例如，由于约翰·劳在法国导演的那出密西西比泡沫的臭名昭著，单单是银行一词在法国就从此被“诅咒”了一个多世纪。[②]

我们用了牛市与熊市，表面上看是单纯指股市大行情变动，实际上是泛指经济与金融的方方面面可能出现的利好或繁盛和利差或衰败的经济—金融形势。牛市时往往同泡沫金融与经济生成和膨胀连在一起，熊市时往往同泡沫金融—经济的死亡与破灭连在一起。这种牛熊市的大势逆转可能由一些偶发因素导火，但其背后的真正较量却是由做多做空，或者买家卖家力量对比，或者看涨—看跌的局部和整体的战略供求力量集结所决定的。

（六）空城计资本垫支与信用透支：杠杆效应的时空限界

诸葛亮的空城计成为中国兵法和战史上的美谈，并通过《三国演义》等经典文学和各种智慧策书，成为家喻户晓的斗智斗勇之千古范例。然而，一些人从中注意到了空城计主角的临危不乱、大智大勇，一些人注意到了空城计表演者的神机妙算，玩弄敌人于股掌之间的韬略与诡道，一些人注意到了诸葛亮的对手在交手和对局中的不战自溃和甘拜下风的心理与经验特征。然而，却很少有人在空城计兵法背后观察到更深层的资本战略性垫支和可能的信用储蓄，从而无法注意到杠杆效应和虚张声

① 徐滇庆、于宗先、王金利：《泡沫经济与金融危机》，中国人民大学出版社2000年版，第53—70页。
② 同上书，第65页。

势的时空限界问题。

空城计表面上或至少是发生对弈与冲突时刻的虚拟状态是真实存在且不容置疑的。然而,这绝不意味着上演空城计的对阵与对决过程无须任何战略资源投放和其他资本注入。首先,空城计能成功的关键,先期在于对手对其必有伏兵和遭遇被全歼之诡道的深信不疑,或者起码是将信将疑。而这来自于对手对主演空城计的诸葛亮之精于兵法、神机妙算的心理阴影与临战不决的不安。这是形象资本的长期积累,是交手中的"信用"的长期蓄积。其次,空城计所造成的只能是有限时空下的"虚撑硬挺"。这同时依赖于实力回转、其他战略对决与战略制高点争夺和新的包抄与策动。这当然是同真枪实弹与大军实力密切联系在一起的。空城计的敌对博弈方,可以通过侦查、佯攻等方式探寻其间的虚实。在发动汇率、货币和其他的金融投机之前,在进行局部和整体的兼合并的攻击之前,在进行"多逼空"、"空逼多"期货和其他衍生金融乃至原生金融的看涨—看跌博弈前,都会通过公开信息、历史信息、直接和间接信息,甚至依靠内部消息与情报,对所有可能进行商战上的空城计之谋略动作及采取相应其他配套战略动作的对手,形成一定的实力概念,并对其可资调用补充的金融能源进行分析。而空城计与反空城计的成与败,都会同这些真正资源的调动与集结,以及对这些资源与信息运作的彼此把握与利用,有着直接的关系。

空城计其实并不空,其间与其后包含着预先的资本垫支和过程中的资本与金融资源的迂回与转用,更包含着信用资本的大量而广泛的使用。因此这里的资本杠杆、信用杠杆,就有个合宜使用区间问题。资本垫支是资本投入,它要求回报,信用杠杆利用必须符合信用赔付原理,过度使用就必然发生信用透支。而这里透支的结果,就不会是简单的被罚款,支付必要的超限额费用问题了,而是会在空城计中一败涂地,全部伎俩最终落空。

事实上,几乎每一次的国际汇率投机冲击,博弈发起方所赌的都是对方国家政府正陷入的空城计状态。因为,虽多半发起方明明知道攻击的国家外汇储备存底、资产动员量,以及国民经济基础和国际金融救援与干涉的种种现实可能,但他们经常深谙援兵到来和政府救市的官僚程序和投放打击与护市的繁杂准备,以及相应承担的种种风险。这种正面赌定空城计,无论是新手,还是所谓大师,都有成败两种可能。索罗斯在英国得手大赚十亿美元,在东南亚的有些国家照样得手,但在其他一些场合却非但空手而归,而且赔了夫人又折兵。

二、金融兵法与金融战式及其展开空间

金融战式同军事对弈一样,呈现出五花八门、各式各样之变化,相应的金融兵法也随之呈现千姿百态、花样繁多之样式。仓位战、兼并战、价格战、货币战、汇率突袭战乃至综合的金融战等各种战式,要求不同的兵略与战策。

(一)阵地战兵略:仓位博弈

仓位博弈直接来自于期货市场上的金融对局。然而,其实其存在于几乎金融竞争对弈的各个方面。因为,仓位博弈在本质上是一种战略储备、战略制高点、战略和

战术阵地上的对决。举凡涉及原料和投入要素掌控、市场份额争夺和顾客群体分割与抢占等方面，就都会涉及这种战法。从这个角度上看，仓位博弈又超出了一般意义上的阵地争夺战。

所谓仓位博弈，指的就是建仓、倒仓、逼仓、清仓、斩仓或其中反复进行的以对标的商品、标的资产和标的金融合约数量的掌控，来形成在市场价位、市场风险、市场流动性、市场直接获利、市场大势营造等战策略展开空间上的好处与优势。仓位博弈是一种多头与多角博弈，是包括整个公司上层决策人物，尤其是资产管理部门、资产组合池和具体主要的操盘手需经常把握和介入的金融博弈。

建仓与倒仓需要时机，需要大机缘，需要金融大气候。这有时会从中生成家族和集团发迹的第一桶金并从此而崛起。拿破仑滑铁卢大败，不但给拿破仑、法国称雄画上了句号，也给英国崛起，更具体地说给一个西方金融史上赫赫有名的家族的发迹，提供了仓位博弈的大机缘："也正是这场战役使罗斯柴尔德家族完成了从默默无闻到称雄世界的百年发家史。英国取得滑铁卢之战胜利后，罗斯柴尔德家族马上大举进攻市场。他先抛售，然后又买入大量的政府债券，这使得证券交易所中的其他参与者手足无措。如此反复倒仓，罗斯柴尔德家族在战争期间发了不小的财。他们买进卖出商业股票，这些活动在当时并不被认为是不妥或非法的。而从今天的眼光来看，这都是应该受到处罚的。"①

围绕仓位争夺有若干种具体形式，但可以将其从理论上归纳和抽象为三大类：建仓—持仓（护仓）博弈、逼仓—夺仓博弈、倒仓—斩仓博弈。其中所涉及的金融资源集结、储备与整合，金融打击、反击和出击政策，金融布势、诱势、造势及从中收益是各不相同的。因此，不同博弈的经济机理也各不相同。

期货市场中很少有完全平仓的时候，大多数时间未平仓数远远高于平仓数。这同现货市场的市场出清、商品市场中的库存最优甚至零库存完全不同。这有些类似于二级市场上的股票。股票易手（交易量）尽管很大，但出手与未出手的情况，同现货市场上的市场出清不同。这里边除了商品本身的时效性、有用性等消费使用时空属性外，主要是资本增值与风险把玩问题。而期货市场上的持仓量或未平仓量就更加显著。从期货交易所或交易市场角度看，除了保障充分市场性和流动性而外，主要还是金融行为主体的微观理性行为。其核心在于期货杠杆效应中的5%的佣金制和期货价位同市场供求生态分布的高度敏感性，造成了持仓机会成本和机会收益的较大不对称。它给了期货市场上和类似的金融市场上的超级赌徒以巨大的斩获暴利的机会，从而也解释了建仓—持仓争夺战为何会如此之激烈。

然而，如此暴利和成本收益的显著不对称，却未能造成像股市上的股票股民的那种汪洋大海似的散户游泳。这是由于期货，主要是金融期货的两大特点造成的：第一是标准化的期货合约单规模巨大，这一点就决定了不是一般资金的投资散户能够和敢于涉足的；第二是期货几乎同汇市一样时时刻刻具有的高风险、高敏感变动，使得有着正常职业与追求日常平静生活的散户望而却步。

① 罗伊·C.史密斯、英戈·沃尔特著，黄为忻等译：《全球银行学》，上海译文出版社2005年版，第10页。

阵地战兵略的核心是一先机、二时机、三当机(当机立断)、四转机。先机指的是必须在市场大势,广泛的金融聚焦形成之前,抢占建仓、筑仓的先机。这同经济—金融任何领域中的技术、产品市场、资源人脉的战略预置和优先夺取是一致的,但先机不等于无限量提前。因为先机的机会成本非常高昂。因此,先机同时机密切地连在一起。由此,时机首先包括先机的时机把握,过大或过小提前量都会造成巨大损失。过大提前量会过多地占用资本与资产投入,过小提前量会失去战略收益最大化可能性空间,但时机没有最优,只要能经常做到次优,累计的结果就是最好的。从而时机又进而转化为当机。当机的要害仍然涉及"买低与卖高"的当机立断。这里的当机立断指的就是不因为追寻过度期望而错过高峰价位,不因追寻足够的损失补偿而被套牢,即要敢于断臂、善于累计次优,而非每每因追求最优不成反陷入被动的局面。

建仓—持仓博弈经常会在那些新金融创新标的资产市场和成为新聚焦热点的仓位品种上发生。而进入常态经营下的期货与其他金融市场博弈,则主要出现的是逼仓—布仓博弈。逼仓争夺无非是"多逼空"和"空逼多"及两者之混合这三大类别。多逼空即是一种造势和抬势的博弈。其是通过买竞(即买进竞争)的价格抬升力,冲垮看跌和抛售市场行情与市场压力,促成惜售与哄抬效应。推而广之,流动性黑洞、通缩和过度金融压抑和活络,会促成全经济—金融的普遍性空逼多。整个的资本、金融、经济市场行情,就是在这种时而多逼空,时而空逼多,或同时局部混合交替的买升与卖压(竞买抬价与抛售跌价)的大势与潮流中,时而处于过度泡沫经济—金融状态,时而进入过度黑洞经济—金融状态之间而动态交替反转。

倒仓—斩仓博弈是金融仓位阵地战中更经常的战式与展开空间。因为前两者不但更多地涉及战略决战架势与机遇,而且需要被各种相关的宏观、中观和社情博弈所策动与配合。而常规态势下的金融博弈,多半是这种技术—战术层面上的倒仓—斩仓博弈。像罗斯柴尔德家族发展史上的那种反复倒仓,几乎应归结为第一类和第二类金融博弈。像一些重大的断臂斩仓,则也应属于第一类和第二类金融博弈。只有那些不造成大市起伏,不在剧烈起伏跌宕的做势中倒仓和斩仓,才属于这种博弈。这在标准经济学中基本上指的是那种完全竞争市场下的价格—数量博弈。

(二)游击战兵略:投机性冲击

毛泽东的十六字红军游击战术高度凝练、传神:"敌进我退,敌驻我扰,敌疲我打,敌退我追。"游击者,主动放弃阵地战、歼灭战的正面直接对冲,避免锋芒与主力,在游击转变中寻找战机,区别于运动战的大规模性、正规性,而是以灵活机动的战略战术,因时因地且根据敌人的不同,牢牢把握战场、攻击、撤防的主动权。

金融游击战式最典型的领域发生在汇率投机性攻击上。20 世纪 70 年代后布雷顿森林体系解体,各国汇率制度进入所谓理论上的浮动汇率制。然而,国际金融秩序,尤其是对外经贸的价值稳定性和交易方便性,特别是外经贸风险的内部化控制与预期,都使得各国尽量使本国货币汇率在一个时期(几年)内保持稳定。而政府外汇储备的一定限量和国际炒家与攻击手可能形成的金融冲击,恰恰为这种国际金融投机性攻击创造了一定的空间。而这种攻击得手后的攻击方暴利获得和受冲击方的国家财政金融损失都是巨大的："据说1997年9月，英国为了抵御冲击英镑与德国马克之间的固定汇率的攻击，在短短几个小时内就损失了70亿美元。墨西哥1994年为了支持比索兑美元的汇率，进行干预动用了外汇储备超过500亿美元，但是到年底还是没能阻止住本国货币汇率的崩溃。尽管随着20世纪70年代以来国际资本市场逐步深入，投机性攻击已被证明越来越难以防御，并且在各国广泛传播，但是它们并不是一种新的现象。"①

对外汇汇率的投机性攻击，可直接造成国家外汇储备的急剧下降，从而引发外汇危机，也被称为国际收支危机（balance-of-payments crises）："对其他货币的投机性攻击迫使西班牙比塞塔贬值了5%，意大利里拉贬值了15%。为了保卫其货币，瑞典中央银行被迫将日贷款利率提高至500%的天文水平！到危机结束的时候，英国、法国、意大利、西班牙和瑞典的中央银行的干预投入了1 000亿美元，仅仅德意志联邦银行就投入500亿美元进行外汇干预。"②

"对这些重要银行来说，试图维持欧洲货币体系的代价并不低。据估计，在危机期间，外汇干预使他们损失了40亿至60亿美元。中央银行损失多少，投机者就赚多少。乔治·索罗斯经营的一个投机基金在这次危机中赚取了10亿美元的利润，而据报道花旗银行的交易员赚了2亿美元。"③

可见，金融游击战的国际金融战场上，"游击队"的斩获是巨大的，而被冲击的中央银行的损失是惨重的，且引致的金融危机的后续代价可能更为巨大。

游击战兵略显然并非仅仅发生在汇率投机攻击下。事实上，短线非坐庄的中小股民，甚至一定意义上的长线股民，都是某种意义上的游击队，其兵略也多半属于游击战术。在这个意义上说，加尔布雷斯提出的股东是公司最不可靠、最外围构成的理论猜想，基本上是合理的。因为，作为完全以投机牟利为目的，而不存在任何感情投资和生存依靠的股东，对于公司最不忠诚。公司仅仅是其各种可选的盈利工具之一。他们可根据市价与市盈率而随时随地地抛弃公司。由此可见，游击战兵略是一种散兵式、不对称性的非主导和非正规化的进击力量，其是可能渗透在各种领域与方面的金融博弈。

游击战兵略的基本要义在于：不固守任何"阵地"与"基地"，以保存实力、消灭对方有生力量为原则；灵活机动、兵贵神速，出其不意；抢占先机但不恋战，获胜即罢兵；声东击西、声南击北，诱势、布势、造势灵活展开，创造一切条件形成有利战机，在局部与有限时空中，完成战术战略集结和对决，并相应地获得斩获。现成的、天成的商机固然唾手可得，不可坐失，但任何攻击都是由机会成本和机会收益均衡利弊权衡所决定的。而许多战机都不可能是自生成的，相反，它们多半是被诱导和创造出来的。像前述的空城计就包含着资本垫支，更何况其他的战机与战况呢？游击战的机会成本有时会趋于零，有时又会趋于无穷大。前者表明的是一种"赤脚不怕穿鞋的"，"本为流寇"大不了从头开始，从而冒险死拼的成本几乎为零；后者为已经千辛

---

① 莫瑞斯·奥博斯特弗尔德、肯尼斯·若戈夫著，刘红忠等译：《高级国际金融学教程》，中国金融出版社2002年版，第518页。

② 弗雷德里克·S.米什金著，刘毅等译：《货币金融学》，中国人民大学出版社2005年版，第466页。

③ 同上注。

万苦形成了手头的这些金融家底和某些装备,任何的损失都会造成重大的资本与工具丧失。这种内在冲突的成本核算使得游击战兵略与政策,往往没有任何现成的案例与法则可循,是极费思量,要具体问题具体分析的操作创新。

(三)阻击战兵略:兼并、反兼并及控制权市场争夺战

人们通常只意识到企业、公司兼并合并及反兼并所形成的产权与经营权博弈。而事实上,在公司治理结构中表现得甚为突出的公司权力斗争的最高形式,集中体现为控制权市场上的争夺战。这种内部金融博弈,直接决定了公司所有权,尤其是剩余索取权的使用。不但如此,包括在职消费、公司经营方略与目标、日常运营中的效应满足等结果,都是这种权力夺取后的直接收益。《超现代经济学》中的围绕权力与能人而展开资源配置,就表现了这两个除市场配置而外的资源配置。市场控制权的掌控对这两种资源配置,甚至一定意义上公司内部的制度选择与配置,都具有举足轻重的作用。

兼并合并是进攻,而反兼并是阻击。控制权市场争夺分为董事会多数控制和控股权控制两种。夺取两种控制权属于攻坚战,而反击和阻挠则属于阻击战。两者在一定意义上应视为阵地战,但有时因战法战策不同,力量对比悬殊,也可能通过游击战体现出来。由此可见,金融兵法兵略之间是纵横相连、互相渗透和可以转换的。

一般说来,董事长、最大股东拥有绝对的权威、权力和影响力。其意志与方向通常不容置疑,但这种近乎绝对的权威,并不完全来自于其财产的位重与影响力,其与领袖品格、领导艺术、商业意识与直觉、广泛公正性、人脉与人缘、内外部形象、内外部资源动员与整合力等等,都有着直接与间接的关系。李嘉诚的公私分明、大势明鉴,对属下关爱与支持以及五湖四海拢人与用人之胸怀,都使其在公司营运中处于至高无上的地位。[①] 就是长期资本运作公司中的麦利威瑟在公司高智商团队中的教父形象,同属下形成伙伴加朋友的关系以及业务上的充分放权、高度信任和由衷的欣赏,也都使得其获得了远胜于那些专横跋扈的高位者们所具有的权威。[②]

当然,当发生剧烈利益冲突,出现根本性分歧的某种哗变和造反时,情形就全然不是已有的格局。这就引出另一个重要的内部权力博弈,即代理权争夺战。这种争夺战主要是通过征集投票委托书而集聚中小股东的力量来进行的。一般而言,这种情况发生在出现异议者对于现有管理层和治理结构提出强有力的挑战的时候。每年的股东大会和董事会人事变动,成了这些权力博弈的关键时刻。这种"内耗"式的阻击战是公司内部股东利益和公司长远发展之间的博弈与对局,旨在通过改变权力结构,达到对利益格局的重新调整。

与这种内部治理与管理结构及权力的争夺相对应的是公司兼并与反兼并的争夺。这种公司战略动向、战略思维与战略重组是公司、企业的生命线。

周春生教授在其《融资、并购与公司控制》一书中介绍了行业引力—业务实力矩

---

① 向阳:《影响中国的历代名商》,中国致公出版社 2003 年版。

② 罗格·洛温斯坦著,孟立慧译:《赌金者:长期资本管理公司(LTCM)的升腾与陨落》,上海远东出版社 2006 年版。

阵和另外两大战略原则。这一矩阵是业界有效的战略思想。

结合图示①，周教授给出了三大类战略选择：扩张战略—横向并购，维持战略—纵向并购，收缩战略—分拆战略。先不论这种横纵向兼并及分拆是否科学，但根据二维或多维，例如风险或国际风险，可以形成博弈的战略态势选择可能性空间。公司、企业的战略选择空间与定向，不可能凭空而来，必须是在财力、风险和资源环境综合评估的基础上形成的。

此外，周教授还专门论证了如何小心注意多元化陷阱和如何在并购中挖掘并强化核心竞争力。这实质上是个战线是否过长，摊子是否铺得过大，战略预置和战略支撑如何平衡的问题。多样化中包含着战略预置，包含着风险分担和潜在增长极与生长点问题，还包含着后续增长率与发展空间问题，但其均非现实性现金流和利润支撑基础，并且并未被证明已构成现实的核心竞争力。多样化同样必须是有中心的，也就是围绕本基而展开呈放射状的有机多元化。那种完全不相干的拼盘式的多元化，通常不会享有领域经济和聚集经济的好处，从而只能靠规模经济取胜。因为其很容易造成成本投入与负担过重，周期与战线过长，不利于资源回流和现金流稳定。

这样，不仅仅反兼并是阻击战，兼并战略也在一些方面包含着阻击战的成分。上述的三种战略中，至少收缩战略就是一种积极的阻击战。其本身是需要通过主动的分拆与剥离，轻装上阵，以便以主动放弃一些次级资产经营的代价换取主力军团的强化。而这同上述的警惕多元化陷阱，强化核心竞争力战略意图是一致的。

阻击战兵略的要义是在生命线之保卫和强化上，要不惜代价，精心打造。

（四）“圣战”兵略

宣称经济学中没有道德伦理地位，经济—金融空间中只有冷酷的理智和残酷的竞争是错误、误导性的，并是违反事实的。经济中有情感，金融博弈中有“圣战”。而这些都仰赖于“圣战”兵略与兵法的运用。

所谓圣战，包含两层含义：第一层是指其中的金融与经济博弈，主要追求的不是近期和直接的经济与金融效益，而是一种崇高的具有宗教信仰、政治信仰、文化认同的价值意境。这既可能是宗教意义上的圣战，也可能是文化和文明意义上的圣战。第二层是指其中的金融与经济博弈，尽管同样不是追求近期和直接的经济与金融效益，但其实是以价值目标为招牌和幌子，事实上追求的是长远的更大的经济利益。

由于这种博弈发生在价值层面，结果在战法上就会变得更加复杂。而在道义与话语权等方面的博弈，自然变得需要远远超出一般性的金融技术与业务管理范围，也就是说，欲展开圣战，兵法思想就必须在更高层次和更广阔的文化领域视野中展开。

圣战兵略中会遇到和要强调的是对下述制高点的单纯或全面把握：道义制高点、国际法制高点、民心—民情制高点、强权逻辑制高点等。换言之，这里的圣战是从现实的金融战略中提炼和归纳出来的，是从所谓圣战发动方的自行定义的神圣性与合道性角度，发现其所谓的战略制高点的，而并非是从人类文明的普遍性规范的角度，对其进行价值判断。

---

① 周春生：《融资、并购与公司控制》，北京大学出版社2006年版，第135页。

显然，若从国际伦理与价值规范角度看，道义制高点、国际法制高点是两大国际通行的金融圣战的价值判断准则。无论是一般的人道主义原则，还是战俘、战犯人道主义原则，或其他的国际社会人文与人权价值原则，道义制高点总体说来具有相当的国际公认性。然而，这里不能包括政治、宗教和民族领域的价值判断。

而民心一民情制高点，就会同国内、国际标准与倾向有别，从而无法完全一致。强权逻辑制高点表现出来的就是单边主义。这是非常危险的，但不幸的是，其在国际金融战略框架中始终存在。从科学和普世规范的角度上看，强权逻辑本不该成为制高点，但在现行主权高于世权情形之下，其存在是现实的。

现代反恐战争中的金融全面清理和封锁，就是典型的圣战。事实上，意识形态与价值观主导下的商业、经济与金融方面的带有制裁性的博弈，也都属于“圣战”范围。这种金融战，除非同国家长远利益和国际大战略相符合，否则，便是政治经济错位。其界线尽管模糊，但并不难以把握。美国冷战斗士当年把最惠国待遇同人权挂钩，就属于这种过时、陈旧的战略思维倾向。

举凡涉及主权、宗教、文化、信仰、意识形态乃至国民政治等领域的问题，都不易通过金融与经济封锁和其他的贸易制裁加以解决。因此，圣战必须出师有名，并要合民心、利民意，而且要同世界大势相吻合。

（五）绞杀战兵略：跳楼价、重新洗牌与抄底接盘

中国人民对抗战时期，特别是敌后根据地军民对日本法西斯的三光政策记忆犹新。其斩草除根，彻底摧毁的焦土战略与战法，让人不寒而栗。上甘岭和越南战场上的那种地毯式轰炸、火焰喷射器等火海战术等战法，也都是绞杀战的军事先例。金融、商场与经济博弈中，绞杀战更是兵不血刃，无情扫荡，尽收全部家当。

绞杀战同一般性的运动战、阵地战、游击战、闪电战等兵策与战略战法不同。它不以对称和相对军事力量对比下的有限战略与战役、战术目标为追求，而是在绝对力量对比优势情况下，采取釜底抽薪、不留后患、一劳永逸、清除出局的战略意向，将对方赶尽杀绝，夺取全部资源、权力与能量，获得完全的掌控。

通常看，国际金融投机性冲击无论是实力对比，还是从金融博弈现实目标来看，都不像是也不可能是金融绞杀战。因为量子基金等的私有金融财团同国家财政金融通常不是一个量级。然而，从一定时期内的外汇储备耗尽、财政金融危机、汇率崩溃、巨大的储备资产损失角度来看，其所造成的实际的金融毁灭性的冲击却在结果上同绞杀战并无二致。

股票上的庄家操纵，期货市场上的大幅震荡的反复倒仓，兼并吞并中的跳楼价抄底，都属于金融绞杀战。经济封锁与包围、体制与机制休克疗法、恶性通货膨胀等，也在一定的意义上属于金融绞杀战。

金融绞杀战是一种重新大洗牌与换手的方式，其以不大的代价或相当的代价，几近置对方于金融死地，在微不足道的边缘价位获得全部财富与资产收益。

同常规军事和核军事相比，金融绞杀战不但成本低、代价小，而且公共与国际形象良好。美国庞大的军费开支和直接战争伤亡，通常会使战争手段在国际与国内政治上，成为政治家们较为沉重的包袱，但金融绞杀却可以避开这一切政治烦恼或麻烦。

当然,金融绞杀战也有不利的方面。因为金融与经济利器往往都是双刃剑,而且在理论与实践中都是无法精确操控的。同发射导弹与航天飞机,使用激光武器等有所不同,金融操作属于民营与民间操作,其不可能被严格掌控在国家各级官方系统之中。因此,金融绞杀战的保密与信息工作非常困难。《一个经济杀手的自白》最好地诠释了事后保密的尴尬与艰难。

(六)战略赫阻兵略:核金融与金融大战

在当代世界金融博弈中,美国是使用战略赫阻的高手和大赢家。金融战略赫阻同军事与国防战略赫阻有着相同的处理方式。那就是以"超级武器"、"绝对不对称战略资源与实力"和独特的克敌手段与能量,通过放风、布势、造势、谈判、直接磋商等各种非对弈与冲突的手段,完成战略意图与战略动向,获得在大博弈与战略决战中方能获得的"胜利"与"好处"。

美国从20世纪初开始步步经营,成功地逼退英镑世界霸权,巧设国际金融秩序与体系,形成美元世界准货币格局,这一切都是美国金融战略赫阻的最高表现。相形之下,这比越南战争中损兵折将,比在伊拉克、阿富汗战争中大规模的战力、资源与经济投入,要划算和成功得多。

战略赫阻是屈人之兵的一种战略战术。在当今核时代,其可以被统称为核金融战略。而在未来的信息与太空战略空间上,可套用中国军方的"超限战"战略(不过需要将超限战主要涉及的不对称作战的有限攻击、克敌制胜拓展成优势兵力下同样可以使用的战略战术)。

广场协议是当代美国经济与金融的一个最为成功的范例。日本采取封闭国内市场、集约化经营、高福利的高价值端链下的货币贬值政策,使其在完全控制、占有本国市场和国际制造业价值竞争轴条件下,在海外市场尽可能大规模地拓展。这无疑使得美国贸易摩擦和美国贸易逆差的长期不均衡存在成为现实可能。美国高压下的广场协议,迫使日元升值和日本国内市场对外开放。从此,至少是日本持续性的财富无限扩大的繁荣历程被强迫结束,并在一定意义上开启了二十年左右温和的经济衰退。

三、大视角金融博弈理论架构

金融博弈既是策略、战略意义上的问题,也是制度设计和文化意义上的问题,既是金融业务层面上的问题,又是金融生态体系层面上的问题,既是经济—金融安全问题,又是创新、演进与发展问题。因此,大视角金融博弈理论必须在上述多层级与视野下加以建构。

(一)从仓位争夺到投机性攻击金融经济分析

仓位争夺指的是通过建仓、存仓、斩仓或抛仓等对弈,而形成市场价格布势展开、优势叠加和劣势削减,从而通过市场"规划"下的价格发现、形成和均衡的运动过程,来获得有利的成交与转手。

首先，建仓的抢先，不但可能获得早期优异的进价成本，而且可能形成抢占商机的本钱。建仓尽管主要直接来自于期货行当，但金融建仓实际上普遍存在于其他各种具体的金融业务之中。建仓就是一种业界积累，其中包括资本蓄积、无形资产建构、战略资源占有、核心业务与产品开发等等方面的积累与建树。这些方面的累积结果，构成了一个微观金融主体在业界、市场和金融生态体系中的谈判地位，以及可资出售与动用的金融能量与本钱。

日本企业文化与整个社会的公司价值取向，在建仓方面要远远优于英美企业。富兰克林·艾伦在他的《比较金融系统》一书中提供了美、英、日、法、德等国的企业价值取向和战略定位的横向国际比较，并明确体现出来了日本企业对远远超出利润最大化和单纯服务于股东利益的大社会责任和企业长远利基形成的价值规范。这直接影响了日本企业在战略建仓方面的价值取向和战略规划。

建仓价值取向和战略规划不但在微观层面上存在，而且可能扩展到中观和宏观层面。日本和德国的主银行制度和开户银行制度，以及其他的信用与金融政策倾斜，就是一种中观和宏观的建仓价值取向和战略规划。而斯大林模式的绝对重工业化战略和毛泽东时代的相对工业化建仓或传统计划经济体系，更是超级的现代化建仓价值取向和战略规划的成功运用。

建仓的最根本的经济核算，就是要在最高层级上把握战略收益和战略机会成本，从“超级大国战略”和“民族复兴战略”角度观察，苏联和中国的上述战略建仓无疑是人类经济史上极为成功的范例。苏联从落后的畸形的帝国，一跃而成为可以同美国对峙的超级大国，其“一步到位战略”同上述的超级重工业化支撑的军工体系和现代化物质技术基础是直接相关的。中国由落后的有机农业、手工业贫穷大国，转变成现如今的未来世纪的经济超级大国，也是这种宏观建仓的结果。中国现阶段在国际事务上的一定意义上的忍辱负重，是在紧紧抓住国际发展战略机遇期的更大建仓的继续。

其次，仓位、仓量、仓体建立起来后，并不意味着有了博弈本钱，一切就都会自动迎刃而解了。建仓后，还存在着一个如何屯仓、倒仓，有时甚至斩仓的问题。这涉及结构调整、产业升级等一系列其他问题。对于期货和其他的金融交易活动而言，就是一种带有直接经营价值的金融与资本运作。

屯仓是一种待价而沽。待价而沽存在两大战略风险：第一是行情与市场巨变可能造成满仓、大仓位全部被套牢，砸在自己手中。这可能会导致血本无归，彻底败北。宏观，甚至中观上，尽管回旋余地大于微观的，但同样存在这个问题。日本20世纪90年代的房地产泡沫和其他资产泡沫，实际上就是“屯本国资产之仓”的超级风险失败案例：小小的日本房地产市值竟然远大于美国的，其结果可想而知只能是全砸在自己手里，在困难的十年中慢慢化解。第二是进一步屯仓的金融资源与物质挤占丧失了未来的新兴建仓的时机与本钱。

倒仓是一种资产配置与资产组合的结构性调整。把一种建仓与屯仓转变成另外一种建仓与屯仓，这种调整绝非像以往经济学上假定的那样，交易成本或者为零或者市场摩擦小到可以忽略不计。事实上却是成本极其昂贵，并且风险甚高。当然与此同时，战略机会收益也往往是惊人的。依照这样一种含义，金融博弈中的倒仓就是相当普遍的。但这里应当强调指出，一般性的资产重新配置与组合，通常是属于风险和收益的常规性调整，并非是这里的倒仓。倒仓所要求的一定是那些可能形成资产重组的结构性的大变动。

斩仓就是一种同屯仓相反的战略操作。其带有被动和无奈性质，但仍旧是一种战略动作且带有一定的主动性意味。当完全坐以待毙时，斩仓可以视作是一种积极的、主动的战略大退却。其至少还可以保存下日后东山再起的本钱。

由此可见，仓位争夺更具有阵地战意味。其是在造市、诱市的布局空间中，形成有利于我的市场局面和价格走势，以便从有利索价中，实现更经济有效的结果。由仓位争夺的进一步展开就可以发展成更加富有进击性、灵活性和战略战术性动作的技术性攻击。

至少在表象上说，仓位争夺是一种在既成和现行市场模式和架构之下的"程序性和规范化"的金融博弈。建仓尽管存在着将来面对有价无市的风险，但仓位争夺战总体说来是对已有市场和产业的重新分隔和调整。而投机性攻击则是一种主动进攻性的，也就是说，在非常规、非定式性的市场交易之外，主动寻找、发现和找到新的商机。而这种商机的创造，不同于一般意义上的金融创新。其主要的不是基于技术、产品、组织等方面的创新，而是依赖一种不对称性的商业出击和金融垄断性的不可持续性的商业运作。

（二）激励兼容：制度性内部化"内耗"（潜在内部博弈与冲突）减损

制度化、组织化、结构化等方面的处理方法，从根本上是既要消除市场的完全不确定性和随机性，又要避免可能的"敲竹杠"和外部恶性对立与冲突。然而，制度化与组织化的建构并无法完全剔除资源配置方面的冲突。由于外部矛盾转化为潜在的内耗，就造成了所谓的内博弈与冲突。这种制度病症须靠另外一种制度性博弈设计来加以解决。这就是激励兼容性的制度设计。

狭义的激励兼容制度设计来自于不对称信息下的委托代理问题。所有者同管理者（职业经理人）在对经营、技术、资源或机会的信息集占有方面的不对称性，使其在不同的目标函数下通过权力斗争和其他手段而造成了各不相同的经营结果。这样，就迫使所有者阶层通过激励兼容性的制度规范，"迫使"和诱导职业经理人尽可能放弃自己的效用函数，转而追求股东利益的最大化，以便与此同时也实现经营管理者本身的利益最大化。

广义的激励兼容制度设计指的是超出信息不对称下的激励兼容的制度形成。金融行为主体在偏好、能力、礼仪、风格等方面存在着规范的甚至绝对的不对称，在金融生境和金融生态系统的"等级"或"能级"上也不对称。这就要求进入和退出方面的公平与方便，借以从根本上保证利益协调，形成广泛的合力。

（三）金融监管：制度化剔除和弱化特权性占优博弈与消除或防止博弈失序

以往的金融监管所研究的主要是从金融脆弱性、金融特殊性等角度上看所具有的专门性内容与问题。而从金融博弈的角度来加以考察的并不多。因为所谓金融自由化、金融深化和自由金融的经济学理念，无非是要从政府与私人部门经济的角度,尽可能地明确国家政权与管理职能的裁判角色化定位,而非直接干预经济和进行具体的经济金融博弈。然而事实上对局问题远远超出角色定位的博弈问题。不论是裁判、教练同队员与比赛的界定,还是守夜人、看门狗与市场失灵的干预矫正,都存在着监管与被监管,规制与反规制之间的那种复杂的博弈。

金融监管的理性经济学基础在于:第一,金融以其脆弱性所表现出来的产业与经管系统性风险及其全局性影响的特殊性要求;第二,金融乃至一般性市场资源配置的问题甚或直接的市场失灵;第三,金融的财富一般性所代表的经济安全性、经济公正性和社会合理性;第四,金融的国际经济网络复杂性所反映和体现出来的国家主权及其他敏感性问题。

经常项目、资本项目的国际流通的转换管制与规制,是一种国际资本、国家主权财富、民间资本力量和整个国民金融与经济资源之间的大博弈。这会影响甚至决定国际贸易条件,国际贸易方向,国际贸易与经济—资本—金融乃至人员往来的运作水平、成长空间和发展态势。

金融监管的目标经常是以维护金融稳定性来保证金融合宜秩序性,并且同促进国民经济和财富增长与发展的宏观经济目的性相关联。然而,若从金融博弈福利与规范经济学角度看,金融监管的本质与核心目标是追求制度化的剔除或至少是弱化特权性占优博弈,并进一步削弱乃至防止博弈失序。

金融博弈是一种活生生的积极与主动的金融竞争。这种竞争不同于一般意义上的商业、市场上的经济竞争,主要是因为这里的竞争会采取更加系统、周密的策略乃至战略意识、技巧与防范而非简单地应对。价格等一系列的竞争,不再表现为一种简单的市场供求反应与应对,而允许在其中进行各种布局、设计、对阵(对弈),从而变成一种反复较量和包含种种公开、非合作的进击与"格斗"。

金融监管作为国家或政府一种出于和基于公义、公理、公益的宏观利益代表身份与特征,自然会要求作为一种超脱的角色存在。当其在发挥主导和控制作用并理所当然地卷入金融博弈的特殊协调者和参与方利益结构中去时,其主要的角色意识和决策理念就是如何保证金融博弈公平、公正、公开和透明。这是金融生态体系合理、合宜地成长、发育的关键。这种博弈秩序之合理与健康的培育与维护本身就是一种特殊的博弈产物。它可以从消极和积极两个角度来表现其主要作为。从消极的意义上说,主要的是要剔除或起码是削弱特权性占优博弈。历史上金融泡沫的发生和崩溃都是同这些特殊占优博弈的不对称,或一定时空下的近乎绝对的经营权利不对称连在一起的。南海泡沫、密西西比泡沫无不如此。现在超级金融机构的资产膨胀和特殊金融机构的投机性攻击所造成的金融地震也是如此。从积极的角度上看,就是要建立和形成稳定、合宜的种种制度性规范和作业环境与流程,形成一种健康、向上的博弈文化与运营氛围。

(四)失控、失序博弈:金融战、地下金融与金融地震

金融博弈并不总是可控的。无论金融监管如何高度发达,金融生态体系与结构何等健康、有序,金融博弈的失序、失控都是有可能发生的。这里的失控、失序是从爆炸性的、对抗性的,从而可能是灾难性的角度上加以界定的。金融博弈的这种失

控与失序有些类似于公地悲剧，属于微观理性过度而导致的群体利益受损和无助，但这只是失控、失序博弈的一类。这一类的失控博弈相对来说较易于治理和被管制。而另外一类则在根本、核心或至少是实质利益上的冲突与对立方面，属于蓄意策划、经营，甚至是在巨大利益诱惑下的那些不同种类的金融对阵，它们是宏观与国际经济社会非常难以控制和治理的。

1. 金融战爆发与治理

金融大战基本和主要应该是国家层面上的，而另外意义上的国际社会对当代投机性攻击的金融战防，也应属于此类。此外也同国家战争一样，在一些有备无患，更高境界上的屈人之兵或至少是战略权衡、势均力敌意义上，金融大战（主要世界大国金融经济大对决），更不必说金融世界大战（全方位世界大国统统卷入、无一幸免的金融封锁、冲击、对决和混合的贸易战、产业战、经济战），则是可以也应当尽可能避免的。这一点有些像生物机体和植物受害：普遍说来，易受病虫害攻击和伤害的是那些“体弱多病”的好被欺负者，但这也并非是绝对规律。有时那些高度发达的“攻击目标”，可能更值得成为战略博弈对象。这又有些如生物学上的一种规律：在环境骤变和改革中，最优秀的品种更易于早亡。

国家间的金融战不同于军事战争。其不必宣战，也未见得由官方机构、组织和政府机构直接操作。完全有可能由民间与私人经济集团和组织加以进行和完成，但像《一个经济杀手的自白》中所描绘和坦陈的那样，许多民间与私人身份的背后，事实上是由国家情报组织和正式战略机关在委托、策划、组织和推动的。

当然，国际金融领域中的一些金融闪电与攻击战，则完全有可能是纯粹的私利性质与私人性质的。这些金融家不但有可能干扰和打击正常的外交格局和国家战略部署，还有可能造成不必要的国民金融损失。

国家间的战争，在国际法与国际伦理道德的界面上起码还有国际法和国际仲裁以及联合国机构来加以调停。国际经贸的 WTO 组织框架及其对金融战的影响与干涉是微不足道的。这里几乎形成了国际金融伦理的空白。同时，完备和系统的国际金融法规也不健全。

2. 地下或灰色金融博弈

《资本之城》《伟大的博弈》《诚实的背后》《赌金者》等书，都提供了大量鲜活案例，表现了那些所谓“伟大的时代”、“伟大的博弈”、“杰出的人物”、“伟大的城市”等所拥有的事后界定的大量“违法犯罪”或罪恶勾当。回溯历史，看看这是些具有什么样特点的人呢？“‘整个纽约都渴望雇用新人’，亨利·亚当斯在他的《教育学》（Education）一书中写道：‘所有集中在企业界中的新生力量都在渴望获得一种新型人才——这种人才的忍耐力、活力、意志力以及智力要比老式人才高出十倍。’”①

“虽然这种极具魅力的‘新人类’推动了时代的发展，但他们在很大程度上只不过是时代的产物。他们获得了一种强大的力量，为他们带来了远远超过任何人的消费能力的财富。

“许多引起人们注意的人物，在利用土地、市场、政治系统牟利和剥削工人方面，

① 托马斯·科斯纳著，万丹译：《资本之城》，中信出版社 2004 年版，序言第 XI 页。

完全是冷酷无情的。若是换了另一个时代，或是社会制度更加严格，他们中的有些人无疑得透过铁窗看世界。可是，这是一个哪怕最低程度的政府管制都不存在的时代，有权势的人任意地追逐梦想，谁也阻止不了这些雄心勃勃的梦想，也不可能让他们少一些自私的成分。”①

可见，不但金融战等各种公开、激烈、对峙的金融博弈，使得可控的、规范的、有序的博弈被打破，而且那些在不同的环境时代条件下的地下金融或灰色金融会同那些显著的、外在的、公开的金融存在形式进行不断的暗中博弈。这同社会犯罪的存在是一样的。对其予以彻底根除是不现实和不可能的。因为如欲求其彻底根除则社会成本与代价几乎是无穷大。因此，只能是权衡利弊地加以控制。这就需要一种制度、文化和现行政治焦点、政治稳定与安全的某种平衡。这种包含政治生态分布的大均衡概念是经济学研究和经济学家所欠缺的。其以往的制度与文化假定是种过于简化的推卸责任的研究与分析方法。凯恩斯经济学是一种积极的经济治学态度和应对方法，但依旧不够科学和彻底。

对于地下或灰色金融博弈，可以从三个视角加以研究和观察：第一是从宏观—中观博弈的角度看，国家、政府金融体系同地下或灰色金融之间存在的博弈。以往过于把重点仅仅锁定在宏观金融秩序与稳定上了。地下或灰色金融的体外循环的福利和效率损失都是巨大的，而且由此带来的金融与经济的公正与合理性问题更是大问题。第二是从正规金融对于地下金融和灰色金融的中观—微观博弈角度看，地下或灰色金融往往会构成有组织的金融犯罪，成为欺诈的温床与基础。此外，无论是对体内金融资源与能量，还是体内循环秩序与规范，地下或灰色金融都主要是一种干扰、分流和破坏，其会大大削弱正规金融的合宜竞争与合作绩效。第三是从非正规金融的内部博弈角度看，这些力量本身也存在此消彼长，相互对局博弈。

如上述引文中业已涉及的华尔街伟大传说中的那些金融风云人物，若在不同的金融生境之下，它们非但不可能成为卓越人物，积累起如此巨额的财富，而且会成为千夫所指，遭受铁窗牢狱之灾、之苦。因此，存在一个创新、演进、规范、规制的问题。这将在下节专门进行研究。

（五）创新与演进：功能、结构与金融生态

博弈平台、水平是在演化发展中形成和存在的。金融博弈不可能是在静态的市场模型、架构、制度与文化之下，永远呈现出同样的情形。随着创新、社会文化氛围的变化，随着金融生境、金融生态体系的变化与发展，金融博弈也在结构、功能方面发生着变化。金融博弈因之也存在着升级换代和转型问题。

1. 秩序优化与博弈升级

初始的、早期的金融博弈，总是原始的、粗糙的、低级的。这不仅仅表现在资本投入、运作规模、技术基础、供给体系、规制约束、运营环境等方面，而且更表现在机会空间、盈利空间和人力资本储备与水平之上。

金融秩序不但存在着低级与高级之分，而且存在着优劣之分。这种低级与高

① 托马斯·科斯纳著，万丹译：《资本之城》，中信出版社2004年版，序言第XI页。

级，优异与劣等，不是在"劣币—优币"意义上，或在"劣币驱逐良币"意义上的界定和划分。作为产业分流与升级的正反向逆向选择，与大众化、普及型、规模化的逆向选择相伴的"劣币驱逐良币"等现象，应当属于一种正常分流，甚至有助于金融经济系统的升级换代。

与此同时，金融秩序也会在其中得到优化与提升。例如，自由金融与银行所造成的广泛大规模的金融恐慌、银行挤兑与银行倒闭，迫使和演化出了中央银行系统及存款保险制度，甚至一定历史条件下的分业阻断风险传递监管与经营模式。这显然直接约定和限制了博弈的微观进入和展开空间。但是，与此同时，绝对的货币本位制（尤其是黄金本位制）、固定汇率、固定佣金、存款准备金制、高额比例的资本垫支制等等制度与政策，在绝对地控制金融风险的同时，也绝对地抑制了金融活络，从而控制了金融深化可能带来的金融资源、能量，尤其是信用杠杆的倍增放大效应。

资产的充分流动性同资产的市场充分性是一致的。市场的充分与完美性，有助于金融创新和金融均衡。两者不但有利于金融效率、金融稳健，而且在一定意义上有利于金融公平。因为，金融与信用民主与自由，是经济与社会民主与自由的先决条件。人力资本的充分自主运动，必须同初始资本、启动资金资源的充分自主结合起来，才可能形成自由活络的经济发展空间。

由此可知，制度优化、秩序优化（升级），同金融效率提高、社会福利增加、社会公平健康与合宜发展是相互促进的。创新—升级—高端（非均衡）和溢出—分流—大众（均衡）是金融生态体系发展、演化的两翼。在其中，博弈由低级走向高级，由尖端变为普及和大众化。与此同时，博弈的规范化、秩序化，监管的力度与水平，都会得到相应的提高。

2. 永恒金融主题与博弈进阶

流动—风险—收益三性三位一体，构成了永恒的金融主题。融通资金是金融活水的全部价值和意义所在。充分的商品、货币、资产、财富的各种形态间的转化运动，以及以最抽象和统一的价值符号存在的货币与资本形态的财富之最充分的流动，是使一切财富源泉充分涌流，一切财富要素充分创造，一切财富充分交换、分配和消费的金融生理生命现象的基本特征与前提条件。

流动中的财富与周转，永远不会是在绝对的确定状态下完成的。完全不确定状态、或然性（或有）存在状态和条件下的简单确定状态（定期存货与一定期限结构的固定收益证券，动产与不动产的现货持有状态），构成了流动性金融的基本准则。结果，风险性溢价或其反向的风险亏损成了金融交易的基本特征，或者本质特征之一。因此，流动性与风险性成了金融中一对永恒的孪生兄弟。

流动性金融价值的现实目的性和风险性金融的合理补偿性，构成了金融经济学理意义上的金融收益性。而大千世界，芸芸众生的理财、投资、融资和资本运作等，都直接起因于这种直观、简单并充满赌博刺激的钱生钱的金蛋生意。然而，金融收益的经济学来源却是时间金融、相对价值金融、效率金融及风险补偿金融（包括有本套利）的集合体。这一点只有最伟大的经济学家和金融业界大师方能从根本上加以把握。

在这样最抽象态的意义上，金融博弈有了更高水平的界定。流动性博弈首先构成了广泛的金融博弈展开空间和实施对象的流动性或充分流动性，或部分有选择的流动性。这构成了金融创新的持续不断的金融工具、产品营销方面的设计与创造。存在着分期付款汽车与房屋贷款，而后就一定会演化出逆向分期付款房屋养老；出现了非足额等值的贵金属价值符号货币，就最终引向法币的完全不兑换的纸币价值符号货币；创造出了固定利率金融安排，就引致出浮动汇率金融安排（固定汇率向浮动汇率转变尽管类似，但比一般金融安排更复杂。因其是一种初级国际货币安排，代表着综合国别财富价值的比较）。金融"枪手"、"杀手"、"高手"、"新手"和"老手"等各种宏观、微观、中观的玩家、炒家、业主和代理人，会在这种多维、多选择的流动性创意与运作空间中，八仙过海，各显神通。这种抢先—跟进、抢先—抵制、抢先—观望、抢先—反向操作等等金融交易储备和运作，构成了流动性金融博弈的种种对局，产生了新旧市场均衡，同时也决定着流动性金融创新究竟会是成功还是失败，市场与产业化可能的演进方向究竟是什么。

套利、对冲、避险、保值、保险、资产组合、资产配置、涨停板制度设计、分业限制、多元化经营、增加资产流动性空间等发展，都是在规避和降低风险，也就是确立价值稳定性存在和财富效应的未来存在。风险价格、风险投资、风险经营、风险运作或保守投资因此也就构成了灵活多变、纷繁复杂的金融博弈操作和可能的金融创新。

人们的流动性偏好和稳定性要求，风险性（赌博）和刺激性偏好以及损失厌恶，构成了某种内在的理论和矛盾博弈。其在最终实践理性和人性理智的分仓心理账户、偏好性逆转、人生生命周期或家庭与组织内部的角色分工与追求方式等等方面的具体形式，都是试图对其加以规范性地调整和给予实际行为方式上的具体解决。

人类，即金融与经济行为主体，既然从来不可能以个体形式存在，那么，个体的新的金融活动就永远不可能是完美、完备的。因此金融博弈的有限理性一定是在社会化博弈的演进结构成长与发展上体现出来的。

增值、溢价、资本运作、兼并合并，以及上述的种种风险性博弈与选择，事实上都是在追求增益性，尤其是通过杠杆金融乘数效应，追求收益性的放大。突破 Q 条例，突破、变更固定佣金制，金融海啸后为了大规模的金融救援而开启的三次量化宽松（quantitative easing）政策（即 Q1，Q2 和 Q3），以及在岸金融的严格管制后开启的所谓创新的离岸金融中心等等，都是金融价值或收益性的种种要求推动的自然逻辑运动结果。

金融行为主体会围绕上述三大子类（增强流动性、降低风险性、增加收益性的金融产品与服务创新）及其相互交叉重叠子类的种种金融创新与守成，出现抢先与落伍、积极与被动、造势与毁势等方面的具体情形，而展开多层级的博弈与对局。

3. 防不胜防：冒险家乐园的社会化演进

委托代理性质构成了银行运营的基本特征。因此，金融学家和金融经济学家的共识是，银行监管来自于银行自身的业务特性，即管理他人的钱财这一基本事实。实际上，金融整个行当亦是以此为某种本质特征的，并且由于风险、流动性和其他区隔障碍的存在，会造成金融的"无本生利"、"金融暴利"、"投机万利"的表象和假象。这就使得整个的金融行当成了永恒的"冒险家的乐园"：一切机会主义者、赌徒与投机家的天堂。毫无疑问，随着金融业界的职业化、专业化、高级职业化，金融行当的高智商专门人才日渐增多：风险分析师、战略策划师、金融分析师、金融会计师、系统分析师、模型员（师）、金融工程师、理财师等会大量涌现，但与此同时胆大妄为的投机人仍旧会大有人在。并且场外交易和各种非正规与非专业融资生意，又为投机家乐园提供了丰厚的现代沃土。

无论对于监管机构、社会投资大众，还是具体的投资经营实体而言，冒险家和投机家的投机取巧的突击性攻击、冒险家的扰局、经济杀手的背后操作、胆大妄为的赌棍肆无忌惮的投注等等表现，都将会是防不胜防的，而且会不以任何人的意志为转移，甚至不依监管水平、金融生态体系健康与良序状况而改变。因此，这种对阵与博弈永远只能是“道高一尺，魔高一丈”。从这个角度上看是如此，从其他角度看也是这样。金融博弈将不断演进金融创新，并与此同时推进金融结构优化。

4. 博弈推进金融结构演化

博弈展现高水平的金融竞争与合作，博弈促进广泛、深入、持久的金融创新，博弈的种种复杂多变及其产生的效率与带来的福利乃至金融安全影响，会迫使金融生态体系、金融组织结构、金融监管体系保持不断的结构升级与优化演进。

程序化与常规金融只有在大规模失衡、失序，甚至造成宏观泡沫时，才可能引起业界与监管当局的深刻反思，促其进行结构性调整。而金融博弈却由于非常规、新鲜性与个案存在，以及风险性等巨大影响，而会经常和不断地刺激乃至推进金融结构优化。当然这种优化与改进过程绝不可能是直线性稳步上升的。毋宁说其会如同股市与金融行当一样，在跌宕起伏中变化、发展。

宏观金融结构演进的主要推动力量，来自于以金融监管当局为代表的国家、政府和社会金融监管主体与力量，同被监管对象之间，在金融政策、制度、法规、策略规范、规程规制、进入领域和秩序锁定等方面的全方位的大博弈。中观和微观被监管的自发性、边缘性试探与越界冲动，既引致创新，又冲击和扰乱既定金融秩序，既带来金融活力和能量释放乃至解放，又可能造成过度金融后的泡沫金融灾难。因此，国民金融财经结构、国民金融产业结构、国民金融中介结构、国民金融风险结构、国民金融动力机制结构等的形成与发展，都是以这种不断的（当然是定性而非定量意义上的）动态博弈为基础和基本推进力量的。金融自由化的新自由主义金融革命，就是被监管金融行为主体在反叛金融抑制中，完成了市场主导金融体系结构之演进与发展的。后自由主义时代则可能是由于防范与削弱金融泡沫的财富价值本位和财富价值追求，而引发过度虚拟金融（或泡沫金融）向实值金融（或非泡沫金融）方向演进。

中观与微观金融结构演进的主要推动力量之一，来自于金融中介与市场体系内部及中介—市场—经济（企业）主体之间的广泛博弈。共同基金、养老基金对传统商业银行加以挑战，通过市场金融份额分占和顾客群争夺，以及风险防范、资产组合配置和（利润）盈利来源及空间索取等方面的对局，迫使商业银行，甚至投行等其他金融机构，向或有金融、表外业务、非利息收入来源的金融创新领域拓展业务空间。同时，同业、同行金融主体间的业务与管理竞争博弈，也推进了资产—负债结构的演进。

第九章

泡沫经济的金融学理应用与当代世界博弈运作透视

泡沫经济已成为当代经济和全球经济的普遍现象。第二次世界大战之前和之后一段时期的西方经济(美国可能除外),以及转型前的社会主义经济,都存在着普遍性的所谓财货短缺或物资匮乏的经济现象。无论其是一种供给相对过剩现象,如资本主义的周期波动经济,还是物品结构性短缺,如转型前社会主义经济的资本不足、加速工业化下的消费产业相对不足,都是一种经济匮乏或不足的表现。而后,赤字经济和通胀、通缩之交替(或有时的滞胀经济)成为普遍的经济现象。这或许是需求管理和凯恩斯经济学与货币主义(一定意义上)混合使用的经济后遗症。

工业经济或实业经济成为继农业革命与农业文明(近万年)人类文明史上的一个奇迹。其中,基础设施和工业化的设备与重化工经济,例如钢铁、水泥、铁路、火车、轮船、飞机与汽车等等都或先或后地成为经济的发动机,而到工业化基本完成时,则大体形成了所谓农业经济、制造业经济和公益事业部门经济三足鼎立的经济格局。这时候,产业经济和后来的服务经济成为普遍性的经济术语和经济现象。

供给学派事实上并不像其学派所直言不讳的那样着意于供给打造。在供给学派经济学主导下的西方经济,从总体上说来并没有像其工业化革命时期那样,造成了一种工业能力与基础设施建设的伟大经济奇迹。除了信息高速公路和生物学产业基础设施这些或许勉强可算作生产支持或经济能力体系而外,整个供给经济学的“繁荣时代”恰恰是西方工业能力,特别是重工业和制造业大规模转移、外包、外化的产业空洞化时期。而这一过程的根本性的金融支持是金融大爆炸和金融自由主义。这直接导致了当下全球性的泡沫经济。这种经济现象的背后有着极为复杂和深厚的金融学理背景。

一、风险滞后的金融价值流转和账面“计量”

实体经济和实业经济的风险存在与评估,不同于金融经济的存在与评估。实体经济和实业经济无论是否为商品货币经济，都存在着爆发危机的可能。自给自足经济在灾荒年和其他的经济要素、资源与需求发生重大脱节时，同样也有发生危机的可能。而在商品货币经济条件下，总供给与总需求，甚或总量基本均衡情况下的结构失衡，同样会带来经济危机。当由严重失衡走向危机时，资产与财富则或者进一步缩水，或者有可能进一步膨胀。这取决于供与求之间的失衡方向与水平。从"生产供给"与"消费需求"的时间配置角度看，实体经济和实业经济也存在着风险滞后的可能，但大规模、长时期的存在却是不可得的。

然而，在完全的信用经济、金融价值经济条件下，社会经济供给可能长时期、大规模地建立在预期、预支与透支基础之上。信用链可以在理论上无限延伸，时空上无限延长，当然更可以跨出宏观经济，借助国际信贷、国际资本市场而存在。这就使得风险滞后在大尺度长时段成为可能。具体可以从下述几方面考察风险滞后在信用评级和金融价值流转中的情形。

第一，在实体经济与实业经济中，资本与资产在作为投入与消费注入上是具有严格排他性的。即其使用与支配只具有一次性，不容许反复投入到不同的项目、生产经营和消费上。然而，金融财富与资产却先天带有乘数和杠杆本能。其无论是作为银行资产与债务，还是作为民间资产与债务，只要后续金融合约存在着可预期的交易空间与交易理性，只要把收益流在债务结构与资产结构的时空平衡上做出合理安排，原始垫支与投资就可能成倍地被放大。而若引入衍生金融，这种放大更可获得量子金融能量释放量级的超级爆炸（类似于核聚变）。这样的金融经济膨胀建筑在一系列错综复杂的债务时间链基础之上。而这种时空风险安排，事实上使得风险暴露与风险评估被后移，从而风险积累和危机爆发的时间就可能被大大地推迟。

对这种风险滞后的制度性冲销（减记）与安排，存在着不同的社会经济约束。首先，资本市场上采取几乎是实时的风险自保、自担、自理，也就是随时兑现、"平仓"的百分之百的垫支或完全补偿性的硬资本约束。因为，股市上实行的是无保证金的实投—实操制，但这种理论上的实时，也因公司业务之华尔街报告（或金融财务披露报告）而被事实上分成几个月段，也就是说，季度、半年制或全年制的公司信息披露，往往是投资者盈亏核算的重要时期。股票市值同原始股与账面股的背离，或者溢价与波动的广泛存在，造成了风险分摊、风险转移、风险认知的种种实际"游戏性"。只要存在预期支撑人气，风险滞后游戏就可以一直维持下去。这当然要以公司现金流转与正常营业为前提。倘若公司已濒临破产，则任何信心游戏也不可能继续，但即令在此情况下，所谓无形资产与未来潜在价值评估依旧是个无法确定的东西。结果，兼并、重组、分拆、拍卖依旧可以将风险推延或彻底转移。其次，期货与其他金融衍生品市场上实行的是保证金制度。这种微观财务金融杠杆的存在直接带来了超级放大的可能。

第二，在金融经济与债务信用机制下，特别是在资产支持证券化，金融产品结构化，金融产业与产品二级、多层级衍生化的金融生态体系与结构下，金融经济风险可能完全被账面或会计甚至国民经济统计的计量与金融庞奇游戏掩盖。结构金融的技术和模型复杂性、金融衍生品的反复多次复制与债务—债权关系的技术性和产权性重叠，再加上结算的国际与国内规则的时间与空间错位，就会带来无限可能的真正风险的藏匿。

结构金融和金融衍生品都不是不可以加以利用和开发,但结构金融不能变成纯粹数学—计量模型游戏,尤其不能把非金融工程领域专家以外的一切现实的金融行为主体,当成不懂金融游戏与技术创新的傻瓜,而且更为要紧的是,结构金融和金融衍生品都必须在"产值"规模上不超过实体金融的50%,以处于宏观和超宏观金融风险绝对可控的地位。否则,结构金融和金融衍生品必定会把金融滞后风险放大至无穷大,从而给人类未来经济与金融种下崩溃的祸根。

第三,在资本全球化下,金融国际自由化会把经济全球化放大到极致。在这样大的世界性的虚拟经济与金融生态体系下,世界资本就会统合全球资产和世界全部财富,结果,全球性的债务资本主义必然会把无政府主义的国际社会,统统变成世界资本的"赢者通吃"的资本运作舞台。由于全球大范围的"东方不亮西方亮"的资源、资本、资产、信用的全方位调集和整合,就会出现区域经济与金融理性和非理性繁荣此起彼伏,从而把国家破产风险、国际机构破产风险,甚至最后的世界财政与金融体系或仅仅是国际支付破产的真实风险,不断地掩盖起来,大大推迟必要的结构调整和资源配置重组。

从20世纪80年代的拉美债务危机与债务资本化到亚洲金融危机,从亚洲金融危机到俄罗斯金融危机,从俄罗斯金融危机到最后的全球金融海啸,就是上述的全球化金融生态造成的世界金融风险滞后的最为经典的例证。

当完成这样一些理论准备与铺陈后,泡沫经济在金融价值经济构架下就可以得到较为明确的解释。

具体说来,金融的特性就在于金融资产的扩张规模同金融债务的扩张规模是一样的,两者都同风险有关。由于风险滞后的金融安排,作为金融绩效衡量的资产规模就会同债务规模在时间上出现脱钩。结果,金融资产就会既作为回报绩效的分子,又作为风险暴露和风险评估"减持"的分母,双重夸张、夸大企业业绩,也同时隐瞒或缩小了风险程度。这在投资群体中自然强化了其"非理性繁荣"的乐观预期,从而使其未来现金预期、资产评估预期,从而投资冲动变得更加偏离基本面和合宜价值区间。

二、杠杆投入与膨胀效应

金融杠杆投入是普遍性的现代金融规则。在公司资本结构中,MM定律论证和支持了不同资本结构的等效存在。而现实却是一步步演化而来的,即从主要靠自有资本积累,逐步发展到当今主要依赖间接融资和资产证券化,并且,股本可以进一步用来支付兼并合并,以证券化来扩大经营并加速资产周转,以便提高账面收益率。这种方式成了现代资本运作的时髦方式。

金融体制的根本性变革,实质上是从放开佣金制,取消利息与报酬的上涨空间开始的,并在举国性的庞奇游戏式的过杠杆化中完成的。资本或股票市场,兼并与投行发展,期货等各种金融衍生品产业的迅速膨胀,商业银行与间接金融现象的大规模发展,养老金和各种基金的发展等的最根本的调节和指挥棒,就是金融行当里佣金制的放开。这种放开,同公司治理结构中的激励兼容又形成了一种互动。管理层股权和员工股权、激励股权及其酬金等作为直接固定佣金的激励补充,形成了完整的收入激励放大杠杆系列。

在这样一种广泛的、全面的利益驱动之下,公司财务杠杆被大量使用。公司融资和资本结构,终于彻底走出了自有资本的禁锢,同时走向全社会金融资源的大规模吸纳道路之上。对应于这样一种资本泛化的社会经济变局,传统或正统资本主义开始向所谓的人民资本主义演变。这表现在下述顺次发生与发展的重大历史事变。首先是大量的中产阶级因家庭结构变化(核心家庭,双亲加上一双儿女)、双份工资收入(双职工或大规模的妇女就业)、自主养老和保险安排以及储备—投资联动转换,成了大量散户投资者和中小股民。他们进入股票、证券投资领域,成为一群巨大的散户游资群体。其后便是在共同基金这种现代资产组合操作理论指导下的新专业脱媒投资模式之下,形成了借助于养老基金、保险基金、共同基金、货币市场基金、互助基金、指数基金等各种各样的银行和证券机构以外的机构而存在与操作的庞大投资群体。结果便是大量散户走向"联合"。他们借助于制度与机构框架下的产品标准化而形成某种典型的散户整合投资;而后便是资本市场抛出证券化创新产品与金融工具。后者提供了更为灵活方便的投资品选择空间,把权益、证券投资领域和范围扩大到远远超出股票首次发行、资本二级市场、创业板权益资本等流动的资本权益与证券出资;与此同时,又出现了员工持股收购和各种期权,从而把权益投资变成了直接的杠杆金融投资。这就会在公司资本结构和个体投资资本结构的双重方向上,同时加大比例地使用金融杠杆。这种双向金融杠杆在其后的各种金融衍生品投资和全面的资产证券化中得到了更加彻底的贯彻。

三、现金流之微循环支持

金融价值经济和信用经济并不同于传统商业经济和实业经济。其在本质上是建筑在预期增量结算基础之上的。传统的商业经济是全本投入与全本息回收经济。有多大本钱,做多大买卖,经营的一进一出是全本投入和全本息收回。即每轮商业与经济循环过程,都是一次完整和彻底的清算与补偿。而现代金融经济则可建筑在庞大的债务资产链条之上,仅仅依靠网络节点上的差额现金流的支撑推动和完成其周转。

例如,一个房地产抵押公司经营与运作的资产规模可能近 1 200 亿美元。但其房地产实体与应收贷款资产安排涉及实施千亿的庞大的抵押与银行贷款,需要依赖延续几十年的金融安排。在这样庞大的资产池下的自有资本可能仅有 12 亿美元,该公司债券与银行总贷款规模可达 38 亿美元。为维持这样庞大的 20 倍于自有与自投性的"资本",100 倍于自有资本的全部经营资产规模,公司通过客户月本息支付、打包上市的证券化融资安排、期货互换安排、过期支付罚款和其他项目的收费收入等,只要能以毛盈利率 2% 左右运转,也就是能满足贷款利息、债券利息和股东分红的基本收益补偿现金流和维持正常运作的成本开销,则公司就可以正常地运转下去。

支撑金融经济循环流转的金融血液是金融资产价值。因此,其是一种金融能量的运动与调转。而使金融机构、商家与企业在金融经济下富有活力地生存下去的关键性金融循环是金融网络各个局部的支付、结算节点上的差额现金流。这种金融微循环,决定了整个金融链条、金融事业和金融大动脉的正常运作。

在这个意义上,可以看出所谓"一分钱难倒英雄好汉"或"最后一根稻草压垮骆驼"成为金融财会突变论意义上的拐点。其所揭示的就是能引起系统和全局崩溃的维持运营的节点上的关键性现金流保障。由此也可以看出,缘何当长期资本资金管理公司陷入破产边缘,会出现以美联储主席身份的大人物们亲自协调而全力拯救,或陷入支付困境中的公司有时不惜一切代价,几乎以年租金的条件,接受月租金或进行贷款,其也同时就是为何隔夜拆借和银行俱乐部存在的真实价值所在。

若按照金融生命特征进行分析,金融主循环和金融动静脉交换传递的金融能量循环、交换所维持和推动的是金融系统的营养供给,所保障和支持的是金融体系与经济系统的发育、成长与发展。而金融微循环进行的是余量金融价值划拨,其所维持和推动的是金融系统普通生命特征的保持与存在。

现金流微循环理论可以在金融领域中的不同层次上加以展开。

就货币经济而言,现金流微循环理论,支持、印证和发展了纸币、法币的高能货币和分级本位币及多币体系理论。作为价值储备和社会金融的最后清算工具,本位和锚商品可以是一个适度微小量,其可以作为原发金融之血液性的启动和注入,并逐步转化为高能货币投放。高能货币只要可以在各金融网络细支与末端合理地维系真实金融现金流微循环,就完全可能以大尺度、多周转的虚拟态来媒介和推动社会经济运转。在现今高度发达的金融商品经济之下,强化单一本位制既不现实也不经济。国际储备的多元化一再显示和启迪着多级本位币与价值尺度在宏观经济中的存在与发展。消费指数、工业品指数、财富指数、人力资本指数、资本品指数、资源指数、环境指数、社会资本指数等均是不同的,各个市场既相互联系又相对独立、相互区隔,因此,本位不能单一化、唯一化。"锚商品"在现今金融—商品经济流转中是客观存在的,无论央行、政府、金融与经济业界的官方是如何规定和明确的,金融主循环的法币和金融微循环中"真实价值"与"货币"的现金流、价值流和财富流等,都会形成一种主、副循环体系的相互配合。

就资本经济而言,金融微循环理论支持优化资本结构、金融杠杆有效放大和高能资本与低能资本相互支持的理论。同货币经济循环态势一样,资本市场的主循环是由包括高能资本和资产的资本循环决定的。这是资本投入要素流动和经营运动的营养支持所必需的。然而这种大规模、大尺度的虚拟金融资本的运作,必须以各个不同时段、项目和单位实在的、现实的资本收益结余或资本运作收益增量来体现和加以局部推动。倘若主循环超强而微循环过弱,则不但会出现局部萎缩,甚至可能出现局部坏死。而重大关节点上的阻碍,即资本网络枢纽的局部现金流的断流,则可能立即引发主循环失衡和整个资本系统的崩溃。

就国际金融而言,金融微循环理论支持优化国际储备结构理论。双边实物与货币、金融瓶颈预算、大宗国际贸易、大规模国际经济往来的大尺度国际金融循环,可以靠双边或多边汇率,即国家主权的"国际法币"来媒介。这种经贸循环尽管有着国别法币经济的虚拟性和国别货币价值的“相对误差”,但基本上可以支持超宏观的开放系统的双向平衡。虚拟性不会把国际贸易引向灾难。但这种国际金融的主循环又必须以世界货币、准世界货币、黄金和特别提款权及可能的未来的新兴国际储备资产作为微循环的最后的清算与处理手段。没有这样一种微循环的整理和出清,国际贸易大规模的失衡与失序就极可能引发国际金融,包括国际储备的失衡与失序,进而可能引发全球性的金融恐慌和金融大崩溃。

由于金融微循环的核心金融资产价值的高度浓缩性和微循环规模与能量的较小尺度,加之微循环生命特征的较大的弹性空间,就好像人从健康、亚健康到病态直至重病之间巨大的弹性空间一样,泡沫经济会在亚健康的微循环下,继续其金融主循环的大规模周转和进一步扩张,因而就将因此支持金融泡沫和经济泡沫继续大规模地膨胀。

金融微循环也可能靠信用支持,而不必立即直接依靠现金、货币和价值手段加以媒介。但即使这种非现金流的虚拟金融,也必须以真实的经济“比武”与相应的实物及人流、物力为基础。即真实的经济要素流转与结算必须不时并最终发生。这样,金融微循环的真实与实在循环决定着其生命的实在性,也因此而构成了金融的生命性存在基础。由于现代或当代金融经济的彻底泛化,现金流金融微循环几乎成了社会经济循环的一切微循环形式。信用卡等的有规则和规律性的集团性赊欠恰恰不是微循环现金流的软化和弱化,而是引入了虚拟和财务杠杆后的进一步放大或耦合了主循环的现金流的微循环。例如,信用卡和房地产抵押放贷可借贷 1 000 美元和 30 万美元,其将利息与本金混合计量均分,每月要求最低 2% 的赔付额。这就保证了大规模长时期的金融契约安排的月现金流微循环。信用卡持卡消费者,享受了二十五天左右的免息优惠,但月最低赔付额的利息这种连续的微循环现金流动,却保证了巨大的应收款金融资产能持续运动几十年。

这种类似的标准化零售金融,同长期资本管理基金在对冲与资产市场上的那种大规模的垫支或资产投入,从而借以实现所谓的“薄利多收”的效果是一样的,其所吃的是“高投入广收益”这碗饭。这种运作最大的风险阻碍就是现金流断档。只要能稳住现金流持续流动,就可能获得长期的大规模金融运作支撑。然而一旦现金流链条断裂,却可能引发超级规模的金融震荡和恐慌。

四、庞齐游戏链滚动

用最直白的语言描述,所谓庞齐游戏就是借新债还旧账,也就是中国老百姓的形象说法,“拆东墙补西墙”。庞齐游戏可以存在并不断进行下去的基础,就在于信誉的存在和信用链的无限延展。一般说来,借与还是紧密相连的。借贷为的是度荒、避难,为的是投资扩大,为的是发展,而并非为借贷而借贷,为还旧账而借新债。当然如果说,无论是新账还是旧债,能够将其控制在有限的范围之内,那么这种举债安排虽不及一个固定的、长远的契约安排,但也并无大碍。然而,滚动并扩大的庞齐游戏链,并且是从微观到中观,从中观到宏观滚动的庞齐游戏链,可能引致可怕的大泡沫经济。

按照权威金融辞典《新帕尔格雷夫金融大辞典》的解释，原始的庞齐游戏源起于历史上的金融骗子查尔斯·庞齐(Charles Ponzi)。此公，"是一个通过许诺90天后'使你的钱翻一倍'(double your money)，而得以在8个月的时间内从7 000万个投资者手中筹集了近1 500万美元的诈骗犯。在庞齐声称利用了国际邮政息票中的套汇机会的时候，他实际上是在玩一种金融连锁的把戏，利用来自新投资者的资金去偿付较早期的投资者"①。庞齐被捕后在狱中服刑三年，其破产报告显示庞齐公司无力偿还250万美元的债务。

经济学家海曼·明斯基(Hyman Minsky)将庞齐金融定义为"对债务的现金偿付是通过增加未偿还的债务数量来实现的一种情形"。

"新古典主义一般均衡文件集中研究了庞齐计划另一个更为基本的特征：债务的偿还不是由不动产支持，而是由未来债务支持。因此'庞齐游戏'(ponzi game)这个名词描述了一种借款人使债务永久地滚动，用增加的借款支付所有利息和(或)本金偿还的情形。这种安排具有如下特征：初次从贷款人流向借款人的资产最终不被与当前价值相等的反向流动资产所抵消。因此，奥康尔(O'Connell)和泽尔德斯(Zeldes)将'理性庞齐游戏'(rational ponzi game)定义为'对于借款人来说现价值为正的一连串的贷款市场交易'。"②

由此可见，庞齐游戏在原发点是作为负面的骗局性的东西而被解释和处置的。而后的经济的推广和以各国政府普遍的滚动和扩大的赤字财政为例，则使所谓理性庞齐游戏变成了一种普通的信贷安排。这种安排最终在国际金融的所有层面上被大肆扩散与推广，结果，就从金融制度与契约安排上奠定了非理性繁荣的基础。

在微观层面上，传统的经济与金融理财是量入为出，但借助于永久性收入假定、平滑消费理性、分期付款计划安排、信用卡滚动循环贷款信用体制等理论与机制，个体家庭的微观预算约束很快被修正和打破。在信贷革命、消费革命和后来的金融革命的强刺激之下，个体、家庭储蓄逐年降低，庞齐式家庭理财模式被普遍接受。其由最初的庞大的中产阶级开始，而后进一步扩展到低于中产阶级的整个社会阶层。只有最富有的百分之一左右的社会阶层实行现金约束，而其资本投资部分则完全有可能是另一种更大规模的庞齐游戏。由于微观个体层面的债务主体和产权界定关系，在大多数情形下，是以生命为周期和以家庭为集体约束单位的，因此通常说来庞齐游戏的上限是其终生收入与家庭财富，并不大可能造成超过其生命限定的无穷游戏。但若出现下述情形，则庞齐游戏会事实上完全超出个体与家庭终身收入预算约束：第一种是当个人与家庭申请破产时，其债务量已大于其预期终身财富拥有的总和；第二种是当以房地产为代表的资产价格泡沫存在和不断升值时，庞齐游戏安排就会从中获得额外的现金流收益；第三种是当次贷或次分期付款危机发生，社会经济采取宏观救市时，这种庞齐游戏当事方也会由于有利的新利息安排而获得额外的收益。

无论是在哪种情形与约束之下，即便是个体与家庭在终身收入硬预算之下，只

---

① 彼得·纽曼、默里·米尔盖特、约翰·伊特韦尔编，胡坚等译：《新帕尔格雷夫货币金融大辞典》，第三卷，经济科学出版社2000年版，第146页。

② 同上书，第147页。

要庞齐游戏在继续进行,不断膨胀的非真实经济支持的借贷安排,就可能支持价值交易与贸易甚至直接的资产交换往来持续下去。而这种不断被放大的持续滚动的社会经济消费与经济增长,就会通过预期的有规律的增长,使资产价格与整个经济获得偏离生产力与经营状况的过度金融支持,从而形成并维持甚至不断扩大整体经济的泡沫。这既会影响一般消费品经济价格,也会影响到房地产等各种耐久性的不动产社会财富部门的资产价格。

在微观层面上,传统经济学和金融学并不反对企业、公司借贷、筹资以增大资本,推动资金流动,从而产生更大的资本投入和资本收益,但要求资本投入的严格的现金流测算、自有资本与准备金比例,要求能支付的理性的债务安排。传统经济学与金融学的资本结构理论历来是在百分比控制在一百之内的,而且要求严格权衡融资成本与融资收益。然而,现代公司资本运作已经远远超出了蛇吞象的鲸吞性的"小吃大"的杠杆收购,从股票到贷款,它实行全方位的金融杠杆放大,并且是在彼此均已建立在庞大的虚拟金融资产基础之上的杠杆再兼并。公司的资产泡沫已经远远脱离了传统经济的基本面。

当国家层面的宏观财政金融之庞齐游戏构成宏观财政金融的虚拟金融背景,货币经济的高能货币注入就开始远离了本位货币和基本锚商品。货币金融的庞齐游戏,国际金融领域更是以美元为准世界货币和储备资产,从而同美联储的庞齐游戏和美国财政部的财政金融庞齐超级游戏连在一起,也就是说从开放经济(国际)到宏观经济,再加上微观公司与个人的公司庞齐游戏和个人消费庞齐游戏,形成了一个完整系列的包含整个经济层面与系统的全方位多级的庞齐游戏体系。这样一来,财富、资源、物资、资产、资本泡沫就会彼此起彼伏地激起和放大,泡沫金融与泡沫经济理所当然地成为当代财政、货币、外汇和资本庞齐游戏的自然常态。

五、资产与财富升值蓄水池溢价的进一步刺激与支持

在前述的金融微循环中已经涉及资产与财富升值的不断兑现问题,例如通过红利、资产价差、上市与股债转手套现等方式,从而不断地靠溢价增量转入实体经济,以便维持正常的现金流循环,在不断扩大的现实经济中消费并获得真实享受。

泡沫经济绝不可能是一种单纯的账面升值和纸面盈亏游戏。对那些超级富豪而言,泡沫经济不大可能对其生活产生任何实质性影响,因其财富托起和支撑的全部生活方式早已被安排得天衣无缝。只有对那些可能被清算乃至破产的前富人,才可能产生由隐患性危机而带来的实质影响。华尔街亦不乏这类人群,实体、产业经济中更是充满了这类大起大落的人群的"悲欢离合"。

换言之,泡沫经济一定是理性繁荣与非理性繁荣的有效混合体。当格林斯潘用非理性繁荣来描述美国经济,尤其是用来描述资本市场的偏离常识性基本面经济的大牛市与"莫名其妙"的繁荣时,他无疑忘记了现实的和真实的投资者与投机者是不可能自己用虚假的收益与回报来麻醉和欺骗自己的。这就要求微观和具体层面上的持续的理性繁荣,而这种理性繁荣的表现,就在于其真实福利与收益的不断提高。

由此而来,就会存在两个层面上的相互对立的理性繁荣与非理性繁荣。从现实

经济与金融当事者层面上看，金融行为主体无论是生活在其小样本“统计推断”王国，还是生活在其真实的消费、享受、投资与发展的实际生境里，都必须不断地在市场上、财富积累上、生活品质上、周边同事朋友的外部性上获得真实的回报与经济刺激的实在感受与判断。然而，当果真从真正掌握宏观层面和总体金融与经济回报信息以及整体宏观经济指标来看，尤其是来自于那些金融—经济前导指标数据的专家，并且是具有长时段的宏观与跨国以及跨时期的知识背景的行家里手，就会发现各个环节的脱节，甚至发现结构失衡的非理性繁荣。

理性繁荣同样不可能来自于货币幻觉、财富幻觉。那么其金融源泉又何在呢？又是什么样的金融机制推动和产生这种真实金融价值运动的呢？

原来，在任何一个经济社会中，各种积累起来的财务和资产，其中主要是耐久性资产，包括土地、房地产、战略性资源、战略物资等，都具有巨大的价值弹性。这种价值弹性源于以下几个层面：第一，经济与金融价值相对论和相对的比较调整。例如，如前所述托宾 Q 实际上具有普遍意义。任何一种耐久性资产在任一时空点上都存在一个同重置价格与初始投入的比值问题。当无论是由于货币现象、金融现象，还是真实经济相对运动造成的这个广义比值发生变动时，其大于 1 的情况下就表现为资产升值，小于 1 时就表明资产缩水。而在现行的金融经济系统中，多数的财富无形资产都存在着一个超出一般性通胀的比值增大趋势问题或现象。这就使得资产与财富存在增值空间成为可能。而比值变动超过基本面区域时，泡沫资产与泡沫经济就会被刺激起来。第二，资产、财富，尤其是房地产，尽管本身是从商品货币经济而来，但基本上不存在一种同类物之稳定与永久性的大市场。房地产个体建筑风格、审美性观感、用料特点、装饰效果，尤其是区位的特异性和供给的单一性以及真实财富的实际使用性等等特点，都使得其基本上远离统一大市场，即令存在着有效的高速运作的同类市场，其也会因种种现实原因，经常处于有价无市，或有市无价的境地。这就造成了对其只能进行近乎于实物期权或影子价格式的估值。也就是说，财富价格是个非现实的超市场价值的界定问题。失去了现实流动性比照的市场，价值弹性就是通过泡沫形成的高峰和泡沫破灭的低谷而交替表现出来的。第三，财富与耐久性资产类的非“必需品”物品属性，使得它们的价值弹性很大，从而构成社会经济庞大的加剧蓄水池效应。当社会经济处于良性发展和高速繁荣时，或者当经济较热或过热时，资产与财富价值弹性以及价值升值空间都急剧膨胀，反之，资产与财富价值弹性会快速收缩，价值缩水空间突然变大。

而财富、资产价值蓄水池又同股市和其他资本、金融市场连在一起。当商家资本资产价格膨胀时，或当资本市场处于牛市时，无论是首次公开发行股票、兼并购买股票、债券转股票或其他资本市场股票，都有变现和退市市场机制。当其兑现成现金退出原资本市场时，就可能直接投向房地产、财富市场，从而直接催生或加大财富与房地产泡沫成分，推动价值在房地产与财富市场中的膨胀。

房地产与财富资产泡沫形成后，就会在自身形成下一轮的价值膨胀，并可能被套现从而最终退出。而房地产的退出可能采取由拥有小房地产逐步升级换档，从而使其泡沫经济伴随着真实的享受与价值增值而出现互动互助。美国 20 世纪后 20 年至今的经济过程，大致就是这样一个所谓信息革命和金融革命下的产业经济与房地产泡沫经济互动的真实过程。中国20世纪90年代以来的房地产同其真实产业经济活动的过程也含有这方面的意思。

发达国家过去近三十年,尤其是美国过去二十余年经济繁荣和高福利生活的泡沫经济支持,还有相当大的一部分来自于衍生品金融庞大的利润刺激。以长期资本运作公司为典型代表的当代金融工程技术派的数理金融投资与管理,在一定意义上靠低保证金、高杠杆下衍生金融经济规模榨取利润技术,对低质金融价值产业与产品,进行大规模的低利规模金融、集装箱式金融运作。这种金融的投入运作资产量大得惊人,自有资本少得可怜,单位风险收益率很低,靠的是超级批量金融资产运作的投入和对称性的风险对冲。这好比是大庆油田对现阶段深层的低含油量采取高压水注入提取、分离,而获得原油产出一样,其真实成本很高,投资风险很大。

六、体外廉价贸易和要素投入支持

倘若不存在外部经济体,无论是国际经贸还是区域经济的低价要素投入支持,自我循环的国别经济在上述的金融经济之下也可能形成并维持泡沫经济,但其理性与非理性繁荣的共存互动会严重失衡。理性繁荣的微观体验和现实感受效应会大打折扣,从而既难以长久地维持泡沫经济的存在,也难以使泡沫经济发展成超级规模。历史上从南海泡沫到黑郁金香泡沫,再到密西西比泡沫,多半都是昙花一现。其根本原因之一就是缺少这样的国际外部经济的有利刺激与支持。

有利的外部国际贸易来自于两极运动·第一,廉价进口成本造成了多重财富增值效应:消费者获得大量的国际消费者剩余。这就将可支配收入的节余部分,用来支持更疯狂的投资和耐久品与奢侈品的消费。第二,厂商获得国际生产者剩余,节约了大量的人力成本、培训成本和环境整治成本,就可以扩大价值链上游的进一步开发和虚拟整合。第三,进而消费者剩余、生产者剩余作为国民财富的国际贸易余额或节约,自然会构成下一轮财富生产与分配的更加有力的资本、技术和有形资产态势。这一切都是真实的价值获得和增值。

如前所述,支撑资产泡沫或开始的资产价格膨胀或所有的财富泡沫经济存在,必须在庞大的金融安排和契约的期限架构下,保证源源不断的节点上(时间与空间的双重满足,即在每每契约双重锁定下的时间规定时点上,又对应着各种具体的金融当事者与当事方的承诺要求)金融微循环的畅通无阻(按时按约按量)。有时为满足不断膨胀的刺激需求,还要求日益增大的回流和预留现金流支付。这样方能形成对这种金融泡沫的不断加大滚动的维持。泡沫资产的动态游戏特征就是不断膨胀或加大的生成与维持。泡沫资产与经济不升就会转而下降,不持续扩张就可能通过拐点而走向萎缩与覆灭。这就是说其存在或生命本身就是不停顿的成长。要做到这一点,首先,要有源源不断的实际现金投入。这既可以来自已有的投资群体和机构,也可以来自新进入的投资群体与机构。而要有投资,则其增量投资必须或者来自于其薪水和其他收入增加,或者来自于消费支出的真实节约(即在消费水平不降低甚或生活水平提高的情况下,获得的真实资金化了的消费者剩余之兑现),或者来自于资本投资回报的真实提高。这可以归结到其他收入增量部分。廉价的进口与高价的出口，加上变形的出口的外包，无疑可以几乎同时提供所有几方面的收入增长。其次，要有源源不断的甚至放大的回报和收益流来实现刺激或激励。这就不是单纯的投入所能满足的。当然，若设计得完美，理论上通过无限期的庞齐游戏，单单只靠不断欺骗的、放大的金融吸收安排，也可能实现一定时空之下资产泡沫的支持。但若同时在整个宏观经济范围之内，维持大尺度、长时段的这种泡沫经济和非理性繁荣，靠微观庞齐游戏，或严格地说来仅仅靠庞齐游戏，则几乎是不可能的。因此，真实的劳动生产率的提高，真实的国际廉价贸易支持和真实的金融业服务者效率与质量满足，都构成了资产泡沫的现实基础。这里要着重强调廉价贸易的突出性作用。因为这方面的真实贡献和放大效应要远远大于其他方面在收益现金流上的贡献。如果说工业化与现代化时代，全世界通过国际贸易，曾总体上受益于现代资本市场带来的工业化效率，那么，后工业化和后现代化时期，全世界，尤其是发达国家是受益于全球的发展中国家的成本洼地、世界加工厂和发展贸易的实在贡献。

体外廉价输入与体内廉价输出刚好是一种两极对立的运动。通常当一国经济复兴，崛起并达到或超出国际竞争水平时（指在实际劳动生产率、实际比较优势、实际汇率、实际收入等方面），就会发生体内廉价输出。工业革命和工业化时期的英国，两次世界大战期间及第二次世界大战后至 1973 年左右的美国，第二次世界大战后的德国、日本、亚洲新兴工业化国家与地区，以及当前的中国、印度、巴西、墨西哥等，都是这种体外输出的国际惯例。

在一般情况下，当存在着显著的，也就是占有相当大比例的体外廉价输出时，一个国家大体上会呈现出一种资产与财富的升值状况。总体说来，资产、贸易品、非贸易品等物品，都因国际通行价位相较，处于一种低估和升值状态。因此，随着经济、对外贸易和金融的崛起，资产与财富处于一种充实和升值的实增阶段。这是由实际生产力和国际财富比价决定的。

相反，当存在着显著的，也就是占有相当大比例的体外廉价输入时，一个国家大体上会呈现出一种资产与财富的贬值状况。总体说来，资产、贸易品、非贸易品等物品，都因国际通行价格相较，处于一种高估和贬值状态。因此，随着经济、对外贸易和金融的相对衰落，资产与财富处于一种泡沫破灭和贬值加速的状态。这是由下降的实际生产力和边缘化的在国际财富比较冲突中的地位所决定的。中美则集中代表了当代这种价值轴变动下的两种典型。

第十章
金融动力、金融部门结构与金融博弈

无论金融扩张、收缩之运作,还是金融自身的发展与变化,当然在本质上都是实体经济发展与要求的结果。离开了真实经济的金融无异于无源之水,无本之木。但亦应当承认信用体系与结构一经确立,也就具有某种自主发展和成长的能力与潜力。金融运作的动源与动力,构成了金融成长与发展的基本动力。金融经济学若不能建构起基本的金融动力学和相应的金融能量结构,就难以从本质上对金融创新和金融发展发生学,比如无论是就空间上的金融城与金融中心的扩散,还是就时间维度上的金融深化等问题,作出科学的解说、预测及规划指导。

一、理性重塑:目的性、动机与动力

经济学在人性与理性上进行了广泛的"虚拟"(或纯粹抽象)的建构和模式确立。自利乃至自私成了当代经济学的出发点与基础。以自私或至少是自我利益驱动为目的和动机的经济行为主体之个体,成为建构所有契约,形成基本产权要求,构筑一切法律与行为规范的原点和学理基础。而义务、责任、品格,甚至于兴趣、爱好,更不必说利他与爱人,仁慈与友爱,都统统被排除在理性或至少是市场和经济理性之外。这似乎应验了中国老话中的"商场无父子"、"亲兄弟明算账"的说法。小穆勒等一大批经济学家在其早、中期的经济学与哲学生涯中,就遇到了强有力的学科批判或至少是对其的深度质疑。他们通过把市场和经济同其他社会生活和活动的人为抽象分离,似乎把这一理性定义同事实的不相符和过度简单化假设下的尴尬给掩饰了过去,但理性的智慧性分析并未能从根本上得到解决(参见谭伟东《超现代经济学》中有关斯密问题的章节)。

这如同西方经济学对人性的简化曲解一样,其对于理性也有同样的曲解,正像经济学根本无须借助于经济人假设作为学理基础一样,理性的自私唯一性也绝非经济学必不可少的基石。

人类在经济与金融上对效率或效用最大化、风险最小化,或者成本最小化的追求，完全可能同其利他和爱人，整体和社会幸福最大化的追求相一致，并通过分层与分级加以实现，并且动力和动机，群体动力和动机，经济学和金融动力与其原本涉及的广泛的动机完全不同，也根本不必是一回事。经济和金融更多地应该关注动力学而非动机学。这就好像心理学与社会学应更注重行为取向与存在，而非其行为具体的杂乱无章的动机起始与驱动一样。

系统地说，这里应该进行下述严格的廓清与区分：

第一，恰恰是金融动力而非具体的各异的、复杂的金融与经济动机，推动、主宰着金融运作和金融成本。而金融动力可能与具体金融动机有关，也可能同抽象的金融动机有关，还可能根本就是一种金融动力惯性、金融引力惯性问题，甚至完全有可能是一种金融与经济的所谓“非理性”推动的结果。在绝大多数情况下，羊群效应、小数定律的选择都是非理性的。而这种行为选择不但大量存在，而且在许多情势下成了金融运动—发展的主导效应。

第二，金融动力是多元的动力体系，其很少是由单一性的一种金融动力源与动能推进的。其中种种情势下的危机应对、压抑反弹、制度创新、过往矫正等各种应急应对下的动力反应，在已有的轨迹路径依赖和已启动的惯性推移之下（或存在着金融梯度差自动推进等等），都会成为金融启动与发展的直接驱动力。这些动力经常会以合力形式出现，通过混合存在而发挥作用，甚至经常存在着相反方向下的金融的“动力对冲”。这时就会出现金融动力的自我稳定与矫正的情形。因此所谓的内在稳定器效应也就会在金融领域中自动地表现出来。

第三，组织与群体中的个体与单元的具体金融动机，并不等于组织与群体的金融目标与动机。组织与群体的最新目标与动机并不等同于其所具有的金融动力。金融动机与目标固然有意义，并在一定条件下应该转化为一定的动力刺激与动能供给，但金融动力实际上更为重要，而且动力源泉又绝非仅仅来自于金融原发的动机与目标。

第四，直接金融目标鲜少直接来自于深层的赤裸裸的金融动机。金融目的性、金融的盈利性追求动机，经常必须在各种限定的复杂的复合目标群中加以确立，并进而据此通过检验和得到体现。而这些盈利性动机和直接的利益驱动，又必须通过有效途径转化为合宜的动力推进，才能持久而有效地影响金融运作与发展。具体说来，一个金融商家若不能把高盈利性同职业的趣味性、公司文化的良好奋进价值取向、经营上的公正与社会关注等规范行为有效地结合起来，其发展的空间就是极为有限的，其成长的动力也将难以持久。

在犯罪学和审判之定性量罪中，犯罪动机是十分重要的。在经济行为产生和行为维持中，经济学家假定并认定了自利、自私利益驱动的核心动力能源。而这既无法解释在普遍意义下的各国经济与金融发展水平或至少是同样物质与支持基础上（或条件下）的国别间的巨大差别，也不能回答中国等亚洲国家在产权关系不清情形之下的经济奇迹。对计划经济体制下的惊人速度，西方学者会借助于所谓高压与计划驱使来敷衍，而对于转型国家的经济奇迹，在西方经济学中却着实无法找到答案，勉强靠后发优势加以解释，但这几乎并不能说明什么实质性问题。

就如同货币是商品的高级形态，资本是货币的高级形态，金融是经济的高级形态，自动推进升级换代一样，经济与金融会沿着自身内在的规律而在现实条件下获得自身存在、展开和实现的路径。这种强制性就像马克思坚信的如同重力发生作用会强制地为自己开辟实现道路一样，它是根本不以人的意志为转移的。金融动力既含有主观因素，更包含客观规律和客观条件。其同金融行为主体(无论是个体还是群体)的意志、目的与动机有关，更同各种其他客观的东西有关。

金融动力是金融物质或能源转化成金融能量所产生的推动力，其存在、变化和持续作用，推动了并在某种程度上规定了金融运作和发展程度。当然金融动力的逆转和形成，甚至其激发和点燃，都离不开金融动机和深刻理性化的金融目的。在长期的发展与运作上，两者必须形成完美的匹配，否则就会或者是昙花一现，逐步失去了劲头，或者是步入歧途而不得不被重新纠正。

事实上，在构建核心均衡经济学架构与体系时，主流经济学家同样是基于最主要的经济动力而非个别、具体的什么经济动机与动因，来建立经济均衡体系和决定经济变量状态的。例如，供给力量与需求力量对峙，两者旗鼓相当的情势决定了均衡价格和均衡产量，同时也决定了均衡规模和均衡态势。供给动力是一系列的供给动因、目的与影响因素的合力，同样，需求动力也是一系列的需求动因、目的与影响因素的合力。

资本和股票市场上的流行术语是“不与市场大势作对(抗衡)”，说的就是不同市场上的资本与金融动力态势和大势对抗。不仅如此，其更深层的含义在于：所有对金融学的关注和对金融经济学的深入探讨，均须在金融动力学中获得新的根本的支撑，而不是在人性的具体的利己、利他的动因之上“纠缠不清”。

二、物理金融动力群

从最直观、最显见的角度看，金融动力来源与分类，首先可以界定为一个物理金融动力群组。之所以将其命名为物理金融动力，是取其动力的基本属性具有某种物理学之力学性质。这个群组动力可包括如下几种：金融引力、金融梯度动力、金融惯性动力、金融反弹动力。物理金融动力学可能同城市经济学、区域经济学、空间和金融地理学等，形成一定的交叉和互惠。物理金融动力学研究能否获得明确的实证科学和经济经验支持，要端视后继者的开发与应用研究情势。

(一) 金融引力

如果人们能够正视“金融物质”、“金融能源”的存在，就应对金融引力范畴有足够的理论准备。并且，只要人们对金融中心的金融能源与金融流量的吸引和金融城及金融—商贸经济中心的租金或地租呈放射状的递减现象有所观察与领悟的话，金融引力就不应是一个纯粹的理论抽象和无实际意义的假想。

套用牛顿的引力公式，就会有金融引力同金融物理质量成正比，而同金融距离平方成反比。然而，无论是金融物质与质量，还是金融距离，我们都没有从直接的物理学意义上加以界定。

金融物质在这里可以而且应当被界定为全部的原生金融资产，甚至还可以进一步将金融环境、金融资源、财富与其他潜在的即沉积态的金融物质资产包括在内。换言之,经济—金融生态、经济—金融生物圈、经济—金融资产圈、经济—金融服务圈等统统都应被包括在内。其中经济—金融生物圈,主要是指金融中介和金融炒家,但若涉及金融资产与环境交换,则拥有金融资产的其他商家和影响与监控金融机构服务的政府和其他机构,也应被包括在内。并且,其不仅应包括企业的有形资产,也应包括企业的无形资产。而衍生金融则应被排除在外,因为其可能被重复计算。但合宜比例的衍生金融可以通过一定的折算方式而被计入。

按照爱因斯坦物质能量公式,物质与能量是可以进行互换的。这样,金融物质也可以转化为金融能量。当然,这同物理学上的物质转换一样,是需要一定条件的。而且物质转换本身同样是要消耗能量的。因此金融物质—能量转换之间需要进行金融物理效益核算。

在大尺度的宇宙体系中,引力是全部力学中最主要的宇宙结构作用力。正是由于其存在和作用,才保证了整个宇宙秩序的存在和维持:星球、银河系在一定的几何体系下,做规律性反复(周而复始)的运动。这一点,在很大程度上也适用于金融世界秩序。正是由于纽约、芝加哥、伦敦、东京、新加坡、香港、法兰克福、巴黎、上海、北京、深圳等不同引力级别的金融引力中心,在其各自的辐射圈内形成了稳定的金融秩序和运动。这些金融客体依照其不同的质量、能量规模,而构成不同引力级别的金融中心,吸引并支配着不同量级的金融流转,维持着全球和区域的金融秩序和经济往来。

由于引力是同距离的平方成反比,因此,引力随着距离衰减得极快。这既是金融中心有界的原因之一,也是金融中心在有限范围内自我强化的原因之一。当然,金融中心同国界(因汇率、主权、文化习俗不同,或网络金融效用边界,或金融外界边界)、国际风云或风险等也有关系。这些会构成非自然引力作用的障碍。

金融引力不同于物理学中的力学引力。这可以从下述几个方面来加以把握:

第一,金融引力同权力之间存在着特殊的关系。金融引力显然同决策和控制金融物质,尤其是高能金融与高能资本的权力有关。不同于自然界中的力的存在,其仅仅同物质存在的密度与大小有关,即大质量就直接等同于大的引力。金融引力的大小与强弱是由受控于金融权力的条件决定的。货币投放、货币政策松紧、资本募集、债券转换和流动性规模与速度等方面的不同与变化,都可以直接影响金融引力的大小。在这个意义上说,央行所在地、总部经济区,金融机构决策地等的金融地理区位,都会给金融引力的大小造成一定影响。

第二,金融引力同信息流的信息状态有关。一个区域的金融生态圈与金融物质储备可能都不错,但由于金融信息披露和金融信息流之畅通水平较低,就可能影响金融引力的强弱与大小。引力与金融信息是相互叠加的,正向的信息不但可以表明引力方向,而且可以强化引力作用。然而,信息流的信息披露却绝非"有总胜于无",并且多多益善。相反,虚假信息、劣质信息、杂音干扰会大大影响金融效率,从而会减弱金融引力的实际作用。

第三,金融引力同金融结构有关。同样的金融质量,同样水平的信用体系、信息质量和丰度,但若金融结构存在问题,比如最简单的金融资本结构与金融证券机构出现某种不协调,就会潜藏着巨大的金融风险。而金融产业结构的合理性,又直接表现为金融产出的质量、品种、资产与产能同一定的风险结构的对应和运营状态。

第四,金融引力同金融系统与外部的现状和状态有关。具体说来,同通常的平静的金融状况不同,当金融系统与外部处于金融危机时,金融引力既可能变强也可能变弱。这取决于危机的性质和应对危机的公众态度、决策意愿和应对举措。当金融危机呈现为基础经济虚拟化、实体经济结构性问题时,金融中心由于金融与经济的泡沫性,会呈现出金融引力衰减或向其真实情形的回归。反之,基本面没有重大问题,危机仅仅是一些金融政策失误所致,则金融引力就不会发生太大的变化。

(二)金融梯度动力

如前所述,金融引力是构成和维持大尺度金融空间秩序的最主要的金融力量。比如说,纽约、芝加哥的国际金融中心地位的存在就是如此。金融梯度力就如同经济梯度力一样,是一种造成和推进均衡扩散,实现金融与经济均衡发展的最主要的扩展流和发展动力。

后起、落后、差异都会形成金融深化、增长和发展的梯度差。这些金融空间或时空差别绝不仅仅只是直接导致和促成了所谓的金融套利活动。商贸与经济上的市场套利是自发性的,但却是最低层级的商务与金融活动。当然,这是不可或缺和可以忽视的市场均衡行为。并且这些活动好像是经贸与金融活动中的候鸟行为,会发出强烈的信息,引致更深层的经济、金融产业与企业甚至整体经济整合行为,从而引发出更深刻的制度与政策、技术与管理等方面的创新、调整与变革。

金融梯度力可能源自下述这样一些金融差异:

第一,全部财富积累、经济发展水平和整体经济实力及其动态的经济产出率方面的差异,构成了金融梯度差的某种潜在支持。甚至包括一国或地区的自然财富、物质丰度以至于环境优美与其他优良的自然条件等,也都可能成为潜在金融梯度差的基本前提。它们不会自然而然地构成金融梯度差,但其大小与质量,在一定的金融态势、体制和政策之下,可能转化为原生金融资产。在某种意义上说,这里相当部分的沉积的财富与积累,可以视为宇宙学中的"暗物质"。它们构成一种金融暗物质,尽管其可能在金融流转、金融交易、资产负债表、国民经济核算体系中得不到具体体现,但是的的确确存在着金融质量,并且保持着一定的金融引力。这种金融引力同自然界中的暗物质的引力可能有些不同,即其在未转换成原生与衍生金融时,引力会打一定的折扣。从这个角度上看,这种金融差异和金融梯度可以定义为暗物质金融差异和暗物质金融梯度。

第二,原生金融资产、财富和原生经济上的差别,构成了金融活动之显见的基本的和真实的差异。它们成为引起和推动金融活动的重要动力。全部金融市场、资产池和财富网络,除了被有限的、有形的专用性、流动性从而公开性等外在区隔和分区以外,会大体上遵循着自然界的重力定律,推动着金融进行平行的或均平化运动。金融引力所支配和决定的租金梯度,除了空间成本所能维持的"级差租金"这种空间展开形式而外,无法阻挡非成本性的梯度金融的均平动力。工资、地价、税收、资本收益以及国民经济或产业、行业经济价值梯度等，统统会成为金融崛起和金融赶超的强大动力。在传统工业区域经济系统中，非贸易品的房地产，表现出明显的工业区位价值依赖，从而原生金融资产与财富的集中受到区位、地缘优势的极大压制，几乎显示不出任何实质性的作用。然而，全球化与金融全球化以后，金融资源配置、全球生产与分配、全球营运等方面的变化，造成了新型的国际分工体系，从而，后起的低度发展或低度金融深化的原生金融经济，因其浓缩的、压抑的，从而是非泡沫性的金融资产，就具有了巨大的潜在市场价值。这是东亚经济崛起，世界经济发展中区域与国家追赶，以及世界性的抢购发展中国家资产的根本原因所在。

第三，金融生态体系与金融环境方面的差别，同样构成了一定金融梯度的存在。这方面的差异，不但直接决定着金融产出、转化和交易水平，决定着金融资产池的大小与风险防范水平，而且影响甚至决定着金融创新，影响着金融产品、工具体系与金融结构。创新被现代理念界定为以下三种：(1) 原创性或自主研发性创新；(2) 集成组合性创新，其中综合性、复合性和程序性为创新的主要特征，意即靠若干种、若干方面的合成领先与优势而获得的创新；(3) 引进消化后创新，即靠从外部环境或外部世界引进原创或合成性的东西，经本土化后，再引发出新型的东西。如果说原生金融梯度差是金融能源梯度基础差，那么金融环境系统梯度基础差，就可视为金融能源、能量之载体方面的梯度差。狭义地说，金融人力资源、人才储备与人才网络，金融的在岸与离岸中心与营运系统网络，直接的财经金融教育与培训体系，金融法规与法制建设，金融数据或信息资源，金融服务网建设和系统设施等方面的差别，例如像金融数据与模型鸿沟、金融信息孤岛、金融平台短板等等显著差异，都会构成金融梯度差方面的显著性指标。

(三) 金融惯性动力

金融趋势形成，尤其是大势甚或仅仅是其势态的维持，都依赖于金融惯性动力。按照牛顿力学原理，惯性显然是维持物体自身已存在或运动方式的一种属性。因此，在无外力和摩擦力的情形下，就会出现“静者恒静，动者恒动”。资本市场上的牛市、熊市在没有更多的公开发行、基金注入、利好消息引入投资、熊市斩仓与补仓及清仓、启动时的建仓等等力量推动时，仅仅依靠已有状态的惯性的存在，同样可以继续运作和维持下去。

惯性金融经营与发展是最省力的，也是较为经济的一种金融营运方式。这无论对于微观金融、中观金融，还是宏观金融来说都是如此。对于已建好选择的资产组合，已选择好的配置起来的资产池，已进入轨道的营运产品、顾客群体、资本结构，已有的令人满意的证券、保险、银行、储蓄机构、基金公司等的金融产业群，最好的经营方式就是不干预、不做较大的调整。这不但会节省大量的调整交易成本，而且会使其在最微小的干扰下，最大化自身的惯性动力效应。

如同前述的金融引力、金融梯度力等动力一样，金融惯性动力也同各式各样具体的、个别的金融动机与经济动机不同，毋宁说它们都是宏观、微观、中观的既定的金融状态、金融演进轨迹、金融发展态势的混合生成之趋向与动力。其在本质上是一种金融政治生态，一种在特定的金融制度框架、技术金融基础设施和平台上，能够发展和得以推进的整体态势。如果说金融引力源自于金融物质质量与运动速度,金融梯度力源自于金融指标的具体空间差别性,那么,金融惯性动力就是金融自身态势的自然延续、自我保持和自我推进的势头。

具体说来,金融惯性动力来自于下述几种情形:

第一,同经济外部性正向效益一样,金融网络发展的自动扩展会带来网络效益的自动放大。这种自动扩散与增大的趋势与能力,除非受到诸如公共拥挤、公共瘫痪与灾害造成的不利阻挡,或放大挤兑反向效应出现而外,基本上会是一种自然而然的惯性扩散和自动增大过程。网络效应可能来自于客户群的信息共享,甚至仅仅是信息互撑(相互支持),或仅仅是资产规模造成的商誉、品牌、服务的无形资产价值的增大。经营城市、经营银行与商家、经营品牌与产品等等,这一切的营运都具有这种网络扩散效应。

第二,趋势或大势认同会像预言自我实现一样,造成如滚雪球般的自推进、自滚动与自扩大效应。滚雪球无疑不是一种纯粹的惯性动力效应。羊群效应中当然会包括新增追随小群体或个体分解效应。这些都会随之为已有的趋势注入和带来新的金融能量与金融能源。像挤兑风潮本身无疑也包含着不断被放大的金融新能量的注入:由起先的百分之五的恐慌提取群体,渐次演化成百分之二十甚至更高,以至于最后可能波及几近全体存款客户群体,涉及百分之百的放贷资产。然而,仅仅是预期和一定规模的预期群体之看法及其行为的维持本身,就足以推动已有的金融趋势继续甚至扩大态势,甚至推动其走向低谷。例如,牛市势头里的尖端投资群体或熊市势头里的尖端投资群体,同其制造拐点的能力一起,会形成市场波动甚至动荡,随之又会在已变向的风头上迅速成势,形成重大的趋势推进作用。

第三,竞争占优获得的势头可能会形成种种有利局面,也就是或者更有利的金融资源整合,或者更有利的金融资产配置(例如融资渠道增大、融资成本降低、自动送上门来的客户群体的不断变大或推销成本大大节约等等局面的形成)。具体说来,像麦利威瑟创办和经营的长期资本管理基金公司,当其获得了早期创业认可,并成功地将自己塑造成华尔街之外的超级金融天才组合,并被冠以梦幻之队的经营团队形象与商誉后,不但主动找上门来的投资者源源不断,而且其大宗交易也不付保证金,从而无须支付很多的利息,这无疑使其投资回报有了绝好的绩效。竞争占优惯性可以具体表现为:首先是抢先一步占优。其占优可获得技术、市场、规范、认可等各种领先优势,从而形成金融价值与成本上的优势滚动。其次是通过战略争夺获得优势,如在市场份额、顾客忠诚、社会知名度、战略资源控制等方面获得相对或绝对的优势。

(四)金融反弹动力

如同任何物理性质一样,对于物质实体来说,任何压缩、挤占、压制都会造成做功,而当压力被撤除时,其就会出现反弹。金融压抑的结果,同样会在放松与取消压制时带来金融反弹动力。就像存在通货膨胀时,就会出现普遍性的资产泡沫,而当出现通货紧缩时,又会存在普遍性的资产价值贬损或收缩一样,当存在金融压抑时,资产价值会因受到挤压而缩小,当撤除金融压抑时,资产价值就会自动反弹而上涨。

金融压抑不是一个单纯的货币现象，甚至主要不是货币现象。因此金融反弹动力主要不是货币政策问题和货币现象，而是由深层金融制度、秩序和资源配置问题所引致的。

金融资源、金融产业、金融市场如同一般经济资源、产业与市场一样，也需要制度创设、产业扶植、市场开发。自由放任经济理念与政策只是一种形象的简单化的说法，并不代表真实的经济干预与经济扶持的实际操作和运作过程。而从其反面来看，过多的制度规范、政府干预、行业约束，则会阻碍金融资源的培育和金融市场的成长。当金融产业群极为单薄，金融产业链极其窄小，金融市场规模较小、水平低下的时候，金融资产池与金融价值库就会同实体经济与财富严重脱节。金融功能就会退化为最初级的货币流转和交易媒介功能。在这种社会经济秩序之下，财富生产、创造、享用与积累，就会处于最原始和欠发达的商品经济状态：社会经济资源和财富因金融网络流通与资源的高度缺乏，而处在一种相互封闭、隔绝的状态，缺少足够的交易性、流动性，从而丧失了诸多的加速循环流转，无法形成快速组合和加速创造与享用的经济运行，结果，资产因缺乏市场激励与市场需求而被闲置，自然其价值或潜在价值就会被大大低估。

金融反弹动力有下述几种类型：

第一种为功能反弹动力。其表现为当金融应用功能得到恢复后，一方面，因功能丧失后的复原所带来的短板决定效应而出现向常规状态的自然恢复，从而带来金融资产价值增值和金融产业或至少相关业务的普遍扩张；另一方面，由于功能压抑造成的业务萎缩，会在恢复中由于不对称和非均衡比照而得到强力发展。一般说来，功能性的反弹动力是比较容易产生的。

第二种为结构反弹动力。其可能是制度性反弹动力，也可能是技术性反弹动力。当金融压抑性的结构形成并存在一段时间后，会表现为金融结构的单调、低级甚至一定的萎缩。这种结构失衡造成了金融整体部门和产业群的欠发达与低度发展。当结构性压抑出现削弱趋势以至于最终消失时，结构性的跨越式发展就会带来金融部门跳跃式的增长与发展。几年前中国资本市场的爆炸性增长与发展就既有技术性和功能性的反弹动力，也有结构性的反弹动力的推动。中国海外蓝筹股回归、大型国有股全流通和保险基金的注入等结构变化，就既是功能性反弹，也是结构性反弹。

第三种为网络反弹动力。金融领域中的保险、银行、证券、基金等产业与部门既相互竞争，又在外部性上互相增益。当金融个业或局部受到抑制时，金融网络效应的增长同样受到极大的影响。而压抑取消时，反弹的网络性同样也会体现出来。这就是当繁荣和牛市出现时，经常会或是普遍性繁荣，或至少是牛市的部分传递与共享发生作用；而当萧条和熊市出现时，则会是普遍性萧条，或至少是熊市的部分影响共同作用、互相传递。

三、社会文明金融动力群

除了上述物理金融动力群外，还存在着社会文明金融动力群。两者的区别在于，前者更倾向于显示金融力量消长中的更具客观性的动力作用，后者更倾向于揭示金融力量消长的社会主观性的动力作用。但两者都不同于以往的金融经济学与金融学中的人性与理性假说,不主张把抽象的人性和个别的人际心理与追求,作为主要的研究基点和基本模型支撑。

(一)级差与跃迁:递阶机会成本与机会收益圈

社会阶层论、社会阶级论等学派理论的出现,反映出了社会经济与金融层级对于社会财富、资源与权力的拥有、支配和享用的社会性、制度性和文化上的差异。但其多半是静态性的理论和既定状态的描述与分类。其不但表明不同阶层、阶级的社会身份、角色、地位等方面的不同,而且进一步显示出他们在思维与决策上的差异。至于对社会阶级斗争乃至专政的路径选择和斗争指向的分析,有前马克思主义、马克思主义和后马克思主义的一系列的学说与流派的分析与研究。这里将研究视角和重点转向金融经济学理意义上的阶层间的级差成本代价与收益递阶,从而试图对社会阶层间流动动力和其中的金融学动力,进行必要的整理与分析。

金融行为主体,从来就不是以等同的金融资源禀赋、相等的机会收益或成本价格来进入金融资源市场进行交易活动的。金融价值链在不同的金融行为主体间所形成和展开的金融生长空间,表现为从低到高的一种像食物链一样的价值金字塔链条。这种链条又直接或间接地同生存、发展与经营空间连在一起,构成一个完整的行为主体的阶梯状的向上层级。

从下至上,动用金融杠杆的可能性和操作空间会越来越大,从而掌控高能金融的可能机会也会越来越多,相应的可控金融资本与金融资源也就越来越多,从而可选的金融空间,无论是资本数额、融资方式、金融产品与服务,还是各自相应的成本收益比,也就都会越来越广阔。而随着行为主体的跃进与升级,其在机会收益不断加大的同时,相应的机会成本也在升高:时间成本、休闲成本、经历成本等都会随之升高。

社会经济与金融个体及其小群体,对这种竞争金融生境的级差存在历来十分敏感,且在进阶升级、同级扩张、保级“争斗”、降级抵制的同业俱乐部之经营性的水平资格的竞争中,其对相应的收益与成本核算认识极为明确,对所追寻的目标与驱使动力绝对一清二楚。

一般来说,进入成本和升级成本都是极为昂贵的。其间涉及巨大的社会资本投入和信息与网络资本垫支,并且这种属于沉积性的投资回收,无论从未来分摊、回收期限、回收率等角度看,都是充满风险,甚至根本就是不确定的。因为,第一,这类投资多半或根本就不可能有任何正规形式的金融契约,甚至其完全都不具备口头交易与君子协定,只能是一种凭感觉的信任与圈子里的所谓规矩与约定俗成;第二,相应地也就只能是凭借一些可能的未来交易项目“特权”或其他经营特权之预期收益,同关系与社会成本投资进行一种大致成本匡算,绝不可能有任何确定性的、有规律预期的现金流,不可能有正规形式的项目评估;第三,圈子、“级别”或层级的进入,仅仅代表着对过去和目前状况的一种评估,未来的变动与行情都是不确定的,而且这种圈子游戏与网络系统永远是具有开放性质的。

因此,这种动态与开放性的人际层级系统的变动,会通过无形的人际层级俱乐部的动态演进，不断迫使“局外”与“圈外”人通过金融与人际投入，而保持不断的进入与升级态势，从而推动人际无形阶梯的不断跃迁与攀升。

升级动力可大体上区分为改变命运性质的和非改变命运性质的，或者是战略机缘性质的和常规战术扩张性质的（或者生死攸关性的和一般性的）。举凡涉及前者的，那动力就会似乎从意志力中发掘出超常的智慧、潜能，会投入巨大的人力资本和其他资源，会在一定程度上“不计血本”，“不顾一切”，将一些其他事项置之脑后，这时候甚至有可能实行跨心理账户的调集资本与资源，改变惯常的厌恶习俗与风险防范空间。在农村考生升学、农民工进城职业选择等晋级博弈中不时会有这种情形出现。许多身处社会下层欲获得第一桶金的下海者会自我形成这种动力。与此类似，历史上美国加州淘金者中的许多人也都是这样。

这种微观、个体或小群体的动力现象若在民族和国家层面上出现，就会形成民族崛起、振兴或复兴的动源与动力。第二次世界大战后，日本、德国都是担心成为发达工业国的边缘国，因而通过金融倾斜、资源集中、民族凝聚和外向型突击等方式，完成了国家层级的升级与跃迁，由战败、落伍的工业国变成了高度发达的现代经济—金融强国。

毛泽东以“落后就要挨打”来激发中国现代化跃进的奋发斗志，其实也是要形成这样一种中华民族升级的动力。中华民族复兴与和平崛起的这种现代腾飞的动力，同样是升级动力的体现。美国当代哲学家理查德·罗蒂告诫美国人，若想保持美国的强盛，就必须通过国家故事来使美国普通民众永远明白和记取民族与国家强盛的价值追求与精神动源，这其实也从对美国可能衰败的社会心理之文明故事层面，表达了同样的东西。

升级与跃迁的动力源可能来自下述几个方面：第一，通过压缩和逆转或抑制一些潜在早熟的奢侈舒适空间，把预期收益大大降低，从而在真实资源与资本投入上，获得超出市场的平均水平，大大降低了真实进入成本和人力与资本回报压力；第二，通过跨心理账户的资本与资源统配与整合，大大提高了整体资源配置绩效，产生了分割区域下的心理账户资源所无法达到的跨账户之整体均衡水平；第三，打破常规下的整体协同，既可能产生新质、新造的能量释放，又可能时常促成有机整体协调，而这可以带来远远大于机械分隔局部之和的协同效应；第四，有机统配和大目标追求下的刺激放大，通常可能产生道德境界升华、大手笔核算与文明包容等特殊制度文明与交易成本上的节省，从而带来有效的投入放大，同时也造成动力形成的被放大与叠加。

（二）“崛起与称雄”：压抑与张扬舒适空间

大国兴衰、国运起伏翻转、社会文明起落兴衰，都是宏观经济与金融之大的历史背景与潮流驱动，这些背景与潮流本身就会形成一种金融运营与发展的推动力。例如，“打仗要银子”是普遍的道理，推而广之，强盛扩军要靠强大的金融加以推动，而反过来，国泰民安、和平崛起同样也会需要并同时推动金融的大发展。这就是说，巨大的社会复兴运动本身一定会产生强大的金融合力，这种力量会作为宏观金融惯性力量，带动整个国民与民族的金融行为主体一同运动。而从另外一个角度看，大国兴衰和民族强盛的背后，社会金融行为主体首先会通过舒适空间的历史性调整来完成金融能量蓄积、金融资源与能量转化和金融资源与能量释放三大阶段，从而把金融崛起同民族与国家的经济与文化崛起连在一起，完成大国兴起和走向称雄。

在大道理上，家庭与家族兴旺同国家崛起的路径与方式，具有很大的相似性。在第一阶段，都一定是完成力量、资源与能量的蓄积与整合，即处于最充分的资本积累阶段。在这一阶段，普遍性的奢华受到严格的限制甚至被取缔。这种限界来自于内外双重的约束。就其外部的和客观外在的因素而言，其受到物质丰裕、财富水平和资本拥有及产能与产值的限制，即令想奢华，也既无本钱又无条件与可能。这会在社会经济基础设施、社会产出与服务能力、产业结构，以及社会财富与物质基础水平、社会资金与资本支出方面存在着广泛的限制。就其内部的和主观内在约束而言，整个社会的金融行为主体形成于从国家意志、民族精神到民众和个体道德情操以及个人自律的全方位的崇尚节俭、精打细算、卧薪尝胆和埋头苦干的精神与心理。这一时期主导的风险观念和心理账户结构是一种希望追崇的心理主导结构。从而，风险中性与损失厌恶或享乐追求等心理情趣都被搁置在一边。整个国家与民族的金融主动脉，传输的是那种“节省”、“度困”加“闯关”的苦干与拼命动力情结。

当完成了第一阶段的艰辛积累之后，就会自然而然地转入大规模基础设施与产能建设阶段。在这一阶段，尽管基本的节省或节俭金融基调并未完全改变，但在建设与扩张过程中的那种大手笔投入和全社会的能量转化狂潮已经开始，并渐成主导势头。这时候前述的那种跃迁与升级，抢先占位和获得有力机缘，与总体上的加速奋斗的动力联系起来，开始在各种大规模的资本投入、工程项目展开、社会经济组织构建和产业开拓等战线全面地表现出来。如果说，在第一阶段是一种金融压力下的反弹与无欲则刚的力量的话，在第二阶段就已经是金融能量转换过程中的冲动与撞击力量。无论是第一阶段的，还是第二阶段的金融动力，其不同于前述的物理金融动力的根本原因有二：首先，这里的金融动力包含着金融行为主体的价值取向和主观判定。换言之，民族与人类的文化的、道德的、精神的力量与国家因素在其中起着重要的作用。也就是说，它不是一种单纯的金融物理性的能量表现形式。其次，这样的金融动力具有广泛的社会性、历史性和民族文化性。前述金融物理动力群，在本质上是适于任何社会经济形态、任何文化与历史时期的。只要有社会经济存在，无论社会文明传承与历史积淀演进如何，甚至无论其是否有法币或系统性的金融体系存在，其金融的动力推进都会如此，但这需要同具体的社会历史文化背景联系起来才能表现出来。

到了第三阶段，就会进入全面的金融资源与能量释放阶段。在这一阶段，不但享乐性的、张扬性的，甚至奢华性的金融安排会出现，而且经济与社会运动的目的性、终极性问题会同社会经济文化发展形成强大的合力，在社会物质技术繁荣，社会经济产出、产品、服务走向丰裕，社会日常生活出现商品多样化的追求风潮时，金融风险控制、心理账户、舒适空间都会随之相应地发生重大转型。

这样，金融经济甚至整个社会经济会在生产、经营从而金融运作的真正目的层面上，重新从宏观到微观进行资产投资、消费享用的通盘性考虑。而这种在终极消费端上的产品、服务之安排的空间展开，几乎存在着无穷无尽的升级与变化之可能。美国、欧洲、日本等所有发达国家的真正大规模的金融动力生成与能量释放，都几乎是集中在高度工业化、城市化以后，在大规模的重化工业和巨大的现代化的基础设施和工业与制造业体系完成以后。前述的技术革命、投资革命完成了一国的能力建设。消费与信贷革命于是成了新的助推器。而消费与信贷革命是一浪高过一浪。在汽车革命后，转入家电革命，家电革命和所有消费革命发生的同时是不断升级的住房革命。住房革命首先在区域空间布局上引致郊区革命（即居民要住独家大别墅而非公寓房，城市就只能由中心城区向郊区发展），而郊区革命又反过来进一步激活住房革命，进而住房与交通革命及其对现代化的反思又引发并加剧了旅游革命。而人们，特别是中产阶级和小资情调的阶层对所谓生活品质与生命价值的追求，又必然引致回归自然、环境保护革命，这些又引发了新的绿色革命、有机食品革命。这种复合性的消费终端革命，又反过来进一步推动了产业分工，尤其是社会分工下的大服务业兴旺，并且同时反求和推动了进一步的投资革命。

这种阶段动力联动，推动着社会经济与金融不断向下深化并泛化金融创新，使其完成结构与功能的自我改进，也使其升级并同时淘汰旧有的金融结构和产业—经济结构。这比罗斯托的表象化的经济成长阶段论，有着更为深刻的金融—经济理性和动力推动轨迹。

（三）华尔街两大心理驱动的背后：心理与动机社会范式动力

华尔街作为现代世界金融中心与金融圣地的代名词，其典型的金融行为心理特征，被记者、作家、政治家、社会学家和经济与金融专家广泛观察与领悟，他们以此来解剖和试图反映金融行为主体的心理动源和行为动力。为普遍的认定和观察所证实，华尔街一直以来为贪婪和恐慌这两大心理特征所主宰和推动：对金钱、财富的无尽的近乎疯狂的渴望与追逐，造成了疯狂投资、豪赌、羊群效应的出现，从而泡沫金融格局下的博傻游戏、庞齐游戏便反复上演，进而非理性繁荣便会一而再，再而三地重复呈现。这里上演的是"商场无父子"，"商场如战场"，"有奶便是娘"，"有钱就是爷"的价值取向和德性规矩。同时在这种疯狂的敛财与取财的背后，人们甚至仿佛看不到追求奢华与享乐的目的性、欲念性的内外在统一，有的仅仅似乎是对金钱、财富的那种无尽的占有欲。这种疯狂的单纯扩张、逐利的动机，在繁荣、扩张与牛市时表现得最为明显。与之相对应，当灾难、风险与危机出现或仅仅是预感其将降临时，则纯粹的逃生、避险、免灾的恐慌与心理崩溃，又成了此时华尔街心理大战的主导和金融"乐池"中的主旋律。抓住救命的稻草，不顾一切地从"世界末日"中逃离出来，清仓、斩仓、封仓、甩卖（跳楼价）等等断臂举动，五花八门，各式各样，千姿百态，也的确会是丑态百出。在害怕的背后，人们似乎找不到对生活与经营未来的理性评估，有的仅仅是对一切都不确定的纯粹的害怕、恐慌与胆怯。就好像怕死亡、怕黑夜一样，完全就是一种无助的胆怯与慌乱。

事实上，华尔街也好，伦敦金融城或伦巴第街也好，都绝非是贪婪与恐惧的独生地和大剧场。这里并不聚敛起更多的赌徒和胆小鬼。这里的人性或人类比例，同其他地方的并没有过多的不同。仅仅是由于其金融的高速与集中的剧烈起伏跌宕，使得这些行为在特定时期显示得更为集中，暴露和展示得更加彻底而已。时空上事件与危机的高度集合，使得本该在长时段、大空间里同其他特性一道展开的，都在少有的小时段与集中的空间里上演了。而作为金融行为主体，那种决定着其行为范式和进击动力的属于原生态动力与动机的各种情结，绝非仅仅是贪婪与恐惧。

1. 反抗—翻身情结

金融—经济中的反抗—翻身情结，可以通过下述几种理财投资途径表现出来：第一种是命运抗衡性的职业与生涯的革命性的长期的选择与投资。无论是革命者、伟人，还是保守者、平凡人士，在其生命的少年时期，均可能首先是由这种情结推动的。第二种是通过冒险—创业偏好的放大战略及带有投机性甚或赌博性投资的那种命运决定性的投资与理财。这可能是一种杠杆放大的融资，可能是不惜相当代价的投资甚或投资冒险，可能是中途放弃现行职业后的创业与投资。第三种是压迫、压抑下的危机反抗后的爆发。这类生涯与投资转型并非是精心选择和理性计算好了的，而是在长期的受管制、受压抑、被忽视的情况之下，特定情形与事变之后的上下左右可能冲突或最终情绪爆发的合成结果。许多成功的大企业家都是通过这种渠道与形式，造就了自身的金融投资伟业和公司与事业的重新开辟的。布隆伯格就是其中的杰出代表。

反抗—翻身情结，或者改变行为主体的金融投资—风险控制的舒适空间，或者造成其舒适空间的逆转，从而使得投资—核算—成本估计出现重大的机遇。同时，其可以提供强大的自身人力资源、资本投入与放大动机、动能与意志支持力。这种属于展示生命力的内在能量、能力来源及对已有风险资产的重新配置，往往具有远远超出常规社会舒适空间的成本优势和各种比较优势。这种命运反抗与改变的抗争与翻身情结，可以成倍地放大对社会资源与方便的社会美德的感恩与报答。其若再同诸如美好的回忆、幸福的人生与家庭、有益的社会生境、崇高的事业追求或更宏大的社会理想结合起来，确实会形成改天换地的强大动力。

2. 解放—救世情结

上述的第一情结并非时间顺序第一意义上的，而是其源自于类似于马斯洛需求层次展开的第一层级，在逻辑上更符合人生历程，合乎大多数金融行为主体的境遇和人性发展历程。这种情结基本主导的是行为主体对自身、对内在的一种心理与情感追求，其金融和经济安排的内在约束与动力，来自于这种内在生命力与意志力的不屈服、不低头。其升华的途径有两种，第一种是通过对诸如伯乐、领养人、监护人、合伙人与同道的或曾经伸出援助之手的那些人们与社会团体的感恩图报，来达到“翻身道情”和“翻身导情”（感恩代际传递），例如关爱接力棒的传递，走出大山的成功人士的返村带头致富等等；第二种途径便是在自我命运改变的基础上，完成个人追求理念和思想上的深化，进入对他人与社会的普世性的解放—救世情结。

解放—救世情结要求宏观视野、宏观视角和宏观或大尺度的资源配置与组织动力追求。绝大多数的人自己没有能力也没有那种强烈的愿望与心态去解放他人，去拯救世界。他们不得不陷入自身的经济与金融境地甚至于困境，在漫长的人生旅途上，步步为营，大体上达到自身自家的温饱与平衡。只有不多的人既有能力，也有心态真正达到解放—救世之境界。但这不意味着普通的百姓大众就一定缺乏或根本没有任何的解放—救世情结。这种情结通过下述渠道而得以体现:第一,少数卓越人士通过创新、创业、组织的成功建设,律法制定或改变,谈判与外交或其他斡旋,或者经过提案建议、政策改变,甚或牺牲自身利益和生命,来实现整个社会的利益保障和福利水平的提升或新制度建构;第二,大多数人内心深处的那种期盼神灵,追求彻底改变世道,救他人于水火,救现世于乱尘之中的心灵天平期许与展示,可能通过对后代潜移默化的影响,通过对周边社会的影响,对社会舆论环境与氛围走向的影响,而形成社会合力并发挥作用。

在国家与社会危机、危难之时,爱国精神、抗敌斗争或在救险赈灾时期所表现出来的种种经济、金融方面的贡献与安排,更能直接体现出一定的解放—救世情结。解放—救世情结决定着战争、革命和其他重大社会变革与转型时期的紧急经济制度设计与财政金融安排,并将在和平与后续发展中,沿着已有的发展轨迹,继续着其惯性动力追求。

3. 自由—自主情结

作为具有自由意志与笃信自我精神的人,金融行为主体广泛和普遍地存在着这样的情结,虽然自然人从来和永远都是社会性的,其活动、生存与发展的全部历史与现在乃至将来,永远是在有机的社会群体和一定的社会结构中进行和完成的,但每一个生命体与生俱来地具有追求个人自由意志,达到自主境地的天然倾向与自发要求。这种情结会成为行为主体在生命设计、生活安排、精神与文化追求的所有层面上,经济—金融自由意志与愿望的动力体现。

在金融生境中,这种情结首先表现在追求财务、金融、资本上的自由选择和自主决定。例如,在青少年中普遍存在着的渴望尽快成人,渴望独立,渴求经济与财务上的自立与自决,而在成年人甚至老年人中,则以夫妻或家庭为单元,追求"亲兄弟明算账"。这种情结其次表现在永远希望个人理财的成功,要求收支上能够摆脱困境限界,达到尽可能地随心所欲,满足自我与家庭的需求。

动物的独立性在这一点上似乎同人类没有太大的区别,但关于动物的独立性究竟是来自于父母的"遗传基因",还是成年动物的自主选择或自由意志,则不大可能有明确的答案,也有一些人终身依赖于家庭和他人,但健康、成熟、完整的个人生活,基本上是追求自我存在和自由经济生活的。因此,社会经济愈是发达,氏族、家庭、群组性的混合才会越不适应,而以家庭和个人独立核算的微观单元细胞体的核算单位就越是普遍存在。个人账户与支付代表着个体自由与自主的金融情结。

为了解决个体行为自由、自主情结同俱乐部经济、公共品部门经济间可能出现的矛盾,市场经济不得不将产权进一步细化和结构化,在货币选票之外,通过资本和资产选票,即合伙、合股、合资、合营等的产权、股权、债权等形式,形成有效的联合与分权分利的更加明确的界定。

4. 平等—公正情结

金融行为主体并非仅仅具有自爱、自立、自赏、自恋情结与倾向,同时也具有平等—公正情结。这种情结不但支配了市场公平价格,主导贸易和公平分配,而且一直推进着人类社会经济的普遍性的公平、公正与平等的演进与发展。

两极分化、阶级剥削与压迫、社会不平等,都已经成为在当代社会政治与经济文明中被基本抛弃和或受到普遍性抵制的东西。这种政治信条来源于社会金融行为主体内在的平等—公正情结。个体普遍地反对绝对的平均主义,不主张强制性的绝对的平等主义,而是主张在各种个性与特异化差别基础上的自然与适当的差异。但现代金融行为主体绝非仅仅是因为自身无法获得成为特定社会上层人士的机会,就转而以嫉妒的心理来要求平等的,也不是因为不想付出对等的必要的贡献,仅仅寄希望于偷奸耍滑从而想贪图他人的贡献而要求平等的,而是在内心深处形成了一种人人平等,社会必须公正的那样的情怀。

这种情结不但在形成社会市场、企业组织及基本交换与分配制度上,具有重要的社会舆论与社会良心动力,以社会公平与正义的良知情怀,要求和推动着这些最根本约束性的制度空间设计,而且在工作中的合作与生存活动中的交往上,在各种具体的实践中,贯彻公平竞争和平等要求的期许与原则。

在最低水准上,这种情结成为强固社会保障体系,尤其是对低保社会保障存在、反贫困的社会斗争和扶贫公益事业以及种种面对弱势群体的社会经济活动与金融慈善安排。

这种情结还进一步上升到源头上以对弱势与低保群体进行跨代际的安排。这就是罗尔斯公正中的在同一公平原则下的所突出强调的差异性原则,即在机会均等方面,对弱势群体必须给予优先安排。这种社会动力会通过大财政、大金融(含社会保障与商业保险)的转移支付,而对分配和财政金融资源进行政策性、规范性的分配调节。

进而,这种情结会变成在教育、健康、从业、职位、政治参与、文化娱乐、社会活动的方方面面的保护性的机会均等,要求提供各种社会角色在追求权利、义务、资源、享乐方面有着均等化的机会,反过来也就是要求废除特权和避免两极分化。

5. 优秀—卓越情结

金融行为主体的平等与公正情结并不简单地意味着单纯的大众化、齐平化,同所有领域一样,金融不但追求不断的技术进步,而且可能会更快、更大地放大个性化差异的后果。就像数学天才、物理或其他科学天才、艺术天才、文娱天才受到现代市场经济青睐一样,金融领域更容易使其天才像明星一样格外耀眼与辉煌。

正像企业家、管理专家、技术标兵的作用与贡献不可能同普通职员一样,他们处于指挥链极顶端,作为营运的主角与主决策人和业界的领跑人与创新者,金融顶级人才与决策者同样会是出类拔萃的,而这种追求优秀、向往卓越的心理同样具有普遍性。

优秀—卓越情结成为个体追求金融创新的自发性动力之一。在产品设计、业务流程、营销宣传、技术标准、全方位管理、质量控制、风险降低等等一系列方面与环节上,标新立异,进行新试验。这一切都会成为无穷尽的始发动力之一。

这种情结也会在具体的金融作业和金融理财方面得到一定的体现,前者会在金融业的日常工作中表现为同事间的工作热情与动力彰显,后者会在人们的财富拥有,家庭与个人资产的积累、储蓄与养老等的安排上,体现出一定的战略眼光与卓越判断奖励。

这同嫉妒、好面子、争强好胜有相同的一面,但两者之间并不完全一样。当然在现实条件下有时很难将两者绝对地区分开来。这种情结,同好面子或上升到一定层级上的赢得尊严、赢得尊重有相同的一面。而这种情结的反面就是甘于平庸。然而后者同淡泊名利,远离尘世反倒并不一致。因此,这是个复杂的动力情结。驾驭得好,可能成为强大的动力,并形成良好的个体与社会影响,但若驾驭得不好,则可能同那些阴暗的期许会合,成为肮脏金钱和黑道交易的奴隶。

6. 神圣—伟大情结

神圣—伟大情结事实上原本深藏于每一个行为个体的内心深处,其绝非仅仅为圣人和伟人所独有。只不过对于那些被日常生活压得喘不过气的人来说,这种情结鲜少有机会冒出头来,更少有机会显示出光亮从而迸发出来。

换言之,绝大多数金融行为主体,首先必须追求马斯洛的最低层级需求的满足。这也就对应了我们以前有关风险舒适空间和生命周期心理账户的系统性论述。从而其金融决策与理财的主要注意力和资源配置,会放置在自身与家庭的当期与平滑整个一生乃至跨代际的馈赠之满足上。但即便如此,仍然存在着保留其神圣与伟大情结的金融运作和个人相应的成长与挥洒空间。

这种情结集中表现在拯救和解放世界的社会运动安排之上。这种动机远远超出那种一般性的对社会公正与公平的心灵期许。其转换成了一定的事业追求,甚至不惜牺牲个人的其他方面的资源与时间安排。而对应的社会角色就构成了职业革命家、职业社会活动家和其他的种种义工与社会服务的社会分工选择。对所谓"小人物"和普通人说来,它们构成了雷锋精神与雷锋类行为范式。这种牺牲救世,不但在东方是如此,即令像美国这样的国家与民族,其普世价值推广和国家构建(nation-building)的对外输出,对那些爱国主义激情下的普通士兵而言同样也是如此。

进一步说,这种情结在大多数情况下是被隐藏在日常与平凡背后的,但当面对重大的社会价值取向转变,或当剧烈的社会转型与战争及危机到来之时,它就会如岩浆一般升腾和喷发出来,形成巨大的社会动力和新的资源整合。

这种情结在通常的一般性的商品—金融市场中,多半不会成为具体与常规动力,但这并不意味着其在其他的金融与财富流转与配置中,同样不发挥重要的推动力作用。事实上,在家庭生活和慈善等事业中,都离不开这种特殊的崇高的推动力。即令在纯粹的商品、商场环境中,在创造和提供高福利、保障终生就业等一系列特殊的社会业绩与福利格局的企业家人物中,也同样深深地埋藏着这种隐形动力。

7. 关爱—同情情结

亚当·斯密在其另一部伟大著作《道德情操论》中,把这种人类普遍性的道德风尚与品行操守行为,当做人类全部活动的一个社会大厦的基石。他不曾想到其《国富论》中的自利情结会被后人演绎成人类唯一的、绝对的,甚至被界定成了自私自利的情结。当然,斯密把经济部门和商业作为公民社会的主体,把它与国家或政府行为分离开来,从而把同情与关爱情结从市场经济中驱逐出去,这是十分重大的方法论错误。

应当承认和证实,追求风尚与流行的前提是至少有一部分社会的尖端与前沿导引者存在,而不断追求时髦与领先风气本身就代表着某种凸显特殊、引起注意的审美与社会身份方面的追求。从消费风格到消费方式与过程,从消费对象到内容,高消费的感受和投入(包括时间、精力和其他社会资源的组合),例如晚会、庆祝活动、联欢、演出和结伴旅游等等，都会表现出这样的心境与情趣。

在不动产和耐久品的消费与投资中，能够特别体现出这种标新立异的情结动力。一个人的住房、周边社区与环境、家居装潢与陈设、家具与家电配置、驾驶的汽车、旅游地与度假方式的选择，都能充分体现这种情结的内在影响力。

当代美国著名的所谓不是百万富翁的百万富翁，查克·费尼终生保持低调，回报社会。最后把全部资产与财富贡献给基金，只为自己和妻子留下100万美元，与妻子住在一室一厅的公寓，并且要求在其有生之年（有限的年份），其基金要全部花光用尽总额80亿美元。这同一般基金会的只是使用收益的4%的微小比例资金，从而几乎永远用不尽已有的基金资产的规则与做法完全不同。这据说给当代富豪们以直接的示范，对比尔·盖茨和巴菲特等都有相当大的启示。

四、潜能金融：预期效应和霍桑效应

高能金融与低能金融，自能金融与它能金融在效率、功用、乘数或杠杆的作用方面有着显著的差别。在现实金融运作与流转中，金融行为主体会主动接近、追求、拥有和使用高能金融和自能金融。但这种不同能位和能量态势上的金融区分却绝非是永恒不变的，从而只能是相对的而非绝对的，并且它们之间存在着辩证互换的关系。

基础货币、现金、权益资本，甚至债券或其他可流通、可转让票据与债权、财政支出乃至信用，在一定意义上都是高能金融。而通常只有自能金融，即具有一般等价物、通用性价值关系的金融资产，才会成为高能金融。然而，当个广泛发展的衍生金融工具，由于制度设计上的交易杠杆性，也在一定意义上成为高能金融。

金融在本质上是一种信用关系。其是一种契约、债券、债务关系。在这种关系中，表面上看起来似乎财富存量、资本垫支或价值含量，即货币与资本的真实价格，或真正含金量具有根本性的作用。而实际上，金融张量（张量为宇宙学中的量，不同于矢量与标量），除了上述的这些金融物质与资源的自然属性和规定性而外，更取决于金融关系中的更为基本的社会属性和社会关系。有关这些属性与关系的经济与效率能量，从斯密到马克思这些古典经济学大师都给予了专门的关注。例如，斯密在经济关系背后找到了社会分工体系和市场价值交换两大制约机制。这显然不是单纯的货币与金融变量中的物的关系与自然属性。马克思不但继承了从斯密、李嘉图以来的劳动价值本源的揭示、发现与论证，而且对资本主义经济关系和科学技术的巨大创造力给予了极大的关注。尽管马克思笃信生产力的近乎自发的革命性的爆炸性增长与突破生产关系限界的“自动性”，但他对于劳动创造力与人的能动性语言的关注，可能超过对物的关系的关注。马克思、恩格斯更是在公有产权基础上的整个社会与国家计划理性思维或逻辑轨道上，在有机产权结构基础、公共集合利益选择理性和主人公能动活动创造的基础上，试图形成社会经济财富的自由创造与享用理念。而公共公司、企业员工收购都在一定的局部意义上体现着古典大师们的一些潜能经济思想。

潜能金融，一方面闲置在尚未被均衡金融系统吸纳的闲置低能金融与非金融资产中,另一方面更为重要的是蕴藏在作为金融核心资源要素的人力资源与资本中。下述两大效应集中体现了这种潜能金融的存在和作用空间。

一种是期望效应,也称皮格马利翁效应、罗森塔尔效应。

皮格马利翁是古代塞浦路斯的一位善于雕刻的国王,由于他把全部热情和希望放在自己雕刻的少女雕像身上,后来竟使这座雕像活了起来。心理学家罗森塔尔(R. Rosenthal)特将这种传神般的奇迹效应称之为皮格马利翁效应。

罗森塔尔及其同事要求教师们对所教的小学生进行激励和测验。他们告诉老师说,班上有些学生属于大器晚成者,并把这些学生的名字念给老师听。罗森塔尔认为,这些学生的学习成绩可望得到改善。自从那次他宣布大器晚成者名单之后,罗森塔尔就再也没有和这些学生接触过,老师也再没有提起过这件事。事实上所有大器晚成者的名单,是从一个班级的学生中随机挑选出来的,他们与班上的其他学生没有显著不同。可当学期末到来时,再次对这些学生进行智力测验时,他们的成绩显著优于第一次测得的结果。这种结局是怎样造成的呢?罗森塔尔认为,这可能是因为老师们认为这些大器晚成的学生开始崭露头角,予以特别照顾和关怀,以便使他们的成绩得到改善。

皮格马利翁效应即罗森塔尔效应反映了期望的作用,所以又被称为期望效应。[①]

这里,把金融中的自动实现的预期进一步向前推进。由于一种期许和特定的断言,造成了内外合力的共同作用。对内而言,期许—自尊形成内在自我改善。这包括集中与关注力的提升、强力投入、效率约束、自爱与自尊等,从而形成从普通向优异、从被动向主动、从消极向积极的内在驱动力的自我转化。对外而言,教师、雇主、管理者等总是情不自禁地把更具挑战性的任务,更多的指示、安排、关注乃至帮助,投放给那些其喜爱的所谓"可塑之才"身上。

因此,在总的金融投入,包括资源、规模、财力甚至金融结构安排等都不曾变化的情况下,单只是进行了某种运作管理上的调整,就会产生经营、生产或其他绩效上的放大。若进一步考虑到逆向选择、道德风险和各种其他的经营行为主体的内在驱动力等特点,通过必要的激励兼容和管理分配公平方式或奖励安排,期望效用则可能释放出更大的金融潜能。

同期望效应相联系,但又不完全一样的还有霍桑效应。

"通过操纵一个人的环境,让他与众分离,特别密切地关注他,使他感到很特别,都会对他产生很大的压力。如果他知道人们期望他干什么,只要没有想要拒绝的理由,他会尽一切努力按人们的期望去干好每一件事。霍桑工厂的女工们知道自己正在被研究,尽管她们想到的并不是老板期望的,但她们会尽自己最大的努力产生适当的效果。所以对个人施加压力说服他去做某件事的有效办法就是使他愉快,向他显示出他正被关注着,被期待着做好某件事。这在心理学上被称作霍桑效应。

"霍桑试验的研究结果否定了传统管理理论对于人的假说,表明了工人不是被动的、孤立的个体,他们的行为不仅仅受工资刺激;影响生产效率的最重要的因素不

---

① 《生活中的九大趣味心理现象》,载 www. psy. sdnu. edu. cn/bencandy. php? fid = 10&id = 1350。

是待遇和工作条件，而是工作中的人际关系。”①

霍桑效用表明，诸如人之尊严或者尊重与得到关注的程度，荣誉和受到表彰的心理激发，良好欢愉的工作环境与人际关系沟通等等的非货币性的具有社会关系、群组情绪和人性化感受的东西，都可以带来效率提高和营运效果放大。金融行为主体的主观能动性和过程中的多方理性化的需求满足，提供了远远超出金融与物质奖励的作用范围。金融动力来自于人性化的多重方面。物质属性、自然属性仅仅是金融行为主体动力激发的一个侧面。

打破金融学与心理学的孤立与封闭，带来了行为金融学革命。可以预见打通管理学与金融学及经济学，可以产生管理与博弈金融学革命。打通社会学与金融学及经济学，可以导致社会与群体金融学革命。典型的同质性的经济动物或纯粹与完全理性的以及鞅、随机游走、马尔可夫链式或其他的随机数学模型化金融定价、资产处理与金融过程描述，具有以偏概全的特点。交叉、边缘、横断的混合或组合式学理兼容、学科交叉、未定或泛概率空间兼容的金融学方法论和研发方向，具有真正的科学性和广泛的实用性以及现实可操作性。

① 《生活中的九大趣味心理现象》，载 www. psy. sdnu. edu. cn/bencandy. php? fid = 10&id = 1350。

第十一章
金融价值与金融定价:大国崛起金融博弈

经济大国、经济强国、大国兴衰、国家崛起在基本经济层面上是由工业生产能力和经济规模决定的。不过这是工业革命或低级工业经济时代的产物。到了所谓的知识经济、学习经济和后工业经济时代,高人力资本或知识附加值经济、高级智能经济、创意与智造经济等新要素就成了新时期经济竞争的根本。因此当代大国与强国博弈就被视作科技竞争,而科技竞争又被视为人才竞争,人才竞争又进而被视作教育和管理的竞争。而无论是何种竞争和怎样的竞争,工业或现代化崛起的时代,靠的是重化工业和制造业的崛起,而重化工业的根本支撑和入门(或产业准入)是前所未有的工业资本和金融资本投入与组织的结果。在超现代或后现代化进程中,信息革命的完成同样是资本市场的一系列革命和金融市场与产业细化的结果。

对于一般的传统资本市场与产业,最先被从投行业务中分离出来的是所谓的风险投资产业与基金。而后在风投的基础上,很快又向前和向后进一步延伸,从而演化出来了创投和产业基金。前者投向更尖端的风险与不确定性更大的发育性(胚胎性)高科技资本需求;后者投向更前端的稳定的新兴产业之规模经营与培育发展上。在创投基金发展过程中,又进一步演化出来了天使投资。这是对应于发育更早的胚胎萌芽时期的创业启动。而同一般公开上市与流通的公共公司之权益资本市场(IPO 和二级市场)相对应的还存在一个更大的也更隐蔽的资本市场。在这个市场体系中,非上市公司的私募,上市公共公司的私募、杠杆回购、管理层回购和员工持股回购等等融资,同规模空前的场外交易一起,迅速成熟起来,并同上市公司公开资本市场相互联系,使得两者都得到了惊人的发展。结果,金融部门的规模和在国民生产总值与国民经济中的比重空前扩大和提升。金融成了新型尖端和崛起产业。金融家价值不但直接决定了资本资产价格,而且直接决定了竞技水平、规模和发展方向。

一、金融价值"度量衡"问题

金融危机、经济危机或者温和的经济周期波动本身,都是一方面有着深层的社会经济根源，另一方面也同当时的金融体系与中介的特殊性与复杂性有关。而金融恐慌与经济地震有时可能是由直接的金融价值计量手段问题造成的。现实社会与自然界中的度量衡工具甚或手段体系，当然也是随着科学技术发展与社会历史进步而呈现出动态演进特点的。但一般说来，除非有重大的科学技术进步和对对象体的独特需求，例如对超微观的纳米技术和量子精度有着特殊要求，日常生活和工业界中的普遍度量衡手段体系是相对固定的，并且十分易于使用和方便换算。然而，金融价值度量衡同这种物理、机械、化学、生物、地理、地质、天体等的度量有所不同，其度量衡标准、手段体系及其价值本身就是一个相对的东西，并且被人为地加以区隔，其规定随时随地进行着变换。这就给国际社会的金钱与财富之可比性、可交易性，地区间经济与财富可比性，部门与产品之间的价值可比性、可交易性，甚或自身拥有的物品、财货之间的价值可比性、可交换性等，带来了理论和实践上的问题。

金融价值原来不是问题，金融价值经济也不是经典的经济学和金融学问题。因为，所谓的价值只能是公共的、社会的、一般性的价值。个体与个人对其财货存在着各不相同的主客观评价和客观投入，而这种千差万别的评估与投入又不在公共平台上进行交换与度量，其价值存在与价值形式也至多是一种个人会计、预算和心理算计（盘算），并没有太大的社会交换意义。价值在这个意义上和从经济学与金融学的角度上看，一开始就是同市场行为连在一起的，市场交换与市场价格的形成过程要求并产生了价值。价值在千差万别的真实具体的商品交易过程中，在各种商品生境与交易比照中，形成了自己的界线和表现形式。价值通过使用价值和交换价值得以进一步体现。使用价值成为最终消费者的交换目的及中间转手者的交换载体与手段，交换价值成为最终消费者的交换传递手段或核算与保值手段，并成了中间转手者的交换目的与手段。

使用价值可以通过物理与自然属性加以计量、统计与核算，交换价值必须借助于一定的价值度量衡来表示。货币于是成了最优货币区中的通用交换价值尺度；股票、债券成了一定最优资本市场里的资本资产有价证券的通用交换价值尺度；汇率成了双边国际贸易区里的跨国经贸的通用交换价值尺度；期权、期货、互换等的金融合同与契约，成了最优金融衍生资产区里的通用交换价值尺度；实物期权债券成了实物资本品等的通用价值尺度。这样，似乎市场与非市场的资产与财富，都必须通过一定的金融价值而表现出来。然而，若仅仅如此，那么金融价值尺度同一般度量衡就没有什么区别，并不会构成专门的金融价值经济。

但问题的关键在于，一定金融系统中的这种手段性、符号性和虚拟性的东西，发展成为某种具有价值决定和操纵的力量时，金融价值经济就会出现。这是把市场价格决定的自发、自主供求决定，从由大宗商品和战略物资的国际市场和寡头垄断等商家，操纵的所谓包括价格领袖、价格卡特尔、价格联盟等在内的等价经济，进一步推演到由金融和信用资本操纵、全面的虚拟金融决定的价值经济上来。随着证券化的全财富性（所有形态的财富）的金融资产大幅上升，随着金融衍生品的几乎全方位的延伸价值确定和大规模交易，金融价值的“通吃”范围远远超出了历史上的任何形式的包括商业资本时代、工业资本时代，更不必说农业经济和早期采集、狩猎农耕时代经济的价值操控范围。

并且,更为重要的是金融力量与网络不但自身成为国民经济与财富的重要价值部门之一,而且其所形成的价格决定,构成了全社会财富经济流转的基准,成了左右社会财富、交换价值的定价标准与核算标尺。继而,金融部门上升到了国民经济的支柱与前导产业。

对此的逻辑展开可具体表述如下:第一,金融部门不但成为国民经济与产业的核心部门与产业,而且上升为最大的、最前沿的经济部门或部门之一。其在国民生产总值中的贡献率、财富占有、实体资本、拥有的人力资源和产业技术含量、行业中的人力资源水平等各方面,都成了国民经济的某种制高点和尖端。第二,金融部门成为现代国民经济中的第一软国防产业。军事实力、军事科技、国防产业群从来都是硬国防产业前沿。但同硬国防产业相对应的还有国民经济中的软国防产业。传统上各国的农业,尤其是粮食与食品产业就是国防的重中之重的软国防产业。现如今,金融和信息产业已上升到这种与之相应的软国防产业前沿。失去了农业、信息与金融,就已经在很大程度上失去了现代战争与国防安全。第三,网络金融价值形成了庞大的价值交换效应,造成了全社会、全球性的资源、财富、财货、商品与服务的统统就范。在一定程度上,金融网络犹如某种价值黑洞,使得几乎任何的价值存在与价值形式的这种金融能量,都无法逃逸出其巨大的引力范围。需要指出的是,这里的网络金融指的不是技术层面上的电子、信息与通信网络通常意义上的数字、电子与信息金融网络,相反指的是包括记账单位、价值尺度与交换手段在内的货币使用网络,股票与汇率交易使用网络,各种有价金融证券和票据交易流通网络,财政金融转移支付交换流通网络等在内的广义金融网络。现代技术基础之上的包括信用卡在内的电子票据、电子卡与电子银行也应包括在内。网络金融价值主要属于外部性增益和使用价值或方便性增强,并非直接的价值增大与价值决定。但由于网络价值所造成的“赢者通吃”效应,形成了巨大的无形的市场内外压力,这就会使得金融市场与金融产品、品种等的价格发现与实现,具有更为重要的价值决定属性和参照价值。

金融在其发展过程中最初始终是以一种配角和辅助的身份出现的。人们可以从数千年货币演化史中看出金融价值衡量的一定困境和逐步独立演化阶段:首先,其任务的从属与配角性。这表现为财经专有名词之含义上。金融、理财、管家或金融活动与账户,直接从属于投资、生产、经营、分配与消费活动。无论宏观经济、产业发展还是民生供求,经济活动是本位,是主体,而投资、工程、项目、技术是硬东西,金融仅仅是跑龙套的,是地地道道的配角与从属。其次,金融同核算、记账、平衡预决算结合,与会计相配合,进而转化成为所谓的财会。这更多表现为由账面金融向过程金融的转换。这是一种动态会计、核算、审计和分解态的会计核算,金融更多地以公司财物、国民经济财物流转的面目出现。最后,金融同政府预决算,同国民经济的公共支付相配合,从而成为财政的配角。公共金融是在大财政系统下形成的一种国家与地方政府预决算的融资手段。

而如今,金融以投资(储蓄)、资本运营、保险、养老、平滑消费、社会保障等面目出现,从经济、会计、财政等社会经济活动中独立出来,并成为各项社会经济活动的核心和整合运作的关键。结果,金融价值不但成为资产、物品、资源、服务价值实现的最初形式,而且成为其动态价值和流动性足够大的价值的体现形式。金融价值除了以贵金属、其他货币或公认储备资产形式存在外，都存在着一个账面价值与市场价值的差异问题。因此，"落袋为安"的金融账面价值的货币形态价值或其市场实现，仿佛使得金融价值本身具有极大的不确定性。这同时也产生了金融与实际价值的两难问题：实物性资产和无形资产存在着专门性、低流动性，但与此同时也具有由货币贬值造成的通胀性及市场非实现性隐含的风险。金融资产虽增加了流动性和价值市场补偿性，但其不但仅仅是潜在的市场价值，而且本身又具有动态随机性。这是金融投机性与金融投资增值性的内在矛盾所在。良序稳定的市场与金融生态、金融产业与企业、金融产品服务网络可以降低这种矛盾性，反之就会加剧这种矛盾性，带来更大的不确定性并埋下种种隐患。

二、定价经济的金融基础

国际大宗商品、国际技术经济标准、国际金融与资本的定价权等，都是大国与强国经济所向往和追求的国际经济之地位与境况（甚至境界）。这种价值与价格决定的领袖地位，给了一国的对外经贸、资本运作以极大的比较优势输出和利益实现空间。

可以从宏观与微观两个层面来研究和把握定价经济，从而也就可以同时从这两大层面来分析、建构和把握其相应的金融基础。

从宏观层面来看，定价经济的最广泛、最深厚和强大的综合性基础，来自于宏观经济的国际竞争优势。这一点在波特尔教授的国家竞争优势理论中，通过产业集群的强势出口占优得到了某种体现。李斯特的国际格局中或大国崛起视野的国民政治经济学中的工业生产能力理论，突出强调了生产力建设而非简单的消费及消费品生产。这有合理的成分但并不全面。强国经济和大国优势，可以在下述几方面获得国际市场与经济占优：第一，强国经济在国际价值轴或国际价值锚决定上占有突出的比较优势，有时是绝对优势。这既会带来交换或市场占优及价值链占位上的优势，即实现市场交换价值获利优势，又可带来国际铸币税等金融和货币直接收益方面的好处。第二，强国经济同时享有现代、先进、时尚的国际示范、国际潮流与国际品牌优势。国际经济往来与交往中同自然与社会乃至政治、战场的情形是一样的，其基本通行的是所谓"成王败寇"规则。不同的无非是或许通过强势国际体系与市场建制来贯彻与操控，或者根本就是通过被"欣赏"、被"效法"，被"追崇"，从而自然而然地获得一种特殊价值体现。这同普通市场与产品中的品牌、品位等价值是一样的。它们构成了国际经济往来中的功能价值以外的国际文化价值。第三，强国经济以综合国力，包括硬、软件实力的统合输出，兼以在必要情况下的军事或武力控制，日常或非危机时期则通过其直接控制与影响的国际组织与机构，在技术与规则或程序化与游戏规则方面，获得独占或至少是有利的收益分配。

而现在强国经济的根本性基础结构来自于：(1) 雄厚、强大的先进基础设施；(2) 强大的综合性或世界超强与领先的产业集群；(3) 巨大的工业与经济能力系统；(4) 庞大的人力资源储存。关于(1)，其中既包含实物基础设施，也包括文明基础设施。后者是构成国民社会资本的重要支撑。其可能需要几十、上百乃至上千年的演化与积累。但必须不断地更新和升级。关于(2)，对综合性的大国而言，这种产业集群必须是多项的或多产业的，但对于一些国土面积狭小的强国而言，则完全可能集中在一两项世界性的大产业集群。像瑞士以钟表机械制造与高精加工业、特殊的银行金融业和瑞士风光旅游为自身的主要产业集群。无论是(3)还是(4)，其背后都涉及高度发达和供给充足的文化与教育产业集群。这一切，不但依赖于巨大的储蓄规模和强大的资本转型，而且要求巨大的金融流量资本支持。传统的静态的一次性的工业资本积累已经过时。现代强国经济的技术经济与产业结构，已经变成了一种动态财富生成、积累、周转与叠加的过程资本与产业资产流动。窖藏性的财富及财富系统不但具有贬值风险，而且可能因丧失流通性和技术更新与创新活力而失去市场竞争力。推动这一动态财富过程，并且在其之上进行一定的主动设计、引导和整合的，正是现代金融与信用产业和机制。

因此，从这样的大尺度宏观经济架构上来看，强国或大国经济的定价基础力量来自于现代金融的高度发达和不间断的全方位的金融能量注入与支持。

从中观层面上来看，定价经济直接建立在网络经营的外部性利益获取和比较优势的产出效益占有之上。所谓网络经营指的是现代大物流、大商贸国际贸易经济背景之下，传统的单一产权完全独立产销营运的模式不再适应，连锁性、集团性、多样化成为主流。在这种超级经营与企业帝国系统之下，品牌价值成为一条龙的网络营运的结果。其中，创意设计和营销网络因知识产权控制或垄断及巨额投资，而具有商业垄断性。这种两头高端控制，形成了新的定价经济的核心与基础。

至于中观经济和价值的另一块巨大收益，则来自于制作效率。具体说来，其来自于规模经济、领域经济与聚集经济(类似城市经济中的聚集交流)。这种产业能力、规模和领域的复合，是现代控股公司组织形式的经济利益来源。

由此可见，中观无论是经营方式，还是制作能力与效益方面的前提，同样是庞大的资本投资和巨额的金融流通能量支持造成的。

再从微观层面上看，定价经济可能来自于产品垄断。这种垄断可能是自然垄断，也可能是非自然垄断。人为操纵会受到政府反垄断干预。一些国家利用行政特权而维持的垄断是不可能长久的。而人们知道关于垄断的一种特殊理论就是垄断有利于技术创新。其根据在于垄断下的资金运行和巨大的财力支持。适度和有效的垄断，带来丰富的多样性。这样，金融与经济上的垄断就当从规模上区分为两大类：一类是对应于常规的业已构成国民经济产业群体中的重要部分的垄断，一定会是规模巨大，资产水平极高的那些巨型公司，而另一类，在国民经济的非支柱、非主导和非常规产业中的普通垄断，或正在成长中的或在陪衬、边缘性的产业部门中的低度垄断，则主要依靠的是其自身的特异性、独立性和领先性。这种垄断的基础当然同其规模与资产水平无关，但无论是哪一种垄断，都从根本上离不开强大的金融支持。前者靠的是资本与信用金融；后者靠的是风险与创投金融。两者又都同开发和产业金融有密切关系。

三、价值轴变更与价值革命

价值链、价值端位、价值链区隔都是定价经济的一些结构性问题。这些价值结构的形成、存在和变动，同价值轴的变更或彻底与剧烈的价值本位改变，即价值革命有一定的关系。如同定价经济的背后除了技术、产业、组织、人力与文化上的影响因素而外，重要的基础在于金融安排和金融实力，价值链、价值端位和价值链区隔同样仰赖于金融资源配置和金融规模投入与掌控。因为其他相关章节已对金融价值市场区隔进行了研究，这里不再更多涉及和展开，而欲把研究重点引向更加关键性的价值轴变更与价值革命上。

价格形成、价值锁定和价格与价值起伏波动及其在最初的均衡态势，都是一种比较分成或相对比例收益或成本—收益分成的市场与社会判定。作者在《超现代经济学》中的专门章节确立起了价值的社会效用当量和厂商价值分解理论。这些都已涉及社会必要锁定或价值分配和厂商实际价值链占位或卡位中的价值获取。但其中并没有进一步对可能的价值重大历史性变动的社会动态演进所引起的价值分割予以重新处理，并进行更为深入的探讨。

交易对象的价格同一般等价物货币价值变动，即价值度量衡变动有关，同其本身的供求及局部均衡条件有关，更同其在整体社会全部供求中的地位，即一般均衡条件存在有关，并且更为重要的是同所有这些均衡条件和价值尺度的基本轴心的重大变化有着极为密切的关系。

一种交换品之价格与其后的价值，随所有相同物品与资产价格上升而上升叫通货膨胀（因货币量过多问题而引起），随其价格降低而降低叫通货紧缩（也是货币现象），而随其供求变化而变化叫价格形成或均衡价格定位（即局部或一般均衡），随显著的技术进步与规模扩大和技术革新而降价叫成本价格变动。这两者的变化都没有太大的微观经济学含义。前者是一种价格普升与普降问题，改变的仅仅是名义价格水平，同价值变动无关，没有引起相对价格变化。当然现实经济环境中，现时交易产品或现货同期货，商品同资产，物品同资源，交换品同资源，交换品同资本与劳动要素等，尽管均会变化但其各自受价值变动的影响却是不同的。但就长期而言，这种变动通常引起的是均衡性的变化。后者属于真实价值变化，其源于供给基础变动，属于核算、会计与统计变动，并没有更多的特殊经济学含义。

但需求冲击、重大供给冲击、国际分工与贸易体系冲击以及国际需求和供给决定变更等造成的价值比重变动，却同时具有极大的微观和宏观经济学含义。后两者涉及的是国际竞争轴变动，将在下一节进行专门研究。这里集中对前两者进行详尽展开。

这里的价值轴应界定为价值本位。其来自于国民经济结构系统中的价值比重和位势，属于产业、部门、产品、物资的多重供求属性的综合性比例位重的基本大势下的价值衡量倾向基石。一般说来，如果没有法币，即官方指定的货币，自然演化出来的货币会尽可能地将其价值比例关系向这种倾向基石方面靠拢。而法币的产生与决定，除会受到前述的这种基石变动原因影响而外，受财政状况、宏观经济判别和政治选情等影响极大。

价值衡量倾向基石是一种动态的历史范畴。影响和决定它的因素包括：(1) 社会消费或需求结构倾向与历史传承（或惯性）。例如，恩格尔系数较高时就表明社会经济属于温饱口惠类型，并相应地显示出低度发展或欠发展的产业发展水平和社会消费习性，这样一来，价值轴就会向农牧与渔业相关的资源、资产和后续的食品加工业方向倾斜。又比如,各国文明、宗教习俗不同,其所需求的民间工艺与传统产品不同,相应的评判价值倾向也不同。(2)产业、部门创新引致的产业、部门供给体系与结构的变动。这里又进一步细分为新产业、部门创立与发展带来的冲击和某些基本产业强势主导研发的供给结构的变化。并非所有的新产业和部门的创立与发展都会引起价值轴的变化。事实上,绝大部分的新产业与部门的出现,仅仅是自然地融进已有的价值轴体系之中,成为其中的普通成员。仅有极少数的重大的产业与部门,才能引起价值轴的变动。简单地说,那些引起产业革命的核心、基础与支柱产业的出现和壮大,都在一定程度上改变了价值轴。(3)社会发展阶段与水平。这种大尺度的时代背景,同样在根本性的生产力约束水平与供给结果上,决定和影响着价值轴变更。例如,狩猎与采集时代,价值轴自然是由猎物与果实决定的;农耕时代,谷物不但成了实物货币,而且本身就是基本价值轴,其他货物都是以其为衡量标准而做折算、比较的;早期工业时代,重工业的基本产出决定了价值对比倾向;发达工业时代,高新技术产品和复杂产品决定着价值对比倾向。(4)结构性稀缺与供求动态状况。简单稀缺可能引起供给的迅速调整。复杂性和结构稀缺是由供给刚性、需求刚性、供求"错配"(时空与倾向错配)等等造成的,是在短期内难以解决,甚至于长期也基本无法解决的。由此,会将这种宏观结构性的供求失衡反映到价值轴中去。房地产价值比重,随社会经济发展的增大,虚拟价值的增大,就具有这方面的特性。所谓"超级天赋人才资源"供给和稀有珍品、古玩等也具有这种特性。(5)政治、法律、文化与社会政策的重大调整。这或者可能直接引起供给性结构冲击,或者可能引起需求性结构冲击,或者同时引起两种结构性冲击。像能源环保政策调整、国防与经济安全准则调整、对外经贸政策调整等等,都可能引起这种冲击。

价值轴在抽象态的意义上可以理解为是社会经济总财富与交易总量的基本价值指数。标准普尔500、东京指数、恒生指数、沪深指数、道·琼斯指数分别代表着各自不同的资本市场指数。纳斯达克指数代表着美国所谓中小高科技上市公司资本指数。价值轴则代表着一个社会经济体系内部,由资本市场、现货市场、期货市场、劳务市场、要素市场(资本以外)和非交易品实物期权与资源等的综合的结构性价值指数。在工业经济前,谷物与土地构成了这种价值指数的主体;在工业经济时代,指数对应的结构开始复杂化,其中,资本、战略物资、大宗核心商品成为这种技术的主要构成;在后工业时代,除了上述工业经济时代构成之外,人力资源日益成为主要的构成。

价值轴决定着价值链的展开和价值上、中、下游的端位分布。越是价值轴的构成产业与部门,越是价值轴构成中拥有更大权重的产业、部门或价值载体,其在价值链中所处的端位也就越高。价值轴和产业部门的支柱性,共同决定着产业与部门的经济影响力与普及力。但价值轴同品牌价值、美学价值不同。后者属于厂商在同类产品品种上可以自主把握和完成价值升华的部分。

价值轴对产业、部门价值链展开定位上的决定是一种动态的历史过程。例如,石油、电力等能源产业,在工业时代的早期,其价值链端位并不高,石油曾经长期便宜如水,从而长期支持着西方现代经济的黄金时代及其前期发展。但是石油与能源危机和以欧佩克形式出现的能源"组织生态"变化,引致了能源在社会经济供求结构中的战略地位变化。这才有了黑色流体金子的出现。

进一步说，价值轴是处在不断地形成和演进过程之中的。当其影响要素发生由量到质的变化时，价值轴就会发生变更。而重大的价值轴变更就会引发价值革命。价值革命就是指那些从大格局下重新界定价值结构和价值比重的价值变更。石油的价格翻了十几倍到几十倍，然而石油部门在资本市场上的比重却大幅下降，并且降低到几乎无足轻重的地位。这是现代世界，尤其是西方发达国家资本市场的一个极为奇怪的现象。在这背后有着极其复杂的动因。农业几乎一直处在农业革命中，其产量与劳动生产率在稳步的革命之中，但其几乎成了整个经济产值部门中的零头。这基本上反映了价值轴变更和价值革命。

四、国际基本竞争价值轴

国际基本竞争价值轴在世界经济基本体系形成之前，尤其是在显著和大规模的、深化的国际分工体系、国际贸易纠纷出现之前，在全球化、金融全球化之前，并不是一个显著的国际经济学和一般经济学问题。

在前工业化时代，国际贸易是宏观经济或开放经济体系的调剂与补充。或许在古代西方世界，贸易、产业分工与竞争也曾引致在其范围里的国际竞争价值轴的出现和变动，但史学界与经济学界没有明确的观点表明这种状况的真实性和科学性。

工业化时代由于制造和原料或基础工业的“瞬间”大规模建立，宏观经济内部产销、产能与需求严重失衡，国际贸易从而已经完全不是一种内需余额与品种上的调配，而是经济运行不可或缺的重要环节和机制。随着国际分工体系的深化和国际贸易的规模化与结构化，贸易品与非贸易品的国际比价层级日渐显露，并渐趋相对固定，形成价值比较国际范型与范式，那些所谓的产业—经济大国与强国，那些国际贸易大国与强国，凭借着贸易条件、资源、网络、资本、技术、管理等方面的优势，逐步确立起了在标准、秩序、市场、技术等方面的领袖地位。这些地位因其同一般宏观经济和国际商品经济中的价值轴的结合，会逐步通过国际组织、国际体系、国际标准等具体手段与机制，而形成国际竞争价值准则与尺度。这些准则与尺度的核心架构就构成了国际基本竞争价值轴。

国际基本竞争价值轴通过诸种国际传递机制而发挥作用。首先是国际贸易价格机制。国际市场不同于国内统一市场，其供求方具有不同的国籍，也就是不同的产出国、来源方。国际市场竞争受到国际分工畸形体系的影响，在形成市场份额与市场权重价格影响方面是完全不均等和不对称的。贸易大国和贸易强国可能处于定价的优势地位。其次是初级国际货币即双边汇率机制。不但各国贸易物品价值决定在国际市场上的影响不同，其货币的国际通货价值贵重程度也各异。贸易与经济强国的汇率也经常处于国际比较优势地位。再次是国际知识产权和其他产权与法律认可及其维护机制。现代国际贸易、服务与经济往来，往往涉及大量非自有知识产权的国际交换与往来，而自主知识产权拥有国或技术经济与金融法律经济强国通过对知识产权财富的高度垄断，获得了相当部分的贸易品定价权和国际价值补偿索取权。最后是国际权威机构、国际谈判机制、国际仲裁系统。它们成为在国际经济纠纷与冲突过程中的国际定价与国际索赔乃至处罚的机制。

国际基本竞争价值轴并非一经形成便一劳永逸，其可能发生变更。这种变更是由下述可能情形引起的：第一，国际比较优势、国际竞争优势导致实际国际生产力、国际竞争力和实际汇率发生了显著的变化。结果，已有的国际分工体系与产业结构集群的位重与比例发生实质性变化，随之，就会导致国际竞争价值轴出现调整，调整幅度达到一定程度并形成一定的均衡态势后，也就引起了价值轴的变更。第二是国际经济与政治生态的制度性变化和跨国集团的战略性调整。在工业化的早期，化石能源及石油时代的相当长的时期里，石油便宜如水，国际能源价格或价值比重显示不出其已成为主导世界经济与产业的决定性因素与力量。石油输出国组织的出现，迅速改变了这种石油定价状况。从此以后，能源比重成为国际经济的竞争轴心与标尺。第三，大国崛起与世界文化或文明朝代更迭，会从更为宏大的历史跨度和时空背景下改变国际时尚、世界基础设施、国际分工体系与国际规范，从而从各个方面变更国际竞争价值轴。

大国崛起与大国兴衰变动时，通过双向改变金融市场区隔和金融价值链的国际占位，从而影响甚至彻底变更国际竞争价值轴。这种双向改变一个是指自身的国内市场区隔，一个是大国影响下的主要贸易伙伴国家和习俗影响的国际市场区隔。没有哪个大国崛起时会是同已有的大国和国际市场具有完全一致的同构、同级、同体市场区隔和价值链的。即使是像美利坚合众国和大英帝国，其文明主脉的盎格鲁—萨克森遗传，也未能形成一种全覆盖的重叠，即仅仅是发生规模变化的大国更替。美国所引发的工业与产业革命，是以中产阶级、大众品位和全方位市场流动与自由选择的市场化运动和产业演化与布局为基本特征的，结果，英国早期的简单化、单一化的日用、农用、家用机械制造业以及初级工业化的产业布局与低端制造业很快就被美国的大尺度、大规模、标准化、集装箱式的产业布局和中高端制造业所改变。国民资本结构、国民产业资产与产值结构发生了根本性的变化。

不仅如此，美国在双向决定和影响市场区隔与价值链国际占位的同时，进一步从股票市场、债券市场、货币市场、产权市场，从原生金融与信用市场到期权、期货的衍生金融市场，从国际货币、国际金融体系、国际资本、国际储备资产，全方位改制、颠覆了国际金融市场区隔和金融价值链的国际占位。

而日本与德国则通过超强的制造业劳动生产力和产业金融与财政倾斜，通过对国际贸易已有格局的“颠覆”，逐步挤占和变更了国际贸易与分工体系以及价值链的国际占位。而后，新加坡、韩国、中国的台湾和香港等亚洲国家与地区积极跟进，进一步扩大了这种国际贸易体系及价值轴变更。

五、金融价值起伏与全球财富转移

福利经济学既关心总量变动，也关注结构变化。换言之，既要研讨效率结果，又同时兼顾分配绩效，从而关注分配的结果与公平性。消费者剩余和生产者剩余都是在帕累托改进和帕累托最优的标准和境界之下方可认可和接受的。

市场价值波动、竞争价值轴变更、国际竞争价值轴改变，总之，所有金融价值评估和交易都是在效率争夺战、成长和速度争夺战、份额或规模占有争夺战的同时，包含着财富分割与转移的博弈与争斗。

《超现代经济学》创立了四层级资源配置学说。最高层级配置是文明周期影响与主导的配置。其表明文明周期的起伏变化包含大国兴衰的文明基础设施与制度变化,决定着资源统合与配置方式。其次是市场配置。这部分是现代主流经济学集中研究和关注的部分。再次是权力与指令配置。这是为管理学、社会学所注意,而又为传统经济学所忽略的。资源配置与统合不会在制度、产权、市场力量决定之后就停止了,而是会在具体的权利空间中进一步组合与分配。最后是能人围绕的资源配置。权力与制度是刚性的,是死的东西,人际组合是活的。能人无论有无权力和领导头衔,都会成为资源配置的影响中心和引力的一个重要方面。

每一层级的资源配置都包含着和统合着新的价值体系、价值比较和价值系列展开的微观经济和宏观约束。当各层级配置发生制度创新和根本性变化时,在局部就将仅仅影响和决定其所处的资源配置及其价值形成与分配,而在超过局部范围时,就可能形成价值轴变更。例如,古代东方兴盛时,中国、印度的东方价值与财富影响,就具有区域和世界性意义。而当近代西方文明崛起时,世界文明资源配置发生了根本性变化,结果就是西方文明价值轴决定着国际经贸价值尺度。从贸易品到工业品,从工业品到服务品,从服务品到高新技术产品,从非贸易品到基础设施,从大宗商品到资本资产,从原生金融资产到衍生金融资产,从具体资产到指数资产,西方文明占据着价值链上游,主导着市场与网络效应,形成定价游戏规则与运作秩序。

文明与文化的不同,表现为在居住、审美、服饰、婚丧嫁娶、情爱、教育、交往、劳作、饮食、娱乐(大众和公众舆论与个体经营和个体欣赏)等方面都不同。这其中影响着生产与闲暇、财富结构与财富价值取向(例如饮食或口福偏爱型、家居舒适型、家居宽大型、礼仪面子型等)、财产积累与遗产转让、资源聚合和经营管理等的不同。跨文化管理和全球化资源管理仅仅将这视作管理学意义上的差别。跨国公司、国际组织与国际谈判通过尽可能地本土化来达到经营管理目的。但经济学与金融经济学尚未能在此基础上,形成文明与物化经济模型。李斯特国民政治经济学仅仅注意到了各国的国家生产能力建设,根本没有注意到文化差异的经济基础性影响。马克思、恩格斯更多地看重世界物质生产与技术经济演化与发展的统一性。当代西方主流经济学更多地强调所谓的收敛性和趋同性。

事实上,这是超宏观或全球或人类事业上的对立统一关系之第一大问题。世界上统一性存在于世界的多样性及丰富性之中,并且通过世界的多样性与丰富性来加以体现。反过来,世界的多样性不可能获得完整的、均等的发展机遇与支持动力,并且在世界合力和自身选择环境中需要不断进行必要的选择割舍与优化淘汰,从而世界文明整合与统一,同具体文化、民族和国家社会经济主体变化,构成一种交互作用、互相约束的矛盾运动体系。

当主流与时尚世界经济与金融范式,例如当代的现代产业、高新技术产业、超级工业集团(工业国)、巨型金融与商贸企业、城市化与郊区化、高教平民化、生产经营技术化、经营活动全球化的新的国际潮流形成后,就会既对全球具有示范效应,同时也通过价值轴变更来压迫其他国家相应地跟进。否则,就会被动,甚至会“挨打”、受欺负,并在极端的国际财富冲突中,被瓜分、任宰割。近代中国就是这方面的典型。八国联军抢劫并放火焚烧世界最大的皇家博物馆(圆明园),使其财富和园林之美毁于一旦的悲剧,就是这种强权国际财富转移的典型缩影。而印度被殖民的苦难与国际财富流失的历史经历比中国还要长。

美国大众哲学家、畅销书作家威尔·杜兰的《东方的遗产》[①],展示给世人的是一幅黑格尔确信的世界中心转移的大画轴:从神秘古老的东方,经由埃及、阿拉伯世界与伊斯兰(之前的古巴比伦),经由波斯帝国,再经腓尼基、米诺斯文明而后开始古希腊、古罗马西方古代源头文明。当然其中,秦汉以来,同罗马相对应,也包括印度、土耳其等的间断的世界区域文明演进,它们是并行或时起时伏的。东方强盛、东方财富、东方服务,尤以中华文明与财富的传承是这一转移的基本轴线。

经济史学专家弗兰克在其《白银资本》[②]中明确指出了"亚洲霸权时代"的存在,而且先于并远远长于欧洲霸权和北美霸权时代。事实上,大西洋时代的西方文明的辉煌,仅仅只有不超过三百年的时光。若从1840年鸦片战争时大英帝国仍无法真正获得效率与技术基础之上的比较贸易优势,不得不靠贩卖走私鸦片,而人为罪恶地阻止白银流入中国,不惜以战争将贩卖毒品变成合法贸易算起,则西方文明的经济绝对盛世,也就一百五十年到二百年左右。而这期间,还包含了两次血腥的世界大战和世界财富大毁灭。

在中华文明统合下的世界贸易与金融体系,是以白银为货币本位和金属货币本位制的。借助于北、中和南及海上的丝绸之路,以及其他海上贸易路线,东方主要是中国的丝绸、瓷器、茶叶、香料和各种手工艺品等货物源源不断地运往西方,运往世界。天朝大国通过朝贡与贸易体系,影响和稳定了当时的世界,尤其是中国周边或整个亚洲地区。其生产和消费了庞大的物产,并积累了巨大的财富。到了1820年至1840年前后,中国仍然占据大约28%至33%的世界生产总量,并拥有更高比例的财富。[③] 但由于朝廷腐败、皇室昏庸、国民麻木等,中国变成了一只地地道道的任人宰割的肥羊。一百多年的瓜分、战乱,一百多年的分崩离析,一百多年的停滞不前(事实上是混乱和大倒退),中国的财富大动脉被接给了世界强盗豺狼的心脏,血液流尽了,财富的终极主人人民终于觉醒了,中国人民于是重新站起来了。中国财富大动脉被包扎起来,新中国的财富历程开始了文明新纪元。

在古埃及时代,非洲无疑曾经在古埃及鼎盛时至少享有部分世界财富中心的辉煌。在玛雅文明和阿兹克特文明时代,美洲也曾有过一定的繁荣昌盛。但二者都没有达到足以同世界上最大的洲——亚洲相媲美的地步。在农耕文明时代,广袤的土地、雨热同季的世界季风气候、松软的黄土地、横贯纵横的大江大河(既提供无尽的灌溉,又构成了纵横贯穿的水上运输与交通线),加上草原与大型牧场及对盐、铁等的掌握,提供了独一无二、得天独厚的文明沃土和财富源泉。工业文明、自然科学本身和近代西方崛起,从资源与生态支持角度看,具有极大的偶然

---

① 威尔·杜兰著,幼狮文化公司译:《东方的遗产》,东方出版社2003年版。

② 贡德·弗兰克著,刘北成译:《白银资本:重视经济全球化中的东方》,中央编译出版社2005年版。

③ 安格斯·麦迪森著,伍晓鹰等译:《世界经济千年史》,北京大学出版社2003年版。

性，一心向往东方财富的哥伦布发现了所谓新大陆，从此开辟了新大陆时代，也就是后欧洲时代，即北美或美国世纪的大西洋时代。没有美洲的白银、土地、矿藏、森林和亚洲的财富，西方文明近代的资本原始积累和后来的工业化突飞猛进就不会有可持续的物质支持。美洲的白银、黄金、液体黑金——石油，甚至早期的遍布北美大陆的野牛（被誉为地面上的黑色黄金），加上巨大的地域空间和南北及中南美洲的资源与环境后院，给欧洲人口压力与文明扩张以地力、空间与资源的超级支持。大西洋时代彻底改变了全球财富的分布与流转：占世界人口百分之十左右的西方世界，占有和享用着百分之七十以上的世界财富。

从东亚的雁阵模型开始了新的梯度转移的序曲。日本头雁的世界挑战、刺激也唤醒了世人。亚洲人开始了经济觉醒，重拾管理上的自信。四小龙、四小虎的跟进，大大增加了这种经济自信与技术文明上的可行性。而中国的政治自信、制度自信和社会自信，在曲折的物质财富探索路程之后，开始促动政治—经济和军事—文化的统合与叠加。那种久违的大国风范和强国自信，通过全面的财富与金融整合，借助于技术、管理与人文创新，正在形成中国冲击。中国元素在随着中国制造走向全球。而中国智造与中国精工将掀起远大于中国制造的世界大潮。中国高等人力资本资源的战略财富价值，将会同中国普通人力资本资源形成超级组合。中国文明成本的世界洼地会比中国制造成本的世界洼地，给全球经济与财富格局，提出更强劲有力的挑战。

按照美国金融学家罗伊·C.史密斯和英戈·沃尔特合著的《全球银行学》中所定义的，全球个人财富的来源有这样五种：家传财富、公司福利财富、创业财富、政治财富、犯罪敛财。他们认为全球金融与非金融机构受托管理的主要是前三种财富。这些财富的全球分布及转移，显然具有极大的金融历史惯性。亚洲复兴的速度远不及其在国民经济增长速度和非直接个人财富方面的成就。但财富的世界格局已经出现新的变化。图 11-1 显示出了 20 世纪 90 年代后期以来的这种变化。

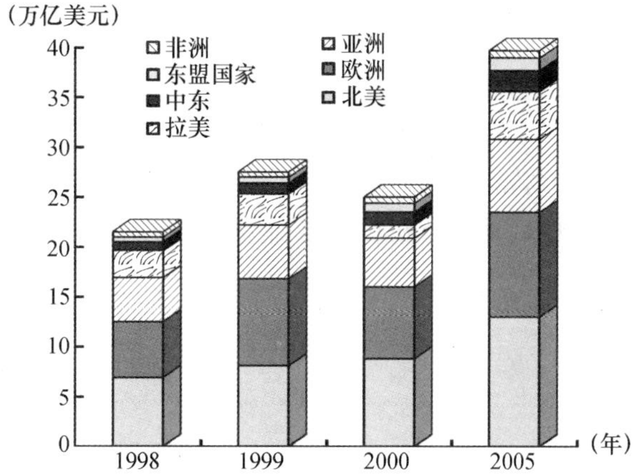

图 11-1　1998—2005 年间财富的地区分布

资料来源：新加坡凯捷管理顾问公司以及摩根士丹利全球指数分析等。

北美、欧洲占优的地位并没有明显变化，但亚洲复兴在个人财富全球变化中已开始显现。这种财富存量的洲际分配调整会滞后于总量存流，尤其是流量分布调整。不过2020年将是总量存量调整的重要分界线。届时中国经济总量将会超过美国。而2040年,即第一次鸦片战争爆发二百周年时,将会是人均财富分布全球变化的重要分水岭。中国人均财富将会达到中等发达国家的水平。

财富的权属转移将改变世界经济格局、国际竞争价值轴和全球经济金融生态,并最终改变世界政治生态分布、经济战略格局和文化建构体系。

财富的全球转移一方面是世界经济格局,包括当今世界基础设施分布与水平差异、世界技术与科学创新能力、国际贸易与分工体系、世界知识产权与无形资产财富、世界资本与金融财富格局的现实运动反映;另一方面转移的结果,又会动态地、加速地推进已有世界经济格局的改变。亚太经济圈在崛起。而世界上最大的洲(亚洲)连同最大的洋(太平洋),世界上最大的发达国家(美国)连同世界上最重要的两个发展中国家(中国和印度),世界历史上最富有的大洲(亚洲)连同世界上现存最具开发潜力与能力的大洲(北美洲),加上未来最具开发潜力的南美洲与澳洲,这种国际经济大势与经济大格局,取代大西洋时代而形成太平洋时代,无疑有着极大的优势和战略资源支撑。

随着财富全球转移而出现的世界经济格局的动态改变,国际竞争价值轴也必定会出现不断的阶段性变更。大西洋时代当然是欧洲霸权与欧洲时尚和品位的价值轴心确定。大西洋时代的后期,又形成了美元霸权或北美和美国世纪的价值准绳。其中,知识产权、无形资产、连锁经营、信用消费与社会的价值膨胀、规模经济和标准化经济等等,无疑都是美国价值轴心的集中体现。太平洋时代的国际竞争价值轴,首先会加入中国元素与中国标准,从而在初期形成中美双元甚至中美欧三大基本价值体系,而在2040年左右将会发生实质性变化——中国世纪或复兴后的中国盛世而后的为柏杨所说的黄金时代的价值取向会逐渐成为国际竞争价值轴的基轴。

第十二章
国际金融失衡与国际体系大博弈

当今的国际金融体系在失衡、失序中继续运行,并以不断放大的速度和累进的结果加剧了自身的失衡与失序。这种失衡与失序,从简单的经贸与金融因果关系链上看,无疑首先是由国际贸易失衡造成的。因为,国际贸易的经常项目若能在大体上保持均衡,并相应地维持着资本项目的收支平衡,则国际支付就不可能出现大规模的失衡与失序。而国际支付不存在失衡与失序,那么国际储备资产就不会出现重大的失衡与失序。当然即使上述项目能够在一定时期内保持均衡,依旧有可能出现国际债务结构、资本结构的失衡与失序问题,但绝不会是像当今世界经济一样出现如此可怕的全球性的国际金融的失衡与失序。

事实上,导致国际贸易失衡与失序的深层次原因在于国际分工、国际教育等方面的失衡与失序。这一切既构成了国际金融失衡与失序的国际经济运行的基础与动因,也反过来被国际金融失衡与失序进一步强化。

一、汇率经济的国际理性与非理性

汇率是主权货币经济或法定货币经济的自然国际金融延伸。货币价值由各个国家自行确定,并且这被普遍界定为各国对此拥有无可争辩的主权,进一步说,这样的金融主权属于各国宏观经济体系内的至高无上的主权和核心利益。这种法定货币跨出国门,在国际贸易和国际往来结算中,便会根据其各自的国家规定的价值含量及其背后的经济支撑(即真实的国家经济实力),而形成官方确定的和民间市场上的相对价格之运动或比价。这种可以双向定义的(即以本国货币反映外国货币或以外国货币反映本国货币)国际货币流通、兑换与支付结算体系,构成了汇率经济的系统。汇率经济连同其相应的法定本位货币基础的黄金(或其他贵金属)以及和其他资产形式的国际储备,组合起来就形成了一种国际经济与财富之交换、支付与流转的基本国际金融系统。这种系统所形成的国际经济就是汇率经济。而在世界经济、贸易体系发展的不同水平上,对其效率与可持续性方面的考量却会显示出不同的经济理性与非理性。

（一）初级国际货币:双边和多边国际货币

当国际商贸往来发生在低度和初级的国际分工体系之中时,或者国际贸易在各自宏观经济体系主导以外的双边或多国之间,以一种补充性的、零星的、非系统、非规模化、非结构性的往来形式发生时,国际贸易市场的范围、品种与规模,甚至是经营层次等都是十分有限的,且往来与经营的风险高、不确定性大,同时交易发生的频率低,交易规模也小。对于这种初级的、偶然性的跨国经济活动,边贸或边界经济活动会在两国和相应国别的商人们之间进行的国际价值比较中,逐步形成一定的官方货币的事实或真实比价。这可以被称为黑市汇率,也可能是市场实验和市场发现汇率的前期准备。

在世界经济早期,由于国际信任与国际信用不发达,国际经济主要由强权、强势经济中的掠夺、战争或较为野蛮的国际经济往来主宰,这时当然谈不上任何汇率,汇率经济也更无从谈起。后来就形成了以货易货的直接贸易。这种易货贸易使得等价变换变得寻常,相应催生了早期的商品货币、贵金属货币和珍贵物品货币。至于其中的具体货币形态选择,则取决于交易双方对财货价值本位和交换需求的效用预期和要求。当交易一方急需粮食、战略物资、军火等时,他们最希望不但交易的对象本身就是其所需求的物品,而且交易方的货币和支付手段也是这种物品,只有当物品本身的相对价格过于昂贵,而使易货或支付过于不划算时,才会考虑借助于个别、特殊的一般等价物。在社会与国际社会的一般等价物未能形成制度性选择、文化性选择和社会性选择之最终结果之前,货币的网络价值往往极为有限,而营运成本是非常高昂的。

因此,国际贸易往来的国际支付手段就有下述三种类型:一是以人类经济史演化出来的被广泛承认的特定的贵金属,如金、银这类软金属为支付、结算和窖藏手段;二是以法定货币的汇率价格相对比较低的货币作为贸易结算余额支付手段;三是由于相对贸易运动又可能会在交易或经济支付完成后由于国际风险或其他原因,向硬通货再度换算与转手。这取决于交易双方的经济对等状况、贸易往来的经常性、外币国际支付能力和国际财富变现的方便性。

汇率经济依赖的货币是一种初级国际货币,其核心价值功能表现为双边和简单的多边国际货币形式。因为其在本质上是法定货币间的国际相对比价关系,所以在价值本质与价值功能上就必然直接依赖各自具体国别的法定货币性质,所不同的仅仅是其在理论上应是两国的贸易品经济的相对比价。

这种相对比价在形成和确定时就因其功能效应而具有一定的矛盾性:一方面,为了保证这种比价的稳定性,这种比例换算关系应当相对固定,否则,不断的、随机的甚至系统性的变动,都会给国际贸易往来与经营活动带来过多的不确定性,从而增大贸易往来成本;另一方面,对于两国货币——至少是可贸易性经济货币——的相对价值变动,汇率应当随时随地进行必要的动态调整,从而使双边的交换活动适时保证价值国际补偿的合理性,然而在现实国际市场运动中,这种货币价格体系的存在与维持,又是极为昂贵的。

20世纪的整个国际金融演进史，在初始时继续延续着黄金本位制的英镑霸权体系。汇率经济是在一种几乎完全被压抑的情况下存在和发展的，贵金属国际支付与储备资产统治着世界经济。在此之前的世界经贸运动中，白银等贵金属物品本身都曾经充当过国际临时货币与储备资产。而第二次世界大战后的布雷顿森林体系的“双挂钩”制度（美元与黄金挂钩，各国货币与美元挂钩），则开始了“黄金—美元”的双本位制下的美元霸权体系时代。美元的超级硬通货价值基础和实力，一方面是通过美国巨大的黄金储备提供的，另一方面更是美国强大无比的资本、无与伦比的资源储备及巨大的工业与制造业生产能力和产出显示出来的。美元就是“美金”，是真黄金，更是一切必需的先进机器设备、各种资源与物资以及价廉物美的工业品。第二次世界大战后的欧洲复兴仰赖于这些美国经济、技术、资本与实物的支持，因此欧洲更晓得这种美元的真实价值。美元成为欧洲重新启动与复兴的初级资本垫支和国际贸易往来的启动资金。亚洲复兴有别于欧洲复兴中的重要的美国因素，但日本、韩国等国家和地区的崛起，都同美国的意识形态性的战略布局有关，后来的所谓新兴工业国的崛起，已经是在世界美元（欧洲美元、石油美元等）的基础上，在美国、日本、欧洲各国等发达国家的初级贸易的广泛的世界性依赖和有选择的低端国际贸易品与相应的国际分工体系基础上展开的。

由于以日本、德国为代表的庞大的新兴国际贸易大国与强国的出现，国际支付体系、结算体系、储备资产体系不得不作必要的和相应的调整。高速发展的、日益膨胀的国际贸易和而后的国际资本往来，已经无法为贵金属本位制下的国际货币和美元体制所支持，其主要原因是广泛流动性特别是国际期望的增长所要求的流动性不足。国际支付与结算，特别是高效率交易的支付与结算也要求国际货币改革，结果就是带有主权经济实力背景支撑的汇率经济由后台走向前台。于是，固定汇率制同金本位和双挂钩国际金融体系相匹配，以国家主权和国际社会的强制性法律与政治尊严甚至国家政权的国际声誉，确立起固定的双边国际货币支付价格，从而使国际支付手段和国际储备资产出现了一定的多元化倾向。日元、德国马克甚至法国法郎等都曾经发挥过除美元、英镑以外的国际硬通货的作用。苏联的卢布则在一定历史时期内在社会主义阵营里充当另一个世界经济体系的国际货币。而西方世界的硬通货，当然主要还是美元，则充当了东西方两大世界经济贸易往来的准世界货币。

固定汇率，在国家金融低度自由化条件下，在国际经贸往来的风险与波动及各国经济变动幅度不大的情况下，是一种相对理性的国际金融支付与结算制度安排。这不但使预期调整与汇率风险控制成本较小，而且汇率变动的宏观和微观影响及变动成本也相对较小。然而，当各国利率变化幅度与频率不同，金融自由化迅速发展，从而使各国贸易品与资本品价格波动幅度增大，也就是说国际经济与国际社会风险变化增大时，固定汇率制之反应滞后、比值僵化等弊端就会暴露出来。汇率经济的国际理性就会要求和推动由固定汇率经济向浮动汇率经济转化。

自由浮动汇率无疑放开了各国货币的市场比价供求波动空间。汇率自由浮动可分为完全自由浮动、有上下限界的浮动和爬行浮动等几种。浮动的结果无疑使汇率波动与汇率风险远远高于固定汇率下的情形，而且浮动汇率下的决策与执行成本会高于固定汇率制下的成本。那么是什么样的国际金融经济理性促成了这种变动呢？自由浮动汇率来自于尽可能适时的市场动态反应调整。这会使贸易品与产业结构的现期与远期价值对比得到更好的反映，从而更有利于国际贸易双方对贸易品的预先合理配置，并有助于国际交易的相对公平，因为它不但能保证现行贸易活动的国际补偿更加有效与合理，而且会影响过去与未来的贸易资源乃至双边金融资源的配置趋于合理化。

无论是固定汇率制还是浮动汇率制，都在双边和最优地区的多边国际空间里创造出了一种相对比较国际货币。这种货币有着重大的特殊性：第一，从法定货币具有先天本位制的假设角度看，这是一种具有双重本位制的比较货币，或是在不同的宏观经济基础与背景之上的比率兑换货币。它不是一种由超国组织和机构跨国或超越宏观经济背景而发行的国际货币，也不具有单一的法定本位货币基础，而是两种国别货币作为一般等价物的换算关系。第二，这就相当于用本国货币交换了、购买了他国货币，从而获得了可购买他国物品与资源的权利。第三，这种权利的获得在真实逻辑过程中又是反向操作的，即首先确定了可贸易和易于进行贸易的物品，然后运用上述的汇率比价关系从而完成贸易性价值交换业务的结算。由此可见，这样的交换所获的余额是有限的，并且购买能力（对他国）也是有限的。第四，当汇率涉及双方货币的国际硬通货地位有所不同，或两种货币的国际货币化程度不同时，处于强势方的货币就会自然而然地更多地成为贸易中的通行货币与结算货币，而另一方则只能作为比价货币，并不具有双边与多边的货币通行功能。这样，强势货币国家的交换媒介就可能相对更灵活和在更大范围内进行国际交换，成为国际支付与国际结算的国际金融手段。然而，与此同时，强势货币国家的金融风险、资本风险甚至宏观经济风险，也会输出到弱势国家。而处于弱势货币地位的国家就可能既要应对自身的宏观经济风险，同时也不得不应对贸易方货币输入带来的各种跨国风险。中国的国际储备结构是以美元资产为基础的，美元对人民币贬值的风险损失，日本等国相应的国际储备资产格局等等都会给中国带来一定的国际金融风险。这些都是这种问题的典型案例。

由此可知，初级国际货币可分为对称的初级国际货币和不对称的初级国际货币。无论是前者还是后者，都媒介了双边或最优地区或一体化经济区的多边国际经济往来。而在不对称初级国际货币的情形下，国际理性会进一步推动初级国际货币的向上演进。

（二）高级国际货币：硬通货与准世界货币

如果把双边汇率比喻为个别等价物，即在货币演化过程中，为解决时间与需求相合困境而最初出现的个别等价物，那么，在这种初级国际货币的基础上，在范围更广的（即至少在两个以上的）最优货币区必须通行的准强势货币与其他货币的汇率，就是特殊等价物，它构成了某种高级国际货币。这类货币因其价值尺度与支付手段的国际通行性、价值稳定性，从而具有国际货币网络效应的广泛性，进而成为高级国际货币。

尽管在这种汇率体系下，硬通货与准世界货币的本位基础、立法基础和所有的货币与国际资产属性，都要强于和优于与其配对的弱势货币，但汇率经济的基本架构并没有因此而改变：首先，其依旧是两种法定货币的兑换比率关系；其次，并没有任何一个超国组织与机构发行任何一种跨国货币。

当然，这种状况与格局并非会永远如此，随着区域国际经济一体化的进展，这种国际货币演进完全有可能在更广泛的经济联盟、超级一体化的基础上，形成一种跨国的货币发行和跨国中央银行的治理结构。欧元和欧盟就是这样一种货币形式和跨国组织。

从个别等价物到特殊等价物，国际货币已经有了一定的质的飞跃。个别等价物紧紧锁定在两两对应的等价换算体系中，其存在与通用性就受到了极大的限制。而到了特殊等价物时，这种特定的、偶然性的、每每变换的价值尺度就进一步地公约化了，即一种在更大范围内、为更多国家所共同接受和认可的价值尺度与支付手段就会演化出来，并逐步变成相对固定的国际货币。

高级国际货币可能是一一对应的双边国际安排，例如美国对加拿大，美国对墨西哥，美国对中国等；也可能是一种多边国际安排，例如，欧盟制度性安排下的欧元，北美自由贸易区安排下的美元以及当年的布雷顿森林体系安排下的美元等。

高级货币的多边国际安排对国际金融之战略性影响是巨大的。石油等国际战略物资以美元进行结算，其所影响的绝不仅仅是美元名义世界货币的国家尊严与形象输出，更不仅仅是以美元换算计量的国际经济竞争比较对美国人来说的一目了然和计算方便，而是美元价值轴心的定价优势和一系列的国际铸币税等其他方面的种种好处。

高级国际货币可以获得主权货币或法定货币与国际货币的双重好处。从主权经济、主权财富、主权金融的角度看，主权货币在国际政治与国际法里，甚至在民族与国际文化中，都将会是一个长期存在的现象。这是民族独立与国家存在的象征，也是各国国民经济存在与发展的一种金融防卫和保障。高级国际货币一方面相对充分地尊重了个别法定货币发行国的金融货币主权（法定货币在其自身的宏观经济范围内仍然具有至高无上的货币通行权与货币主宰权），而另一方面，在一定的国际经济与贸易流转范围内，具有硬通货性和准世界货币性的高级国际货币，会成为跨国通行货币。这种货币有些像中国和其他国家历史上曾经出现过的上币、中币、下币这样三种或多种货币体系。其中，上币对应大宗、高值、高贵的社会经济循环，中币对应中等社会经济循环，下币则对应零星的、低值的、“边缘”性的和最为普通的、个别的、局部性的民生金融交易需求。但二者也有所区别，其根本性的差异有二：一是硬通货或准世界货币的发行权是发行国的货币金融权力，因此是外生的、外控的、外在的主权；二是硬通货或准世界货币在非发行国的贸易伙伴国家里不具有法定货币地位。

虽然高级国际货币具有上述优点，但其仍然有自身不可克服的缺点：第一，高级国际货币的国际通用性仍然成问题，无论是作为国际通行价值尺度、支付手段、窖藏手段，还是作为应急储备的国际储备资产，都存在着广泛性与通用性的范围有限问题。第二，高级国际货币的世界经济背景与世界经济—金融风险防范，仍然处于悬而未决的状态。从另外一个角度看，就是高级国际货币一来没有从根本上解决国际货币的准备金问题，二来没有克服各国法定货币的可能与潜在的对各自宏观经济风险的误导与传递问题。多样化的世界经济应该由更为科学、有效的风险经济货币换算体系来媒介和形成价值窖藏。

(三) 最高国际货币:世界货币与国际储备货币

马克思有句名言:货币天然不是金银,但金银天然是货币。但这种贵金属货币在全世界的储藏分布、开采等都是不均匀的。黄金的工业等功能性用途其实并没有什么特殊性,然而黄金的软金属性质,分布的稀缺性,本身存在形式的均质性及人类文明在权力、荣誉、地位、身份、美轮美奂等审美学附着值上给予黄金的价值,使得黄金成为世界性的通行财富象征和价值尺度。在这一点上,或许只有中国人宠爱的玉可以同其相媲美。不过一来玉更为坚韧,二来玉的成色更难辨识,三来玉不像金属那样具有浇铸、延展、塑型等可塑性,因此,玉便难以同黄金争夺世界货币的地位。

就如同世界语言一样,关于世界货币存在一种经济与文化上的内在悖论:从经济效益上看,统一世界货币与统一世界语言,在经济与文化交流成本的节约上,无疑会是巨大的。然而,另一方面,不但国家、民族之独立与尊严等方面对其实现存在着极大的障碍,而且从文化、文明乃至经济产出与工具的多样性角度上看,不仅多样化本身的价值巨大,且多样性与多样化同时由于社会历史遗传基因库和强迫性的交流与激发,引致了人类文化与经济上的巨大的创新(有关理论请参见谭伟东《超现代经济学》中有关国际经济章节中的国际金融部分)。

从上述的国际个别等价物到国际特殊等价物,循着正常的金融与经济逻辑,就自然而然地逐步演化成国际一般等价物。这一点同一国范围内的货币化形成路径是一样的。然而,世界货币却绝对不可能像各国一般性法定货币那样,一经一国的主权政府确定,就可以由中央银行在一定的法律和政策规范下发行与流转。

从国际社会主权法则看,从区域一体化和跨国政府组织演进的角度上看,世界货币在理论上,尤其是从国际政治、国际法与民族文化学的角度上看是断然不可能生成的。但从金融全球化的角度上看,世界货币又必须适应国际金融的需求而找到一定的替代形式。

全球化已经使得传统的国际分工体系与传统的国际贸易结构发生了深刻的变化。在工业化的早期和整个工业革命时代,产业革命及其工业能力建设,在资本与科技的组合与催生下是集中在主权国家范围内得以发展和展开的。至于超出宗主国的殖民地国家、半殖民地国家的国际分工与产业安排,则基本上是以初级原材料提供和产品销售地的经贸的两头而存在的。尽管观察第二次世界大战后的国际贸易比例在发达国家中的比重,除像日本、德国、韩国、新加坡等在一定历史时期(或至今仍然如此),有着巨高无比的涉外经济比例之外,其他国家的国际贸易比例似乎并没有太显著的变化。但这是对国际价值分配扭曲的反映。因为,发达国家通过对知识产权、创意经济和销售国际网络经济的垄断,成功地将高端价值环节牢牢地控制在自己手中,而发展中国家的加工贸易甚至完全的贸易品在价值比例的国际分成中,始终被压缩在一个狭小的空间之内。

(四) 现行多元国际储备体系结构

国际储备同国际货币的脱节是一种独特的国际金融现象。这种情形在宏观经济体系中，当法定货币或其他本位货币形成稳定的系统功能与结构，从而行之有效地执行着货币功能时，流通和支付货币与价值窖藏在危机应对时采用的支付手段应是完全一致的，否则就会使流通价值与财富积累和存储价值之间发生偏离，从而使贸易往来与财富保存之间，资本投资与现行消费、使用之间出现价值脱节，甚至会发生对立性运动（价值两极分离）。然而当财富积累的主要部分高度集中在社会的特有阶层以及流转处于缓慢的进程中时，也就是说，社会经济往来的绝大部分成员所涉及的仅仅是完成简单再生产、保持已有财富与经济水平的重复进行时，高值、特殊的一般等价物不得不基本上独立出来，而且是更为经济地被分离出来。这种现象若在同种法定货币的流通过程中而非真正价值窖藏过程里也能体现出来，例如越是低值的硬币与钞票，其周转流通从而磨损消耗的速度越快，而大面额钞票却经常被滞留在周转之外，被无意识地保存得完好无损。完全不同的处置或使用的结果，造成了货币的特殊功能之最终分流。

（五）现行多元国际货币体系：三大货币区与三大国际货币

英镑与美元都曾充当过世界货币或准世界货币。美元仍然是现在的准世界货币。英镑的世界货币地位，在实质上是建筑在其殖民经济与金融体系基础之上的。不同于当年的罗马、波斯、亚述、拜占庭、埃及等的本质特征是，英国工业化基础上的强大的制造业能力与制造业产出，不但是建立在巨大的机器与矿物能源基础之上的，而且是建立在巨大的资本投入和现代运输体系基础之上的。这就使得英国的经济与金融性质，远远胜于其军事与宗教性质。而美元的世界货币地位，则又进一步超过了英国的英镑殖民地体系，因为它通过购买、战争等方式业已获得足够大的本土疆域和自然资源保障，因而不再依赖传统的殖民地体系，而是凭借军事、政治、文化尤其是科技与经济而形成一种全球平台与网络，把太平洋、大西洋变成了自己的左右内海，在全球层面上构建和掌握国际金融体系。

欧盟在两次世界大战的惨痛教训之下，通过逐级的经济整合而最终形成欧盟，欧元作为首例跨国洲际国际货币出现在国际金融体系面前。欧元的背后有同美国大体相当的国民生产总值、大体等值的资本市值和大体相当的领土面积。此外，欧元的背后还有着欧洲各种高端价值的产业制造和传统产业，而且欧元区的人口规模略大于美国。当然，不管是欧元区还是美国，背后都存在着高达70%以上的第三产业对国民生产总值的贡献。

而人民币最优区和人民币（姑且称之为中元）（或者是包括日元和韩币在内的未来的亚元），正在形成另一个国际货币轴心。

二、国际经济与国际金融流转结构

通过上述汇率经济的一部分国际金融演化展示，可以看出国际金融在特定的国际经济历史背景下的自动逻辑展开过程。但这一则未建立在系统的两种流转结构分析基础之上，二则未能形成必要的理论抽象的系统结构图式。作为开放宏观经济学的最前沿热门学科，高级国际金融学的确在过去十余年获得了惊人的发展。以奥博斯特弗尔德的《高级国际金融学教程》为标志的新兴代表作，彻底改变了传统的国际经济学的近乎硬性贴近经济学的某种国际部分之章节逻辑范式，而使国际经济学开始具有至少是形式与抽象理论意义上的经济学的优美。

然而，高级国际金融学却基本上未能形成一种能够清晰地展示核心国际金融变量与能量流转的体系结构。国际实体经济与国际金融经济各自也未能形成理想的学理体系，相互间也未能完成学术思想上的突变性建构。本部分将试图作些实质性的尝试，分别从表象（功能）流转结构、本体流转结构和价值流转结构三个方面对此加以完善。

（一）表象流转结构

表象性的国际经济与国际金融并非形成人们一般常识里的表面的、肤浅的、非核心与实质性的国际金融现象杂烩。在人们的认知理性、生活实践理性发挥作用的过程中，表象的东西从来都是向导和起点。对表象的完整和深入的把握，不但有助于对问题的实际进行深入解剖，而且往往是形成分类、找到依据、产生方案的基础性工作。

国际经济不是各国经济的加总与放大，国际金融也非各国金融或国家金融的加总与放大。相反，它们在诸多功能与结构方面存在着显著，有时是实质性的差别。为全面把握国际经济与国际金融，就要首先对其表象上的显著差别进行科学性的把握。

国际金融从本质上应当是建立在国际经济的实体性流转结构之上的，而当发展到一定程度上，其虚拟空间与平台就有可能使其进入某种完全依赖自身供给与需求的价值性增长的发展轨道。这就为国际金融泡沫的形成打开了缺口。那么国际经济的实际结果是什么呢？特点又是什么？它又是如何同一般宏观经济相区别的？

国际经济的主体部分流转结构可以由图12-1表示。

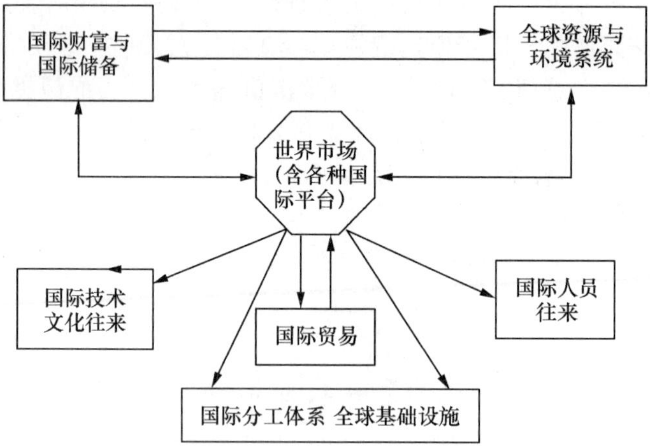

图12-1　国际经济主体流转结构

这里涉及国际贸易流、国际信息流、国际资源与要素流（包括人流）。其中，产出流即产品与服务是整个国际经济主体循环流转的根本。它可能成为国际贸易过程中的消耗补偿,更重要的是成为各国宏观经济体系中的最终品、资本品或中间品与要素投入的补充,甚至成为在一定意义上的决定性投入与产出。这些产出也可能以耐久性保值品和资本的形式存在,相应地构成了各国和国际的财富沉淀与财富积累,或者成为全球资源与环境系统的正负反馈性的再投入。例如,减少了大气中的二氧化硫含量,有效地治理了具有全球影响的环境污染,或增大了全球的废品与垃圾之堆积。这里关键在于,世界分工体系与各国分工体系的差别究竟何在?世界贸易或国际市场同各国市场的区别又在哪里?国际财富同各国财富究竟有何区别?

国内市场或统一的各国市场不同于国际市场,这一点可能早已为诸多经济学家所注意到了,但却并未被明确地表示出来,并因此构造和形成一定的理论体系。一国的宏观经济市场,就是一国的除企业内部自行周转以外的全部产品与服务之总和。在发达的商品经济世界里,一国除家庭内的产出与服务以外,基本上都会商品化、货币化,尽管其市场流动性水平可能不同。然而,国际贸易交换的却仅仅是世界整体产品与服务中的可贸易品部分。这不但是涉及不动产的空间位移的不可能性,更涉及国际战略与经济安全的产业与生产屏障,当然也包括比较利益下的国家经济循环的经济效率问题。这就好比当企业内部化资源配置更为有效时,它就不可能进入市场体系。各国市场经济可以完成并且是自足有效的,也绝对没有必要进入国际市场。

具体说来,国际分工体系不是也不会是国内分工体系的自动延伸。这里的关键问题在于:第一,国际分工体系中的国内部分,必须充分考虑国防与经济安全战略的要求。这就是说,基本的甚至是主要的国防产业必须绝对地放置在本国经济之内,而且要依赖本国经济。第二,本国之大国防产业的对外出口,或更广泛意义上的国际贸易,必须严格受国防战略与经济安全政策的限制,不允许以国家安全利益为代价进行对外贸易活动。除非出口的已经是过时的技术与产品,而且对本国现代国防装备不构成任何实质性威胁。第三,从广义经济安全、经济宏观独立和长期总体社会福利来看,国民经济的主体只能和必须是本国内贸和自主外向型循环的经贸。对外依存度过高会存在巨大的国防、经济安全隐患,而且在宏观经济效益和国民福利方面,都会带来难以预期的国际困境与外部麻烦。美国、日本等发达国家的国际贸易占其国民生产总值的比重分别是10%及20%左右。中国作为一个经济大国,对外依存度显然过高,这是同国内内需严重不足、价值链国际端位不高、经济增长方式粗放化、高级工业化十分不足等直接相关的。

全球基础设施在这里主要指的是与国际流转、交往相关的物流、信息流方面的基础设施,主要包括国际公海、大洋与航空乃至航天的通道与设施。但其核心与要害是那些主航道、战略码头、海峡、泊位、航空港站、通信及其他卫星、大洋电缆、国际能源供给大动脉等等。此外,某种意义上的跨国和国际航运公司与设备体系,也应被包括在全球基础设施的范围之内。

媒介并构成国际贸易往来、人员与文化活动的是世界市场、国际组织、国际社会政府与文化及民间团体,这里把重点放在世界市场上。而世界市场,尽管有国际法的存在,却是一个既无统一、主权至高无上的法律主体与政权主体来加以监管,也没有统一文化语言的一个“万国”自行经营之系统与平台。并且世界市场事实上是在很大程度上同具体国家的国内市场融合在一起,而且是真正的奠基并存在于各国具体的商贸市场之中的。广州几十年来举办的中国进出口商品交易会,南宁的东盟经济博览会,义乌的小商品城交易会,北京、上海、大连的服装节式国际贸易会,芝加哥的种种汽车博览与交易会,法兰克福国际书展,伦敦、东京和纽约股市等,都是世界市场的具体构成。

国际技术与文化往来愈益通过直接投资、技术与管理扩散(或引进)、战略合作者产权联合与交易、知识产权保护等方式进行。国际人员往来渠道则在传统的外交和正式人员往来的基础上,增加了民间的旅游经济和经贸工作往来,近年来的非政府组织跨境交流,已形成人员往来中的主流或主体。这部分是国际贸易中的直接与间接的产物。

国际经济循环流转无论是以直接的方式进入国民经济的消费、补偿和生产系统,还是通过国际财富与国际储备形成积累,都会同全球资源与环境系统发生相互作用。在如此大尺度下的国际贸易和全球化的经济活动,其全球性的影响变得越来越明显。

(二)本体流转结构

表象流转结构基本上是从功能的角度,对国际经济与人员往来的循环流转构成进行了基本分解与划分,但却没有进行必要的抽象和合理的处理。因而其循环流转结构仅照顾了直观的具体的方面,而少了学理上的逻辑构造。

本体流转结构应当从实体经济角度加以透视并深度把握世界贸易与金融运动。下述的几大核心部分构成了全部的结构系统图,如图 12-2 所示。

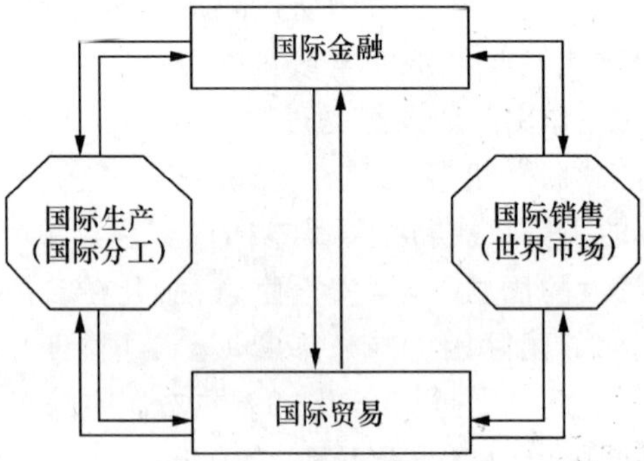

图 12-2 本体流转结构

生产与消费是相对应的两极。这部分的国际经济往来占世界经济总额的 20%左右。这个比例与真实的实物经济流相比显然过低,但在账面价值流上却就是如此。之所以形成这样的比例构成,主要是由现行的国际市场与经济金融定价机制决定的。生产与消费原本是实体,从而是本体。在马克思的经济学范畴体系中,生产起决定性的作用,属于更为基本性的因素。消费只是相对被动的,也是重复性的和“回应性”的。然而同现行的定价系统及其后的资本与资产结构系统相对应,当今的国际消费甚至是国内消费已经变更了自己的位置,由原来的宾客变成了主人,开始了统治与协调生产。国内消费奠基于信用保障。国际消费取决于定价占优(国际压价与抬价)和自觉性的国际储备资产跨国性的投资与借贷。国内消费包括汇率自贬的国际财富之市场性的让渡。这一切既包含着经济的不可更正性,也因由现行主流经济学误导而造成了在国际经济理论与实践上存在着诸多误区。这是个极为复杂的国际贸易与国际金融现象。

国际金融和国际贸易在这里均属于媒介性的,从而是从属性的、虚拟性的辅助系统。国际生产及其背后的国际分工体系以及营运本身,构成了国际经济本体结构的核心。它们决定着国际产出和国际交换的存在与基本内容。为了有效、充分、合理地实现国际生产的终极实用价值和经济活动的终极目的,国际贸易体系媒介着国际产品与服务的交易性流转,或在时空上创造着国际经济活动往来物流的集贸场所。在这里,市场规模、市场价格、市场辅助系统等具体存在构成了一个市场网络体系,它把供求各方吸引到一起,并且在其中进行必要的国际交换。而国际金融则是一种国际货币的形成、存在与维持的金融体系。它既涉及初级、高级国际货币的市场与非市场活动,又涉及国际信贷与国际资本,甚至包括国际保险与再保险等领域。

在工业化和第一、第二次工业和产业革命,甚至第三次产业革命过程中,生产,从而国际生产及其相应的国际消费始终是国际经济的主体。因此,在现代经济与金融发展史中,产业和工业资本以及商业资本在历史上相当长的时期内,曾先后发挥过重要甚至是决定性的作用。从交通革命(铁路、轮船、汽车、飞机、管道等)到能源革命(煤、石油、电、水利、核能和其他可再生能源),从工厂革命到物流和集市贸易革命,实体生产与实物生产分工及实体基础设施建设始终是经济与金融的决定与本质环节。生产厂家一般都资本实力雄厚,例如典型的由 J. P. 摩根兼并和创造的美国钢铁公司,以当时十亿美元之巨额资金,创造了"骇人听闻"的相当于当年美国的全年财政收入规模的大兼并。这是当前任何一个经营帝国的兼并、合并所不可比拟的创纪录的数字。

相对于原始资本积累时期,早期的国际消费同样重要。因此,殖民地庞大体系存在的双重作用就在于作为原材料输入地和最终消费品的输出地。然而,在第二次世界大战后的国际分工体系、国际贸易格局之下,国际经济流转结构发生了彻底的变化。尤其是伴随着发达国家大物流、大商贸、大创意产业集群与国民资本结构主导下的制造业与环境不利产业(迫于人力资本压力、环境压力、资源压力等)国际大转移与重新布局,使得传统的国际生产,尤其是中、低端制造业国际生产与国际分工,急剧地降到无足轻重的地位。首先是国际贸易的地位上升及其增速显著,最后发展到国际金融的高度繁荣,这就直接导致了价值流转结构的最终确立和占据国际经济的统治地位。

国际生产和服务在第二次世界大战后不但发生了服务产业主导局面这一历史性的巨变,或者说是一般意义上的所谓朝阳或新兴产业的兴起(当然与此相应的就是传统和夕阳产业的衰落),而且发生了所谓的产业延长和拓展,例如大物流、整合性解决方案技术、工业和网络营销乃至外包等等,尤其是所谓的创意产业、大金融产业和风险创业产业形成新的产业创造和价值分割优势。这种发达国家的后现代化的产业进一步分工,促进了发达国家劳动力密集型、资源密集型和环境敌意性产业的国际转移,而与此同时,又通过微观的跨国公司和具体的国际贸易运作以及对国际金融体系组织系统和国际资本流向的控制,尤其是通过对国际信用和其他金融、经济高端技术与产业的近乎绝对的操控,完全重塑了国际分工体系和国际产业布局。

这其中,通过对资本与网络资源、财富与高价位资产、商品与大规模的其他市场、国际物流与营销渠道及手段，以及对大多核心技术和大量无形资产的掌控，尤其是通过大众传媒、学术、宣传或传播攻势、社会生活方式的国际示范传递，特别是经营和市场选择方式的示范传递，加上人权、法制、博爱、环保、可持续性等全方位理念之在道义、伦理、学术上的"占优"，进一步变更了工业化以来的国际价值基本竞争轴。这就是由制造品或一般工业品主导的高端国际贸易与商品市场价值链向以无形资产、核心技术、网络营销资源和创意密集或高端服务主导的市场价值链的转变。发达国家在工业化以后，又一次成功地占据了国际经济的价值或价位制高点。

然而，这次价值基本竞争轴的变更却不同于工业化和工业革命的那次历史变更。这突出表现在两大方面：首先，国际经济实体、产业生产力和制造力在本体经济层面并没有也不可能发生变化。任何实体经济效率与能力的空洞化与国际竞争力，都迟早会在国际商贸中体现出来。其次，后发国家在制造经济和实体经济赶超的过程中，同时也在金融密集和自主创新技术等方面，实施跨越式发展战略。而一旦财富与资产的国际分布均势发生逆转，后发国家的速度优势、实体经济优势会同财富国际新优势形成叠加互动效应。国际服务体系、国际贸易方式、国际定价机制、国际金融结构，简而言之，国际价值基本竞争轴将随之发生迅速而彻底的变更。

（三）价值流转结构及可预见的未来变更体

由少数发达国家主导的国际价值基本竞争轴之变更，从根本上改变了国际经济流转结构，因此，上述的实体结构会在最初的直观现象结构及本体结构基础上进一步变形，基本上呈现为价值流转性的物质贸易结构。同工业革命的价值结构和国际经济结构相比，其根本性的变化就在于由原来的国际生产、国际消费主导向国际虚拟经济价值主导转变。这其中既包含了产业链深化和产业优化及结构细化，又包含了新型的国际价值"掠夺"和国际环境与资源失衡与失序。现代和后现代价值流转结构可由图 12-3 表示出来。

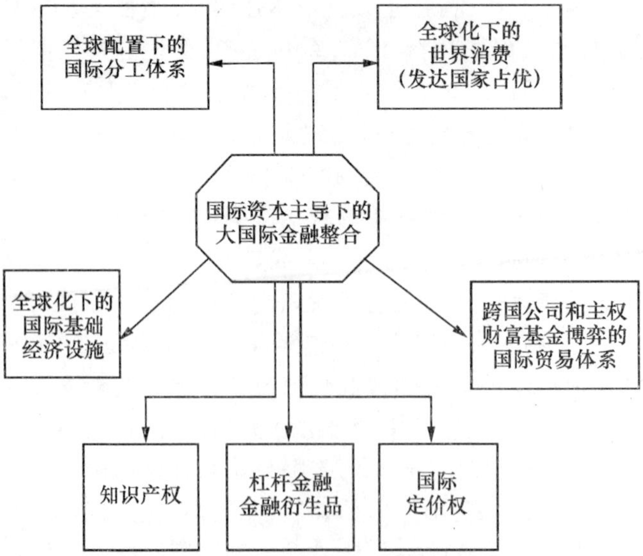

图 12-3 现代和后现代价值流转结构

这里的核心是国际资本流动主导和控制下的大国际金融整合与价值流转结构中心。其边缘化了包括国际生产、流通、交换与消费的各种实体环节。在过去的二十年间,这种整合通过一浪高过一浪的混业兼并、跨业兼并和金融控股公司私有化浪潮形成了现今之基本格局。金融整合在两个方向上同时展开:一方面在大金融产业集群内部进行超级金融帝国的构造;另一方面广泛地媒介、支持和参与了控股其他实体和虚拟产业。在这种整合过程中,有双重力量既联合又竞争博弈。一重力量来自于以跨国公司为代表的私营经济部门,主要代表发达国家的经济利益与要求;另一重力量是以所谓主权财富基金与资金支持为主的国际经济扩张,主要代表后发达国家和发展中国家、石油输出国组织以及一些所谓新型工业化国家(也有少数的非洲国家)的利益与期许。跨国公司与国际私营资本并非同西方国家政府完全合作乃至合流。在国际金融冲击中,一些国际金融投机者经常会使西方国家元首、政府首脑不胜其烦。

私营和私人经济金融部门的非国家性和非主权基金利益驱动的演进方向是有限的。跨国公司的母国情结远远超出一般性的国籍与文化背景联系。在根本的利益攸关性战略指向上,两者是完全一致的。这在国内经济—金融发展空间上是如此,在国际经济—金融空间上更是如此,因为私营部门在下述几方面根本离不开国家与政府的力量:第一,国防与战争冲突的军事防卫;第二,国家风险的政府层面谈判及协调;第三,国家风险开发的项目向民间转移;第四,产业、技术等的国家与国民文化、社会、法律等背景,包括知识产权、无形资产等方面的载体与传承。

因此,这里的大国际金融整合,是国家金融或在主权国家内的私营金融资本在国际金融体系中的国际资本运动,而不是跨国的超越国家的所谓国际或世界金融运动。大国际金融整合依赖三大主要的金融经济利器和操作工具——杠杆金融(尤其是金融衍生品)、知识产权和国际定价权(包括国际价格形成与磋商机制)——从而形成对整个国际经济价值轴的价值结构的支撑和结构流转的掌控。

核心技术、累积起来的庞大的专利储备与占有、品牌与商家等无形资产以及其他相关的所谓金融—经济—文化软实力,构成了国际资本整合与运作的知识资本以及文化态势上的强势。国际定价传统、国际价格磋商机制(包括战略、宣传及其他舆论导向、价格领袖引导等等)和国际金融与国际交换中的资本、融资、商誉和规模及专业化上的优势(包括信息与决策上的优势),决定着国际金融现实定价选择空间和可能的妥协结果。以衍生金融为代表的现代金融杠杆操作,不但在几乎各种超级大规模的金融资产池组合结构不变的情况下,提供对冲风险的技术和经济可能性,而且为超级资本规模和融资或乘数金融提供了现实可能性。

国际资本主导下的大国际金融整合并不直接掌控全球化下的国际基础经济设施,尤其是对那些国际水上、陆上、空中战略通道、要塞、码头、港口等等设施,它们不具有这样的涉及国防安全与军事经济战略要冲的直接控制权。但可以通过所有国或相关国际组织等其他方式,间接地确定对这些基础设施的战略操控。

国际分工体系、国际资本主导下的大国际金融整合,会通过直接投资、跨国兼并、跨国控股权、产业转移与外包、国际商品与资本市场引导和其他的国际市场传递,并同时通过国际学术、国际舆论、国际协调等,对国际分工体系的形成与重构进行直接和间接掌控;对世界消费,则主要是通过国际示范传递来加以影响。此外,强大的虚拟广告和其他国际营销和国际展销,同样发挥着重要作用。

价值流转结构深刻地揭示了当今国际经济与金融结构中的虚拟—虚置"硬化",而实体与真实经济、部门与过程却在不断地"软化"。这其中除了包含智能与创意的创造性价值占优的所谓知识经济的时代进步性,产业结构优化的产业链拓展所带来的机遇与规模金融等的效率优势之外,其他的和主要的还是国际实力资本的价值颠覆和国际剩余索取的金融价值掠夺。国际贸易全球化,原生金融衍生化,低能金融"高能化"等等,都快要走到尽头了。"全球性的偿还"这种最后彻底校正虚拟繁荣巨大代价的人类真正理性与解放的时代即将来临。国际财富与经济、国际分工与产业、国际占位与竞争轴重估将在危机和对危机的应对中完成。

第十三章

国际金融失衡与国际货币大博弈

作为元金融和起始高能金融，货币，尤其是在强大的国家之政权甚至国际经贸体系、国际组织与国际法规下的货币，不但在封闭宏观经济和开放宏观经济中都发挥着举足轻重的作用，而且在整个国际金融体系中起着极为关键的作用。作为国家金融体系中最基础的构成要素，国际货币体系呈现出一种本位、币种、比例结构或制度性的组织及储备资产统统缺位或非权威性的非世界性的、约定俗成的动态替代补位。这种国际金融系统建构的本位与本体性缺失，一方面是全球经济的历史与现实的不均衡态势所致，另一方面却也是现行不合理的已有大国操纵和旧有国际金融霸权的惯性所致。美元霸权不可能立即退出历史舞台，美国也不可能作出这种选择，合乎理性的国际货币体系的演化与增长，也不容许这种剧变或灾变突然降临。现行的国际贸易和世界经济运行也不会作出这种国际金融安排。但新的国际货币体系的酝酿及其历史性演进，美元作为准世界货币地位的衰落和全球货币金融对话与磋商的兴起，却是未来二三十年至半个世纪的重大国际金融变革。人民币作为国际货币并最终走向准世界货币是本世纪最为重大的世界金融与经济历史大事变。

一、美元的本位缺失和“美元本位制”国际金融体系的内在风险

全世界各国的法定货币几乎都已脱离了金本位、银本位和其他贵金属、软金属或其他特定通行财富与价值物本位。美元，从黄金本位到“双挂钩”再到“尼克松冲击”，早已明确告别了金本位制，步入了名副其实的“绿币法钞”时代。美元从此也不再能享用“美金”这一特殊的货币美誉。美元伴随着美国有计划或习惯性的通货膨胀，更借助于经常项目累积的持续的贸易逆差和其他形式的国际支付与国际结算而涌向世界，又被国际社会回投到以美元计价的金融和非金融资产上，或干脆作为直接投资流向美国，以便在事实上支撑日渐放大的美国贸易赤字和财政赤字。

美元脱离黄金并不意味着就一定是本位缺失。美元同其他国家的法定货币一

样，是以美国政府及其所代表的庞大的甚至依旧是世界上独一无二的强大的经济实力与规模为其信用基础的。美国政府不会也断然不可能宣布破产，因此不可能拒绝偿付息债。理论上，美联储可以无限地印刷美元绿钞。但这既不表明美国完全不可能发生美元危机，也不表明国家经济与金融状况能够保证币值稳定，从而也无法保证不会发生美国政府与国家陷入事实上的破产境地。而且更为重要的是，即使美元和美国经济尚未陷入如此灾难性的后果之中，也不意味着美元的这样一种特别国际货币的地位，就不会引发全球金融与经济恐慌、失序与震荡。

（一）美元的本位制缺失与目标通货膨胀制

本位制是一种决定性的价值度量衡制度：有多少贵金属存量，就发行多少流通货币；贵金属供给涨落等因素的变动，不但决定着货币投放量的多寡，而且决定着货币自身的价值和物价水平（管子早在两千年前，就已经认识到谷物货币的属性并明确指出过这一点）。①

货币在本质上是一种信用凭证，它代表着标准化的、固定的、等值通行的对一切财货之拥有、处置、交换和贮藏的权利。货币在交易成本效率上的硬性约束，要求价值度量衡的统一、简便和所含价值的相对稳定。这不但涉及使用、检验、携带、计价与换算以及接受的广泛性等方面的效益优势，同时还要求对伪造、欺骗的防范和处置上的方便性。由于这种约束，货币本位制就通过价值尺度与窖藏手段职能同流通和支付手段职能相分离，即货币体系通过货币不同职能的独立对应载体和流转或使用权的分离，来保证货币体系的整体优质和效率集成（马克思在《资本论》中总结货币职能时还加上了世界货币这一第五个职能。上一章我们注意到，通过双边汇率表现出来的其实并非是严格意义上的世界货币，而仅仅是初级国际货币。但在马克思时代，货币不只是本位货币，而且都具有贵金属和国家信誉双重本位制，因此，事实上具有世界直接可兑换的某些价值国际化属性）。

美联储通过公共市场发行、贴现率制、储备金制三大手段来平衡美元的中央投放与操控量，其实质也是在为了获取联邦政府的铸币税收益，而有计划地实施通货膨胀和累积性的对外贸易赤字。这样一来就又把铸币税的征收范围扩大到了全球。若单从美联储"经营"理性的角度看，不是可以把这种无本买卖做得越大越好，距离货币本位越远越好吗？货币金融经济学与国际货币金融经济学明确了这种"生意"的理想境界：国内通货膨胀忍受度及资本财富或投资撤出的实体经济危害，构成了货币投放的基本警戒线标尺；国内宏观经济增长率、就业及其他指标，尤其是时机与结构性调整的宏观与产业要求，构成了宏观经济约束标尺；目标通货膨胀区设定和追求，构成了联储和诸多国家央行的政策性与业务操控性目标约束；传统的货币投放量的货币主义原则，也仍然有着一定的历史惯性之参照价值。美元投放量和存流量控制，必须在这些约束条件下进行，不可能成为无本位的、完全随机的、任意的和单方获利性的操控。

按照现任美联储主席伯南克在其专著《通货膨胀目标制：国际经验》一书中的说

① 张友直：《〈管子〉货币思想考释》，北京大学出版社2002年版。

法，通货膨胀目标制不同于传统货币理论的规则与相机抉择两分法的截然对立。在他看来，通货膨胀目标制是一种框架而非政策。他强调第二次世界大战后和20世纪60年代以来当代国家经历过的，又被当代国际货币金融学家界定的某种基本共识，即通胀与通缩几度交叉换位有益于经济良性发展。美国尽管并没有从法规和政策上明确通货膨胀目标制，但格林斯潘的政策指向和实际操作已经在向这一货币发行和操控积极靠拢："格林斯潘在美联储成功的一个主要原因是，他运用了一个在多方面与通货膨胀目标制类似的政策制定哲学或框架。美联储已表达了对较低的、稳定的通货膨胀的强烈偏好；而（在美联储内部以及在美联储与司法和行政机构之间）关于短期的稳定的政策讨论，已具有考虑当前的措施对通货膨胀的长期影响的特点。因此，在某些方面，采用通货膨胀目标制能够起到在很大程度上规范并因此（可以认为）使当前做法的某些积极特征永久化的作用。"①此外，"正式采用通货膨胀目标制可以增加美联储决策的透明度。更高的透明度会促进公众更好地理解美联储的战略战术，而更好的理解又会带来有依据的公众辩论，并且最终产生更好的政策结果"。②

伯南克等在这里提出与阐发的问题与观点是极为复杂的。他们的观点与结论有合理和有价值的地方，但也存在诸多问题：第一，西方发达国家在20世纪所经历的低通货膨胀，在很大程度上不是一个货币经济现象。在第二次世界大战后相当长的一段时期，西方世界的低通胀是战后超级的战时产能和战后资源配置调整所造成的前所未有的供给带来和决定的，而且包括货币失控、财政赤字失控和供给基础问题等所有脆弱性在内的通胀危机，在石油危机的冲击下，通过长时期的滞胀痛苦表现得淋漓尽致。而至于在80年代以后上述情况几乎发生了彻底的翻转，低通胀的根本原因完全不是货币金融政策，而是国际廉价贸易品的超级供给，尤其是来自以中国为代表的发展中国家的加工和一般贸易品输入，和以印度为代表的发展中国家人力资源服务"输入"（软件产业和外包经营），它们都为低通胀的实现提供了强大的国际超低价供给。第二，近年来的美元持续贬值和人民币相对美元将近30%的升值表现出明显的人民币和中国经济上涨势头。第三，美国的货币政策同其金融、信用政策和大众金融文化倾向是背道而驰的，民间的储蓄、投资和努力程度及国际竞争力下降极为迅速。第四，美国的货币政策同其国际贸易与国际金融政策主张背道而驰。美元依旧在向整个世界输出价值被大大高估的美国货币。

由此可见，由于美元的双重地位与身份，即美国的法定货币和全球非官方的准世界货币，美元的本位缺失也表现在双重的角色之上。因此，美元的投放与流向，不仅具有美国本身宏观经济的货币效应，而且具有全球性的超宏观货币效应。美元不但在宏观经济框架下存在本位缺失，而且在超宏观的全球货币经济背景下同样也存在本位缺失。

目标通货膨胀制充其量只能避免美国出现累积性的恶性通货膨胀，或者说在理论和政策倾向框架下，避免美元国内价值崩溃的恶性金融事变与危机，但却既无法

① 本·S. 伯南克、托马斯·劳巴克、弗雷德里克·S. 米什金、亚当·S. 波森著，孙刚、钱泳、王宇译：《通货膨胀目标制：国际经验》，东北财经大学出版社2006年版，第323—324页。

② 同上书，第324页。

避免美元之世界泛滥所带来的全球性金融失衡、失序(美元作为“始作俑者”),也不能改变美元经济可能潜存的产业空洞化和资产全面泡沫化乃至经济泡沫化。这不仅是由于在当今世界金融经济体系下,美国超级的高能资本与高能信用或衍生金融同高能货币力量对比早已发生了重大甚至根本性变化,而且因为货币投放或货币经济的宽松路径依赖已经具有了政治、体制乃至社会文化的不可逆转性:没有崩溃就无所谓逆转或许是一条不可更改的铁律。

(二)金融海啸和美元本位制的国际金融风险

金融海啸已造成美国数万亿美元、欧洲数千亿乃至上万亿欧元、亚洲和其他洲际国家数万亿美元的资产缩水,在全球造成了数十万亿的资本、资产价值缩水和损失。金融大师、业界专家和名流预计本次金融海啸可能引发大萧条以来最重大的一次金融—经济危机;复杂系统理论专家,著有《黑天鹅》一书的美国专家和其导师,纳西姆·尼古拉斯·塔勒布和保罗·沃尔福森教授预感甚至谨慎预言这可能是美国独立战争以来最大的金融—经济与系统风暴。金融救市能够力挽狂澜吗?世界经济与金融可能避免一场前所未有的大灾难吗?更重要的是中国金融—经济的“防暴防震”系统完备吗?其可靠性如何?或从另外一个角度看,中国可能知难而进、抓住机遇、抢夺先机、以先手思维统领、大踏步实现金融经济的跨越式发展吗?

1. 美元本位制的国际金融风险

这种风险是巨大的、综合性的。风险的根源在于美元兼具世界货币和国际储备资产这双重职能,并同时充当国际清算工具和金融价值霸权的价值标尺,而美国非但不审慎地发行和控制美元,反倒处心积虑地制造美元流动性天量过剩,并且在三重逆差,且三大逆差又都是巨量级逆差,甚至是继续不断滚动基础上的逆差积累和国际储备资产存流量动态增大的情况下制造流动性过剩。此外,使这种体系和秩序更具诱惑力和持久力的原因,又在于美国领先的高科技、有着巨大潜能的资源宝库、灵活创新的制度和巨大的创新能量,这其中既包括文化特性、民族特点,又包括庞大的人力与金融基础设施。

2. 在金融海啸和金融重建下中国如何崛起

在应对大危机、大动荡、大挑战的同时同样孕育着大机缘并造就大舞台。中国如今经过六十余年的艰苦跋涉和大规模积累,已经基本具备了在国际大机缘中赢得优势、彻底实现跨越式发展的可能。而把可能转化为现实,却既存在风险,又要求更具战略投向的大手笔运作。

欧美面对罕见的金融海啸,既没有惊慌失措,也没有盲目乐观,而是以“莫等闲”的姿态与气势,以前所未有的大战略投入与转型,告别了四十余年的“市场原教旨主义”思潮,开启了“新政治经济学”时代。中美欧三足鼎立、中美俄渐成新的战略大三角、富国俱乐部(七国集团)同金砖五国(中国、俄罗斯、印度、巴西、南非)的世界新格局与国家财富转移,都显示出前所未有的多极化的时代将要来临及其新的特征。

(1)实体为本,金融至上

欧美高端、领先的金融创新和金融工具本身并没有错,正像原子弹没有错一样,错的是杀人武器掌握在世界恶魔手中。金融海啸彻底暴露了欧美发达国家从 20 世纪 80 年代以来的靠跨国投资和外包及贸易赤字、财政赤字、信用爆炸所维持和营造的非理性繁荣的虚假和不可持续性。其泡沫破灭和经济崩溃的根本原因在于实体经济的虚置,以及产业,尤其是制造业的空洞化。这集中表现在虚假的高值产业集群(以服务业为主导)的大肆扩张、低收入岗位膨胀的就业结构恶化、孪生甚至三重(贸易、财政加上家庭)赤字的无限积累,反映在国家贸易失衡、国际资本失衡、国际储备资产失衡、国际金融体系失序等全面与多重失衡之上。

欧美全面的政府介入与接管式的救市,看似全方位重建,但仍旧停留在金融重建和监管严格的意义上。欧美政府仅仅是借助于华尔街、伦敦的金融败北,夺回了它们心仪已久、热切盼望、早想染指的金融掌控权,但对产业结构和实体经济则几乎没有任何本质触动,更不消说过度放纵的分散化的市场体系了。

经济的集权与分权、计划与市场、政府(公营)与私人(私营)的对立统一,将再次向前者倾斜。但欧美的调整可能性空间决定着其不可能标本兼治,而只能是应景式的"头疼医头、脚疼医脚"。当在非战争态势下的国家和平时期运作的经济—金融体制(如罗斯福的新政,尤其是美国第二次世界大战时期的战时体制)根本确立后,它们就只能在虚拟经济的过度非理性上作适度调整,而无法达到对本体经济进行彻底改造的目的。

在诸多意义上中国现代经济的复兴是幸运的。金融海啸既给了中国模式、中国道路以巨大的理性支持,又提供了国际竞争对手之核心层面上的"只有招架之功而无还手之力"。

为防止中国在崛起后重蹈欧美之覆辙,中国模式必须在实体为本的基础上,尽快补足金融上的短板,把决定价值命运或所谓定价权的金融至上,推到与实体经济为本相匹配的地位与高度。这样就既可以避免欧美虚拟化的超级大泡沫及其破灭的灾难性后果,又可以获取国际财富合宜配置与享有权。

中国实体为本的大方略与方向固然正确,但有关实体经济的结构升级与优化、高级工业化的大推进、由智造而非制造主导国家产业格局的形成、粗放经济为集约经济所彻底替代(更准确地说是同化)等高水平与层次的问题,都亟待强大的中国金融经济给予直接拉动,尤其是在中国内需长期严重不足、金融与财政投资回报效率低下和对外依存度过高等问题未能出现根本性逆转的情况下,更需要中国金融崛起的鼎力配合。

不是货币主义大师弗里德曼的"货币最重要",而是产业与金融都重要,而其中优化结构最重要。中国与欧美呈现出两种对立的单轮驱动,均需要进行结构上的大调整。金融海啸提供了理性校正和调整的世界大舞台。谁占优抢先,谁就能把握未来的制高点。中国的更具比较和竞争优势在于这种境界上的世界领先优势,而非实际成本洼地的世界加工厂。

(2) 国际金融生态体系的关键是其中的游戏规则

对国际经济体系与国际金融生态体系进行评估、把握的角度很多,其要旨在于其中的游戏规则。当然游戏规则是建立在实力和现行组织架构之上的。

六百余年前，郑和下西洋时中国在绝对超强的世界领先地位与实力情况下，却主动放弃了对世界体系的领导权、设计权和推动权。这是中华文明的最大的历史遗憾甚至悲哀。时下的中国现况远未达到汉唐和宋元明，甚至不及清初时的中国之国际实力与国际位势，但蓄势待发已成大势。而今中国在加工制造能力和一定意义上的世界工厂的基础上，在高额储蓄率（积累）和国际资产储备双重巨额盈余的前提下，凭借着超级金融资源和人力资源优势，直接深入到国际金融生态体系的基础和核心领域，重塑国际竞争价值轴，逐步改变游戏规则。这是完全可以策划和期待的。

重商主义对应的是“世界贸易强权”，当时国际金融霸主基本上未能形成。而在“日不落”大英帝国鼎盛时期，则进入了“英镑霸权”时代。两次世界大战期间与前后，则是英镑示弱、美元霸主渐成的交替时期。第二次世界大战后的“布雷顿森林体系”代表着绝对的“美元霸权”时代的降临。第二次世界大战后至今的金融海啸则应认定步入了“美元霸权”时代的后期。最近中俄贸易拟剔除美元结算，应视为国际贸易双边结算中重大的后“美元霸权”时代的开始。

国际金融生态体系中的游戏规则分属于下述三大层级。中国在任一层级上都必须全力展开独立谈判和重建运作。

第一层级是自主汇率机制。这看起来是主权范围内的事情，中国政府和央行系统及国家外汇管理局，历来也似乎拒绝任何外来的压力和直接干涉。但像曾经长期盯住美元的外汇定价，就基本上等于放弃了外汇定价权（起码是游戏主导原则）。中国必须尽快组建人民币双边、多边汇率的一流专家队伍和汇率政策决策机构，形成稳健而有效的汇率调整政策与机制，最大限度地放大人民币汇率杠杆效应，确保国民财富和国民经济—金融的安全。

第二层级是国际储备资产、硬通货和准世界货币游戏规则。那种“韬光养晦”性的国际储备资产、硬通货及准世界货币之简单与被动地接受国际金融格局与体系的做法该结束了。中国实体经济位重同美国、欧盟大略等量齐观，这给了中国通货硬化以坚实的靠山与支撑；中国金融资产和国民财富的高储蓄与储备积累，给了中国通货与资产以巨大而潜在的杠杆能量；长期压抑的人民币汇率及其资产，给了中国通货与资产以巨大的未来市场潜质（未来价值）。亚洲复兴基金、“亚元”形成并推动亚洲金融进一步一体化、世界通货颠覆或替换、人民币或中元最优货币区形成中国复兴世界效应等交互影响、共同作用的太平洋的时代已经到来，尽管这将是个在未来几十年内逐步展开的战略转移过程，但千里之行始于足下。

第三层级是高级金融系统和世界货币与银行乃至金融体系中的游戏规则。相比另外两个层级，这方面中国的经验最为不足，准备最不充分，筹码也最少，但依然存在着巨大的开发空间和运作潜力。中国超高速的经济增长、巨大的内需期待与发展空间、超水平的国民储蓄和资本形成能力，再加上巨额国际储备资产等，都奠定了中国影响、参与、改变国际金融体系的“资本”与实力。而世界形势变动、欧美实力与国际竞争力大为减弱和全球性思潮的转变，为中国在这方面有所作为提供了某种意义上的“天赐良机”。

（3）资源与生态进口下的国际金融营运

发达国家，主要是美国的巨额贸易赤字不可逆转，而中国的生态与资源“赤字”

同样也不可持续。在这样的国际贸易失衡基础上的国际金融失衡必须彻底改变。欧美国家在技术上不但涉嫌国家破产，而且在其系统内已经陷入真正的国际金融破产之境地。这给了中国以独特的切入点和契机。

美国的农业天然条件与人为资源优势在全世界绝对是独一无二。美洲、非洲甚至澳洲的空间与环境资源也极为丰裕。中国的精耕细作和有机农业传统，以超级稻为代表的杂交物种大农产业（包括科技优势），及其他蔬菜与经济作物（包括花卉与水果及优质林木等）方面的竞争优势，都保证着中国的粮食安全和农业比较竞争优势。然而中国的城市化、非有机农业和现代化进程中的生态、环境与资源压力是显而易见的。中国的贸易顺差是以生态、环境与资源逆差为代价的。

在保证粮食与耕地安全的基本前提下，通过国际贸易、劳务出口、国际投资（土地与资源甚至环境购买），可能发展出双赢甚至多赢模式。中国可以一举改变生态、环境与资源长期亏损的被动局面。当然，这里除了上述的粮食等国家生存安全以外，还存在着一个中国庞大的农业生机或就业安全（包括农业剩余劳动力转移）问题。这同样是可能引发社会灾难的大问题。这就要通过多元化、多渠道、多手段和集约农业，以及通过大规模的城市化，尤其是城市带状化和超级规模城市群而非小城镇化，来彻底解决中国城乡的二元体系问题。

单纯的国际金融与资本运作，包括可能的农业以土地银行和大型村镇公司形式走出去战略，都不一定能保证对国家风险的有效防范。但这一点同中国大型国企与民企走出去的国家风险应对是一样的，需要在政治、军事与文化层面上进行综合评估和系统工程处理。此问题超出本书研究范围，故不便在此详加展开。

有计划的战略性移民同样具有极大的选择价值。这可以同国际直接投资结合起来，也可以采取更加灵活变通的方式，效法欧洲早期移民的文化价值取向同样具有积极意义。中国现行的寻根问祖、落叶归根趋向与思路应作相应的调整。

而更直接和更重大的战略调整，应放在出口价值水平提升和国际高端定价权及价值链拓展方面。这取决于：第一，中国庞大的制造加工业和全部产业的升级换代；第二，对外贸易的大规模资本整合，借以获得规模、实力、技术、管理和资本的位重、影响力甚至定价权；第三，外汇、财政、金融政策同贸易结构优化和贸易条件改进的有机结合与捆绑；第四，打破房地产与汽车两大内需驱动局面，把奢侈品一马当先的内需增长格局，升级为庞大平民与中产阶级全面生活品质提升的全方位内需扩大；第五，重塑、重组、重建中国资本市场投资大军，牢牢构建起中国企业集团和价值主体的长线投资主力军；第六，通过资本与金融运作，加上实力与管理奠基，把中国制造、中国智造、中国精工和中国时尚大品牌与超级航母系列布局好，打造成新型国际分工与经济格局下的“深海蓝军”。

3．金融海啸下的中国资产与资本运作

金融海啸终于继高科技泡沫破灭、房地产泡沫破灭后席卷全球。金融与经济大恐慌、大危机、大萧条尚未到来，但世人均在极度不安中猜测海啸的震荡与冲击会导致怎样的结果。与此同时，救市的举措一个比一个惊人：继美国的8 500亿美元“舒困”计划后，欧洲更是抛出两万亿欧元（约合2.7亿美元）的超级救市方案。日本、韩国、俄罗斯和中国也都纷纷出台规模不等的方案。全球股市却在反弹后，连续大跌甚至暴跌，实体经济部门也开始受到拖累。美国在两次量化宽松救援后，股市在一年内竟反弹了一倍（道·琼斯指数从6 000点回到12 000点，距离16 000点的纪录只有4 000点）。这使得大萧条时的十年股市一蹶不振相形见绌。但美国经济复苏却是高失业噩梦阴影下的复苏。再加上房地产状况和州政府破产风潮及至少是地方公共债务危机，美国经济远未达到企稳向好的局面。

（1）美欧资产与资本的劣质性与竞争劣势

林毅夫等不主张中国抄底美国金融资产，理由很直观：投行的核心资源是人才，而中国即便是购并了欧美资产，也未见得能留住欧美投行顶级人才。这不无道理。但是国际金融、资产与资本博弈，同国际经济博弈一样，其根基在于竞争优势，至少是比较优势，而不是取决于一维或个别性的要素及其积累。

尽管欧美，尤其是美国一流的经济与金融大家、大师与名流，都曾不厌其烦地分析、预测甚至警告，美国的"低储蓄—高负债—高逆差—高消费"循环流转终将陷入困境与灾难，但孪生赤字加上信用大爆炸，在信息革命和房地产与股市双大牛市之下，和数十年间一浪高过一浪的兼并与整合狂潮中，被深深地淹没在非理性繁荣的狂热和大规模—多层级的庞奇游戏的利好之中了。格林斯潘神话、克林顿繁荣、里根—撒切尔革命，伴随着全球化、私有化、自由与民主等"普世价值"，就如同美国大片、大众传媒或文化、欧美风情一样，扫荡全球、行销世界并好像"势不可挡"。华尔街"胜算"与麦当劳、沃尔玛"通吃"，成了所谓后现代化产业的一道"亮丽的风景线"。然而，无情的金融海啸把外包、产业空洞化、资产劣质化的真实面目暴露无遗。

欧美资产与资本的优质性和竞争优势依然存在，而且在今后二十年至半个世纪内仍会发挥作用。但从整个态势看，其已基本度过鼎盛期，进入全面或至少是战略局部的衰退期。资产与资本的劣质性和竞争劣势集中体现在：第一，高能货币的低能与"低值化"。美元的贬值和欧元的即将贬值都表明，作为元金融和价值度量衡的硬通货，欧美资产与资本均已陷入因财富锚锁定缺位和坚实财富支撑缺乏的价值虚无化阶段。这是历史上罗马帝国、西班牙帝国、大英帝国等解体与崩溃的基本原因之一。第二，高能资本的虚置与低值化。权益资本（股票）的核心竞争力来自于对未来现金流的预期，而未来现金流基于生产力优势，生产力优势又来自于资本形成与创新。资本形成与创新是一种双元驱动。而今欧美因超低的储蓄率和可怕的负债性消费，陷入了无实际资本支撑、基础设施严重老化、产业设备（制造业）老化与过时以及单纯创新（主要是智力）的独轮驱动这样一种畸形的发展陷阱之中。结果企业与公司利润从20世纪80年代以来就在不断下滑，而公司的账面业绩则靠不断的降息、兼并、裁员等来支撑与粉饰。第三，高能财政低能与低效化。财政金融乘数，在很大程度上就是凯恩斯乘数，但它绝非像大经济学家萨缪尔森所教授的那样几乎是无条件的。当产业结构、金融结构、国民经济生态体系严重扭曲时，如当美国基本上靠信用扩张支撑经济运行时，公共财政的网络功能效用就会变得十分有限。福利性与补救性的消费和还债性的财政，会像饮鸩止渴一样，加大经济的非理性繁荣。第四，高能汇率低能与低值化。美元从1971年尼克松冲击以来，已逐渐从准世界货币变成了"劣质"国际储备资产。同布雷顿森林体系下的强势美元完全不同，今日的美元之世界地位，在很大程度上是国际性的"劣币驱逐良币"和国际贸易惯性所致。而欧元同新兴经济体的"真金白银"相比，在总体上同美元是属于一类性质的。

欧美资产与资本的劣质性和竞争劣势，从根本上是其后工业社会和风险社会下的大产业布局、国民经济—金融结构升级换代的方向性与结构性错误所致，也是西方文明动力学规律下的大国兴衰的必然结果。

(2) 中国资产与资本的优质性与竞争优势

我们完全可以从上述的高能货币、高能资本、高能财政、高能外汇四个视角，对中国资产与资本的优质性与竞争优势进行全面的把握与剖析。但一来由于人民币国际化水平与程度较低，二来中国金融生态体系与资本市场以及公共金融都处于转型和初级发展阶段，因此，可以从更广泛的视野来评估这个问题。

首先，全球金融海啸将是一场世界性的资产与资本重估与配置调整。欧美资产与资本的大规模缩水和财富流转，加上汇率及其他国际金融、贸易清算和交易手段的变更，尤其是国际竞争价值轴的变动，会使中国资产与资本的价值权重发生显著的变化。欧洲与美洲(主要是北美)财富泡沫的破灭和亚洲，尤其是中国、东亚乃至南亚的复兴与崛起，标志着大西洋时代的终结和太平洋时代的来临。这种文明经济转型与升级是大国崛起与复兴的根本。中国资产与资本可能重新获得汉唐、元宋明及清代盛世时的国际示范与传递效应。这会大大强化资产与资本的优质性和其背后作为支撑的国家竞争优势。

其次，东方文明的节俭、储蓄美德和特殊的理财与国民心理账户结构，将会在国民金融结构优化的长期动态演进中发挥巨大的作用。这种被加尔布雷思称之为"方便的社会美德"，会提供大尺度和长时期里的社会性之"免费午餐"，在中国资产与资本的价格支持背后，提供无与伦比的强大的资本形成和储蓄积累依靠。在中国资产与资本体系下，存在的是可兑换、有实体支撑的"实体经济性扩张"，而在西方却是建筑在巨大的债务链或超级社会性"空头"交易往来基础之上的"账面经济性虚赢"。

再次，中国庞大的资产与资本存量池中，除了全国性的农业水利基础设施以外，基本技术与基础设施标准是20世纪90年代以来的，而欧美则多半是第二次世界大战后至20世纪70年代的。此外，中国的城市建设速度、规模与城市带之骨干体系都不是欧美发达国家可以比拟的。

最后，中国资产与资本所内含的中国人口资源，已经从简单的规模优势向结构、技术与素质优势转变。中国成为第一科技人力资源大国、第一工程师大国都具有标志性的战略意义。不仅在人口红利、人力资源结构、人力舒适空间和心理账户结构方面，中国资产与资本在其有机构成中的所有方面，都具有显著的竞争优势。

再造当代中国的"丝绸之路"，再现"白银资本"下的国际资本流向态势，吸纳全球的"遣唐使"(唐朝时日本、印度、伊朗等诸多国家派遣的留学生)，只是时间和战略操作问题。

(3) 运作和经营的风险与操作

优质资产与资本并不能自动获取国际博弈中的财富。竞争优势既非永恒，也非牢不可破，而且同样不能自动构成国际财富流转的天然保障。当然，凭借优势资产与资本及其竞争优势，可以在国际博弈中获得更大的拓展空间，获得更有利的竞争位势和谈判筹码，获得更主动的定价权、制度设计权以及运作导控权，但是运作和经营过程中依然存在着风险，要时时警惕，高度防范。

要经营好国际资产与资本，前提是经营好人民币资产与资本。人民币资产与资本运作核心有三：一是人民币汇率、人民币国际储备资产、人民币国际化战略。这既涉及人民币兑换，又涉及人民币发行与经营。因此，这一点不但包含了货币政策与汇率政策，而且更牵涉到人民币国际化战略布局问题。强化人民币硬通货地位，加强国际通用资产形象设计与包装，推进人民币国际化系统建设等都是必要的举措。二是国内资本市场和票据市场（更广泛的金融市场）。作为元金融，高能货币既会演化成长期市场里的高能资本，又能演化出短期市场上的存贷款和其他信用票据。中国股权、产权和金融市场规模巨大，资产池的现值与潜在价值实属罕见。这几者之间完全能够实现联动效应。三是国内债务市场。这是中国金融与资本市场和产业中的最大短板，也是造成短线投资主导中国投资群体、资本市场剧烈波动、国民金融结构失衡最大的原因之一。只有有了庞大、稳定的固定收益债券市场的存在和支撑，资本市场的繁荣才能持久，投资群体才能在投资工具体系上获得足够的有效选择空间。

要经营国际资产与资本，主要是进行跨国或国际投资与整合。这包括下述五项最基本的运作：① 迅速将中国投资有限责任公司，从管理机制到人力资源，从投资领域到资产规模，打造成世界一流的国家主权基金投资主体和营运机构，使其能够成为雄踞全球的超能投行，并兼具全球资产管理及其他资产运营的超级“金融帝国”；② 站在国际金融博弈大战略之高度，灵活并科学地进行人民币汇率的战略性升值和调整（包括适时适度的贬值），在运行中推进人民币国际化进程；③ 时刻瞄准国际金融与资本市场被低估和已经大幅度缩水的资产，进行积极的资产配置性的国际价值投资之策略操作；④ 把国际资本运作和“走出去战略”有机地结合起来，在国际产业链拓展、国际贸易结构与通道升级、国际优质资产获取、国际竞争价值轴变更等重大经济—金融战略问题上，展开跨国并购和资产池管理与经营；⑤ 提升文化与政治交往同贸易与投资整合的综合放大效应，把形象、品位、前沿管理等价值注入国际资产与资本经营活动之中，形成经济与文化的双重崛起。

4. 金融海啸下中国大型国企“走出去战略”的理性与“超限战”战策应对（以能源为例）

格林斯潘直言美国将遭遇与20世纪同样甚至更剧烈的大恐慌。金融投资大鳄索罗斯认定世纪甚或前所未有的金融大劫难即将来临。全球的大国政要、议会、党团之领袖，业界首脑与社会名流都全力参与救市。诸多专家、学者及一些“无冕之王”惊呼，7 000 多亿美元美联储救市、接手两房（房利美、房地美）、接管 AIG 等举措，开始了所谓十天“美国特色社会主义”。也有左派认定这是自由主义资本主义的全球总破产。而关于诊断、医治和应对方略，国内学者和专家基本是分为“到美国抄底”和“稳住阵脚、练好内功”两大“对立派系”，可谓众说纷纭、莫衷一是，见仁见智、各有千秋。这里提供一种大方略思维与战策。

（1）非零和游戏下中美金融新博弈与走出去战略选择

中国总理温家宝在美访问期间坦言中美各有各的问题：中国人 46 万亿储蓄，其中 13 万亿之巨为家庭储蓄，“流动性资本储备”过剩，内需严重不足，投资拉动和对外依存度均过于强劲;美国人近11万亿美元的国债,人均3万多美元,而私人债务信用——若算上股权和公司债等,数倍于公债,寅吃卯粮。这看似各有其病,但却让美国议员、业界人士对中国羡慕不已。在这样的大背景下,中国大型国企等国家巨型公司的外向性或走出去战略该如何调整?是彻底放弃、完全停滞,还是静观其变?恐怕如此的不作为非上策也。那么,即刻抄底美元资产,全线出击,直接抢占制高点呢?事实上这也非常幼稚可笑,大有被“胜利冲昏头脑”之嫌。

就人民币国际化、人民币资产大幅升值、中国经济与金融全面崛起、中国世纪的来临等而言,中国确实已现大机遇,但它将会是一个数十年的漫长的全方位、大视角、高动态的组合战略群动的过程。与最终结果一样,走出去作为其中的战略举措的一部分,同样需要全面构思、精心策划,一步步从战略预置转向战略投放,并在基本“战事”依旧不对称的情况下,通过“超限战”形成局部战略优势取胜的战策运作,有步骤地完成战术、战役和战略动作,做成“点眼”和“大局”,以便蓄势待发。

美国能源金融资产和实体资产会在房地产的次级贷、次优贷乃至优质贷等等的重创之下,陷入一定的困境。因此,其能源金融资产,甚至实物资产会遭受巨大的价值缩水。但这却是在过去的战略资源与国际大宗商品畸形的高值与高价位下的缩水,其泡沫可能远未被彻底挤出。然而即令如此,美国资产的全球定价与谈判地位,尤其是股权资本索价的地位将会被大打折扣。这不仅是由美元这一独一无二的“优质货币”(准世界货币)的地位动摇所引起的,而且是美国资本和流动性严重短缺造成的。并且,美国由财政、贸易、信用的三重赤字(而非仅仅是财政与贸易孪生赤字)造成的虚拟经济与主体经济的超级大泡沫,从根本上动摇了美国能源资产体系的价值基础。“安然事件”后,美国能源危机已经深深地影响了美国金融、经济乃至政治生态体系的变化与格局。

瞄准美国、欧洲及其他发达国家的能源资产,参与并逐步改变国际能源资产价值轴,是中国能源金融国际大战略的重要组成部分。中国大型国企对此当然不可以等闲视之。国际能源兼并整合是未来二十年间的世界能源大变局、大机遇,新兴替代或可持续能源产业会被卷入兼并狂潮。规模、技术、资本、管理四者缺一不可,但其中资本运作具有统领作用。谁能成为世界能源的最后霸主及其同盟,主要取决于其资本运作能力的高低。

(2)多元能源体系及其金融价值高位构建

中国大型国企是产业经济部门,在本体上应定位为实体经济部门。因此,在技术能量、管理绩效、技术经济产能等领域必须全面进取、领先发展,直至占优最终形成。但现代国际经济巨头,如果仅靠实体经济,放弃金融与资本运作,拒绝进入尖端金融领域,则永远不可能做大做强。美国乃至全球的发达国家的金融海啸,绝非因为信用经济与虚拟经济—金融出了大问题,而是它们的国民金融结构过度信用化和实体产业过度空洞化所致。这给了想要走出去、在世界舞台上做大做强的中国大型国企以很好的警示:金融价值必须永远同实体产业与技术能力保持合理的匹配,高价值链及其高端位盈利获取的虚拟支撑永远是有条件的。

美国《华盛顿邮报》驻上海记者撰文称,世界金融中心正在转移,上海将取代华尔街,或所谓华尔街掌控时间已经屈指可数。若国人与中国大型国企人士以为这可解读为抄底美欧、进军全球的号角已经吹响,那就未免太过天真、草率了。美国的金融—经济,当然包括能源金融—经济困境重重、危机四伏,大风暴还在后头,但其基础实力或基本面尤在,尤其是高端与全景式的资产与生态体系,仍然具有相当的实力和开发潜力。美国乃至欧洲的回旋余地仍然相当大。在国际金融博弈中,纸老虎要当真老虎打,这要成为根本性的对局竞争原则。更何况,能源经济乃至所有的发达国家,尤其是美国的金融—实体经济,依旧是真老虎,其产业空洞化、经济过度虚拟化、金融过度杠杆化,同其核心技术与高端产业集群及对价值链高端位的牢牢掌控是大体上“并行不悖”的。

为此,中国大型国企等“国有大型航母”的海外起航,必须注意下述全方位战略构筑与侧应:第一,在能源技术,尤其是核心技术引进与开发方面,同海外扩张同步密切配合;第二,在高度关注发达国家严重缩水的能源资产兼并、资本运作的同时,把进军俄罗斯、加拿大、澳大利亚、新加坡、委内瑞拉、巴西以及中亚、阿拉伯乃至非洲等能源丰裕国家的这种多元化全球布点的大棋局精心设计和运筹好;第三,打破单纯的IPO崇拜和私募股权(PE)思维定式,把公司债券、股转债、公共公司权益资本的私募投资(PIPE:private investment in public equity)、国际借贷等广义资本运作这篇大文章做好;第四,把尖端、前沿的结构能源金融,牢牢地建立在自身的产品创新、服务创新、管理创新、工艺创新、业务流程创新和实体经济能力强健基础之上,科学而严格地控制风险暴露和进行风险防范。

(3) 迎接走向世界的大战略机遇期

如果说“9·11”事件是美国从世界绝对霸权相对衰落的转折点,那么当今的金融海啸才是美国经济步入转型的真正拐点。但中国企业走向世界的绝佳时期才刚刚开始,未来的二十年至半个世纪,才是我们漫长的战略转型的整个关键期。

国际资产与财富缩水和大西洋向太平洋的转移,同人民币资产和亚洲财富崛起是相辅相成的。这种转移的大势已经出现,但最终结果和具体时间却依旧是不确定的。中国大型国企等迎来了绝佳的全球成长与扩张的天赐良机,但其扩张永远伴随着巨大的风险。

这里的战略关节点在于:第一,包括海外资产购并在内的对外扩张的时机是未来数十年而非今日的一朝一夕。战略展开的持久战观念必须牢牢地树立起来。第二,欧美种种具体的实物与金融能源资产的低价位远未到底,切不可以操之过急,争先进入,战略预置和局部战略投放可以实施。第三,竭力扩大战略边疆和战略腹地,全面练好内功,把自身成长和内需建设放在永恒的战略本体之上。第四,在整个战略机遇期,国际资产价格剧烈波动,博弈双方与多方的实力对比变化并不是确定无疑的。因此,进入与退出,购买与转手,扩张与收缩必须是灵活多变的。第五,在几乎整个的战略转移时段里,中国大型国企等中方无论在资本还是整体实力上,都不具有绝对优势,因此,集中优势兵力,在不对称下的“超限战”是永远的制胜法宝。在资本、规模、资源、技术、管理、市场(份额)、产品、服务、风险控制等几乎各个方面,都可以找到这种克敌制胜的局部优势。

技术路径依赖和资本整合占优是先机优势战略的关键。中国大型国企必须全面、审慎地评估技术未来走向和风险空间存在,在战略突破口上形成递进爆发力,这样才能通过局部高点强攻，撕开防线，逐步形成叠加的优势积累，进而完成进军海外的战略攻防协同，从而赢得走出去的最终胜算。

5. 金融海啸下的中国财富与福利提升

世界性的财富转移早已随着东亚奇迹、中国崛起、金砖五国与七国集团新态势在加速进行。世界财富转移是随着国际分工新格局、世界生产力变动和政经—金融生态体系的变化而出现和发展的。同时，全球化、多极化、信息与智能化、风险社会等全球变局，又提供了世界财富生成与转移的手段与平台。跨国公司、直接投资、国际贷款、世界资本与资源运作、大规模的国际兼并与国际外包这些主要手段与载体，辅之以巨大的外汇市场和国际贸易驱动，形成了一浪高过一浪的世界财富之重组和权益资源的重新配置。中国和平崛起和未来财富占位，都将在这种大转移中展开并得以完成。然而，最后的财富与福利水平取决于转移方略及自主导控能力。

（1）瞄准世界价值高原和世界财富屋脊

亚欧大陆、亚洲人力与文明生态和资源、世界价值高原与世界财富屋脊等等，都是既有现实的物质支撑，又具有地理世界象征意义的。世界繁荣与财富看亚洲，亚洲丰裕与繁盛在中国，这是数千年世界文明的基本写照。欧美模式与文明冲击波，大大提升了全球理性运动和物质文明水平，但人类文明的未来走向，又再一次聚焦到了亚洲或亚欧版图和中华神州大地之上。

世界成本洼地锻造了世界加工厂，这对人口大国，从而就业与人力资源大国来说的中国的确重要。但无论是比较优势，还是竞争优势，中国都不仅限于劳动密集型产业。中国、美国、印度、俄罗斯、巴西等这类大国，要崛起、复兴、繁盛，都绝不可能靠单一驱动。它们必须全优势、全产业、全方位、全市场地展开尽可能多的产业启动，顺次裂变式推进和催生一系列相关和后发产业集群。同时必须通过各种经济革命而步上强国之路，从而最终完成大国称雄。

中国在过去几十年，比较优势战略实施已经完成启动使命。自主创新、贸易升级、品牌锻造、价值运作、风险管理、财富打理等均需纳入轨道，提上日程。中国的技术引进、交付学费的宏观成本代价是高昂的。中国的精深技术开发和中高端产业链拓展，必须借助强大的金融和资本实力及对其的高超运作，才能得以真正实现。

如同认定要在技术、管理和规模上实现跨越式发展一样，中国在金融海啸下的大战略机缘和出击战策，就当是瞄准世界价值高原和世界财富屋脊，在主业和核心价值端链上进行高强度投入、全力打造、战略突进，进而逐步实现全面升级。

从总量翻番到人均翻番，从硬发展到科学发展，业已显示出中国经济升级换代的大智慧。接下来就该是像“神七”、大飞机等高端科技那样，大规模推进高价值产业集群和资本包装与营运。这是打造中国赢得世界财富大转移的本钱和产业支撑，也是导引未来中国掌控的财富路线图。

（2）在实体和价值高原上建构金融高地

正所谓“无粮不稳、无工不富、无商不活”，中国财富与福利提升不能仅仅依赖于单一单元的经济与技术努力，在瞄准世界价值高原和世界财富屋脊的大方位与目标之下，必须通过具体的战略推进和手段，来完成庞大运作体系的形成和合宜运行。这样才能不但形成世界财富转移之势，而且造成路径依赖方面的不可逆转。

金融海啸把过度虚拟的金融价值模式逼上了绝路,这给了正在复兴的中国以绝好的警示。实体与价值双峰高原与双轮驱动,是中国财富生成与流转的根本支撑。由此,中国六十余年建立起来的庞大的制造业体系和实体经济,非但不能削弱,反而必须始终保持足够的位势和强大的竞争力。当然,结构优化和产业集群升级换代也要在动态中完成。对外依存度过高和内需度过低均需得到优化调配,外贸结构和国际储备结构同样需要动态优化与调整。

在制造业生态体系和外贸结构优化方面,日本的国内产业与内贸交易为主以及高度集约化、循环与环境友好型的经济模式具有极大的借鉴意义,但在国际布局、占位,全球资源与财富流转方面,美欧跨国公司模式却具有很大的参考价值。不过,也应当注意到,前者的自主和原创性不够,并且国际空间拓展同国内一体化程度不足;后者的国内产业空洞化问题严重,资本和价值运作过度。这些国际比较经验教训都是中国需引以为鉴的。

具体说来,上述模式的缺点,除国内产业空洞化外,在中国现阶段模式与路径中几乎都或多或少地存在,中国实体经济强国之路不但正确,而且要进一步发扬光大,但集约化动态演进过程中必须不断强化结构优化和产业升级。这样才能保证中国价值创造和价值实现大本营的坚不可摧。

金融海啸已经并将继续暴露欧美模式的深层弊端:虚置于实体经济之上的金融高原的海市蜃楼本基。这就既要求又同时启示中国,不但要强固实体与价值经济创造高原,而且要在坚实的本体经济之上,构筑金融高地。这有两层重要含义:其一,金融作为高地必须同本体经济高原保持适当比例,若是本末倒置,最终只能导致超级经济泡沫及最后崩盘;其二,金融高地的适度与有效成长,一定可以拉动和促进实体经济,使其同价值高原形成某种合宜成长。

(3) 实现世界性财富转移 提升中国福利水平

财富创造的目的不是重商主义者的贵金属占有,也不是简单的藏富于民,或国富民强。国家、家庭、社会、政府等的全部目的,或经济行为目的性指向,是人民或老百姓的福祉与安乐。在全球化平台下的所谓地球是平坦的这样的际遇下,中国财富已经取决于全球的变数,而不再仅仅受控于中国内政与国民经济本身。这是个巨大的国际风险应对和世界参控博弈问题。

中国在这方面的历史曾经是辉煌的,但同样有着不少教训,甚至是相当惨痛的教训值得吸取。这集中表现为在自身处于绝对强势时,在有关根本性的世界体系与框架上,主动放弃统配权、设计权和导控权。当时的中国仅仅依靠自身模式的国际引力和扩张力,依靠周边国家与地区的自然效法和自发架构,来维系国际体系的存在和运营。这种“朝贡式”天下与世界秩序的国际政治伦理和治理思维,在高度外向性、强权化,或者极其好斗的近代西方崛起之前的世界,除遭受过匈奴、蒙古(元)、满(清)等外族“入侵”与骚扰之外,基本上无碍大局。但近代以降的世界已经是个完全高度博弈、充满变局的大千世界了。国际分工、世界贸易、全球流转等时代变迁,在国际资本与金融、国际储备资产与系统、国际清算与支付手段、国际借贷与往来体系、国际交往与冲击等完全不同的情形下,已经形成了你中有我、我中有你的极为错综复杂的格局。

为了适应变动如此剧烈的国际情形，并要因势利导、掌握主动、提升福利，中国应做到：

第一，在初级国际货币的双边与多边调整方面，加大力度与机制灵活性，借以保证整个已经积累起来的国际储备资产、国内财富积累（包括产业与房地产及其他财富）的国际交换价值之稳定甚至升值。这其中主要是降低人民币汇率风险，特别是低估风险的损失。

第二，在高级国际货币，甚至未来世界货币的设计与建构中，保证中国已有和未来财富的国际高价位比照和交换。这方面主要通过人民币国际化、硬通货化，整合一国四币，人民币占主的亚元设计与推动等举措，来逐步实现核心追求。

第三，在国内资本与国际资本及其国际储备资本体系中，逐步构建中国高能资本与资产体系，逐步完成国际储备资产置换和转移，推出中国资本的世界级大品牌，强化中国资产的国家竞争优势。这要求国际国内一流商业银行、保险、投行、再保险、证券及资产化、银联与银团等的全面和全力深层开发。欧美模式只有参考而不再具有国际接轨的标志性意义和价值了。

第四，在国际商品，包括大宗与战略物资商品、资源市场中，形成中国制造、中国智造、中国精工的冲击波和价值占位，完成国际基本竞争轴的转变和世界定价权的逐步转移。

第五，在国际资本、金融、市场与贸易体系和架构中，由注入中国元素与中国影响开始，逐步靠东方智慧与财富支撑，完成世界经济和其他体系的重建和结构的转变。

上述前三点是直接保证世界财富转移所能造成的中国福利水平的稳步上升，后两者是中国财富与福利在世界舞台上的持久保证。

二、信用锚缺失的美元本位缺失强化

如前所述，美元的发行与兑现有着坚实的美国联邦政府信用和美国经济的支持，缘何又谈及信用锚缺失呢？其又同美元的本位制有何关系？

美元的信用与支持存在并不意味信用锚就一定存在，就如同货币的商品经济支持存在本身并不意味着货币本位的商品锚存在一样。在这里，关键因素或机制如下：第一，关于通货或货币本位制与记账单位、流通手段的一致性问题。倘若美元是以某种贵金属或价值稳定而供给无限的各种商品和系列商品作为本位，并且其标准单位直接被定义并由官方加以宣布，而且通过广泛的货币记账和流通网络效应，成为拥有足够大的货币手段网络的系统存在，那么，美元信用锚在本位制意义上就是由贵金属价值或系列商品价值来确定的。不管这种本位是黄金、白银、混合高科技产品、综合资本与生活指数，还是其他的有代表性的美国财富与商品各自或由它们之混合所构成的。然而，美元发行、兑现和其网络存在，在官方与民间都根本不存在这种本位制度。第二，通货或货币的可兑换性。在本位制确定后，余下的就是其本位或货币锚商品或锚财货的兑换性问题。这里存在着直接可兑换性、强可兑换性和弱可兑换性问题。在直接兑换机制下，银行和社会金融中介会形成锚财货（即货币本位)在交换手段上的直接的,并且全然没有时间上和其他方面的交易成本限制的转换,这样,货币商品流通和货币—锚财富兑换呈现为一种完全流通、无成本流通和全方位互换。这样,锚本位就不但在静态下,而且在任一时刻的流转动态中都能得到彻底的保护与贯彻。在强兑换和弱兑换制度之下,支付手段、记账手段同锚财富的兑换,前者表现出弱于直接可兑换,例如在交易网络、方便性与时间或其他成本上存在一定的交易摩擦,后者则弱于强可兑换,呈现出更多的交易障碍与更高的交易成本。美元既然没有锚财货,就更是无从谈起任何实际可兑换性,不管是强可兑换还是弱可兑换性都无从谈起。近来美元的贬值就自然变成了美联储可以"任意"操纵的货币游戏,不受市场锚财货和其供求之决定与影响,反倒对国际大宗商品和战略物资价格产生如此巨大的影响。第三,国际金融中的汇率机制和对话安排问题。货币本位制和直接兑换下的国际通货性本位,国际货币流动性就只剩下汇率兑换问题。通常在贵金属本位下,除非有着极特殊的制度安排,否则,国际信用应该是个极其简单的问题。美元的国际广泛可支付性、流动性和货币网络效应与可兑换性问题不大。剩下的仅仅就是其信用锚缺失所直接造成的国际商品与货币市场上的价值稳定性问题。迄今为止,美元仅仅依赖于国际信心,并没有任何实质性的保证。美元兑换欧元跌破 1.5 大关(2008 年 2 月底)着实让国际金融界甚至中国的美元持有者们产生心理恐慌,而且带来直接的人民币计价的国际资产损失。美元抛售同美元太弱势都是美国经济与金融不可承受的金融灾难。

信用锚在本质上是一种非货币经济价值的全方位承诺。首先,它包括货币价值或财富基础的真实性承诺。现代法定货币是以国民经济甚或国民财富及其国家政府和政权信誉为担保的,但并未同其存量经济,尤其是存量财富直接挂钩。货币更多地是一种国际经济增长的流量目标群的瞄准与锁定手段。这就难免会造成和出现随着国民经济冷热与快慢而产生的剧烈的财富资产泡沫与起伏波动。美元在这一点上同当前各国普遍性的法定货币没有什么两样。美元甚至不及业已采用通货膨胀目标制的那些法定货币。现价下的美元之真实国际价值竞争力,甚至不及欧元与人民币(当然 2011 年以来中国凶猛的通货膨胀必须尽快解决,否则后果十分严重)。其次,它包括货币价值长期稳定性的承诺。作为一般性的价值度量衡和财富衡量器,货币价值不仅体现在即时的动态交易过程中,还必须长时期地,至少是在理论上保证所有旧币在合宜时间段里可以无价值损失地转手,即以旧币兑换新币的成本为零。

从这些所有的对应方面来看,美元的发行与操控,显然没有任何意义上的信用锚存在。这样,美元无论在国内还是国际,都既不可能同真实的国民财富形成任何挂钩,也不可能承诺任何意义上的可直接与间接保值或兑换成等值的价值,甚至无法承诺足够长时段内的稳定的价值比例。这就不但为美元各项资产与资本价格泡沫,而且为国际金融市场和世界财富的泡沫存在埋下了种子。

严格说来,即使是浮动汇率下的美元金本位制,也无法完全保证美元信用锚的存在。因为黄金价格波动同信用广泛存在已经留下了一定的问题空间,美元同世界其他货币的浮动性更有可能因黄金供求波动而出现价值脱钩,但无论是贵金属本位,其他商品锚本位,还是法定货币的信用广泛价格挂钩,都比现行的仅仅基于联邦政府信誉和美联储操作公开性与承诺等，要可靠得多。美元的价格泡沫在其庞大的产业空洞化基础上的超级服务业主导，尤其是过度的金融与非健康态虚拟性和庞大的房地产国际价位，及其巨大的生态和环境资源储存，再加上累积起来的其他强势产业与财富效应，形成了一定程度上的此消彼长和反向风险对冲的交互联动。

三、美元财富本位缺失更深层的价值影响

有关货币本位制，迄今为止的理论与学派，基本上涉及商品本位与非商品本位两大类。商品本位又包括单一商品本位和集合商品本位。前者如金本位、银本位、玉本位、铜本位、贝壳本位、盐本位、谷物或粮食本位、布匹或丝绸本位等等；后者如混合本位、复合本位、三币体系或窄商品锚本位和宽商品锚本位等等。非商品货币本位又分为确定的价格水平本位和不确定的价格水平本位（如真实汇票理论所研讨的情形）①。然而，现代金融经济的超常发展，业已导致多元原生金融的共存。从最直观的分类观点可以看出，高能资本、高能信用资产或流通手段、高能财政金融同高能货币发生一定程度上的脱离。而像电子货币或网络金融货币以及其他种类的大额票据与存单，通过个人银行和财富管理等形式，也变得富有金融流转与交易价值。在这种复杂的货币、资本信用体系下，货币具有的原生或元生金融地位受到冲击，发生动摇，货币的更一般性的价值尺度和功能的统合作用，应被放置在更为广泛的存量经济，即国民财富和世界财富，甚至包括环境、自然与生态以及生物财富账户与系统之下，加以发行、周转、评估、回笼和导控。全世界的任何一种已有的货币尚未有此价值考量，美元当然也不例外。但由于美国经济占世界经济百分之三十左右（从国民财富总量比重看），并且在基本面层面上，又充当着世界货币，因此，理当率先进入这方面的探索，尽快形成超前的理论设计和操作规范，以便使未来美元同美国本土国民经济财富存量，同世界经济，至少是美元最优货币区的财富存量在一定程度上挂钩。

财富本位制与财富锚至少应该从下述几方面进行设计：第一，财富锚必须同生产或产出系统之资本价值评估直接关联。资本市场的特殊风险性，不应使股票与债券价值被彻底排除在货币价值规定之外。货币作为财富的通用性和价值一般性，决定了其对商家、企业组合式资源、要素捆绑性投资品与财货的一般购买性。资本市场的股票、债券不应同货币发生现今流行的完全的脱离。否则，货币波动与资本市场同资本资产价格，就会成为两个完全分离的资产池和价值蓄水池。这既造成了当今资本资产价格在牛市时如脱缰之野马，在熊市时如缩头之乌龟，在价格两极间剧烈波动，又造成了“投资—消费—休闲”的跨期与当期的非平滑性和投资消费之悖论与困境。资本品、耐久品、日常消费品及其全部服务，加上全部的资源与环境，完全可能经过适当的市场换算比例，构成一种统一的财富市场体系。货币则成为其中的最高级价值通货。第二，财富锚必须同房地产等不动产价值群体挂钩，从而保证土

---

① 参见凯文·多德著，丁新娅、桂华、胡宇娟等译：《竞争与金融：金融与货币经济学新解》，中国人民大学出版社 2004 年版，第 12、13、14、16 章。

地资源、房产财富、区位财富等得到合理评估并进入价值系统。楼市、房市、地市的极端不平衡性，不单表现在空间上，比如远远超出了国际性、地区性、城区居住区性差异，也不仅仅受就业、交通通勤、商务与旅游人流、环境与自然条件及其区域自然风光等因素的影响，即受到供给特性、资源刚性的影响，而且表现在时间上的剧烈震荡。倘若日本房地产在其衰败的二十年之前，不是完全被排除在日元价值评估和考量之外，也就是说，若日元的发行、投放、回笼，能较充分地兼顾其房地产市价，而不至于出现同国际比较、同美国房地产横纵向比较的荒唐性，或许就根本不会造成日本长达二十年的经济困境与长期衰退。第三，财富锚必须同国库与财力的盈亏、赤字规模和国家金融能量挂钩，而且必须同存量财政水平挂钩。货币价值与投放不能脱离财政金融杠杆与乘数而独立运作。当一国的货币存量、国债达到 GDP 的百分之百以上或更高水平时，相当于把未来的国民财富提前预支，甚至已出现了过度透支。

美国的股票市场、资本市场和衍生金融市场，都没有建立在一种坚实的美国国民财富的存量与流量的生成、折旧（消耗）、使用（消费）与转手的价值本位之上。美国既没有率先实行绿色 GDP 和绿色国民金融价值体系的测算与衡量，也没有率先创新和推出国民经济宏观指数，而是以现有的 GDP 指标体系影响全世界。从马歇尔时代的财富重要统计指标上看当代世界经济统计，特别是 GDP 统计，出现了大大的历史性的倒退。

资本存量远非是财富存量。资产总量若不能同债务总量与结构相匹配，更会给世人以财富幻觉。财富的存量与流量，比之单纯的 GDP 流量，在国民财富已经积累到一定水平之后，而且是在国民经济与金融宏观风险剧增的情况下，要重要得多。

四、汇率锚缺失的美元本位制缺失进一步强化

各国货币本位制和自由浮动汇率制的完美结合，可以在双边汇率这一初级国际货币领域内自动实现汇率锚作用。购买力平价在理论上原本试图揭示和勾画出双边汇率的真实的价值国际锚，但就像所谓“一价定律”一样，这些传统的国际金融理论都因过多的、过于理想的国际贸易背景假设，而使其基本不可能在现实国际经济中得到应用。因此，现行的初级国际货币体系是个无汇率锚的运作体系，而且由于各国法律的本位制缺失，当然更不可能形成汇率锚。

所谓的汇率锚可以从下述两层含义上进行定义：第一层含义是汇率锚应定义为双边汇率在一定时段的相对价值的比例稳定性。若两国基本经济与财政金融面没有重大变动，其汇率关系的基本走向也不应在短时期内出现重大变化。第二层含义是从初级国际货币到高级国际货币，即双边汇率同准世界货币的价值关系，在各国宏观经济、财政及世界经贸关系没有重大变动时，也应在一定时段里保持基本的稳定关系。这种稳定和其维持，当然是要通过适时和近远期汇率及准世界货币价格的一定程度的前导（leading）起伏波动，而非价格的完全锁定来实现的，但波动的方向与幅度却应当是合理的。

美元在布雷顿森林体系之下通过双挂钩，即美元发行、投放同黄金固定比例挂钩，各国货币汇率同美元固定比例挂钩，就在基本结构上同时实现了上述两种意义

上的汇率锚作用,但从1971年的尼克松政府班底宣布废止这种双挂钩之后,美元及国际金融体系基本上也就失去了其汇率锚机制作用,而到越发盛行的浮动汇率制以后,就更是在国际货币的初级与高级体系中,任由国际贸易、国际资本、国际投资、国际往来的市场与人为造市的波动,形成冲击并放大甚至左右种种波动,使得汇率不但基本失去了锚定位与锚定盘作用与功能,而且变成了一种无助的非理性的双边与多边国际货币冲击和国际投机的放大器。

美元长期高估导致了诸多严重的国际金融与国际财富或国际福利问题。首先,美元长期高估极大地强化了美元国际储备资产和国际货币的地位。尽管这有助于维持现有的国际贸易失衡和不均衡的国际经济与分工体系的继续存在,但却给美国与世界经济以及相关的同美国关联度极大和持有大量美元的国家经济带来了巨大的未来隐患。这种国际货币风险具有灾难性甚至毁灭性的潜在后果。其次,美元高估发出了极为不对称的错误信号:一方面其在本体经济与信用基础上理应贬值,却在国际市场上换回了巨额的超值购买,这在满足美国消费群体的货币实际价值需要和财富价值平衡的同时,也给了美国人以用美元进行国内价值比照和储蓄投资及其收入与交易衡量的虚幻效应或国际补贴下的虚幻效应。而与此同时,也给全球美元持有者和潜在美元持有者以价值虚幻效应。再次,美元高估进而误导了美国金融与经济行为主体,使得美国实体经济与实际产业空洞化与虚化,给非生产性经济同食利资本和虚拟经济与金融的产业结构调整及经济演化带来了过度的刺激与强化。

美元变成了远远超出一般汇率和国际货币的一种特殊的国际资产。其庞大的国际储备和欧洲美元的现实存在,加上亚洲美元市场的可能迅即出现,已经并将使美元和美元资产变成多功能、多价值的国际投资工具和可复合开发的种种世界金融新品种,这使美元的国内投放量和美国国内外市场上的最优甚至适宜货币运行水平上的"投放"与管理上的难度变得越来越大。

然而,根本上的悖论与矛盾症结并且因此而存在的巨大的国际货币与金融风险在于:第一,美元的发行与控制,完全由美联储或由美国主权范围权力的行政当局来控制,国际任一力量都不具有这样的终极决定权;第二,美元同任何一国的汇率决定,都不具有任何意义上的超出单纯的国家经济与政府信用以外的任何的汇率锚商品的价值比较和参照。这种既享有国际货币、国际储备资产、国际畅销的投资资产的价值标尺之地位与好处特权,却同时不以任何资产、价值、物品、财富作抵押,也不同任何一种外币汇率相校正和比较,既在理论上存在天大的国际合理性悬念,又在实践中留下了国际金融崩盘的巨大隐患。

美元汇率锚缺失是美元充当国际货币以来的一种历史遗留问题,既非近来刚刚出现的问题,也非人为地精心策划的阴谋。美元走上这条特殊的汇率资产之路是美元霸权的必然结果。而美元汇率锚缺失的最主要的根源,则在于美国信用泛滥和美国公债的爆炸性增长。这本应在美国国内自行调整,或者至多是在国际贸易平衡强制性自动恢复机制和浮动汇率下,被国内与国际金融、国际贸易机制所自动修复。然而,美元霸权同美国经济的全面强势,在复杂多变的现代经贸与金融产业集群的混合作业之下,完成了一种美元价值高估并在高价位运行的不归之路:巨额的贸易赤字要求美元贬值,而全世界持有美元资产的,甚至美国国人本身要求美元坚挺。

并且,以美元结算、衡量的国际大宗商品与产业,美国公债与美国投资市场或资本不足的国际补充,又统统要求美元资产不得过于疲软。即便美国自身拥有天文数字的国民生产总值和财富积累,也不允许这种价值尺度意义上的核心资产价值出现剧烈波动,尤其是大幅度的下滑,更不必说是美元价值崩盘。这样的一种近乎于饮鸩止渴的美元汇率游戏,造成了美元今天的这种独特的骑虎难下之势。

美元危机是迟早要发生的。美元崩溃和可能的因美元危机而引发的全球性的金融—经济恐慌,从数量级上会远远超过 1929—1933 年的世界大危机。正因为这种巨大而可怕的可能前景,人们才会不断推迟和阻止美元崩盘的到来。

美元危机的理论上的化解并非完全不可能。这其中最主要的有如下几个方面的金融与经济能量以及能源支持:第一,同全世界的金融资源与资产相关,甚至与同样高度发达的欧共体相比,美国已储备起来了巨大的养老保险基金资产。这是美国人所拥有的真金白银(不过此次金融海啸同样暴露出了这方面的虚假性),其比例远远高于欧洲各国所拥有的。第二,美国房地产价值水平同国人收入水平比较,甚至在平均的绝对水平意义上,不但远远好于日本、欧洲诸多国家,甚至好于中国的过猛的房地产升值势头。这个巨大的财富蓄水池是美国几百年以来,长期的低度通胀、高度发达所积累起来和拥有的实物资产与金融资产的双重宝库。第三,美国经济与产业的自我回旋与自动恢复和重新升级的可塑性,即便不是世界上独一无二的,也是世界经济体中仅见的。第四,美国可再生能源与资源的自身占有和周边贸易环境,也是任何一个经济大国所不具有的。这一切都给了美国在必要和可能的时候,进行美元价值重估或动态价值调整以巨大的机遇与经济支持。

五、储备金制和贴现制人为操控与宏观短期弹性法

储备金制和贴现制都是一种货币和银行风险及宏观货币经济风险防范的有效手段。它通过对宏观经济状况的诊断,相机抉择地进行对货币投放与流通量的掌控。这本应是借助于降低通胀通缩风险、追逐长期均衡稳定增长、实现就业和对外贸易目标等措施,从而使开放宏观经济更为健康,进而造成有利的国际经济示范传递,并带动和影响均衡稳定的国际经济不断发展与增长。然而美元储备金制与贴现制却存在着下述根本性的同国际金融目标不相适应的东西:第一,双重成本与数量乘数约束的经济—金融理性和目标制度之设计与操作,同国际金融流量现状与目标没有任何关系。相反,其完全是建筑在美国宏观经济与金融走势基础之上的。而且与国际权威机构没有任何关系,完全是由美国央行独立决断与执行的。第二,储备金制与贴现制充其量只能对货币投放量与流通量作适当调整,根本无法影响国际贸易失衡的支付,尤其是赤字支付,或者这种影响由于过去与间接通道而实在是微不足道的。

同联邦基金利率调整一样,储备金制与贴现制的目标量的确定与操作,都是执行长官集团的人为判定,并没有制度化的或客观量化准则。这无疑有可能增大人为因素和人为判定干扰。

如前所述,美元早已变成了一种远远超出了简单的国际货币的特殊国际资产与

财富。这种特殊性可以展开为:第一,美元已经不是一种单纯的单个国家的法定货币,而是一种充当准世界货币的国际货币;第二,美元不是一种简单的准世界货币,而是在事实上已经成为一半以上的国际储备资产;第三,美元在美国这个世界上最大的经济财富共同体和美国以外的世界上,同时成为美元资产庞大投资体系与工具的最基本的价值象征和信用保证,并且事实上在多重美元市场和松散与非松散的美元最优货币区,兼具货币与资本的双重身份与工具,成为世界上鲜有的独特国际财富与商务及个人理财工具,并且成为具有广泛标准价值的世界财富尺度(从宏观经济增长速度到人均财富与国际国民收入水平,从社会发达程度与发展标准到社会福利状态,从金融深化水平到金融发达程度,美元具有广泛的统一换算标准之地位)。这既为美元带来了巨大的金融货币网络效应,又大大强化了美元之独特的国际货币与资本的身份与地位,从而使美元的国际金融标准的调整和后美元国际金融格局的来临变得相当困难。

在这样一种美元世界金融复杂生态体系之下透视美元运行,就会发现,美元的由美联储操作的储备金率、贴现率和公开市场操作这三大传统手段的作用将会非常有限。因为以欧洲美元市场和其他美元市场为代表的美国以外的世界美元,并不直接受到美联储的这些工具的调控影响。

世界美元的形势从 1965 年的微不足道的存在,经过二十余年较为和缓的增长达到了五千亿。此后,就基本上是以爆炸性的速度,呈现出近乎是直线上升的趋势,在十多年的时间里,迅速跨越了一万亿、二万亿和三万亿的大关,而到了 2004 年则已经超过了二万五千亿。现如今,把欧洲美元,“亚洲美元”,所有公开与隐蔽的美国境外的世界美元加总,应在五万亿到十万亿美元之间。

美元对国际金融秩序和世界经济的冲击,远远超出了美元国际货币的单纯影响。单就美元走强与走弱(软)这一货币币值走势的国际影响来说,近年来的美元贬值趋势(持续贬值),业已造成了石油期货、大宗国际商品和几乎所有的资源原材料国际价格的爆炸性增长。这给世界经济造成了明显的变局甚至不确定性。石油和绝大多数的资源与商品的世界实际供求关系均未发生实际性变动。即令涉及中长期的预测,也不存在显见的重大供求失衡变动。唯一的重要变量就是美元疲软。

而美元的疲软带来了长期积累的美元高估和短期的美元供给过度。这种供大于求的改变是从国内信用总膨胀,从而反向的美国国内情形逆转而来的。

第十四章

国际金融失衡与国际资本大博弈

国际金融失衡、失序的第一大根源在于国际贸易失衡、失序。赤字贸易,主要是美国的赤字贸易成为源源不断的国际储备资产失衡的基本原因。但除了国际贸易混乱,另一个重大的根源在于国际资本失衡与失序。两者的背后都同国际财政和国际信用失衡有着互动、交叉关联,并且同国际分工体系的严重失衡交织在一起。这个问题似乎是环环相扣,搅动在一起的,从而难以形成清晰的线索,但国际资本失衡、失序是所有这一切经济与金融的更加深层的根源。

一、国际资本的均衡与非均衡和国际金融体系平衡

国际资本的供求同一家、一国之资本供求一样,归根结底必须来自于其内部的自行产生、自主储蓄。一家、一国和国际社会的全部储蓄,构成了其各自相应的资本供给,而一家、一国和国际社会的全部的投资,又反过来构成了其相应的资本需求。因此,世界的储蓄构成了国际资本供给,而世界的投资构成了国际资本的需求。当然应当考虑到引入资本市场、金融市场和金融体系后,引入开放经济体系和格局假定后,应允许跨国模型和跨代际以及财政金融的转移与配置,则上述这种简单相应的资本供求,就必须对复杂和多种可能的包括借贷、跨代际的消费安排,跨国和国际借贷有所补充。尤当信用和衍生金融体系产品系列出现后,这种复杂关系就更是多了些放大杠杆,时空结构性错位等会带来更加纷繁复杂的平衡关系。

国际资本的均衡与非均衡可以从若干角度进行把握。首先,可以从实际国际利率变动或波动,来看国际资本供求的均衡与非均衡性。国际资本的供求关系决定着国际资本价格,即国际资本利率的趋势与变化。按照阿罗—瓦尔拉斯—德布勒的均衡理论,一般均衡的市场应该是稳定的市场出清价格与供求量的自动调节。这里基本上没有过剩供给,也不存在过度需求,或在适当小的过剩供给与过度需求的微扰动机制下,完成市场出清,保持出清价格的趋势与非剧烈起伏,这样也就基本上满足了市场均衡条件。因此,国际资本利率的趋势连续性和非剧烈变动性,标志着国际

资本市场的相对均衡性。反之，则反映出国际资本市场的非均衡性。其次，可以从国际资本价格稳定性上看。同样根据阿罗—瓦尔拉斯—德布勒的均衡理论，市场价格的小幅上扬导致过剩供给出现，相反，市场价格的微小下降，导致过度需求产生。无论是上扬供大于求，还是下降求大于供，都既无法达到市场出清，也使市场变化不稳定，而只有市场向相反方向回调，才能满足零过度需求与供给出现，从而确定了市场回归，无过度存在的自动调节与自组织力量正常作用。

综合上述两点，持续的长时期的正的国际资本利率，显然表明了国际资本走势的求大于供的一种非均衡态势。这里的比照尺度，可以是将持续时间、利率高度分别同国际资本利率的历史和世界国别资本利率相关态势加以比较。长时段较高的正的而非负的国际资本利率，会对包括国际储蓄资产失衡、国际信用泛滥和国际财政失衡乃至国家主权基金经营，以及跨国境的金融资本运动，提供过强的刺激，以至于使国际资本运动，长期地建立在虚拟的国际债务与信用膨胀链条之上。

国际资本不可能维持在绝对的低度的静态均衡之上。其必须在适度的动态平衡中推进国际投资、国际贸易、国际套利与国际风险对冲。但动态均衡必须是在适当的波动范围内，而且应当体现出涨跌交替而非某种单方向趋势的始终保持。长期世界正的实际利率代表着国际资本求大于供的失衡，至少可能对国际金融体系造成世界范围的失衡冲击，引发国际投资的过度膨胀，结果造成世界范围内的金融与经济泡沫。

二、泛格雷欣法则：劣产驱逐良产，国际劣币驱逐良币

格雷欣是英国女王伊丽莎白时代的金融专家。他当时注意到并论证了金融铸币投放流通中的一种普遍货币金融现象：贵金属如黄金同贱金属相比，贵金属或同类金属货币因成色质地等分为良币与劣币，由于良币的优质与保值性，通常会被自动收藏，从而退出流通领域，不再充当流通手段，转回成为财富窖藏手段，这样就自然发生了所谓的“劣币驱逐良币”现象。在而后的对经济与金融流行理论、法则、理念和金融事实的把握中，人们渐渐忘记了格雷欣法则前一部分的重要性，而把全部的关注统统放在后一部分。

事实上，不仅前一部分与后一部分相辅相成，甚至更为关键，而且，格雷欣法则现如今由于高能资本、高能信用的出现，业已远远超出了货币金融范围，出现了本书首次界定的泛格雷欣法则：在广阔的资产范围里出现了劣产驱逐良产，在资本乘数倍增放大的资本范围内，出现了劣资驱逐良资现象。只要把流动性引进到金融各个领域，就会把积累或长期持有，从而保值，同流动或投机短期获益，从而风险套利，相对合理与明确地区分开来。在当今经济—金融业界高资产化境遇下，优质、高级资产会迅速地被市场、专家和投资机构与投资商识别和变现出来，从而形成“金屋藏产”（借用金屋藏娇）的现象，与此同时，劣产会被推进到快速周转与循环的流通中去。

在这些良产中，房产、地产、特殊无形与品牌资产、技术诀窍与专利、优质与特殊股产及债产、特定时空下的汇产（例如一些储备资产）、特种币产、古董古玩、珍奇宝石宝物等等物产，都会被从劣产与大路货性质的资产中区分开来，从资产流通中沉

淀出来,从捆绑资产中分离出来,被收藏于各种资产管理库、托管地。这些良产退出一般性的金融市场竞拍与流通过程,沉淀成特定的财富象征与价值标准,起着重大和特殊的货币与资本的价值度量衡作用和财富锚作用。

同样,在广泛的资产池中,资本也迅速发生分化与重组。无论是产业资本还是商业资本统治时期,都发生过股票掺水,资本贬值与劣质资本事件,甚至是持续的投机炒作狂潮。但一则通常自有资本充足,所有者群体宁愿自营并占有全部,也不愿意同公共股东分享利润与经营权;二则上市公司与私募的直接成本和信誉成本都相当昂贵,所有者阶层通常既因实际利得,也由于特殊的社会阶层优越感,并不在资本所有权上作任何分流与分利的打算,但由于高能资本同一般信用资本的区分,也由于控股资本同大众持有资本的分离,更由于高质资本同大量垃圾债券和泛化的垃圾资本的区分,资本市场上的良资与劣资也迅速地发生了分离。严格地说来,资本与资产有着明确的界定:前者属于自拥有,且100%的拥有,后者可能是由债务与信用转化而来的。从这个传统界定意义上说,资本的泛化和受到低级劣质的侵入具有更为可怕的后果。

良资同良产一样,由于高保值、低风险、高稳定性,从而倾向于退出资本流通环节,逐渐沉淀出来,结果同资产市场情形一样,出现所谓劣资驱逐良资情形。同劣币驱逐良币一样,泛格雷欣法则也是指包含任何两极化对立的运动:其一,优质高值的被分离出来,被"挂了"起来,成为价值保存的基本形式。其二,与此相反,那些劣质低值的则由于没有什么持有方希望长期保存,都在试图尽快将其脱手,从而被长久地留在流通领域或环节之中。因此,这种高流动性、市场性,恰恰可能是其高风险性、低品质性的反映。

进一步看,劣币驱逐良币事实上是一种货币功能专门化的表现。价值尺度与窖藏手段,或至少是大宗高额的价值度量衡、支付手段,同窖藏手段相结合,同流通和支付手段相分离,从而由类似于中国古代的那种"上币、中币、下币"的多货币分工,来完成货币职能的多币种专门分工。同样,资产和资本也随之跟进,发生了这种两极分离运动。

同样,劣产驱逐良产,劣资驱逐良资,从另外角度看,也是资产功能专门化、资本功能专门化的一种专业与技术性的进一步丰富。高价位、高品质、高增值的资产,高能量、高品质的资本,被从劣产、劣资中区分出来,形成各自区隔化的服务客户群体不同的投资范围和投资品种。

从产业演进与发展角度看,泛格雷欣法则具有普遍意义。由于信息不对称和其他经济原因与理性,产品与产业的混成导致整个产业的低度市场分辨,结果造成了整体市场价位的下压或下滑。进一步发展,就会使其中的良好产品自行放弃,退出产业与市场,从而可能造成市场与产业萎缩,甚至于出现市场与产业消失的严重情况。传统经济学仅仅强调这种负面的逆向选择,而作者的《超现代经济学》则首次指出正向逆向选择。这就指出了品牌诞生、产业升级换代、高精尖产品的上游市场群同高级产品、产业的大众化与大路化和中低端产品的专门化的双向运动。

把《超现代经济学》中的有关逆向选择的双向运动,引入到上述的资产与资本乃至货币产业运动中,同样使得泛格雷欣法则可以获得广泛的大金融产业运动的价值与意义。

除了上述的这种积极与正面的货币、资产、资本意义外，还须强调这里的泛格雷欣法则对当代国际资本和国际金融秩序的负面影响。这好比次级贷、次级金融与垃圾债券的出现，由于它们的市场与产业生成，使高风险低收入家庭和缺乏足够融资商誉、渠道与能力的中小企业以及风险等级较差的企业与项目，获得了利用金融杠杆的机会。但与此同时，信用泛滥、债务爆炸、风险剧增的结果，极大地刺激了全社会、整个国际社会的金融狂热、理财狂潮、投机狂赌。在市场原教旨主义基础上的所谓金融革命，绝对地放大了资本拜物教、货币拜物教的魔力，使得食利性资本借助金融资本的合理外衣，在全球不但死灰复燃，而且愈演愈烈，成为驾驭产业资本、商业资本、实业资本、人力资本的全能通吃资本。凯恩斯当年认定的食利资本的自然死亡，非但没有发生，而且竟然以如此顽强的生命力被复活与被“创新”，这不但是哈耶克的“伟大”功绩，而且估计也是哈耶克现代自由主义经济学理与学说主张所始料不及和万万未曾期许的。

劣币驱逐良币、劣产驱逐良产、劣资驱逐良资和所有的逆向选择，都必须在合理、公正与适度的范围内运行，其准则是市场上不会形成劣者通吃、劣势主导和劣者占优，并且要实现良劣市场与产业的有效的区隔化与分工相宜。否则，就是市场逼良为娼，社会媚俗迎劣，产业降级追次，从而带来的只能是金融制造的虚假繁荣。

三、赢者通吃而非赢者诅咒：金融资本、食利资本与实体资本

行为金融理论中发现和研讨了一种奇特的金融和投资决策拍卖行为中的竞争后果，即过度非理性的竞雄式的商业与金融竞争，非但无法使优者胜出，劣者淘汰，整体提升，赢者普适与普惠，反而会出现竞雄时的争胜面子幻觉仅仅在竞价与对弈过程中生效，当市场的竞争结束，理性分析成本收益、未来商机，完成现金流分析后，将会即刻陷入到仿佛遭暗算、受戏弄、被玩耍的境地。这就是所谓的“赢者诅咒”现象。这种现象在当今全球化和信用泛滥的狂热的资本运作和超级大牛市不断泡沫利好的刺激下，极容易出现。但使这种现象易于生成的另外一个重要现象却是“赢者通吃”，即在现在的金融资本结构时代发生的金融资本领衔通吃其他资本的现象。

从奴隶社会、封建社会一路走来，到了资本主义转型与兴起时期，首先是商业资本包括原始资本，对外贸易资本、内贸小商小贩和大中商贸资本等，成为由封建向资本主义转型的先期资本形态。因此，由地产和土地资本向商业资本转化，成了早期转型的一个过渡时期现象。经济学也从重农主义开始，迅速转向了重商主义。虽然重商主义强调的是国际贵金属资本的获取，而且必须是借助于对外贸易获得，但商业资本不言而喻的地位和作用，还是应当被指出来的。

早期自由竞争资本主义当然不可能主要奠基于完全的商贸往来。即其不可能仅仅通过从收地租到经商的这种生意与贸易方式的转变，而是必须获得一种能使资本建立的前所未有的高效产能基础之上的资本增值与回报体系。因此，商业资本和产业资本、工业资本就成了必然的主导资本形态的资本主义真正崛起时期的选择。

这些资本的要害是生产性资本，其直接组织和推动了工业革命和科技产业革命。这种资本在统合生产性要素的变革中完成了下述几重重大转变：第一是基础设

施革命。这其中包括公路、铁路网络革命,火车、轮船、汽车、飞机等交通工具革命,以及铁路与高速公路革命。第二是生产资料或工具生产的系统与产业方面的革命。在工业和资本革命之前,基础设施革命主要集中在大型水利工程建设方面,生产手段革命仅仅是手工业作坊的前重工业化。例如中国历史上已经存在的数万人的炼铁与铁工厂,同样甚至更大规模的造船厂。但重工业和生产资料生产比重与资本投入比重极为有限。第三是批量化、规模化、集群化的大企业、大机器工厂革命。分散的一家一户的小农耕作让位于规模化、机械化的生产。第四,科技通过工程师、技术员、工业实验室、工业设计等载体,通过工业科研联合体制,而形成产业资本的前导力量。

实业资本在大国转型与现代化过程中的突出重要作用,就是使得落后的后起国家普遍形成实业救国理念。企业家、实业家成为社会新型的骨干力量和受到近乎民族英雄般的追捧,但实际上,实业资本同其人格化的角色,还是有着根本区别的,但不管如何区分,实业资本成为资本主义崛起和最终战胜封建主义的利器。没有实业资本,就没有现代的基础设施或其中的一部分,没有实业资本,现代产业的前提是不可想象的。当然从资本所有权角度看,可以提出更深层的问题,即不依赖罪恶的资本原始积累和私有的产业资本形态,现代工业革命与工业化转化能否实现和完成?中国经验和诸多国家的实践回答了这个问题。因此不是实业资本的属性,而是实业资本的功能具有上述那样的特殊作用。

实业资本统治历经前后二百余年,期间推动了三至四次产业革命,完成了工业化。局部性的工业化(partially industrialization)、城市化和郊区化,以及整个区域经济和产业经济形成了连锁、相互作用的产业经济城市带和产业集群(产业园区)。实业资本由于受实体经济的流动性、资金占用周期性(或长期性)、初始投资的规模性等要求的限制,同资本的永恒之流动性和快速升级性形成一定的对立。结果金融资本应运而生,并通过产权交易或可流动性股票与可转换债券,各种证券和其他标准化,尤其是杠杆金融和衍生金融的种种灵活变通和转化形式,变成兼具投资、投机,随时可拆分和适合各种运作与流动的资本存在形式。

金融资本不能简单地等同于食利资本。金融资本中的一部分确实在提高金融运作效率,降低金融中介与交易成本,提高金融服务质量,促进创新金融服务功能完善,从而确实在直接提高实体经济效率与产能,提升现实经济生活质量与品质。这部分由于规模金融经济、领域金融经济和聚集金融经济效用的各自增强,而带来了金融资本功效改进,同食利资本属性没有任何关系,同商业资本、产业资本的实体性金融功能没有本质差别,是应当保留并被发扬光大的。而食利资本通过完全纯粹的金融投资,甚至依靠变相的庞奇游戏和其他形式的金融欺诈所形成的资本功能与属性,则是不但应当受到谴责和限制,而且必须引起包括金融界在内的整个经济与社会各部门,尤其是金融监管部门的高度关切与严肃应对的。

食利资本在恶性地刺激信用资本与信用资产的全球性泛滥。同产业资本、实体资本,甚至商业资本相比,食利资本以纯粹的货币资本、金融资本和票据资本形式存在,并且在几乎完全随机性的市场中逐利,从其技术管理到过程控制,从投入—产出到风险管理,无不渗透着完全的赌博性。这种瞬间暴富与输个精光,大大刺激了无本经营、不劳而获、投机钻营、投机取巧、贪得无厌、好逸恶劳，从而从行为动机与动力到资源整合与运用，把经济与社会资源投放到不断放大的风险链条之中，使得信用膨胀和资产泡沫变得近乎恶性肿瘤般地不可遏制。

而一个社会阶层，包括忠诚积极的全部或大部分原本终生靠劳动和家业积累而过活的人，因所谓社会保障与养老方式的金融化运作，不得不把相当的资产和储蓄投放到养老金、共同基金和其他的养老储蓄与保险中，此外，子女高等教育费用也成了重要的投资储蓄家庭选择。这样，社会广大的基层不得不卷入到金融资本的机构投资之中。

美国典型的一般公民，一方面通过信用卡、房地产分期付款和其他耐久品的抵押与非抵押贷款来维持和安排生计；另一方面却把一定数量的储蓄投资到包括股票、债券、保险、存款、共同基金和其他的金融资产池中，有些甚至参与期权、期货、外汇等金融衍生品的投资与投机。一些金融部门，尤其是成长迅速的投行、券商、理财机构和能源金融公司的职工，甚至把主要储蓄和养老统统放到本公司股票上。先前的牛市使得一些人的投入驴打滚似的暴涨，但其中有的人却由于公司与单位的突然破产而丧失了几乎全部的储蓄。

由此可见，食利资本与金融资本的存在，并不一定要完全依赖实际储蓄。这不但对各个具体的个人、家庭、阶层是如此，即令是对一个国家也是如此，尤其考虑到国际储蓄不均衡下的国际储蓄投资转移，就更是如此。而更为恐怖的是除了靠国际真实储蓄的贷款和其他金融转移，国际资本的金融与食利资本的运动，还可能通过全球性的庞奇游戏而得以实现。这就涉及全球性的财政失衡或公共财政失衡问题。

四、正的世界利息率驱动、整合虚拟与实体经济

国际资本失衡是否仅仅是由美国一国低储蓄—高消费、高金融资本投资和投机造成的呢？换言之，储蓄降低仅仅同准世界货币国一国有关，还是一种多国现象，甚至是一种世界现象？高积累—高储蓄—低消费是一种发展中国家的现象吗？从各种类型的世界各国储蓄积累模型上看，总计上升到全球，究竟出现的是一种全球储蓄与投资的均衡，还是非均衡现状？全球储蓄呈现的是何种趋势？上升还是下降？若下降，原因在哪里？后果又如何？不管是上升还是下降，对国际资本运动会产生什么样的影响？又是如何对世界发生作用的呢？

国际货币基金组织发布的《世界经济展望》（1995 年 10 月）给出了如表 14-1 所示的世界总储蓄的分段趋势和三大类别国的分布状况。

表 14-1 储蓄总额占 GDP 的比重（%）

类别	1973—1980 年	1981—1987 年	1988—1999 年
工业国	23.5	20.9	20.5
燃料出口国	42.0	20.2	19.7
非燃料出口国	22.4	22.9	26.2

工业国储蓄率在持续下降，二十年间下降了3%。由于工业国家庞大的资本存量和资本流量在世界储蓄中的比重，这种下降无疑对国际资本供求具有决定性影响。

燃料出口国作为新的世界储备与国际资本供给来源，其储蓄下降幅度更大，超过22%的跌幅。这进一步加深了国际资本供求的严重不平衡，使求更加大于供。

尽管非燃料国储蓄率略有上升，有助于缓和国际资本供求不平衡，但由于其储蓄一则作为国际储备资产，二来用于发展中国家进口设备、技术与其他，并不能有助于消除国际贸易不平衡，而且会成为发达国家信用爆炸、公债爆炸和国际资本进一步失衡的国际资金来源。

由于世界储蓄分布的极不均衡，不但使国际贸易失衡更加严重，亦即建立在非国家储蓄和非进出口平衡的实体支持之下的，盲目且不可持续的高进口与高消费及其支持和加剧的奢华生活方式，在国际经济体系中成为可能，而且通过虚幻的、放大的食利资本利得和现金流放大的庞奇游戏，使得国内的预支消费，从而实物资本成长受到实际影响。这集中表现在以日本的制造业实际劳动生产率的高位运行与存在和以新加坡为代表的高比例的实体资本的东亚增长模式的实际资本效应。

因储蓄不足造成的过度进口和过度消费，从而威胁到制造业的装备水平和劳动生产率的问题，会通过若干方式表现出来，其中之一就是制造业就业呈下降趋势成为那些储蓄不足的国家的通病："制造业就业人数的持续下降并不是一个国际的普遍现象。图4.7反映了五个国家工业制造业就业的发展状况（1958—1991年，占总就业人数的百分比）。在这个时期，英国的下降趋势非常显著，加拿大和美国则主要是从20世纪60年代中期开始下降，德国从70年代中期到80年代早期也有明显的下降趋势。然而，在80年代中期德国的制造业就业率基本稳定，日本也从70年代中期开始大致保持了就业率的稳定。日本制造业的生产率高于服务业生产率的事实，说明制造业生产率上升导致制造业就业下降的结论并不成立。"①

由于美国经济是所有发达国家中推动后现代化、后工业社会最强劲的，也由于美国凭借美元金融霸权、准世界货币的特殊地位，以及美国长期的自由经济与产业政策以及经济—金融文化秩序，也同时因美国金融产业、财富与资产管理，尤其是资本市场体系的高度发达，又主要由于美国人观念中的根深蒂固的特殊的理财观、消费观与储蓄观导致的其储蓄水平的超低水准，使得美国虚拟经济与金融通过非正常的同世界总量的占比而体现出来。如表14-2所示。

表14-2　美国金融世界占比②

	美国占世界%
人口③	4.3
国内生产总值(GDP)	28.9
银行资产	10.6
银团贷款	13.5

① 莫瑞斯·奥博斯特弗尔德、肯尼斯·若戈夫著，刘红忠等译：《高级国际金融学教程》，中国金融出版社2002年版，第205页。

② 2000年的数据（除人口数据外）。

③ 1998年的人口数据。

（续表）

	美国占世界%
债券市场总市值	44.9
权益资本总市值	50.0
非政府债券新发行量	53.2
新发行权益	57.0
完成的并购数（按照价值）	52.8
管理下的养老资产	59.4
共同基金资产	53.4
资产管理（管理下的资产）	51.1
贷款牵头行	77.2
债券与股票结算行	66.3
并购咨询服务（按照价值）	78.6

资料来源：Federal Reserve Economic Data，St. Louis Fed.. U.S. Census Bureau. IMF，*International Financial Statistics Yearbook，1990—2001*. U.S. Department of Commerce，Bureau of Economic Analysis.

美国在世界金融格局中的这种独一无二的优势地位，又是同其双重典型矛盾的真实情况连在一起的：一方面，"相比之下，从1959年到1988年，美国的平均储蓄率为8.4%。这种前所未有的储蓄不足的现象也强烈暗示，美国的消费者马上就要被迫勒紧自己的皮带，减少贷款，并削减支出"①；另一方面，美国的养老保险的确积累起来了数倍于欧洲的庞大的储蓄资产。前者表明美国的金融财富价值的空洞性，后者又代表美国金融的真实实力。考虑到美国庞大的经济规模、发达的金融生态体系与金融网络及创新能力、领先的科技，尤其是无与伦比的天然资源储备（特别是人均占比），再考虑到其北边的邻居加拿大的超级储备，美国的金融比重在当今世界上的确尚不存在任何现存与实质性的挑战，但从权益市场总值、债券市场总值、并购与新发行权益、共同基金等等表14-2中所反映出来的看，美国所占的比重无疑同真实的经济、资本，尤其同由实际储蓄支持的资本运作基础与事实不相符合。

美国已经一改其在建国、兴国、立国以来的勤劳、节俭、公平、向上的经济民主与实业自由的传统，转向了在基础架构上依靠食利资本的虚拟化发展轨道。全球的正的且相当高的资本利率，加上债务融资、衍生杠杆金融，大大强化了职业与专业金融冒险与资本赌博游戏，刺激了以钱生钱，金融脱媒，甚至无中生有，把世界财富与经济的主战场变成了冒险家的乐园和财务高手的赚钱游乐场。这就是现代资本运作鸦片，其比任何毒品都更能削弱社会公正、良心与勤奋。

五、最大债权国变成最大债务国：美国国际资本净头寸逆转是国际资本失衡的根本症结所在

美国开国，尤其是强国之路的过程表明，其并非上帝直接放置到地球上的一个遍地是黄金，理所当然的世界首富的国家。事实上，其是从一个无足轻重的殖民地小国，从外贸与其他国际赤字和国际投资的债务国，逐步崛起，在第二次世界大战后

① 理查德·邓肯著，王靖国等译：《美元危机：成因、后果与对策》，东北财经大学出版社2007年版，第84—85页。

变成世界上最大的债权国的。同当时的那种相当于拿破仑时代的英国的超强的国际经济与金融地位相匹配,其"今天正处在拿破仑战争结束时英国的地位。拿破仑战争结束后,英国掌握了全世界财富的30%,而今天美国则掌握大约50%"。[①]"1947年,美国的工业生产已占资本主义世界工业生产的42%,二战后初期,这一比重最高时曾达到53.4%。1947年,美国拥有世界钢和基础金属产量的55%,石油产量的70%,汽车和民用飞机产量的84%,冰箱和洗衣机产量的85%,电力生产的48%,棉花产量的1/2,谷物产量的1/3。此外美国拥有资本主义世界黄金储备的70%,在世界出口总额中占的比重则由二战前1937年的14.2%激增至二战后的32.5%。"[②]

(一)三重赤字折射出的特里芬难题的实践理性答案

美国的对外经济技术分为若干个发展阶段。美国上升与下浮的净贸易与国际支付状况其实显示出其对外经济平衡与成长之路。

表 14-3 1870—1914 年美国国际收支

单位:5 年平均,百万美元

项目 \ 年	1870—1874	1875—1879	1880—1884	1885—1889	1890—1894	1895—1899	1900—1904	1905—1909	1910—1914
贸易收支	-19	+204	+159	+48	+140	+385	+592	+546	+578
贸易外收支	-119	-116	-133	-170	-196	-203	-228	-227	-377
经常次月收支	-138	+89	+25	-123	-56	+182	+364	+269	+201

资料来源:宫崎犀一等编,陈小洪等译,《近代国际经济要览》,中国财政经济出版社1990年版,第160页。

美国的贸易收支同贸易外收支的走向与态势,从1870年即南北战争结束几年后,从而真正的国家全面统一后开始,到第一次世界大战的45年期间,是呈现错位和开始同向而后反向运动的。而贸易收支除了第一个5年为逆差外,一路走来均为顺差,并且其顺差幅度大多远大于贸易外收支的逆差。

美国经济的国际金融表现是同其工业经济在主要发达国家中的历史地位相一致的。这期间,即两次世界大战之间美国从工业到综合产业,从内贸到外贸,从经济到金融,逐步全面崛起,并且是在坚实的产业经济结构和对外贸易结构以及工业经济国际占比结构基础上崛起的。

表 14-4 世界历史大国崛起对照:对外经贸世界占比

单位:百分比

年 \ 国别	美国	英国	法国	德国	苏联	日本	世界
1913	36	14	6	16	6	1	100
1926—1929	42	9	7	12	4	3	100
1936—1939	32	9	5	11	19	4	100

资料来源:Walt Whitman Rostow, *the World Economy: History & Prospect*, Austin: University of Texas Press, 1978, pp. 52—53.

① Thomas Paterson, *Soviet American Encounter: Post-war Reconstruction and the Origins of the Cold War*, Baltimore and London: Johns Hopkins University Press, 1973, p. 11.

② 郑伟民、黄苏:《衰落还是复兴:全球经济中的美国》,社会科学文献出版社1998年版,第44页。

从表14-4中可以有下述重大发现:(1) 美国工业经济在国际占位的高峰出现在1926—1929年间,这至少表明美国产业结构调整远远早于一般认定的第二次世界大战后的所谓后工业社会时代;(2) 苏联工业经济国际占位上升得异常迅猛,其速度与规模都远非日本等国家可以比拟;(3) 英国、德国等国国际占位都在相对下降。

更为重要的是,美国工业经济国际占位的结构性变化是同其贸易结构变化相一致的,即出现双重的结构优化或升级。"1913年,美国出口产品的大宗主要是:原棉占22.5%,机械占8%,石油及石油产品占6.22%,钢及钢制品占5.9%,小麦及面粉占5.8%,钢铁产品占5.11%,动物性油脂占3.7%,木材占3.2%,肉制品占2.8%,煤炭及有关燃料占2.8%。到1938年,美国大宗出口产品变为机械占15.9%,石油及石油产品占12.8%,烟叶原料占5.1%,小麦及面粉占3.3%,水果坚果占3.2%,铜及铜制品占2.8%,棉花占1.9%。在进口方面,1913—1938年美国进口产品主要是咖啡、砂糖等日用生活品和香蕉、锡矿等工业原材料。"①

工业经济国际结构和对外贸易结构的双重优化,必然反映到国际投资与国际资本的优势获得上。美国在国际资本中的崛起,基本可视为是第一次世界大战期间完成的。在战争期间,美国通过收回对欧洲国家的20亿美元贷款,实施"自由贷款法"贷给欧洲各国政府95.81亿美元,以及美私人对外投资的大幅增加(从1914年的35.138亿美元增加到1919年的69.56亿美元),使得美国以高达125.265亿美元的海外净资产而成为世界最大的对外投资国。②

"第一次世界大战后形成的国际债务链始于德国战争赔款,美国终于收回对外贷款的一条国际支付链,其中美国显然居于核心地位。20世纪20年代以后,随着美国企业对外投资的增加,美国拥有的海外净资产也持续上升。1924年,美国企业对外投资达到107.54亿美元,1929年上升到170.09亿美元。同期,美国的海外净资产也分别达到184亿美元和197.63亿美元。1929—1933年的大危机后,美国对外投资的上升势头受到遏制,到1935年,企业对外投资降至136.94亿美元,美国的涉外净资产也降到了187.79亿美元。尽管如此,美国作为世界第一投资大国的地位始终没有受到任何动摇。"③

美国后工业经济国际占位,国际贸易优势结构,国际投资或国际资本首霸地位,都呈现出一种交互推动的进一步上升势头,如本节开始援引所述,罗斯福新政和第二次世界大战,把美国推向西方盟主、霸主和超级强权的世界头号经济强国及资本大国地位。这时候,美国所享受的是国际贸易与国际资本的巨额的双重顺差。

这种美国经济在世界经济格局与占位中的突出优势必然推动美元霸权。美元区的构建和美国所希冀的国际金融体系的构建与发展都同这种国际位势直接相关。于是,第二次世界大战后,在美国一手精心设计之下,布雷顿森林体系应运而生。然而,随着该体系十余年的运作,到了1958年年底,欧洲恢复货币自由兑换,使得被特里芬教授所指出的后被命名为"特里芬两难问题"这一布雷顿森林体系内在矛盾日

① 郑伟民、黄苏:《衰落还是复兴:全球经济中的美国》,社会科学文献出版社1998年版,第33页。
② 同上书,第34页。
③ 同上书,第35页。

渐暴露出来。美元黄金本位制若不产生清偿能力问题,就会产生信心问题。

第二次世界大战后的黄金时代既是美国真正从工业到贸易,从贸易到金融,全面走上世界超级霸权与霸主地位的时代,也是美国伴随着欧洲复兴,日本恢复与挑战,苏联等社会主义国家竞争,如今则变成中国和印度两大历史文明大国复兴的真正冲击的"由盛而衰"的初露端倪。

"黄金总库"、"互惠信贷协议"和"借款总安排"等这些所谓的"外围性支持"未能挽救美元危机。一方面,美国短期债务超出其黄金储备(1965 年的短期债务为 172.7 亿美元,而当年的黄金储备则仅为 140.7 亿美元),另一方面,国际储备(计划经济例外)仅以年均 2.6% 的速度增长,远落后于年均 6% 的世界贸易增长率(1951—1965 年间)。在这种国际储备总量与增速不足的情况下,美元国际储备又是以超高速度增长(年均 9.4%,从 42 亿美元跃升到 148 亿美元)。[①]

这样一来,特别提款权(SDR)就在 1969 年 9 月正式通过建立。其初衷当然是要寻求摆脱国际清算能力与国际储备不足、世界币值严重依赖贵金属与某国货币,"但美国积极倡导特别提款权的目的不仅是为了利用这种'纸黄金'来弥补国际收支逆差和减少美元外流,而且也是在为国际储备体系从美元黄金本位转向美元特别提款权本位奠定基础"。[②]

美国短期债务支付困难造成了布雷顿森林体系难题,既未因外围性支持也未由于特别提款权创意而得到解决,反而使得情况恶化又进一步扩散到美国贸易收支上来。1971 年第二季度,美国贸易收支转为逆差,并预示当年将成为自 1897 年的 70 余年来美国首次贸易逆差。结果引致了所谓的"尼克松冲击"(新经济政策):停止美元兑换黄金和对进口商品征收 10% 的附加税。

20 世纪 80 年代,里根的星球大战计划又大规模地打破了传统的周期盈余平衡的财政赤字制度与政策安排,使得美国国债犹如脱缰的野马,迅速形成公债雪球。这样,从资本赤字到贸易赤字,又叠加上了财政赤字,美国步上了三重赤字的不归路。而这三者又在经济规制放松、金融自由化、金融革命的信用总爆炸下,借助于一系列的金融创新,特别是系统性的金融工程操作、金融衍生品产业集群和资产库的天文数字的暴涨、机构基金(养老与共同基金)、证券化等金融脱媒等等的全面、彻底的大金融革命性的转轨(金融、财政、保险、证券、基金、理财、国际金融与货币等等),使得美国成了国际资本失衡、失序的内在发动机和供给源。特里芬两难通过美国与全世界的庞奇游戏,美国和发达国家以外的廉价世界贸易补偿机制,美元计价资产和全球财富泡沫的风险对冲、套利与运作,无非是形成一种水涨船高的债务—风险相互掩盖的全球金融大游戏,也就是堤坝抬高阻挡导致河水水位升高,下一轮恶性循环则河堤更高,淤泥进一步抬升水位,引发新一轮河堤升高的动态推进的风险蓄积与抬升的超级金融游戏。

美国和一定意义上的欧洲发达国家的这种储蓄不足的三重或欧洲的两重赤字(外贸除外),同东亚的高储蓄—高资本积累的实物经济与真实效率形成了鲜明的对

① 郑伟民、黄苏:《衰落还是复兴:全球经济中的美国》,社会科学文献出版社 1998 年版,第 54—55 页。
② 同上注。

照。然而，不幸的是以 Alwyn Young(1992,1994,1995)和格鲁斯曼为代表的正统西方主流经济学家，非但不能对西方虚拟乃至泡沫金融经济作出客观、冷静、公正、科学的分析，反倒借助于所谓增长核算(growth accounting)等各种计量经济学手段，以及所谓管理或战略贸易理论，对东亚模式进行了偏狭的评论："在对增长率进行分解之后，Young 发现决定东亚地区快速增长的原因，是要素投入的高速增长，而不是生产率的提高。除了教育水平提高因素外，亚洲四小龙的劳动力投入(特别是妇女就业)和资本投入都保持了惊人的增长速度。在扣除劳动力增长率因素之后，每个工人人均产出的增长率远远低于按照美国人口计算的人均产出增长率。例如，新加坡的实物资本占 GDP 的比例，在 20 世纪 70 年代就已经超过了 30%，1984 年达到了 47%。之后虽然有所回落，但在 1990 年仍然达到 40%。韩国的实物资本占 GDP 的比例在 1990 年也接近于 40%。"①

尽管不能直接推断，实物资本比重越大，社会增长速度就越快，价值支撑基础就越牢固，因为毫无疑问存在着要素收益递减规律。但却也决然不能把东亚或东方实物经济的真实增长模式完全和简单地归结为所谓的粗放经济投入模式。其中的国际价值链及价值轴占位与分割、虚拟经济的过度泡沫效应，毕竟既不公平，也绝对不可持续，更不永久真实。而当代重商主义发生效力之时，西方国际资本的匮乏将成为其深陷金融从而经济危机泥潭的直接导火索。

（二）美国病下的资本短缺与自身投资乏力

美国专家批评美国经济、美元疲软和投资不足，主要集中在美国消费大军的庞大的信用消费之上。这又集中体现在抵押和非抵押信贷膨胀的巨额滚动之上。然而，公债的爆炸性增长、贸易赤字本身都不能简单地归结到美国人的信用消费倾向和习惯上。

这其实是一种表象。美国孪生赤字或三重赤字，并且因而投资乏力绝非单纯的美国人的消费倾向与民族特性所致。其是美国政治体制(选举文化与政治周期、多权分立制约、资本体制决定的)、经济体制(近乎完全的自由市场经济、多元利益集团和院外游说仲裁制度及其舆论导向由大众传媒掌控)等的必然结果。

财政困难、通货膨胀、货币贬值、奢华成风、产销失衡、投(资)储(蓄)脱节、贫富两极分化严重、穷兵黩武式的"军事扩张"等特征，代表了帝国晚期的通病。美国无非是既不同于古代征服式的帝国，又不同于近代殖民地式的帝国，而是在偌大的自身疆土上，通过一系列的国际建制与游戏规则，在自由贸易、自由金融、自主经济、自觉经营加上世界警察的条件下，完成现代帝国使命的。

美国的消费信贷造成并不断支撑着国际贸易失衡，同时也就导致了国际储备资产失衡。而如果没有投资黑洞的引力，国际储备失衡规模，从而国际贸易失衡深度均无法达到和维持现有的水平与程度。

美国在出现庞大的消费信贷的同时，还存在着超强的资本信贷，而其背后是储

---

① 莫瑞斯·奥博斯特弗尔德、肯尼斯·若戈夫著，刘红忠等译：《高级国际金融学教程》，中国金融出版社 2002 年版，第 447 页。

蓄严重不足和自有投资乏力。这种资本短缺就会为巨额的资本信贷提供强劲的需求。换言之,美国人既从国外借钱消费,又同时把国外挣来的美元与国际通货通过国际信贷,特别是固定收益投资拉回到了美国。

假定美国储蓄水平同其他国家差别不大,又假定美国资本丰裕,投资强劲,那么美国持续的贸易逆差所造成的国际储备资产暴增与累加就会受到极大的制约,除非在全球还存在着另外一个巨大的投资引力场,从而国际储备资产中的过量部分,可以从中找到保值与增值机会,同时可以规避必要的风险。欧洲美元市场和欧洲债券市场不是这样的资本引力中心,亚洲新兴工业国和南美、非洲等广大发展中国家,都只能成为有限量的国际投资引力中心。迄今为止累计起来的发展中国家所欠发达国家账面 3.2 万亿美元的债务中,优质投资资本部分比重可能要远小于现今累计起来的总量。

当然,美国产业调整造成的生产性投资乏力,服务性、贸易性或非实体与制造业性的产业增长过旺,更加剧了美国产业失衡、利润下降和自有资本投资不足。

第十五章

国际金融失衡与国际储备大博弈

在管子、老子、孔子、墨子等生活的时代，或者说在西方世界的几乎同时的苏格拉底、柏拉图、亚里士多德生活的时代，或者更为久远的在神农、炎帝、黄帝生活的时代，是不存在什么国际储备资产的。那个时候，国家尚未真正形成（或是狭小的或者短命帝国式的），因此国际经济或者根本就不存在，或者像后来的汉武帝派遣张骞到大宛国购买汗血宝马那样的边贸交易，多半就是零星、随机的，以无规和无序方式展开的。秦始皇派徐福去东海找寻长生不老之药，相信也不会通过什么国际货币与国际储备来完成。

即使到后来，古代中国的朝贡体系和西方的地中海、黑海为中心的所谓“世界贸易”，以及波斯帝国时期的“国际贸易”，在总体上仍是以货易货和“馈赠”往来形式完成的。并且，战争、掠夺、奉献、赔偿成了最主要的国际财富流转方式。贵金属与国际货币仅仅是一种补充手段。因此，在根本意义上，也不存在并且不需要完善的国际储备体系。

国际储备体系存在和发展的国际经济与金融前提是：第一，国际经贸规模和水平必须上升到一定层级，从而不但直接的易货贸易、交易成本过高，而且交易平衡结算的余额也须达到一定程度；第二，国际贸易的失衡或至少是应急备用情形对多数的国际贸易都存在着经常性的需求，国际直接投资、国际资本流转、国际贸易、国际经济波动及国际信贷与保险，造成各交易方式存在着失序的可能和潜在的对冲与补充交易需要；第三，现行国际金融体系、国际货币、国际资本、国际银行不具备随时可供应付的金融通货与账面价值调整机制，国际资本与借贷或至少是国际信用不允许出现长期金融安排，必须在可能的、必要的时候，以国际储备资产予以支付、结算。

一、国际储备资产体系的合宜规范

国际储备资产代表着国际财富与国际通货的最高与最后形式，必须由国际高质、通值、通用的自然和法定资产构成。任何普通的、低值的、专项的，即便是战略性资源和物质,也通常不可以用来作为国际储备资产。这里的高质性指的是高档或高价值的价值尺度。也就是说充当国际储备资产的必须是通货和硬通货中的优异者,必须本身的价值含量高到一定程度。但这种高质又不能靠极端稀缺而获得。倘若全球难以积累起相当的储备资产,那么这种高质性就会因其过度的稀缺而丧失现实可用性。这就同通用性形成一定的关系。所谓通值与通用性指的是其双重的通用价值,其一是包括发行国政府和国际社会与组织的法定通用性,其二是指现有国际市场体系的普遍可接受性。这代表着它的国际通货的网络效能。

换言之,国际储备资产必须是高档而非中档、低档的价值尺度和流通手段。这就把国际储备资产的候选资格限定在了贵金属、硬通货等极少数的国际货币和国际资产上。并且,一般说来,国别货币在理论上不易直接作为国际储备资产。因为,第一,个别国家经济与金融机构不可能同世界经济,尤其是贸易、资本和人际往来与社会关系结构完全或大体一致。这就会造成价值尺度、流通手段的非同构问题,也就是一种度量与支付,从而价值保持手段上会发生可能的错位。第二,把国际经济风险直接同某一具体国别货币等同,并至少在国际金融危机与国际贸易剧烈失衡时,靠国别货币政府政策与货币当局予以整治或救援,这显然潜存着巨大的风险。第三,个别国家宏观金融财政部门的波动与危机对国际经济往来与国际金融秩序的可能冲击权重过大。

然而,无论是较为公认的硬通货、准世界货币,还是强势国别货币,通常都具有无法抗拒的选择优势。这是实践理性的结果,尤其是现实选择空间里的实力较量产生的网络效应和金融惯性所造成的。在尚未发生国际政治与文化格局改变以前,这会是不得不接受的一种经济现实。而这种现实又不可避免地在悖论与困境中存在,从而为国际金融失衡、失序埋下了种子。为了在理论上彻底搞清这种国际金融体系中的国际储备资产的理性选择空间和可能地消除或至少是减缓现实国际储备资产困境,这里有必要对国际储备资产体系的合理性进行一定的探究和规定。

最为理想的国际储备资产应当是基于席勒教授理念中的世界各国宏观经济或国民财富收益流的指数证券,以及准阿罗—德布勒或有证券体系下的理想金融与实物期权市场及计量体系中的国际财富金融存量预期,而构建出的全球真实的动态的世界货币。这种货币可以以季度为单位进行微调和预期公告,以年度为单位进行小尺度调整,以三至五年为中等尺度进行实质性调整。这种世界货币通过把诸如黄金、钻石和其他高值稀有金属作为一定比例权重考虑进去,并适度考虑现行硬通货与准世界货币的既定网络效应,对此进行动态的追踪与跟进,例如可对现行的美元、欧元、日元给以相应的权重,并对像正在崛起的人民币给以“赶超”权重,从而动态地叠加进所谓流行通货的权重。这种货币甚至可以采用完全的电子和网络货币形式,既不发行,也不进入真实的流通(实物流通),处于最高级的电子保密状态,仅仅是给国际大宗大额交易进行结算。并且可以逐步确立起其公正与稳定价值,使其成为可以稳定和通算各国现行货币与证券的间接本位锚和换算标尺。

但实现这一梦想的重大障碍在于:第一,缺少现实的足够规模与标准化的宏观经济指数交易市场与体系。这种理论设想至少在未来十年内尚过于超前。当真实的政治体系“不当”与市场缺位双重存在时,价值发现和价格涨落的真实性将仅仅局限于理论模型中。这种计量的现实偏差或许可能无穷大,或者根本就缺乏现实依据。第二,缺乏超国或跨国国际机构的实施和监督。现行的世界银行、国际货币基金组织等,都既不具有相应的性质,也不具备相应的权威资格和能力来承担这一职能与责任。第三,超级货币体系的实际资产或至少是足额资本垫支与储备不存在。尽管各国政府的宏观信誉带有国际社会中的一定意义上的法律承诺,但其距离真正的金融资本垫支尚有一定的距离。当然,倘若经过必要的国际磋商,达成一定意义上的类似于特别提款权的国家承诺出资或划拨,也是可能实现的。但承诺出资、实际划拨乃至直接垫支,因其水平与规模,同合宜态设计与要求之间还是会存在相当的距离。第四,或许更为重要的是,对现行霸权金融体系的既得利益和已有网络效应的硬通货的抵制可能。尽管这种既定格局的惯性往往是改革中的最大难点,尽管其可能会是在一种危机压力和实际力量对比变局下,而不得不进行妥协性的调整,但其间的问题复杂性与复杂程度以及谈判成本往往都是难以预见和计量的。

若从最理想的超级货币退而求其次,即经济学的现实性优化方案中常常强调的所谓次优国际储备资产角度看,就可以考虑一揽子国际特有资产。这种资产池可以作为现行国际贸易、国际财富、国际资产(核心)等的一种近似衡量。其可以加大国际贸易比重,但考虑凯恩斯当年的提议,需要对货币失衡进行必要的惩罚,但须强调,这种惩罚必须是公正、合理的,而公正的标准应当是:第一,主要是对无力对等和平衡自身对外贸易国家,尤其是贸易和资本的双重入超国进行较大的处罚,借以从国际金融理性约束上逼其尽可能平衡其外贸,并对那些处于贸易与财政孪生赤字状态的入超国,更要因其国家破产和政府倒闭风险,而加大惩处权重;第二,对那些因内需或舒适空间期望水平而呈现低价供给的出超国,一方面要通过国际环保基金和国际经济贡献与拉动补偿基金,对其对世界经济的贡献给以必要的价值补偿,另一方面则要通过适当的处罚和国际市场的传递与国际督促,强化其加大内需提升和本国购买力创造(价格与收入水平的加速升级互动),从而促进出超缩小,推进贸易平衡的过程。

次优国际储备资产具有较大的现实性与可操作性,但困境在于:第一,国际储备资产篮子的确立与权重。这既是个重大的风险与收益计量问题,更是个重大的国际政治利益的权力分配问题。这里的关键在于是按国际财富实力,还是按真实资本垫支来确立。两者无疑存在着正相关性,但不可能完全高度相关。此外,既定的大国与强国经济的潜在风险与真实财富权重,相对于正在崛起的大国要小得多。这是计量甚至组织构成的难题。例如,七国、八国集团迄今仍旧将中国、巴西、印度等排除在外。这种国际政治集团格局的演化还需时日。第二,新国际储备资产同现存国际储备资产的换算和交换、交接问题。这不仅仅涉及美元霸权的霸主的切身利益,而且涉及包括中国内地、香港和澳门地区,以及日本、俄国等国家与地区,当然主要是东亚具有巨额储备资产的国家和地区的利益问题,并且现行运作中的国际金融市场和中介体系在金融效益方面,并不支持这种新型的储备资产,而更有益于传统的美元、英镑、欧元、日元与黄金。改变这种格局需要时间、资源和国际认同。

以上分别深入探讨了最优和次优两种选择方案,第三种可选方案,就是基本采取国际金融(货币与资本)市场选择自由,任其自由推荐出动态变化的硬通货与强势货币。这是大体上的现行状态,但其中也不排除美元体系和所谓国际金融与银行系统的制度安排和一定的操纵。这种制度设计的好处在于现实性和低国际协调成本,但最大的问题在于其可能引致巨大的国际金融与国际经济风险,从而一方面最终导致世界经济崩溃或是金融大萧条,另一方面,使得制度与机制弊端无控制地被积累和强化起来,以至于将来要进行新制度与体制转型时,转变成本变得几乎无穷大。

二、国际储备资产体系三大失衡分析

现代国际储备资产存在着严重的总量失衡、结构失衡和功能失衡。国际储备资产失衡在本质上是国际分工体系和国际贸易运作失衡的结果而非原因。国际贸易体系和国际支付手段体系的内在联系,通过有效的汇率浮动和强制性地拒绝贸易或缩减贸易(或者动态补齐与平衡贸易),原本是可以自动修复和限制因贸易失衡导致的国际储备资产失衡的。现如今却由于种种现行机制的失灵,国际储备资产日渐失衡,并反过来,通过国际储备资产的向失衡主动输出方的再投资,形成某种被动的贸易失衡补偿“庞齐游戏”,不但使得失衡的贸易可以在不断放大的规模上持续,而且获得了一种增长性的“动态平衡”。

国际储备资产的总量失衡,应该是指在现行国际贸易与国际应对体系之下,国际储备资产的总量供求失衡。理论上说,除非国际贸易规模及其失衡余额出现多倍的增长,否则国际储备资产的总需求,应该是维持短期三个月或五个月的经常项目贸易临时应对、短期资本的还贷及必要的稳定汇率波动,以及应对国际货币与金融冲击的一定国际通用资产储备。

若依照这样的一种国际储备资产总需求与总供给的平衡要求,国际贸易增长和应对危机的需求大体上仅需要现今储备资产的十分之一左右,除非资产的增幅会远低于现在的情形。现今的国际储备资产的总供给则来自于美国美元贸易逆差支付,来自于对欧洲美元和石油美元的资本运动和金融资产运动的应对。此外,还来自于欧盟贸易赤字的欧元输出。至于国际游资或热钱的进出游动,通常不会造成稳定的国际储备资产的增加,因为其短期炒作、投资与投机特性,决定着其投机变现和退出的经常性。

欧元会否步美元的后尘,在国际储备资产上像美元一样因滚动放大的贸易赤字而呈现动态累积,目前尚难以作出准确的判断。欧洲制造业和一些实物产业的竞争力或许优于美国,但同后起的东亚各国相比,则无疑不具有成本优势。欧盟的内部交易和自成体系加上欧洲人稳健的或保守的消费与信用观念,可能有助于防止欧洲信用与资产泡沫,从而会有效抑制其国际贸易失衡,但其国际竞争力相对下滑,传统产业外向性转移,并需要不断面对亚洲、拉美与非洲新兴工业国的崛起,却是一种不可逆转的大势。在世界物价与成本高地意义上,欧盟与美国的余地十分有限。这就决定了欧元进入国际储备资产行列的基本命运。欧元对美元的超级强势,有可能进一步刺激欧元局部替代美元成为国际储备资产的作用。这会从正面意义上进一步推动欧元国际储备资产的地位。

由欧元地位变动可引出另一个国际储备资产失衡问题,即结构失衡问题。现行国际储备资产不是一元的，而是多元的，并且基本上不是以高质、贵金属、硬通货为主，而是以外汇为基本构成的。

现在国际储备资产总量失衡，造成了大约相当于三万亿至五万亿美元之间的等值过剩资产。这些过剩的储备资产并没有充当完全的储备资产，闲置在备用应急状态，而是基本上返回到原本汇率计价的资产的国际投资和国际金融运作之上（相关的准确的分类情况将在专门部分详加分析）。

国际储备资产结构失衡的最集中表现在于储备资产的日益外化，换言之，即贵金属和其他高质、高值本位或锚性储备资产的被边缘化。这是同国际储备和国际货币的本位缺失直接相关和基本一致的。除了这种结构失衡以外，还存在着国别外汇结构失衡问题。其中的核心问题是美元充当国际储备资产中的储备绝对主体，其比例远远超出美国经济在世界经济总量中的25%—30%的分量。这无论是对国际经贸稳定与安全，还是美国宏观经济稳定与安全，都是一种隐患。

结构失衡更突显出国际储备资产失衡背后的国际分工与国际贸易失衡。因此，其同总量失衡相比，有时会是更难医治的顽疾。因为，结构的调整与改进，往往是更加难以进行与展开的。因为，储备资产结构形成在很大程度上是现行国际金融体系的制度安排早已计划好，或隐含着的国际储备资产自然积累的结果。而这种制度安排又是由在现存国际分工与国际贸易状况之上的国际经济与国际金融竞争力量对比所形成的。当然其也包含着历史发展的惯性维持，但现状的大势与力量对比态势仍旧是最主要的决定因素。

现行国际储备资产结构失衡概括起来表现为以下三方面失衡：第一，失衡表现为本位价值货币资产或贵金属储备资产的极小比重同庞大的现汇储备资产的严重金汇比例失衡。这造成了国际储备资产可能大幅贬值的巨大的潜在风险。第二，失衡表现为巨大的美元外汇资产同过少的其他币种外汇资产的美钞/他币资产结构的严重失衡。这使得美国宏观经济风险的国际影响与国际传递作用过大。第三，失衡表现为过大的发达国强势货币资产和过少量的新兴国货币资产，尤其是中国的人民币国际资产储备。这不但使发展中国家的封闭与开放经济发展进程受到影响，而且给国际贸易失衡、国际金融市场和国际资本市场带来了直接影响。

国际储备资产失衡的第三大表现为功能失衡。国际储备资产按照定义，其最主要的功能在于：第一，当一国对外贸易发生短期明显和重大的贸易赤字时，可以用来进行必要的为平衡贸易而动用的临时支付；第二，当临时宏观经济结构危机与灾害发生时，可利用储备资产进行从国际市场的调剂性进口安排；第三，国际资本和其他市场发生非常规性的风险危机时，进行必要的危机应对；第四，当国际债务安排出现非正常性的变动时，进行必要的补救安排。

然而，现行的国际储备资产的相当大的比重，被重新用来投资在以美元计价的资产购置和美元证券业务上。这不但使美国资本与资产规模急剧膨胀，而且给了美国以进一步扩大贸易赤字的现实金融资产支持。反过来，其又将推动新一轮的更大的国际贸易失衡和国际储备资产失衡。这就是说，国际储备资产非但未成为旨在充当储备，仅作为应对失衡的工具，反倒成了不断扩大国际贸易失衡的长期国际投资推动器。这样一个国际贸易内在不稳定器的生成与存在，构成了20世纪80年代以来不断滚动着、放大着的国际贸易失衡，使得国际贸易与国际金融的双重失衡被积累到隐含着巨大风险的现今阶段。

国际储备资产功能失衡的另外一大表现，体现在对国际储备资产庞大规模的国内额外货币量的投放。这是造成国内流动性过剩，从而形成宏观经济体系内部资产泡沫和财富泡沫的重要原因之一。国际储备资产的法定职责与功能，原本是防止对外经贸赤字和应对外贸活动与国际市场上的突发事变，通过其必要的投放，减轻或缩小对外经济失衡，从而保证主体宏观经济的均衡实现与平衡发展。但由于现阶段对外储备资产的大规模增加，不断要求央行的本币予以购买，从而导致非计划性的额外与过度的本国货币量投放。这成为了经济过热、经济泡沫、通货膨胀、币值不稳定等的助燃剂。

三、现行国际储备资产体系的全球失衡态势

依照国际货币基金组织 1993 年发布的《国际收支手册》规定，国际收支平衡表的标准构成分成两大部分。I 经常账户，包括：A 货物与劳务，B 收入，C 经常转移。II 资本及金融账户，包括：A 资本账户，B 金融账户。其中 B 金融账户又细分为：a 直接投资，b 有价证券投资，c 其他投资，d 储备资产。上述两部分或被细分为的经常、资本与金融的三部分的数量平衡关系，可用下述公式表述出来：$CAB = NKA + RT$。其中：CAB 代表经常账户余额，NKA 代表净资本及金融账户（也就是除储备资产之外的所有资本和金融交易），RT 代表储备资产交易。

国际金融统计（IFS）的简介中是这样解释和界定储备资产总额的：IFS“把‘总余额’一词定义为经常账户、资本账户、金融账户以及净统计误差和遗漏账户各项余额的总数。……储备和相关项目包括：1. 储备资产；2. 资金信用的使用；3. 异常融资。归类在后两项下的资金仅作为危机时为总余额提供融资的紧急处理手段，所以在大多数情况下，总余额等于该国储备资产的变动”。[①]

根据《国际收支手册》，储备资产的具体构成项目如下：1. 黄金，2. 特别提款权，3. 在国际货币基金的储备头寸，4. 外汇（又具体分为：A 资本与存款，包括 a 存放在货币当局的，b 存放在银行的；B 有价证券，包括 a 股票，b 债券和票据，c 货币市场工具和金融衍生品，d 其他）。

国际储备资产失衡状况可以从不同角度加以考察。

由于黄金在储备资产中所占比重下降到 2%—3% 的微小比重，外汇，尤其是美元的占绝对优势，使得从美国国际收支看会有所帮助：“自从布雷顿森林体系崩溃后，美国经常账户的赤字已集聚到 3 万亿美元。在金本位制下，经常账户的失衡现象便不会持续太久。”[②]而从国际资金向美国流动的角度看，这种失衡现象使得“美国虽然不至于像在金本位制下那样遭受到信用紧缩和经济暴跌的恶果，但却对世界其他国家积聚了庞大的负债。其净国际头寸如今已近 2.3 万亿美元的赤字，约占其国内

① 理查德·邓肯著，王靖国等译：《美元危机：成因、后果与对策》，东北财经大学出版社 2007 年版，第 13 页。
② 同上书，第 20 页。

生产总值的2%—3%”。①

关于所有国家的国际总储备，国际货币基金组织在2001年的《国际金融统计年鉴》中，曾提供了从1949年到2000年间的以特别提款权（美元计）表明的发展状况和52年的爆炸性增长趋势。如图15-1所示。

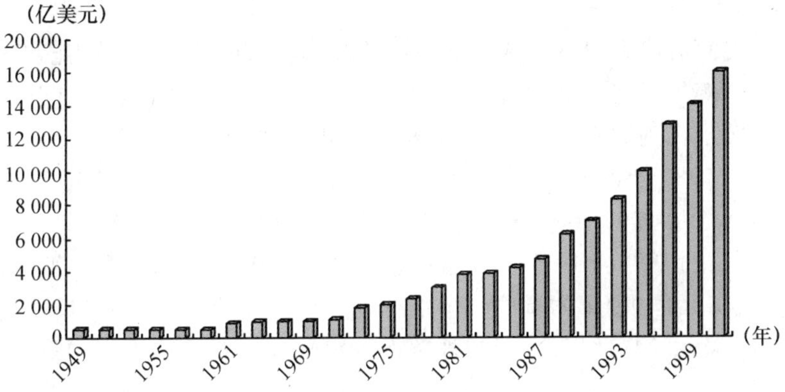

图15-1　1949—2000年所有国家的国际总储备

资料来源：IMF, *International Financial Yearbook 2001*.

（一）美国贸易失衡累积效应造成国际储备资产迅速积累

美国贸易失衡同样需要一定的金融推动，其不但后续的融资需要获得国际金融能量注入，就是它在形成的初始，也必须获得国内的信用支撑和诱导。如前所述，在金本位和价值本位制下的国际货币金融体系中，国际贸易的失衡只能是暂时现象，其失衡波动受本位储备资产升降，从而引起通货膨胀与通货紧缩，进而影响进出口缩小上涨的贸易平衡调节，从而经过一段时期形成相对均衡贸易。但在本位缺失条件下，持续的贸易失衡就可能在国际储备资产积累的支持下，形成不断放大的态势。在贵金属或财富本位制下，出现的始发或启动性的贸易失衡必来自于真实的经济繁荣和内需过旺，其货币支持也一定是真实的。而在非贵金属本位货币体系下，国内贸易的初始推动力则完全有可能来自于信用爆炸。从布雷顿森林体系解体之稍前伊始，美国的信用爆炸几乎在相当严重的态势上持续了二十余年。

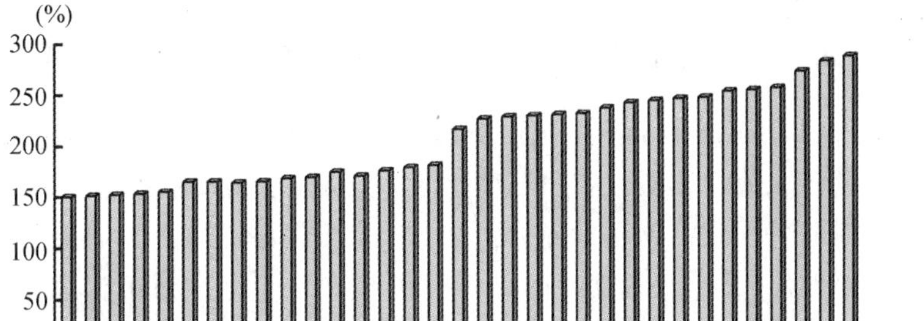

图15-2　1969—2001年信用泛滥推动扩张：总负债与国内生产总值的比率

资料来源：Federal Reserve Board, Flow of Funds, Tables L1.

---

① 理查德·邓肯著，王靖国等译：《美元危机：成因、后果与对策》，东北财经大学出版社2007年版，第21页。

美国的对外贸易当然是美国经济周期的某种反映，其经济扩张呈现出非理性繁荣，一定是通过其非理性的资本市场繁荣和非理性的投资，尤其是消费驱动体现出来的。其中，投资的背后是资本资产扩张，消费的背后主要是收入提高或者是信贷消费，两大扩张和非理性繁荣的背后都是非真实生产力提高所致的信用爆炸。

在庞大的信用和债务支持下的经济繁荣，通过自身的投资、产能和国内供给以及对外出口等等不能满足总需求时，对外贸易的赤字缺口就会被打开。这个缺口由最初的数十亿到数百亿（1980—1983 年）迅速扩展到上千亿美元（1984 年），而后一度升至 1987 年的 1 500 多亿美元。此后又逐年降低，以至达到 1991 年的大体外贸平衡。但从 1992 年的 500 亿赤字直冲到 1 200 多亿后，经几年盘整而进入小步上升阶段，到 1998 年后竟一路冲到 2000 年的 4 000 多亿。理查德·邓肯以此作为其专著《美元危机》第六章第二节的标题——为美国的经常账户缺口融资：一年需 5 000 亿美元。从此以后，美国外贸赤字水平大体在此量级上，并依旧处于总体上升态势。

巨额的外贸赤字和不断增大的融资不可能靠单纯的信用爆炸，从另一角度说也就是不可能仅仅依靠美联储指令下的美元印钞机的加速运转来维持。否则，其可能很快就花光了美元和美国政府的国际信用。其必须找到一定的真实资本投入与支持。在美国国内储蓄短缺，自有与自足资本短缺的情况下，唯一的来源就是国际资本与国际投资。这就要看美国资本市场的引力和国际投资与资本对美国市场的意愿。也就是美国能否为庞大的国际储备资产的过剩投资提供良好的释放与增益渠道。结果，美国资本短缺和不坏的投资回报以及高度发达的资本与金融产业集群及市场，恰恰提供了这样一种一定意义上的互惠互助条件。

这就不难理解，为何美国国际资本失衡同国际贸易失衡几乎同步恶化，形成互动关联："到 2001 年年底，美国的国际净投资为 2.3 万亿美元，约为国内生产总值的 22.6%。仅在 2001 年这一年，美国的外债占国内生产总值的比例就由 16% 上涨到 22.6%，上涨了 6.6 个百分点。在此之后 5 年间，如果美国的经常账户赤字继续维持每年国内生产总值 5% 的水平，那么到 2006 年，美国对世界其他地区的净负债将会增加到美国国内生产总值的 50%。"①

（二）新式、老式储备资产膨胀的实体换位和世界影响的显著区别

20 世纪是地地道道的美国世纪。美国从世纪初的工业经济与实力的迅速崛起，经过第一次世界大战的实质性扩张与坚实发展，奠定了其 20 世纪 20 年代繁荣的基础。这一时期的美国对英国和世界的挑战，来自于其真实和根本的工业经济能力与产业。但即便如此，其形成的支持的一部分仍然来自于金融信用膨胀。而此时的膨胀在于金本位制下的黄金储备实力及相应的信用与经济扩张。而第二次世界大战则将美国的工业，尤其是制造业经济推向历史的高峰。战后庞大参战兵员的返回，

① 理查德·邓肯著，王靖国等译：《美元危机：成因、后果与对策》，东北财经大学出版社 2007 年版，第 101 页。

形成了由巨大人力资源群体和巨大家庭消费群体进一步刺激和提升的实际经济动能。而后,美元称霸的美国金融霸权时代全面到来。随着70年代初石油危机的开始,美国开始步入了绿钞和电信虚拟的新经济时代,加上最后的知识与娱乐传媒的全方位虚拟和工业经济惯性,新范式经济与金融彻底改变了美国和世界。其中美国的主人角色(债务与债权地位)发生了换位,新旧国际储备资产规模、结构与主体,也都发生了彻底的变化,而储备资产膨胀的世界影响却是全然不同的。

根据国际货币基金组织的统计和年度报告,理查德·邓肯提供了图15-3,其清楚地反映了新式国际储备资产的膨胀速度、幅度与阶段性变动。总体情况是在1969—2000年的三十余年间,储备资产上涨近二十倍。其中1989—2000年间上涨了150%还多,而1969—1989年上涨了700%多。而1969—1991年间仅上涨了57%,至于从1949年到1969年这长达二十年的时间里,则仅仅上涨了55%。①

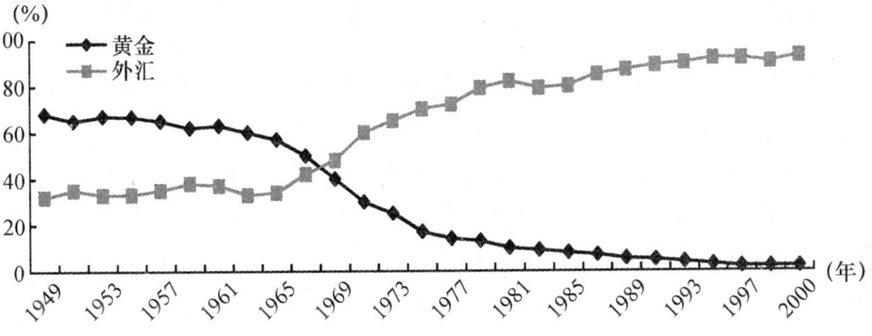

图15-3 1949—2000年的国际储备资产构成

资料来源:IMF, *International Financial Yearbook 2001*.

可见,在新式国际储备资产体系范式之下,国际储备资产确如脱缰的野马,在短时期内发生了剧烈的增长,或完全可以称为爆炸性的增长。这种增长的世界性影响,在同时推动世界性的资产价格膨胀或泡沫、资本市场泡沫、房地产泡沫、大宗商品泡沫、战略资源泡沫的形成,并在历经数次局部泡沫破裂后,造成了大量的虚拟资本价值损失,也引发了剧烈的频率更快的银行危机和财政危机,但却既没有造成同步性的严重的世界经济与金融危机,更没有造成像1929—1933年的世界经济大恐慌。

有价值的高水平的问题在于,究竟是本位制国际储备资产体系还是非本位制法币的国际储备资产体系更加不堪一击,易于导致全球性大恐慌?若答案是后者而非前者,究竟是什么原因使得在当今如此高速的储备资产增加和巨大的金融与经济泡沫破灭后却不引发大恐慌,而1929—1933年的情形,若非本位制基础上的资产膨胀,又是什么原因与何种情形的组合,造成大恐慌的呢?

最好先对比一下1929—1933年年初的资产膨胀及其所释放出的能量之相应的影响。

① 理查德·邓肯著,王靖国等译:《美元危机:成因、后果与对策》,东北财经大学出版社2007年版,第6页。

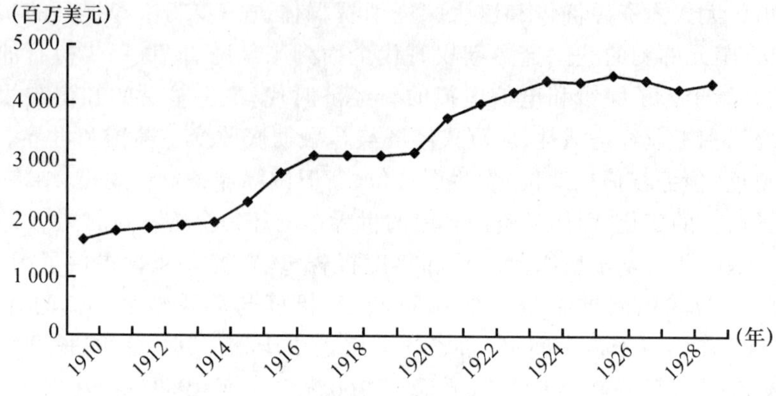

图 15-4　1910—1929 年美国的黄金储备

资料来源：Milton Friedman and Anna Jacobson Schwartz, *A Monetary History of the United States, 1867—1960*, Princeton: Princeton University Press, 1963.

没有系统的、可靠的数据可以直接表现出 1929—1933 年及其前后的国际储备资产结构或构成的详尽态势与变化。但图 15-3 所示的 1949—2000 年的黄金本位和外汇主体的结构变化，却是显而易见的：黄金在期初占近 70%，然而呈下降趋势，其中，在布雷顿森林体系崩溃的关键年份 1969 年，黄金占比降至 50%。此后即如同决堤的洪水，一路倾泻直至降低到 2000 年的 2%—3%。[1] 可见，本位结构发生了根本性的变化。而 1949 年以前，既然是世界金本位或英镑金汇兑本位，美国又急于打造美元强势货币，那么国际硬通货的背后储备资产就毫无疑问必须是"真金白银"。因此，同样有理由相信，1929—1933 年黄金储备在国际储备资产中的比重也相当之高。这种估计尽管没有直接的数据资料（及口径资料）对比加以支持，但从图 15-4 所体现的美国 1910 年至 1924 年间黄金储备的迅猛增长，也可以得到相当的确认。

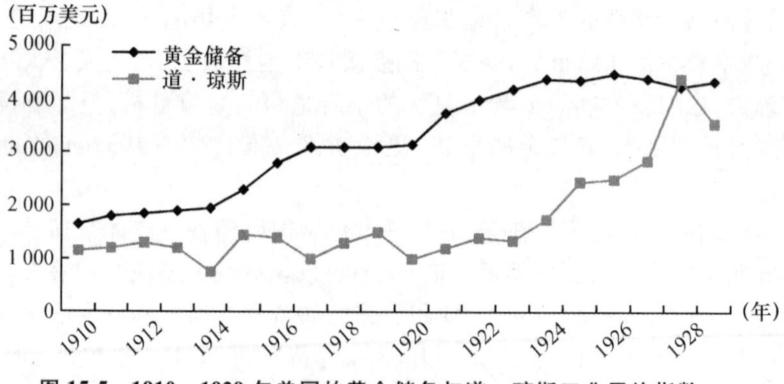

图 15-5　1910—1929 年美国的黄金储备与道 · 琼斯工业平均指数

资料来源：Milton Friedman and Anna Jacobson Schwartz, *A Monetary History of the United States, 1867—1960*, Princeton: Princeton University Press, 1963.

从图 15-5 可以看出，美国黄金储备在两个时期中获得了迅速增长：在 1914—

---

① 理查德 · 邓肯著，王靖国等译：《美元危机：成因、后果与对策》，东北财经大学出版社 2007 年版，第 7 页。

1917 年间上升了 64%，在 1920—1924 年间更是猛增了 130%。[①] 对应于黄金储备的这种迅猛增长，资本市场作出了猛烈的回应，出现了股指暴升。

比较图 15-6 和图 15-7 所示的 1910—1940 年和 1969—2002 年两个时段中道·琼斯工业平均指数表现的异同，可以从直观上为我们进一步的分析提供很大的启示。

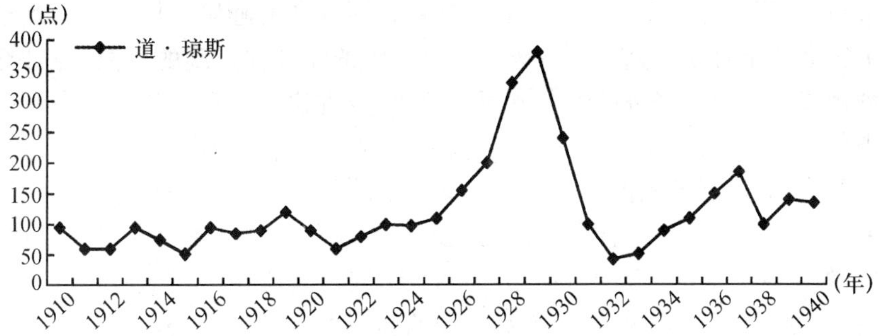

图 15-6　1910—1940 年道·琼斯工业平均指数

资料来源：Economagic. com.

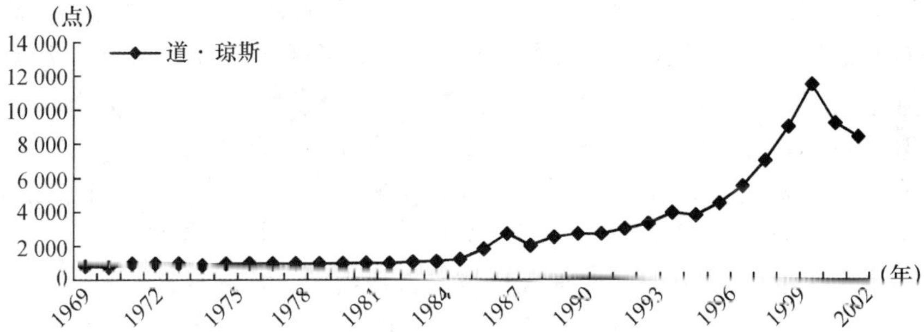

图 15-7　1969—2002 年道·琼斯工业平均指数

资料来源：Economagic. com.

首先，伴随着储备资产的迅猛增长，两个时段均出现了资本市场的超级大牛市。其强劲的增长完全超出所谓基本面的支持、现金流预期和合理市盈率预期。暴涨不但是以长时段、大尺度的强劲增长为特点，而且牛市持续的幅度也打破了以往的大走势与大周期。这种情形在第二段被格林斯潘定义并预言成为非理性繁荣。

其次，两段的重大差异表现为前一段在暴涨之后跟随着出现暴跌，并在暴跌的幅度上表现出强烈的回归本相，也就是回归基本面支持的周期性波动式的调整。但在第二段，尽管同样存在"黑色风暴"，同样造成巨额资本缩水，但却远远未达到回归基本面和作大周期调整的那种程度。

接下来的问题就是，这到底是现代金融风险化解能力大幅提升，金融经济暴烈运动周期或至少是大恐慌式的危机永远退出了历史舞台，还是潜存着更可怕的深刻的危机？无论是哪种情形，其内在的原因又会是什么呢？

对上述问题可以进一步引申为：对于现代的大规模的信用爆炸、贸易失衡进而

---

① 理查德·邓肯著，王靖国等译：《美元危机：成因、后果与对策》，东北财经大学出版社 2007 年版，第 136 页。

引致储备资产的暴涨,并相应地引发的包括资本市场在内的各种资源、商品、资产的全面膨胀与泡沫,其究竟是有可能靠现代综合风险管理来大大降低、缓冲或对冲其大量的真实风险,还是仅仅推迟了风险的到来?

对于如此复杂的问题,答案也必须是多方面和复杂的。应当看到并承认,现代金融多级、多层次、立体性的产业集群,使得金融资产的膨胀空间和余地远远超出历史上的任何一个时期。这不但造成了存在巨大的流动性过剩的可能(意即流动性源泉与载体或通道遍布经济的各个方面与角落,或者说货币和信用以及各种准货币信用形态的资产、财富遍布经济资源、环境与系统的各个角落),而且在其快速大范围膨胀的同时,大尺度的制度性长时段的繁荣情绪(无论是理性的还是非理性的)持续存在并被不断加热。与此同时,这张无所不在的金融立体弹性巨网的形成,也在不断大大增厚、加密、加大金融网络,从而在成倍地提高网络效应的同时,产生了无与伦比的现代超级金融风险的缓冲池、对冲池和蓄水池。

由此可知,答案应该是三重的:第一,通过多重金融工程、实用性的风险产品及同步与超前的金融风险池的构建,金融风险的某些局部性的,一些特定产品和行业种类的,其他剩余的甚至全体金融产业集群总体上的,以及一些大尺度方面的显著的系统性的风险确实被大大降低了。这是现代风险管理与现代金融工程等的有效创新作用之一。第二,与此同时,由于上述的一些金融风险既没有被对冲掉,也不存在对冲的可能,其只是暂时被吸收或被阻挡在现代超级金融风险缓冲池和蓄水池之中。这部分风险是巨量级的,可能以四种方式来释放其能量:(1) 通过不断蓄积累加到最终不可承受,再形成毁灭性的全球金融大灾难和经济大恐慌,来完成最终释放。一旦这种危机发生,将不是当年的大恐慌所能比拟的。这种情形又可以分成若干种不同的版本,如永久性的全球大倒退,一定时期(三至五年)的全球大崩盘,发达国家与发展中国家程度差异极大并可能引致新国际经济与金融构建的非均等的全球经济金融巨大冲击。(2) 通过现代超级金融体系与风险池的分部门、分阶段、分国别、分区域的时间上或空间上的涨衰调整和周期或非周期性震荡,来完成泡沫能量的转移和释放。(3) 通过超级的庞齐游戏和高度失衡的国际分工体系、国际贸易体系和国际金融体系,借助于后现代、后工业社会和全球化,而在发达国家中形成账面价值冲销游戏震荡,在转型和发展中国家形成真实财富与价值的国际大转移,并在已有的发达国家工业尤其是制造业产业战略大转移的基础上,通过双向直接投资、国际外包,完成发达国家基本格局维持和国际价值的泡沫与风险冲减。(4) 通过发达国家与发展中国家的世界性的重新洗牌和国际分工、贸易与金融体系格局的重建,来从根本上重构全球的价值和金融风险体系与系统,冲抵和消除相应的金融泡沫。第三,也是三种答案中最可怕、最当防范的真正的后现代金融风险。当然,其完全发生的概率并没有多大,但倘若出现市场崩盘,则不确定性和超级风险会难以估量。也就是说,已经被对冲掉的风险,已经被推迟的那部分,尽管为赢得时间、资源和心理防范而推迟,似乎显示出现代与后现代国际与国家金融风险管理的能力和水平有了巨大的提升,但与此同时,同业已积累起来的巨大的真实风险相比,它们几乎完全不是什么成比例的风险暴露和风险危机。整个世界,尤其是发达国家的资产、财富与经济运营能力的彻底崩溃与大倒退式的金融与经济危机,就根本性的非理性繁荣

(irrational exuberance)而言,就天量的泡沫经济与金融来说,最终是不可避免的,其发生的时间将在今后二十年到半个世纪以内。

表 15-1 外汇储备与基础货币,1999 年 9 月

	基础货币(% GDP)	储备(% GDP)	储备/基础货币
比利时	6.7	12.1	180
丹麦	8.6	8.1	94
芬兰	11.2	10.4	93
法国	4.6	4.6	100
德国	9.9	6.2	63
爱尔兰	9.1	16.1	177
意大利	11.9	5.6	48
墨西哥	3.9	4.7	120
荷兰	10.0	13.6	136
挪威	6.3	18.7	297
葡萄牙	25.0	28.0	112
西班牙	12.6	9.6	76
瑞典	13.0	12.1	93
英国	3.7	4.3	116

资料来源:莫瑞斯·奥博斯特弗尔德、肯尼斯·若戈夫著,刘红忠等译,《高级国际金融学教程》,中国金融出版社 2002 年版,第 524—525 页。

从表 15-1 中可以看出,除意大利、德国、西班牙外,表中其他国家的外汇储备均接近或超过基础货币。这从另一个角度显现出国际贸易失衡的普遍性和国际储备资产爆炸的普遍性。同时表现出高能货币、高能资本、高能国际储备资产同信用爆炸一起,形成全面的金融膨胀。

在国际储备资产失衡中,重大的格局变动因素来自于美国储备资产国际占比的降低和其他国家或集团占比的上升。表 15-2 提供了这一变化大势。

表 15-2 1952—2000 年美国在国际储备资产占比中的地位变化

单位:百万特别提款权—SDRS

年份 / 国家	1952		1962		1972		1982		1991	
	数量	%	数量	%	数量	%	数量	%	数量	%
所有国家	49 388	50.04	62 851	27.40	146 658	8.26	361 209	8.28	704 511	7.92
工业化国家	39 280	62.92	53 502	32.19	113 362	10.68	214 025	13.98	42 838	13.02
七国集团	32 083	77.03	40 185	42.85	76 538	15.82	144 129	20.76	257 232	21.68
美国	24 714		17 220		12 112		29 918		55 769	

年份 / 国家	1992		1993		1998		1999		2000(8 月)	
	数量	%	数量	%	数量	%	数量	%	数量	%
所有国家	725 661	7.30	790 112	6.91	1 276 632	4.65	1 399 168	3.8	1 517 250	3.35
工业化国家	424 229	12.49	440 423	12.39	573 895	10.35	614 649	8.66	656 063	7.74
七国集团	256 343	20.67	265 451	20.55	369 484	16.07	410 350	12.97	441 123	11.46
美国	52 995		54 558		59 379		53 238		50 762	

资料来源:1952—1993 年的数据来自于,郑伟民、黄苏,《衰落还是复兴:全球经济中的美国》,社会科学文献出版社 1998 年版,第 164 页。1998—2000 年的数据来自于,*the Economic Report of the President*, Washington: U. S. Government Printing Office, 2001, p. 399.

表 15-2 反映出：第一，全部国际储备资产在近半个世纪中增长了 30.72 倍。尽管同外汇交易规模、衍生品金融资产规模，甚至一些大国的国民生产总值相比，在绝对量上并不太显著，但其增长速度却是迅猛的。同国际贸易增长速度相比，也是具有爆炸性的。第二，工业化国家储备资产增速同样显著（16.7 倍），但速度低于全球总体储备资产的增速。第三，七国集团储备资产的总量与增速也有大幅的提升，但速度低于全球总体储备资产的增速，也略低于工业化国家储备资产的增速（近 13.74 倍）。第四，美国储备资产绝对量也在增加，但增速极慢，呈现出极为显著的相对衰退。其在近半个世纪从分别占全球、工业化国家、七国集团的 50.04%、62.92% 和 77.03% 下降到只有 3.35%、7.74% 和 11.46%。

（三）特别提款权的特别尴尬的地位：无足轻重的国际储备资产

特别提款权制度设计原本是要以特别提款权本位取代美元黄金本位，从而从理论上和实践上解决特里芬两难，以便国际金融、国际结算、国际支付、国际储备、国际货币能够摆脱美元或某种国别世界货币的内在矛盾困境，从而既能获得足够的清算能力，又不至于产生贸易失衡，既能有效地支持国际贸易和国际经济快速发展，又不至于带来国际金融风险积累，也就是由国际硬通货充当国际储备资产大大加速和放大了国际储备资产失衡。经过前后三次的特别提款权的币值重估与"认购"份额的变化，甚至到后来选择一揽子货币作为更为理性的组合性的复合国际货币与国际储备资产，凡此种种煞费苦心的制度设计却并没有带来起初的所谓纸黄金的期许。特别提款权最终未能成为哪怕是仅仅起辅助性作用的国际储备资产。

"布雷顿森林体系及固定汇率制到 20 世纪 60 年代备受压力，因为这个体系在监管储备增长以提供资金给全球贸易的扩张和金融发展方面，不会有任何机制。黄金或美元是当时的两大主要储备资产，可是黄金生产并不充分，无法作为储备供应的可靠来源，而美元储备的持续增长又让美国的国际收支持续陷入赤字中。这对于美元的价值构成一大威胁。基于这些原因，他们决定在国际货币基金组织的赞助下创立一个新的国际储备资产。"①

就在特别提款权创立后不久，布雷顿森林体系走向了崩溃，主要的货币也转变为浮动汇率制。这一发展，伴随着国际资本市场的成长，助长了信用良好的政府的借贷，也使得对特别提款权的需求大减。

"今天，特别提款权作为储备资产的作用很有限：截至 2002 年 4 月底，特别提款权在国际货币基金组织会员的非黄金储备中不足 1.25%。虽然有些私人的金融工具以特别提款权计值，可是为促进它在私人市场上得到运用的努力并不十分成功，因此，它的主要功能，就是作为国际货币基金组织以及其他一些国际组织的账户或价值单位。在这个方面，特别提款权仅仅用于国际货币基金组织和其会员之间的交易。"②

---

① 理查德·邓肯著，王靖国等译：《美元危机：成因、后果与对策》，东北财经大学出版社 2007 年版，第 272 页。

② 同上书，第 272—273 页。

理查德·邓肯认为,若美国贸易赤字下的美元不再作为国际储备资产以支持全球经济扩张的话,特别提款权则是一个可能的选择。而事实上,这种选项或许不得不建立在新的国际经济、国际分工、国际贸易、国际资本及其背后的经济总格局的支持与相应的世界格局变动之上。特别提款权过去没有能够,将来也不会成为一种主要的国际储备资产。

第十六章

金融战略制高点：认知与潜认知金融大博弈

金融交易与过程不始于金融决策，金融决策不始于金融分析与信息交流，金融交流与模型或数据处理不始于金融认知，金融认知一般不始于金融认知特殊，金融认知特殊不始于一般性的理性活动，金融理性活动不始于系统性的教育与培训。事实上，金融活动、决策与认知的最初源头在于潜认知金融，即来自于潜意识、下意识和无意识的经济与金融价值判断和心理偏好形成。这一部分的精神或心理活动为以精神分析为代表的精神分析心理学家们所揭示。行为金融学家们则几乎未敢进入这一领域。像福柯通过其《古典时代疯狂史》来重构所谓理性学科、学理一样，弗洛伊德和荣格的心理哲学和精神哲学，则开创了人类潜意识学理研究的先河。意识与无意识有着深刻的联系。无意识和下意识，构成了意识与理性活动下面的滚滚流动的精神与心理活动巨河。意识或所谓的理性活动仅仅是冰山上的一角，巨大的部分则是潜藏在水面下的冰山实体。

进入下意识或潜认知金融这一领域，无疑是一种金融学研究史上的重大创新与突破。其革命性与颠覆性同卡尼曼、特维尔斯基行为或心理金融学是一样的，而其在认知行为金融乃至经济学中的影响面与深度冲击方面的作用甚至会更大。现代金融学关于随机性的研究与模型化或计量化，以及后来卡尼曼、特维尔斯基开辟的行为金融学的异常市场与金融行为的新解释，或许仅仅是金融现象的最为基本的部分。深层的金融意识与活动，或许在基础和本质上根本就是来自于长期的处于隐蔽和潜伏状态的金融潜意识。这将是一个庞大的创新金融学理和学科体系。

一、金融舒适空间：形成、建构与动态调整

经济舒适空间构成经济行为规范运作的核心心理框架与基础。经济舒适空间及其逆转是比投资还要重要的真正的经济第一推动力。投资、消费、择业、齐家直至创业乃至那种最后的所谓平天下等等重大抉择和活动，其一切的原发推动和持久动

能都来自于人们舒适空间里所发生的思想冲击、心理评判、思维掂量、模糊筛选与非精心(理性)谋划。这种心理核算可能会形成清晰明确的思想轨迹,也可能仅仅是一种思想苦斗、心力煎熬和下意识顿觉的思想火花。关于舒适空间理论的具体内容,读者可以参阅作者的《超现代经济学》。

金融舒适空间同经济舒适空间会存在许多交叉与重叠,而且在许多方面,它们实际上是在共享同一种舒适空间。经济越是高度信用化,财富越是高度流动化与金融化,也就是通过诸如资产支撑证券化等形式而发生的财富全价值形态化,就会愈是把经济舒适空间转化为以金融舒适空间为主的经济—金融舒适空间。

(一) 价值尺度及价值整合

价值不是一个完全客观的度量。它是一种社会经济—金融当量,反映了一定社会经济网络和金融生态下的综合性的社会供价与社会求价及其背后全部的交易与博弈力量的一种妥协和折中。

在具体的有关金融价格机制,包括定价及其过程的模型和理论中,已经更加具体地建构出各种出价、求价、索价等理论架构与模型。这里从较为一般和抽象的金融供求价格角度对其进行近似形而上的考察。无论是供价还是求价,无疑均包括金融行为主体对金融资源、财产的主观判断和好恶。由此,一个表面上看起来全然客体的、市场化的社会交往过程中所形成的东西,却在本质上同群体与个体的主观判断参与发生了某种必然的联系。这就引导理论家、学问家、思想家、科学家,在金融现象波动与演化的背后,努力地去追寻和探索更为深层的理念价值变动和价值衡量。

统辖价格运动和金融—经济流量、存量周转的是市场价值。市场价值是一种社会必要效用当量,其是在特定的审美、趣味、文明、人伦、历史与社会的人类学与民族学的价值规程下,对社会市场供求(甚至包括开放经济与金融格局下的国际供求链的引进之下)的社会效应当量的换算和肯定。这个当量之中包括下述各种经济力量的直接或间接约定:(1) 直接投入或运作相关的资源与环境效用当量评价;(2) 直接投入与运作相关的基本要素效用当量衡量;(3) 直接投入或运作相关的物流与交易效用当量衡量;(4) 通过供求价格(索价、比价、价差)、交易量(市场容量、活络程度)、时尚与流行(或反向的淘汰)等,而综合反映的社会消费与投资朝代所体现出来的偏好与品位效用当量评价。其中,核心与本质则是古典政治经济学家以降,特别是为马克思完美解决的社会必要劳动时间。

市场价值的形成并非是完全的超个体行为影响的市场力量直接作用的结果。就如同在完全竞争模式下,交易个体仅仅是市场价格的接受者,全然不是市场价格的“有效”参与者,更非市场价格的影响者。这是经济模型的误区效用或误导作用所致。这就如同民主选举中的单票或个票影响一样,在既定的政治生态力量分布情形之下,个票作为一种边际量无疑不起影响选情和决定选举结果的作用。但在政治生态分布、中间选票力量摇摆和势均力敌情形之下,决定性的边际票,即特定的个票就成了直接决定或至少是影响最终结果的重要力量。

在个体价值参与的市场价值形成过程中,个体价值并不可能仅仅是指逐利判断。金融行为者的市场与非市场、职业与生活的二分法是有限度的。就是说,在职业投资范围内,金融行为主体绝对不能以慈善家的价值准则进行资产组合。然而,这绝对不会排除职业投资,尤其是长线投资和创新性投资的社会责任、全球意识、环保理念等等的价值介入。至于个体的属于个人投资组合的部分,或个人整个支出活动,当然不可能认定其会在金融市场上和市场经济活动中表现为"助人为乐"的社会行为,但也许并不排除通过合理的让利与共享,直接行为者借以构建和营造更加有效的金融生境与生态空间。

市场价值在绝大多数的场合与情形下,就是金融价值本身。金融在最初进入市场和被引入经济之中时,无非是充当两大功能的媒介物:一是媒介和润滑经济,即中介、流通与融通功能;二是适当窖藏经济,即把经济财富与价值的现态,通过公认的核算手段体系,转化成未来价值形态,即保值功能。但后者在经济的低水平状态下并不十分重要。人类早已界定和发明的保值品及行业,历来运作得相当有效。财富价值的留存通常并不需要过度的金融介入和努力。然而当经济发达程度达到相当的水平以后,第二种功能就显得尤为重要,并且其会通过现货与期货市场和证券化、货币化,尤其是金融化、电子化、网络化等,完成对第一种功能的全方位推进,并将第一种功能同第二种功能紧密结合起来,形成完全的金融价值之衡量与周转。

但由于市场经济与金融经济在基础设施、时空场域、周转速度、时间长度等等方面都存在着差异,因此,市场价值与金融价值并不完全一致。这表现在:第一,作为市场价值的企业、公司形态,其实物形态及专用性在金融价值中并不可能被百分之百地计量与反映出来,而金融价值不但是基于企业、公司的未来现金流的预期,更是基于金融市场中的能量分布态下的"各路财神"的走势判断。这里不但存在着领先与滞后的时间差,而且存在不可能的价值转换的全等化。第二,市场价值本质上更趋向于现在时空价值,市场对未来价值的定位既不准确,也缺乏过多的兴趣。市场价值毕竟以可交易的和"现在与真实"(present and real)交易为背景。因此像公地悲剧、环境与资源无价无市等状况,都是市场价值的直接缺位所造成的。金融价值尽管必须以市场范围与价值为基础,但金融价值完全可能通过一系列远期、期货的转换,借助于公众指数互换和交易,来扩充甚至构建更广阔与长远的现货与期货市场。这样,金融与资本市场就不但是现行经济的晴雨表,而且成为未来经济以及现在走向未来经济的晴雨表。第三,市场价值更加注重双重价值中的特殊价值,即特性化、有效性方面的价值,而金融价值会更加倾向于一般性价值。例如,在进行典当与房地产等抵押时人们就会发现,有的流动性较差的资产市场价值相当高,但在抵押和拍卖市场上的价值却会大大缩水,这绝不仅仅是交易方地位不对称所致,更是由价值的一般性追求上的差异引致的。

除了市场价值与金融价值而外,金融行为主体同时也会涉及另外两个方面的价值,一是科学价值或认识论方面的价值,二是人文价值,即伦理价值或真理与终极关怀价值。当现实性、可能性与偏好潮流不可能性存在时,其实并不意味着一些项目、作业、交易的工具理性价值不存在。海洋冰、太阳能、新能源等清洁能源的科学工程价值是显而易见的。这种科学价值有时被社会过分推崇,有时又被世俗与功利社会搞得几乎一文不值。人类社会对其迄今未能形成良好的科学界定与评判机制。

人文价值是所有价值的最高主宰。不管世俗世界如何大行其道，物质主义与市场价值如何实实在在又五光十色、光彩动人，但人作为一种属灵的、精神性的动物，其在最深层的良知萌动和人文情怀上，依旧会把人们的精神寄托和价值追求放在总体判断之上。

市场价值与金融价值，作为一种本质上的"物值"与效用性的功利判断，当然不可能是人文价值与科学价值的直接转化一对一的完全等值换算，但其中，在不同情形之下，金融价值无疑会适度和有效地反映这些价值存在。

意识世界里所形成的种种明确的上述价值的转换原则，基本上都首先来自于下意识世界里的上述四种价值的构成和反复碰撞。由于四种价值的各行其道与各行其是，并且不存在同一结构与学理或人格体系，来将其加以系统化与表里化整理，因此，当事人反复地不断进行着心理活动与思想交锋，进而在经常与反复的心里下意识比较、核算与判断后，就构成了上述四种价值整合的存在基础与基本内容。

在涉及最为重大的人生前程、核心事业与重大利益交易活动，或人生最为敏感和关切的事宜时，人文价值与科学价值会产生重大的影响，甚至起着决定性的作用，而对那些常规与程序性的东西，则个性化的价值判断会较少介入，仅仅是遵循早已固定的程序化的评判规则按部就班，循序渐进地处理。

金融舒适空间首先构建并维持着这种价值尺度运行机制和结构系统，借以保证评判标尺的系统性正常运转和良好运行。这种价值舒适空间的存在与逆转，不但决定着金融交易、资产组合与布局乃至事业、职业的择定，而且决定着人生转轨等重大人生举措的最初产生与而后的变迁。功利性判断与原则性执着是这种舒适空间里的根本性冲突所在，对其加以整合的有效性决定着人们性格与心理成本代价的大小。

（二）通胀通缩与价格波动承受空间

金融行为主体是个矛盾性的东西，一方面，其希望波动与价差的存在，从而可以进行投机与套利，另一方面，却在自身财富与资产乃至收入及支出基础上，追求与期望稳定性和确定性。这表明人们存在一个通胀通缩与价格波动的承受空间。当社会经济—金融处在这样一个能够被认定为相对舒适的环境与空间里，行为决策者会在交易活动中表现出简单的理性反应，即在近乎于程序化决策模式中完成必要的回应与决策。

系统性的有规律的通胀会被直接叠加到预期成本与收益核算之中。从理论上说，这种转换似乎不会对金融交易运作造成多大负担。然而，通胀与通缩本身是不对称的，而且其金融价值影响的分布是不均匀的，影响的敏感性与致命性也是不尽相同的。通胀到一定程度后，资本尤其是跨国、跨境投资最为敏感，因此资本投资部分反应也最为快捷。这并不意味着资本金融的通胀致命性最重要，而是表明跨境和国际投资比一般资本投资的选择性空间更大，更易于操作。一般居民，若想进行跨国活动，尤其是跨国择业与移民，其成本代价是巨大的。

因此，资本通胀承受空间小，且更为敏感。民间金融通胀容忍空间要更富有弹性，但通胀对普通民众的伤害也更大。因为资产形式多样化，如拥有包括房地产在内的耐久资产的保值作用，会在通胀中抵消部分损失。而耐久、升值或保值资产较少的普通百姓，则只能面对由通胀所造成的实际收入水平下降带来的直接经济损失，而且鲜少具有由其他资产的相对升值带来的适度补偿。

价格起伏波动分几个层级：第一种是个别的物价涨跌。视涨幅变动状况，人们会对此形成不同的心理与金融核算和应对机制。通常对剧烈的超乎寻常的个别品价格猛涨，人们采取的是消费甚至投资偏好调整；而对一般性的但已超过其心理账户和实际预算的情形，会采取积极的替代选择的办法加以应对。前者通常是割舍与放弃，后者是寻求同水平或降低水平的替代消费。第二种是由货币和经济过热刺激的相对短缺带来的通胀波动。这通常是一种相对温和与有意义的价格上涨。对这种价格波动，人们通过工资指数、收入指数等的价格合理预期来加以应对。但这种涨幅舒适空间是理性与情感交互作用的，并在动态中完成调整与具体形成的。第三种是结构性物价上涨。例如，相对于产业格局与产业升级，以及经济储备、资源与环境压力所带来的调整，出现能源、原材料（尤其是相对稀有的）和环境敏感型产品的物价上涨，人们用经济理性和长远利益核算及全球公共意识，来调整自己的承受空间，并有可能进一步调整个人的行为与消费方式，借以支持社会经济—金融的合宜变革。第四种是恶性的通货膨胀。这或者是由于重大的货币政策失误，或者是由于当权者和中央政府恶搞，有时也许是由于经济—金融政策理论误区所致。例如，持续的凯恩斯需求管理的动态结果积累，导致了20世纪70年代的滞胀。在这种情形下，个体的理性选择空间并不大，政治性的解决，如权力更迭、体制变迁、政策更改，甚至社会经济变革等社会应对成为必要的选择。

通缩似乎对消费者是个利好机会，但在现代经济条件下，由于几乎相当的社会群体都既是消费者，更是投资者，因此，通缩下的消费收益常远远比不过通缩下的投资损失。通缩直接威胁的是厂商收益，从而再生产与增长的循环受到威胁乃至破坏。同时，从减少订单到裁员，减少就业和投资收入的机会，最后会危及整个社会经济。

（三）回报预期、索价空间及其空间逆转

工资预期与收入回报，构成了现代发达社会成本推进的主题。发达国家国民收入的70%以上是人力资源或人力资本薪酬。有关就业回报或职业收入预期，无疑构成了收入变动及价格变化的主要部分。其同通货膨胀形成了一种互动叠加的动力过程。

对收入的预期表面上看来是种高度理性的简单的计算，属于一种绝对的意识活动部分。然而，就国别收入预期与职业选择比较而言，就同一国度不同历史时期来说，在不同的社会文化氛围与政策环境下，人们预期的比较，就同一国度同一时期不同区域，例如城市与乡村，大都市与小乡村，发达地区与贫穷落后地区，沿海城市与内陆地区的比较而言，首先表现为巨大的心理与文明方面的差异。对诸如吃苦耐劳、心灵手巧、卧薪尝胆，或个人英雄主义、集体主义精神等等的价值取向定位，以及

对个体自我意识、自我设计、商业伦理的界定等等行为规范和道义支持，不但直接参与了职业范围与职业等级优劣的评判与选择，而且直接参与了回报期望的形成。

这种回报预期是在一定的文明背景下形成和发展的，因而，其下意识活动并非是一种同社会履行与社会存在完全无关的特异精神现象与心理活动。首先，这些潜意识下的核算与碰撞是在一定的社会文明成本基础上和大框架内进行的。二手车在美国是作为工作和生存的基本交通工具，家庭轿车在欧洲国家则是一种举家出游、度假的工具。公路交通乃至机械运动（包括徒步行走和骑自行车）是普遍的通勤手段。意大利的高自有房产率就给整个家庭购买而非租房以极大的压力。这些社会文明的具体存在反过来会转移到收入与回报期望之中。文明成本是一种长期的经济—金融演化结果，其会通过各种渠道进入人们的心理预期，帮助其形成回报与他们的舒适空间。其次，现实的经济景气与具体的涨落波动，尤其是学生毕业前夕的就业市场行情，会直接推动人们在进入职业市场时的回报预期形成。一般说来，当时与稍前的经济越是景气，就业选择面越宽，其回报预期就越高，反之亦然。此外，在初入职场时，其职业搜寻的艰辛程度和进入职场的时间长度，同样会明显影响这种回报预期的形成与调整。进入职场越是艰辛，搜寻职业时间越长，其自我评价越低，就业越是缺乏信心，回报预期相应就会大打折扣。再次，回报预期还受直接的个人财货禀赋和家境及家庭成员相关经验的影响。有些影响是长期的潜移默化的，有些则是直接的忠告与劝说。然而，无论这些情形如何，都必须进入当事人个体的意识与下意识流中进行不断的碰撞与调整。最后，相近的同学、朋友的就业、择业情况会有直接的冲击影响。有时会成为好的动力，有时会导致误区，误导其回报预期，造成较大的偏离。

在当今金融原生品和金融衍生品系列高度发达的情况下，发达国家居民通常百分之二十五左右的家庭财富会以直接金融资产形式存在，其余的以存贷和信用相关的金融媒介资产形式存在，而且，几乎全部或整个社会的绝大部分交易活动，都是以直接货币和信用支付来完成的。因此，人都是处在不同的索价—比价空间之中，而这种出价与划价空间，就是金融舒适空间的重要构成部分。这种出价与划价将不但涉及人们的直接现阶段消费，而且影响和决定着他们的未来消费，从而影响和决定着各种金融资产的动态转移与相应的组合变化。

这就是说，出价与划价空间既同动态偏好结构及其逆转有关，也同人们的储蓄投资的预期回报有关，从而在深层受制于人的价值判断、价值取向及由社会金融走势的协调所带来的意识与下意识活动的影响。

同样的市场，同样的价格向量，同样的资产结构与分工体系，不同的人却选择不同的消费结构与水平、投资结构与水平，这既来自于人们以往经历与选择所造成的路径依赖，也取决于各自所形成的不同的舒适空间。

预期回报、索价空间在一定时期与条件下，会保持已经形成的稳定结构，而在一定的域值附近，微小的变动就会引起结构形态出现逆转。

超边际分析新学派研究试图引进边角解，即在均衡分析与内部解的边际静态分析产生之前，引进一种可以事关战略抉择的超边际之分析与求解方法论的思路与分析框架。这对择业、投资行业、选择专业、教育投资等根本性选择，可能是更为有效和适合的分析框架与分析手段。但一则超边际分析的心理支持，二则超边际分析以外的大量的日常性的介于边际与超边际之间的模糊的求解与选择问题，就会涉及上述的这类金融价位与预期空间及其移转。而这一切都经常是在下意识条件下形成的信念坚定和具有空间弹性选择性的复杂问题。

（四）计量、交易方便性空间及其逆转

对像法定货币这类的官方价值尺度，人们鲜少有足够的选择余地。日元、台币等都是计量单位很小，支付数额甚大的货币币种。这些国家与地区的人们，只好习惯于大数与大额的换算与核算。这并不意味着人们的心理习惯性和方便性空间没有作用余地。

美制的度量衡如磅、加仑，同公斤等相比较，用起来就很麻烦。而这种小事可能酿成大灾难。挑战者号七名宇航员全部飞进永恒的天国（太空），就是由于公制与美制长度换算上的错误所引发的航天灾难。

金融计量单位换算上的错误自然不会导致像挑战者号那样的悲剧。因为，所有的记录、文档、电子信息均在，进行必要的核实与推算后，就一定可以重新纠正，形成正确的换算、契约与交易记录。

计量、交易方便性空间及其移转经常和多半是由强势金融主体方的计量与交易方式决定的，因为它们自然居于主导地位。国际通用惯例和历史应用传统，即所谓的业界标准，也起到一定的作用。此外，制度规定和技术处理的难易程度，也构成了这些计量单位与交易方便性的存在基础。

例如，银行拆借价格的波动，衍生品价差等的变动，都是由特殊的倍加与倍减单位来体现的。这种设定会从客观存在转化为金融行为主体的主观意识，进而变成下意识的自然反应和习惯性换算。这些单位界定当然同起始时业界人士与决策人士的经验有直接关系。然而随着规模金融经济（在金融领域中的规模经济）的出现，效率原则会压迫计量单位向更方便的方向演化。而方便性的基础就是金融行为主体的意识与下意识里的匡算与会计计算。当然，计算机的神奇速度与功能，有可能把自然人的心理算计挤到一边。然而，自然人的那种寄望于通过简单的方法，哪怕是模糊的比较而形成大致的匡算，以便印证和下定决心接受复杂计量结果的想法，却是永远不变的。

经济—金融社会的确早已形成了一种制度性构建的智慧，那就是在我们普通的自然人在智能甚至信息处理上出现结构性不足时（如超级计算速度，短时大规模的记忆容量，长期的记忆性错误和不可靠等等），通过分工体系，即专业分工与协作来形成超级组合结构，以完成复杂的任务。例如，机构投资、公司或合伙制经营、共同基金等等社会经济组织，都是这种组织系统建构的集体架构形式。然而，随着网络化与电子金融的加速发展，个户或个案处理的趋势同样更加明显。这时，超出自然人行为习俗与方便性的过繁的金融计量，就会引起金融行为主体的不快。

描述性统计、图形比较和简单比例关系是自然人易于接收的信息传导方式。计量与交易的方便性与技术效率始终是在矛盾中动态前行，并且互相约定的。

（五）国际金融通用（通货选择与替代）舒适空间

通货选择是金融国际资产转换与持有的重要方面。一般说来，持有本国货币是基本选择。这符合金融运作理性。无论是从交易与结算的方便性，兑现与换取的方便性，还是从主要资产池的货币匹配效率角度来看，均是如此。但货币的坚挺性、流通性、国际风险性和国际货币的储备结构比重，也都具有重要的参照价值。

与此同时，国际金融选择还在潜意识与下意识里受人们的价值判断，即是与非，对与错的伦理和道德界定的影响。民主主义情怀、爱国主义情怀的背后，同样有着深刻的理性。一种公民所通常具有的意识形态倾向和价值观引导，无疑会对货币的接受、选择与认可造成重大的影响。在被占领区，敌国货币的使用就会受到被占领国居民的千方百计的抵制。

二、心理账户的形成、动态演进和结构保持

舒适金融空间在认知金融中充当两种主要角色。其一是作为一种感觉和价值活动空间，构成了各种金融变量与账户的边界限定，并同时服务于一种弹性确定；其二是一种偏爱性的价值取向，构成了心理与情感偏爱的某种基础。

偏好显然是主观意志与感受或追求上的一种外显，或用萨缪尔森的话讲叫做显示偏好。偏好在市场上呈现出了某种可直接被反映并能够进行量上比较的价值等量，即通过货币购买量可直接体现出支付方的偏爱程度、偏爱倾向和偏爱水平。买者的竞价和出价，反映了其对效能和效用偏爱的内在倾向，卖者的问价（询价）或许价（offering price）或成交底价，代表了卖方对所持效用的偏爱割舍或价值割舍的内在评价。尽管对于完全社会化的产业和完全市场化的产品，价值当量的上下限早已为平均回报率和平均利润率、机会成本（或社会利率和折旧率）及收益和最大化利润空间等等所锁定，但对于具体的买卖参与方而言，价格空间、数量空间和市场的进入与退出却还是完全个性化的，或顾客与商家自决与自愿参与给出的。

这种偏好和偏爱结构与倾向，会直接促成心理账户的结构、功能与形态的形成。个人的求学、择业、创业、立家及所有经济—金融分工系统的形成与抉择，首先由来自于这种个人追求与偏爱的价值选择与偏爱系统决定。这是一种强烈的个人兴趣爱好内在追求同个人社会化的角色特征与行为特征不断作用的结果。

忠孝节义、寡廉鲜耻等等所显示的是非好恶价值、荣辱善恶价值、美丑爱恨价值、憎爱喜怒价值等等，在不断地塑造着每个金融行为主体，也在其心灵的深处不断地撞击着金融行为主体的情怀世界和心灵空间。心理账户从现象上和形式上观察，应当是金融行为主体十分明显的意识与理性活动的产物。然而，在深层的心理账户结构形成和心理账户原始动力或生命激情追寻上，却都几乎完全是下意识的东西。正是这种下意识的或潜意识上的对生命的认知和生存的祈求，决定了金融行为主体每每在心灵与精神深处所埋下的事业追求、个人理想、价值取向和家庭塑造的准则与定位。它们直接和间接地完成并决定着心理账户结构的形成与作用。

所谓心理账户结构，就是指心理分仓和心理预算与核算过程中所形成的几种核

心的金融价值之心理分域间比例关系。以个人创业与风投为主的战略投资型心理账户结构,必定是把禀赋、资源与积累的相当部分,投向希望追逐的心理账户;以守诚度平安的常规与保守型心理账户结构,必定是把绝大部分的禀赋、资源与积累,放置于风险厌恶的一般性投资和消费之中。心理账户结构决定了投资风格与投资策略,从而最终决定着职业选择与金融价值链上的分工角色。

自古以来,人们基本上是由两大社会角色决定其生活乃至生命取向,从而全部经济与金融活动的。其一是职业或社会生产体系中的分工角色,其二是家庭即种姓繁衍中的私人家庭角色。这两大角色的原发梦想,直接决定着人们毕生的努力与追求,从而决定了人们原发的心理账户。

人们最大的金融财富与原发性的金融资源和禀赋是人的潜能与天才储备。而能否有个人生的好梦,会否遇到良师益友,即人生获得所谓的知遇之恩,识别千里马的伯乐的赏识与提携,会决定着人之最大金融潜能的发挥和释放程度。而这一切,又都必须是同人之内在的梦境相一致和相匹配的。倘若内在追逐同外在环境压迫不相适应,尽管可能产生某些奇特结果,但也许会引致精神疾病。现代社会的疯癫和精神病患者,基本上都是由这种内外失衡造成的。

时间、追求加上才干,构成了现代人最核心的金融资产。并且这三者之间的通过教育、创业与学习的全部活动,也在最深层受着人们原梦的制约、影响与启迪。外部世界再美好,还是家乡月儿圆;第二故乡尽管养育人,还是故乡儿时的情景才入梦。这种原梦性的内心最深处的向往与追求,会在人们的金融能源与金融能量的形成与匹配布局中,发挥重要的作用。

那种人生的原梦会在日后的事业中,随着资本拥有、资产增长,随着事业进展和家庭责任与义务的逐步增加与实现,在人生的阅历与经验及社会存在与环境的进一步刺激之下,逐渐形成某种稳定的结构模式,并相应地或可直接嵌入现有事业的金融流程基因之中,或等待时机进行投资—融资的重新规划与调整,完成第二次创业,开始新的经济—金融生境。

心理账户结构不仅是一种动态演进的结构,用于金融风险管理和投资核算事业,而且是金融行为主体对其心理能量、生物能量、时间能量及全部资源进行战略规划与布局的最为基本的决定结构。

三、潜认知金融心理—行为结构

潜认知金融心理—行为,同意识系统相比,是巨大的,错综复杂的,深入到灵魂深处、精神血液和文化细胞之中的,但其依旧是有结构的,遵循一定规则展开和“行动”的。

作为一种无意识、下意识和潜意识中所处理和形成的金融感知、信念、“理智”,其会同意识活动交互作用,呈现出一定的金融—经济心理定势和行事决策风格。这种全系统的潜认知金融心理—行为展开结构,可用图 16-1 来表述。

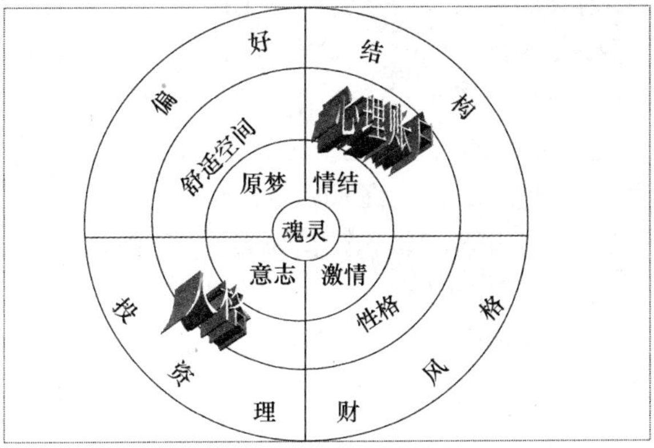

图 16-1 全系统潜认知金融心理—行为展开结构

偏好结构和投资理财风格是一种外在的显示偏爱倾向和抉择行动的显著程式与成型化特征。它们无疑是长期的人生经历积累与意识活动的结果,但其同时也是潜认知金融的产物,更是受潜意识与深层经济—金融心理活动支配的。为了叙述与掌握方便起见,从中心圆开始,这也符合这种心理—行为结构,因为核心在于此。

(一)魂灵

魂灵是人或金融行为主体的价值取向凝聚,也是其人性或人文关怀焦点、生存与经营根本意义之所在,从而是其存在和享受的所有目的性本质的精神支撑和核心理念归宿。魂灵是人之良知所在、信念所在、追求所在,是生命存在的本源性规导和核心动力来源。

魂灵是个整体,并不分解成生理魂灵、文化魂灵和经济—金融魂灵,是一种可以从本质上界定出张三、李四、王五与赵六的内在区别与分野的精神表征。在个体与微观层面上,它是一种心灵深处的呐喊与求索;在群体与民族层面上,它被界定为民族魂与国家精神。

良心无价,灵魂无市。它们均既不上市参加交易,又不直接指挥资源配置和投资—消费营运。但灵魂不但在最深层决定着金融行为主体的终极价值与德性操守,而且影响他们的战略投资和核心战略资源配置,决定着金融行为主体之事业与职业的战略性转换以及最终的财富支配和使用。

(二)原梦

魂灵同另外相连的四种潜意识活动直接相互作用:原梦、情结、意志和激情。原梦是一种集体无意识和个体无意识之间的相互作用,并由其激发出来的类似于初恋般的本原梦。它是人究其全部才智与所有,尽其全部所能,所欲实现的人生理想与梦幻般的追求。

原梦与魂灵有重大的交叉,但还非一回事。原梦更带有个体性和私密性。而魂灵则必须是为全部的人生,尤当重大的社会价值、公共价值与意识所修正和期许的精神向往。一些重要的历史人物同样有原梦,其原梦可能始终被埋在心田里。他们将一生完全贡献给了公共事业,却把自己的原梦随之带入坟墓。

原梦具有深层的心理结构。其通常是同个人与家庭的某种噩梦般的不幸、悲惨境况和某种羞辱连在一起的。也有伟人与大英雄的原梦同国殇、民族灾难连在一起。它们在这些特殊人物的心灵里埋下了情感的种子,或是复仇,或是翻身,或是解放,或是冲破某种牢笼。原梦的直观性原因和追求,对当事人来说显而易见。但原梦的实现途径、手段和最终形式,却是在日后渐渐明朗的。

一些原本并不富裕的人却毅然领养孤儿和弃子,有些甚至因此而失去了自己的伴侣和亲生儿女。许多并不阔绰的慈善家几乎倾其所有。陈嘉庚办实业不是为了个人荣华富贵,衣锦还乡,而是为了侨乡教育,为了祖国教育事业。其矢志不渝,竟达到了不惜变卖企业资产而办集美学校。原梦是种破土情结,是一种质朴的价值追求。

(三)情结

情结是演进和深入的原梦,是价值升华的原梦。情结是相对抽象的,进一步合理化和升华过的情感寄托和深层渴求。

的确原梦也好,情结也罢,它们几乎都既不主导直接的日常金融活动与运作,也不直接参与具体的实际金融运作。因为像参加401K养老金投资计划,购买公司职员优惠股票,购买某种医疗和人身保险,储蓄一定的资金购买或更换某些耐用消费品等等,诸如此类的金融理财与核算通常都是市场化的几乎程序化了的方案择取,并不存在什么爱心与情感联结。但当涉及理财、致富、事业、成就的终极指向与转向,涉及重大敏感与社会冲突项目时,情结就会成为终极"法官"。

(四)意志

叔本华把人类个体的意志归结为生存意志和生殖意志。尼采把人类个体的意志或最高意志,直接定义为权力意志(现在也被翻译成强力意志)。毛泽东24岁写下的警世之作《心之力》,他的老师杨昌济先生给他打了个前所未有的高分105分,《心之力》通篇闪烁着人类个体灵魂意志的深厚伟力和无穷的创造力。

意志是经济—金融行为主体的灵魂所在,是其全部价值取向、理想追求和行为目的的最深层的内核。意志不会直接介入人们的日常金融决策与预测,意志也不会直接干预人们普通的交易处置和市场价值换算,意志甚至对人们普通的伦理困惑和道德行为也不会直接作过多的介入与校正,意志只会对战略投资、战略价值评估、生命本质追寻产生直接的影响和决定。

(五)激情

程朱理学发展到朱熹时代,已完全形成了所谓"存天理,灭人欲"的二元截然对立的境地。而陆王心学则一反伪道学的假正经,把天理直接根植到人们活生生的欲念之中。孔老夫子早就有言在先,"食色,性也"。进一步,激情不是常识下的喜怒哀乐,而是一种由情结、意志和原梦决定的同生命完全一体的情感追求和灵魂寄托。

激情散发的经济与金融行为个体有不可遏制的欲念或灵魂渴望。激情犹如巨大的体内燃烧机,它会促使行为主体以火一样的情怀,忘我乃至拼命地投身到金融行动与工程之中。

由灵魂进入到第二层的四大心理结构便基本上形成了金融行为主体的意识与心理体系。这五大要素及其匹配，借助于第三层级的心理账户、舒适空间、人格、性格，就基本上完成了金融行为主体的心理与伦理的基本建构。这三轮的集合与协调统一，最后借助于偏好结构和投资风格，就大体上确定了金融行为主体的完整的心理、伦理和经济与金融的行为系统存在。

四、人性弱点与深层潜认知—行为偏好

经济学与金融学的偏好显示，被经济学家和金融学家严格限定在财富相关的领域，并事实上被束缚在市场往来和物质财富交往过程之中。像芝加哥学派的被称为经济学帝国主义者加里·S.贝克尔对婚姻经济学的涉猎，并不在核心层面上改变这种学科的对象与范围界定。包括对选举和竞选政治的甚至于布坎南的宪政经济学的拓展，也都基本上是对寻求权衡、成本核算或交易费用结构基础上的均衡—帕累托改进或稳态的研究。行为金融或严格意义上的实验与心理经济学派，试图在异质人、行为主体特异性方面，开辟新的研究通道与方向，但冲击和挑战仍然是有限的。

实际上，比之经济学上的效用偏好或显示偏好要丰富得多，并且深刻与复杂得多的是同人性弱点相连的或至少相关的深层潜认知—行为偏好问题。这是行为金融所观察到的锁定效应、框架效应、过度反应效应（过度自信和过度害怕）、羊群效应、非理性行为效应、非财富追求效应（损失厌恶）等的更为深层的认知与行为基础。

金融行为主体，作为理财师，作为现实的交易与运行投入与参与方，作为金融交易者的各种行为代理人或主人角色，非但不是完备理性与智慧者，而且不拥有完备信息，在一定的境遇与时机下也都是既拒绝合宜和客观信息输入，更拒绝认输、认错与认理。这不但导致各种陈规陋习、迷信痴迷、疯狂冒险、滋事扰局等等人类行为怪招，而且会发生屡教不改、伺机反扑、浪子回头等等社会学奇异现象。

（一）失败厌恶

人性最大的弱点是失败厌恶。失败有真假之分。这里的失败既有客观意义上的失败，更有主观上自我膨胀的自恋、自大狂式的失败。失败厌恶比之损失厌恶、风险厌恶等，无疑都要更为基本、更为深刻。

人之生性是极为脆弱、充满恐惧且胆小怕事的。人通常由于体能与忍耐等各方面同动植物相比较的劣势和在智能与心灵方面的灵敏强势，而先天具有患得患失、瞻前顾后、拈轻怕重的“心理阴影”。人的许多无所畏惧鲜是彻底的、大无畏和崇高的，经常是少年样的无知者无畏。这种先天的恐惧感、忧虑感，并非全然是弱点与坏事。引导得当，学习得法，教导有术，就完全可能成为自然的风险意识、忧患意识和前瞻意识。然而，人们中的多数并无此等觉悟与境界，更鲜少能锤炼出大智大勇的情怀与心境。结果，就会在主人、老板、领导、同事、亲友的影响、压力、示范之下，在既定的一次又一次，一浪高过一浪的财货诱惑下和生计困境摆脱中，变成大部分时间胆小如鼠，不敢越雷池一步，把风险控制在几近零度以下。而与此同时，却又在有

意无意过程中,积累和把握更大的风险,甚至于灾难。例如,以美国为代表的发达国家,供给穷人社区的几近都是质次价高的垃圾食品(半成品、成品如罐头食品、软饮料),而穷人原本收入很少,又时常没有医疗保险。结果,他们都既不肯也不愿意作出正确的购物选择,放弃这些垃圾食品。这无疑在拿人之最基本和宝贵的金融元本钱,即人命与智能本身开玩笑。并且,每次因原材料等引发涨价时,这些低收入者往往是遭受实际收入损失最严重的,而他们却顽固地固守着他们的电视晚餐、冰箱食品这样的饮食习惯。

失败厌恶是创新乏力、风险防范过度、市场结构严重不对称、社会分工体系极度不合理、收入与财富分布不均等等的重要原因之一。社会为此不得不付出极高的风险溢价和特殊资本回报(风投创业),来激励企业创新和产业生成与壮大。

失败厌恶同样也是羊群效应的重要心理与精神支撑。不是所有的人都喜欢吃苦耐劳、艰辛创造,但许多人也并非惧怕真正的拼搏。事实上,多数人真正唯恐避之不及的乃是失败所带来的像是无用、笨蛋、废物的那份羞辱和自责。因此,他们才会在创业、另起炉灶、投资等等方面,一错再错,贻误良机。

失败厌恶的真正金融价值损失还不在于一次性良机错过。人生充满了投资与发迹、成长与创业的大机遇。失败厌恶的心理定势会使人们变得安贫乐道、逆来顺受、听天由命,从而拒绝变化。这就会使金融行为主体陷入封闭、狭隘与过度恐惧之中,形成恶性的怕事心理循环,最终会导致一蹶不振。

失败厌恶的合理化或心理平衡,可能会演化成损失厌恶、风险厌恶。很少有人是喜爱失败的。但几乎所有成功的人,尤其是大成功者,成就大胜利与大业绩的人都是不畏惧失败,相反是勇于面对失败,并善于从失败走向成功和胜利的典范,从而使失败成为成功与胜利之母。但相当多的人都经不起风浪,尤其是失败的考验,反而把失败当成逃避的经验之谈,永远步上按部就班、大事难成的道路。

(二)服输厌恶

服输厌恶是自己被自己打倒了。服输厌恶表现出人们对向竞争对手和他人公开服输,承认甘拜下风的非理性厌恶。决斗和阿Q心态是最常见的竞雄好胜,并在败下阵来时依旧心有不甘的典型表现。

在商战和金融交易中,无疑存在非零和游戏与交易,但在一般性的套利交易中,显然是存在不对称的,而公平性原则在形式等价条件下,总是会把优势与决定砝码让给强势一方。结果,零和游戏是常态。零和游戏既未见得违反帕累托最优,也不意味着不存在帕累托改进余地。因此,交易仍然有可能形成共赢,双方获益分配不对称下的共赢。然而,进入金融市场,尤其是资本市场里的人们,却时常在这种认输厌恶的情结与心态支配下,不顾实况,不计实力,不辨真情,继续着本无希望的“经营”与“运作”。资本市场上的难以“断臂”和赌徒的倾家荡产之荒唐,皆出自于这种服输厌恶。

正是服输厌恶才导致了风险偏好态度上的两极运动:当服输厌恶者要一争高下,不肯示弱地投入选择时,如面临新的投资机会与创业可能,可能表现出来的就是一种不计后果、不甘失败、不愿落伍,从而会是一种希望偏爱、风险偏爱的盲目乐观,以及凭借着单纯的胜算心理就急于进入的思维惯性和心理态势占了上风；而当服输厌恶者败下阵来，几乎功亏一篑时，可能表现出来的是雷声大而雨点小。不敢迎战、不敢决战，从而不善决策，结果会造成损失厌恶、风险厌恶主导局面。

服输厌恶并非都会带来负面影响。服输厌恶效应既可能是正面的，也可能是负面的。正面的服输厌恶会使得投资者格外理智、谨慎地去对待个人的尊严与面子，把个人的全部金融运作活动，同个人的声誉与名望连在一起，注重每一个细节，认真对待全部可能，积极应对，尽可能塑造和保持自己的常胜将军纪录。而其负面效应与结果，应该是主要的，且影响是可怕的，甚至可能是灾难性的。因为，其在微观上，可能导致狗急跳墙的鲁莽行径，把个体风险推向极致，并视微观比例分布结构情况，有可能叠加成可怕的宏观结果。

从服输厌恶可以进一步引申到竞争效应上。西方经济学把竞争效应过于美化了，其或许在文化的核心层面上适宜西方国家极端个人主义基础上的自由主义传统，但却既非是经济学和政治经济学的奠基大师亚当·斯密的原意，更非人类前进的不竭动源。竞争与合作、市场竞争与分工协作是社会生产力与人类劳动能力得以放大的原因，他们相辅相成。适度的有规则的非恶意的竞争，可以激发干劲，增进效益；然而斗气似的鲁莽性的竞争，却可能毁掉一切。

（三）公开认错厌恶

大众传媒是面向一切受众的，而且其中的信息通常已经是平常得几乎老少皆宜，没有学究晦涩之玄妙。然而，对股市与经济走势的劝告与警讯，却鲜少会引起当事人的注意。在股市中被套牢，在大跌中输个精光的比比皆是。所谓"淹死的是会水的，打死的是犟嘴的"，说的就是遭受重创的通常是那些所谓的"行家里手"。那么这些高手与行家们难道会比普通人更无知，获知信息更少，更无辨识能力去判定走势与行情？非也。

关键在于拒绝输入、拒绝接受、拒绝认错。拒绝认错显然是一种自恋情结和自大狂的表现。这样一种深层的自我感觉良好的心理态势，会在下意识中形成根深蒂固的自我辩护、孤芳自赏之偏好。在这种情结统合与驱使下，行为主体只习惯于听见和看到那些肯定自我、放大自我的利好消息，而对那些表明前期决策错误的信息甚至劝告，则有选择地过滤掉并尽可能地掩饰与忘却。许多微观金融资本市场上的大风险都来自于操盘手对先前的错误的掩盖，结果使本来可挽救的危机变成了不可逆转的灾难。美国能源巨头安然公司中期与前期若能接受一些知情人的好心劝告，就决不会走向最后破产的境地。

拒绝认错在一个恶劣的公司文化氛围中，会相互强化，使这个公司进一步发展成谎言世界与谎言天地。结果是，林彪的"不说假话办不成大事"成为潜规则。这样，整个部门、系统与公司会陷入到一种不得已的掩饰推诿、谎话连篇的境地。

同这些明显的基于人性弱点之上的与厌恶相关联的自然是一系列特殊的偏爱。这些偏爱在潜意识里决定着风险偏好及其空间弹性区域，并直接与间接地影响甚至决定着人们的风险与收益的权衡核算和抉择上的最后定夺。

（四）既得利益偏好

同损失厌恶，尤其是失败厌恶甚至服输认错厌恶相关联，人们有着深深的既得利益偏好。此乃患得患失，犹豫不决的根本症结所在。

既得利益远远超出一般性的财富拥有和损失厌恶中的反感与担忧的失去。既得利益代表着金融行为主体在每时每刻所处的位置，所赢得与拥有的好处和一切。人们固然有情感附着造成的对个人的“拥有”、“积累”与“获得”生成的特殊的情感价值连接。但多数人在多半情况下的心理核算和抉择把玩，却并非是这种情感价值看重，而是一种对既得利益丧失的恐惧与不安乃至不甘。

既得利益偏好直接带来了决策心理成本和个人投资资产的高估。这是卡尼曼著名的自有杯子索价和无杯子到市场上购买的出价之间存在着巨大差价（甚至于倍差）的潜认知金融基础。高估自有与自家投入，低估市场和他人付出。这种核算与评估上的不对称，又直接导致了合伙经营的艰难，从而进一步导致了公共公司、市场兼并、契约规范和中介（律师等）的介入。在这个意义上，市场竞价和准拍卖市场，是剔除个人偏狭与误差的良好机制。

从人权到商品权，再到产权，市场经济框架试图对这种既得利益偏好进行有效的规范，从而将其纳入到公共协同关系交易网络之中。人权在经济中的直接兑现就是人身自由和劳动力商品化。这进一步发展到人力资本，从而把人之后天的教育与技能培训个体资本化，注入到人自身的交易权利之中。从人权、人力资源或人力资本自我占有与投资权，到其他财货拥有和支配的私有权，都代表社会对合法的个人自由存在空间和个人意志实现的物质存在支撑的承认。这种对包含商品的一切物品和财富的拥有与支配权利，包括对其加以出售的权利，在资本和财富资产化的动态过程中，就进一步发展成为产权。

既得利益偏好并不表明经济学与金融学不应主张上述金融行为主体的自然经济权利，而是要从根本上揭示出既得利益偏好本身在经济效率和行为主体自由追求中的内在矛盾，即其一方面带来了个体存在的有力的物质基础与空间所保证的经营与生活意志自由，并使珍视自我、珍视自有变成一种强有力的自我风险意识和自我保护拥有；另一方面，因过于看重、高估自拥有的一切，从而导致给价的不合理和合作空间的大大缩小，社会机制固然演化和发展出了公共与中介（或第三方）评估，包括像陪审团这样的犯罪之社会性评判机制。然而，这种公共机制与公共评价矫正的社会成本却是极端昂贵的。而自知之明的准默契的小团体的合作与经营，却可能带来巨大的经营效益和胜算概率。

（五）炫耀性偏好

炫耀性偏好也可称为好面子偏好、显摆偏好。凡勃伦在其《有闲阶级论》一书中明确而系统地研讨了炫耀性消费。其将这种行为特征同有闲阶级挂上钩。这的确反映出凡勃伦深刻的洞察力和非凡的社会阶层意识与观察力。其实，经济与金融行为主体的炫耀性消费、投资、运作具有普遍和深层的心理诉求。

有闲阶级的摆阔、要面子、讲排场，有时甚至许多情况下并非是为了虚荣心的满足，其实质上是远远超出赢得社会尊敬与尊严的社会宣传、交往手段。它是一种带有广告性、招市性、造势性的经营投资。有时甚至为“套得住狼”而必须“舍得下孩子”。

财大气粗就要挥金如土，一掷千金。好花要靠绿叶扶，才子须有佳人配。这种普遍期许的大方、适宜与匹配，不仅仅引致出一个庞大的奢侈消费产业集群、奢侈消费大军，更对时尚与奢侈消费风气推波助澜。

这进而引出了一种所谓的身份经济。功能经济通常可满足最基本的需要。这对一个高度发达的社会而言，无论从技术上还是资源与资本上，都不十分困难。然而，由于炫耀性偏好，为了在不同水平、财力、层级、地位上的消费群体和经营主顾，能够明确区隔和显示出他们之间的身份差异，各种现实存在的资产与财富就需要据此而相应在价值链、品牌、功用、舒适、审美价值等等方面，甚至还包括外在性显示标志的种种区分上下很大的功夫。

股票、债券、外汇等等各种各样的金融产权，或股指期货、期权似乎早就同质化。其似乎也是在货币面前人人平等，并不在乎购买和投资者究竟是一诺千金的大老板，还是斤斤计较的小掌柜。然而，无论是金融品种的“初始资本”，还是进入可能与渠道，金融行当是区隔化很明显的。不同的“捕食者”必须对应着适于自身的“捕食对象”。金融价值链就是一个等级梯度的金融食物链。其视金融行为主体的财力与资源的等级与位重，加以分层和并据此构建起来。

以当代富豪为代表的一种新倾向正在引起某种改变。他们以所谓的知识经济为舞台，正在以平民化、随意性、低调与大众趣味，改变着这种人力炫耀与显摆。这就把人类的价值存在，转向内在性和文化精神领域。但身份经济非但没有消失，反倒大有愈演愈烈之势。

（六）唯我独尊偏好

金融行为主体表面上看起来通行的是羊群效应。似乎人们很是随大流、无主见，既不愿意抛头露面，也不希望独领风骚。人们确乎是很怕孤独，深谙高处不胜寒，木秀于林风必摧之的哲学与为人处世之道。但这都无法从根本上掩饰人在内心深处是何等的孤芳自赏、自以为是、舍我其谁和唯我独尊。

人在内心深处是敬神的吗？人的确被神圣所感动，热烈地赞美与崇尚伟大。但多半是向往那种万众欢呼的激越与风光，那种盛气凌人与不可一世。人与其说敬神，莫不如说怕神、恐神，意即担心遭天谴，受报应。人在本我上是异常孤独的。人个个有独立意志，每每心通上帝，自成一体，梦想皇帝轮流做，明天到我家。

唯我独尊偏好会表现成一系列次级偏好。这就是明知故犯偏好、小聪明偏好、自命不凡偏好、好为人师偏好、自我中心偏好、独断专行偏好、坐井观天偏好、自以为是偏好。

卡尼曼和特维尔斯基观察到了人类在经济—金融交易过程中的框架效应或参照系误差。这其中有群体和混合认知误导，也有个体自主认识偏见。但核心与根本却在于其深深的自我肯定与自我高贵的唯我独尊偏好。

“兼听则明，偏听则暗”、“三个臭皮匠胜过一个诸葛亮”、“三人行必有我师”等等均在告诫人们,集体的智慧、他人的忠告经常是有助益的,至少是有相当的合理成分的。然而,古往今来,古今中外,却处处时时显示着所谓的良药苦口不宜吞咽,尽管其利于病,忠言逆耳难听,尽管其利于行。明知故犯、一意孤行,结果是头破血流,身败名裂,赔了夫人又折兵,只为那一点点自尊、自我,及所谓的“不蒸包子争口气”。人们把“人活一口气,树活一张皮”狭隘地理解成自我中心,自行其是。

五、小概率与大数辩证对应

小概率事件与大数定律在统计本质上是矛盾甚至冲突的。在哲学方法论上是不同的倾向与侧重的思维定势。但对应于其处置和把握的不同的统计值及不同的分布区段,它们又是能够相安无事,各司其职的。

(一)小概率决定和大数定律统筹

金融重大风险,主要是指非一般性的特大损失风险,也就是常规投资与营运之例外风险和少数特定的灾变风险,它们自然多半应属于小概率事件。这些在风险统计量值上表现为高峰值、肥尾和偏斜度分布,而非遵循所谓正态分布。

与此同时,那些涉及财产、人生与将来生计的损益,却完全可能在大数定律统筹下发生。

涉及命运与前途的,具有战略转承性的金融变化,常常取决于小概率事件,因此,可称之为小概率确定。这种概率分布状况不能不影响金融行为主体的感受与把握。而那些人生普通性际遇和一般性生命活力的具体表现,则在绝大多数情况下,都是遵循大数定律的。从而,投资与经营决策及其损失补偿性的防范,就采取了投资风险管理和保险风险管理两种方式,即分别受小数定律和大数定律的支配。这在个人心理账户和金融产业集群上,也进行了相应的分工。

小概率决定具有重要意义。金融事件不可能真正像理想游戏和物理实验那样,都遵循公平的游戏原则。其每每发生,尽管有重复历史,形成相近的轨迹,看似相似,但在好多情况下,事件不但是不可逆的,而且也并非是同质性和简单重复出现的。而从社会补偿公平、社会整体福利与效率以及社会进步角度看,创新和创业风险的激励与补偿是相对有效的。对个体散户而言,股市、楼市、币市等的风险溢价也起到了相当的激励作用。但溢价合理空间却难以确定。市场所呈现出来的金融能源与金融能量的集结与释放,经常会是非理性的和过度调整与具有冲击性的。金融泡沫在这个意义上是不可避免的。差别仅仅在于程度和释放时间及方式的不同。西方民间智慧流行与确信这样的信条“生活是不公平的”。人之生理与心理素质与天分,甚至包括相貌与体能,都是先天不公平的。金融泡沫与风暴的影响更是不公平的。重新洗牌的损益从来就不是均匀分布的。人类通常通过认命与信神、制度保证和社会调整(包括转移支付和慈善事业)来对种种不公进行适度调整。

(二)小概率事件空间与小数定律思维特性

小概率事件空间与测度,在金融领域中的应用晚于大数定律。小概率定律思维惯性尚未被明确提出。在行为金融中，其是被作为金融市场与金融行为的特异而被关注和研究的。这无疑是个误区和误解。

实际上，金融行为主体的生活空间、信息空间、经历取样空间、思维空间，都决定着其主、客观方面的小概率情形熟知和小概率认知与抉择倾向。大家与圣贤之所以受到推崇，就是由于其宏观与历史视野和具有广泛的把握力度。

人们的认知领域是有限的。人们习惯于在小聪明基础上的自我激励，这又会进一步强化其在狭隘的经验主义范围内的自行其是，自命不凡。这是由心理与精神舒适空间决定的。读史而通古又博今，对大多数人而言是某种痛苦的惩罚，他们宁愿在小样本空间基础上，用自我成功的程序化简易原则与范式进行评判与抉择。

科学训练、系统教育、专业化拓展都有助于矫正人们的经历有限、经验不足等弱点。而历史和广泛的资料与知识的获取与占有，尤其是历史视野和知识风度的形成与加厚，更能帮助人们克服这种由生存空间的狭小而带来的偏狭。

然而，客观的真实却仍然是，大千世界中的大数定律并非总能决定具体的现实的金融事件与金融事变。这种自然的非重复性，造成了小样本的有效性。并且，只要主、客观境遇情形相同，数据结构本身不发生明显变化，小样本的预测与决策就经常是有效的。尤其是这种决策结果同人们的主观概率发生明显吻合。因此，行为主体习惯于这种反复被印证的自然推移，而不愿承担意外的风险。

小数定律思维惯性就是上述小样本事件空间与决策之习惯性的推移。其在社会生活的各个方面，都是普遍存在的。广泛地被定义为坐井观天的井底之蛙思维方式，固守传统农耕、苦心经营的小农意识，放大自身经验、反对科学性的普遍和统一性原理的经验主义，都是这种小数定律思维惯性。

小数定律思维惯性并非完全不符合认知科学规律。事实上，作为真实生命见证的小样本，其具有全方位、全景式、多视角的鲜活感受和把握特征，对其的解读无疑会远远超出一般性的数据处理所掌握的信息。此外，小样本经常直接同当事人的亲身损益相连，那种切肤之痛和成功的欢欣，无疑会加重样本的决策权重。

没有什么人可以完全跳出小样本空间和摆脱小数定律思维惯性。而且，成功的经验运作也不需要那样。一些独特的金融市场营销和投资回收具有特质性价值，这恰恰是金融高管的市场价值之所在。

只要把握适度，开放、开发得当，这种个体认知财富就可能转化为金融运作的市场利基，并且会构成金融行为主体的丰厚认知资本。但若缺乏冷静与客观，一意孤行，拒绝大数参照和历史经纬匡算，就可能导致倾家荡产，血本无归。

（三）大数定律、羊群效应与市场大势应对滞后

大数定律和中心极限定律奠定了商业保险存在与经营的基础。然而熟知人类经济史的人们不难理解，早在这两大统计规律出现之前的数千年，人类早已在自觉和不自觉地运用起风险池和组合分散风险的方式、制度来对抗和处置风险了。这给人们以启示，认知的科学化并不是实践理性启动的先决条件。金融践行完全可能首先突破。而后，相关科学可以在方法论、数理处理、模型化、制度设计和观念跟进等方面开辟更多的通道，提供更多的帮助。

大数定律仅仅对应的是那些大批量、公平游戏和不断重复的金融世界。但如前所述，并不适用于某一具体的金融预测与投资决策。均值预测当然不可能适于资产价格预测与波动，随机性仅仅是金融事变、演进与发展的特性之一。此外，还必须具有周期性、自相似性和演化特性，从而除了风险外，还必须包含其他的影响金融能源与能量供求集结和分布的变化态势。

大数定律同羊群效应没有直接关系。但羊群效应却可能甚至于必定影响大数定律的变化与实行。一般说来，所谓"羊群效应"者们跟进的都是在长线和价值判断上他们所敬重的那些权益资本，而这样的投资选择通常不会遵循大数定律或出现重大变化，因为存在着大量的噪声投资群体和短线投机群体。而且，机构投资主体通常会选择同样策略而非羊群跟进战术。然而，当资本市场步入超级牛市时，则暴利激发疯狂，疯狂刺激想象，想象鼓励胆大妄为，胆大妄为引致大规模的羊群效应。这是金融泡沫迅速积累和大规模叠加时期的基本情势，也一定是随后的金融泡沫破灭时会出现的基本金融走势。这种疯狂的羊群效应将会形成双向正反馈机制，甚至强化这些机制作用，在其泡沫生成、扩张和累加时，成为泡沫超级放大器；而泡沫破灭时，又成为崩盘或大衰退的超级催生器。

实际上，经济和金融时间序列本身，由于增长趋势或时间价值相对增长趋势的作用，总是造成不对称的随机变动。这就不是简单随机统计可以处理的。但只要趋势可以被遏制并通过适当的统计处理加以剔除，大数定律和正态分布假定下的统计推断和预测仍然是可靠和科学的。但在存在不随机的正反馈机制之下，问题的非线性就会变得极为复杂，而不再可能靠那些经典的统计趋势处理方法来解决。

基于上述的这种特定时期的羊群效应分析，逻辑上能够直接推导出大势应对滞后。在金融市场运作上通过这样一个经验法则来体现其不可阻挡的一面，即不与市场作对和相抗衡。而这种普遍性的顺水推舟式的避害或躲避风头策略，无论是消极跟进还是积极扭转，都会出现大势应对滞后，主要是扭转的相对甚至绝对滞后现象。

（四）大数定律创新和小数思维出奇制胜

大数定律是一种均值思维，即常规、普遍性思维，缺乏亮点，缺乏新意。换言之，那种追求平衡、跟进势头、迎合潮流，而非反潮流的做法，只能带来对既有价值的瓜分，并不可能带来新颖与创造之利基与硕果。

同传统的熊彼特的垄断创新理论不同，创新通常并非原发于大公司、大企业、大集团。垄断与规模所具有的财力与需求无疑是其创新的某种基础和保证，但"尾大不掉"，牵一发而动全身的风险连锁效应，加上垄断的坐享其成，都是微观大型集团（基金或公司型的经济大帝国）通常在技术创新方面落后于小公司的原因。更为直接的成本核算原因还来自于，新技术手段在小公司推广，一人多职，人力费不明显，而大公司的技术处理费用，人均下来是惊人的。因此，大公司在技术上多半是慢五到十年。

大量的创新来自于中小企业甚至来自于前企业或前公司的所谓非正式组织行为，及一些非正式草创性的合伙制经营群体。风投基金试图将这种创新资本市场化、制度化。但硅谷模式和纳斯达克机制会否最终成为资本市场的有机构成和主力军，目前下结论尚为时过早。金融海啸已经在严肃质疑这种模式。

小公司和那些像奇异期权的尝试等等，构成了金融创新的基本源泉。那么，缘何大公司拥有的专利、知识产权和专项技术更令人记忆犹新？因为大公司有雄厚的财力，可以一举将适宜创新通吃，并将其变成市场合宜规范经营。而被大公司购买后雪藏起来的那些先进技术与创新，却可能永远处在暗无天日之下。

小数定律思维具有广泛的实用价值，而且在兴趣基础上的个人投入和营运追求，只要获得合意的创新补偿和市场回报，其运作绩效将是惊人的。因此，创新是广泛的、民间的、自发的。其主要核算尺度，在根本上是依据兴趣偏好的存在与发挥作用与否。社会创新补偿与氛围会刺激这种偏好，尤其是其成果转化。但创新水平和智能价值绝不取决于社会刺激。后者只能扩大商业价值，而并不一定提升人文价值和文化鉴赏水平。

参考文献

安格斯·麦迪森著,伍晓鹰等译:《世界经济千年史》,北京大学出版社2003年版。

本·S.伯南克、托马斯·劳巴克、弗雷德里克·S.米什金、亚当·S.波森著,孙刚、钱泳、王宇译:《通货膨胀目标制:国际经验》,东北财经大学出版社2006年版。

彼得·纽曼、默里·米尔盖特、约翰·伊特韦尔编,胡坚等译:《新帕尔格雷夫货币金融大辞典》,第三卷,经济科学出版社2000年版。

大卫·克里斯蒂安著,晏可佳译:《时间地图:大历史导论》,上海社会科学院出版社2007年版。

弗雷德里克·S.米什金著,刘毅等译:《货币金融学》,中国人民大学出版社2005年版。

贡德·弗兰克著,刘北成译:《白银资本:重视经济全球化中的东方》,中央编译出版社2005年版。

贾恩卡洛·甘道尔夫著,靳玉英译:《国际金融与开放经济的宏观经济学》,上海财经大学出版社2006年版。

理查德·邓肯著,王靖国等译:《美元危机:成因、后果与对策》,东北财经大学出版社2007年版。

伦德尔·卡尔德著,严忠志译:《融资美国梦:消费信贷文化史》,上海人民出版社2007年版。

罗格·洛温斯坦著,孟立慧译:《赌金者:长期资本管理公司(LTCM)的升腾与陨落》,上海远东出版社2006年版。

罗伊·C.史密斯、英戈·沃尔特著,黄为忻等译:《全球银行学》,上海译文出版社2005年版。

莫瑞斯·奥博斯特弗尔德、肯尼斯·若戈夫著,刘红忠等译:《高级国际金融学教程》,中国金融出版社2002年版。

谭伟东:《超现代经济学》,清华大学出版社2007年版。

托马斯·科斯纳著,万丹译:《资本之城》,中信出版社2004年版。

威尔·杜兰著,幼狮文化公司译:《东方的遗产》,东方出版社2003年版。

向阳:《影响中国的历代名商》,中国致公出版社2003年版。

徐滇庆、于宗先、王金利:《泡沫经济与金融危机》,中国人民大学出版社2000年版。

张友直:《〈管子〉货币思想考释》,北京大学出版社2002年版。

赵靖:《中国经济思想通史》,北京大学出版社2002年版。

郑伟民、黄苏:《衰落还是复兴:全球经济中的美国》,社会科学文献出版社1998年版。

周春生:《融资、并购与公司控制》,北京大学出版社2006年版。

R.A.贾罗、V.马斯科西莫维、W.T.津巴编,吴文锋等译:《金融经济学手册》,上海人民出版社

2007 年版。

Thomas Paterson, *Soviet American Encounter: Post-war Reconstruction and the Origins of the Cold War*, Baltimore and London: Johns Hopkins University Press, 1973.

Will Durant, *Caeser and Christ*, New York: Simon and Schuster, 1944.

Walter Bagehot, *Lombard Street: A Description of the Money Market*, London: Henry S. King, 1873.